TÄNZER / LAUTERBACH
**SACHUNTERRICHT
BEGRÜNDET PLANEN**

SACHUNTERRICHT BEGRÜNDET PLANEN
Bedingungen, Entscheidungen, Modelle

herausgegeben von
Sandra Tänzer und Roland Lauterbach

VERLAG
JULIUS KLINKHARDT
BAD HEILBRUNN • 2010

Bibliografische Information der Deutschen Nationalbibliothek
Die Deutsche Nationalbibliothek verzeichnet diese Publikation in der Deutschen
Nationalbibliografie; detaillierte bibliografische Daten sind im Internet abrufbar über
http://dnb.d-nb.de.

2010.3.d. © by Julius Klinkhardt.
Das Werk ist einschließlich aller seiner Teile urheberrechtlich geschützt.
Jede Verwertung außerhalb der engen Grenzen des Urheberrechtsgesetzes ist ohne
Zustimmung des Verlages unzulässig und strafbar. Das gilt insbesondere für Vervielfältigungen,
Übersetzungen, Mikroverfilmungen und die Einspeicherung und Verarbeitung in elektronischen
Systemen.

Druck und Bindung: AZ Druck und Datentechnik.
Printed in Germany 2010.
Gedruckt auf chlorfrei gebleichtem alterungsbeständigem Papier.

ISBN 978-3-7815-1730-1

Inhaltsverzeichnis

1 Einleitung 7
   Sandra Tänzer, Roland Lauterbach

2 **Fachlicher und planungstheoretischer Rahmen**

   Fachlicher und planungstheoretischer Rahmen 13
   Roland Lauterbach, Sandra Tänzer

3 **Die Planung von Unterrichtseinheiten im Kontext sachbezogener, individueller und schulischer Bedingungen**

   3.1 Der Eigenwert der Sache und die Relevanz ihrer Gegenstände 38
       Roland Lauterbach

   3.2 Die Voraussetzungen bei den Schülerinnen und Schülern 52
       Hans-Joachim Fischer

   3.3 Bedingungen und Voraussetzungen in der Lehrperson 64
       Sandra Tänzer

   3.4 Die Bedeutung der schulischen Bedingungen 77
       Bernd Thomas

4 **Entscheidungsrelevante Strukturelemente der Planung von Unterrichtseinheiten**

   4.1 Bildungsinhalte bestimmen 84
       Eva Heran-Dörr

   4.2 Ziele festlegen und formulieren 100
       Eva Blumberg

4.3 Methoden ermitteln und auswählen 112
Roland Lauterbach

4.4 Unterrichtsthemen entwerfen 129
Sandra Tänzer

4.5 Unterrichtssituationen antizipieren und gestalten 141
Claudia Schomaker

4.6 Sachunterricht evaluieren und Ergebnisse beurteilen 153
Frauke Grittner

5 Konzeptionelle Planungsansätze für Unterrichtseinheiten des Sachunterrichts

5.1 Planung von Sachunterricht
aus dem didaktischen Primat der Sache 165
Walter Köhnlein

5.2 Sachunterrichtsplanung als Planung
des Lernprozesses der Schülerinnen und Schüler 179
Hartmut Giest

5.3 Rostocker Modell – ein didaktischer Ansatz zur Planung
und Gestaltung von Lerneinheiten im Sachunterricht 203
Ilona K. Schneider, Franz Oberländer

5.4 Sachunterricht hypothesengeleitet planen – ein Prozessmodell
didaktischer Handlungsplanung 224
Roland Lauterbach

5.5 Zur graduellen Einführung offener Unterrichtsformen
in den Sachunterricht 249
Hilde Köster

5.6 Sachunterrichtsplanung als begründungspflichtige
Anforderung an professionelles Lehrerhandeln 263
Joachim Kahlert

Autorenverzeichnis 279

Kapitel 1

Einleitung

> *"Notwendig. Manchmal zeitraubend. Ähm, manchmal auch lästig, aber wie gesagt: höchst notwendig. Es lässt sich nicht vermeiden; unvermeidbar einfach; gehört dazu."* [1]

Ohne Zweifel ist die verantwortungsbewusste und kriteriengeleitete Planung von Unterricht zentraler Bestandteil alltäglichen professionellen Lehrerhandelns: Bauer, Kopka & Brindt ermittelten innerhalb ihrer empirischen Forschung zu einer „Theorie der pädagogischen Professionalität", dass Planungshandeln als Teil der „Hintergrundarbeit" eines Lehrers oder einer Lehrerin „von ausschlaggebender Bedeutung" für „wirksames pädagogisches Handeln" ist (1996, 238; vgl. auch Bauer 2005, 20 und 105ff.). Klassifikationsansätze zu Struktur und Inhaltsbereichen professionellen Lehrerwissens weisen Planungswissen als Bestandteil professionellen Lehrerwissens aus (vgl. Baumert & Kunter 2006, 482f.). Im „Lehrerleitbild", der am 5. Oktober 2000 verfassten „Gemeinsamen Erklärung des Präsidenten der Kultusministerkonferenz und der Vorsitzenden der Bildungs- und Lehrergewerkschaften sowie ihrer Spitzenorganisationen Deutscher Gewerkschaftsbund DGB und DBB – Beamtenbund und Tarifunion" zum Berufsbild von Lehrerinnen und Lehrern, werden Lehrerinnen und Lehrer als „Fachleute für das Lernen" charakterisiert, deren „Kernaufgabe … die gezielte und nach wissenschaftlichen Erkenntnissen gestaltete Planung, Organisation und Reflexion von Lehr- und Lernprozessen sowie ihre individuelle Bewertung und systemische Evaluation" (KMK 2000, 2) ist. Und auch der Bericht der Kultusministerkonferenz zu „Standards für die Lehrerbildung: Bildungswissenschaften" vom 16.12.2004 führt aus bildungspolitischer Perspektive die fach- und sachgerechte Planung sowie sachlich und fachlich korrekte Durchführung des Unterrichts als eine zentrale Kompetenz aus, die innerhalb der Lehrerausbildung von Studierenden und Referendaren zu erwerben ist (vgl. KMK 2004, 7). Lehramtsstudierende sollen beispielsweise „allgemeine und fachbezogene Didaktiken (kennen) und wissen, was bei der Planung von Unterrichtseinhei-

---

[1] Antwort einer Referendarin zu Beginn des zweiten Ausbildungsjahres auf die Frage nach Assoziationen zum Stichwort „Unterrichtsplanung"

ten beachtet werden muss" (ebd.), während Referendarinnen und Referendare nach erfolgreichem Abschluss der Zweiten Phase der Lehrerausbildung auf der Basis erworbener fachwissenschaftlicher, erziehungswissenschaftlicher und fachdidaktischer Kenntnisse und Erkenntnisse sowie Qualifikationen im Umgang mit modernen Medien Unterricht begründet planen und gestalten sowie die Qualität des eigenen Lehrens überprüfen können (vgl. ebd.).
Nun ist Unterrichtsplanung immer Planung von Fachunterricht, so dass es unerlässlich ist, eine begründete und verantwortungsbewusste Planung auf die Aufgaben und Ziele des Faches zu beziehen (vgl. z.B. Terhart 2007). Man muss allerdings konstatieren, dass die Planung von Sachunterricht weder vielbeachteter Forschungsgegenstand noch Thema innerdisziplinärer Diskurse ist.

Sachunterrichtsplanung als Gegenstand empirischer Untersuchungen
Empirisch wissen wir wenig über die Planung von Sachunterricht. Den Stand der vorliegenden empirischen Forschung zusammenfassend, bemerkte Kahlert vor mehr als zehn Jahren: „Speziell über die Vorbereitung von Sachunterricht mit dem besonderen Anspruch der Vielperspektivität und den damit verbundenen vielfältigen inhaltlichen Anforderungen an Lehrerinnen und Lehrer ist kaum etwas bekannt" (Kahlert 1999, 193f.). An dieser Tatsache hat sich bis heute nur wenig geändert. Kürzlich erforschten Eva Heran-Dörr und Joachim Kahlert (2009), wie sich bayrische Sachunterrichtslehrkräfte auf naturwissenschaftlichen Sachunterricht vorbereiten. Durch eine Fragebogenerhebung wurde gezielt untersucht, (1) wie die 205 Lehrkräfte Planungsaufgaben beim Unterrichten physikalischer und chemischer Inhalte beurteilen, (2) welche Medien für die Vorbereitung naturwissenschaftlichen Sachunterrichts genutzt werden, und (3) wie die Lehrerinnen und Lehrer die Internetplattform und Materialbörse SUPRA beurteilen (vgl. ebd., 159). Folgende Ergebnisse liegen vor: (1) Die von Heran-Dörr & Kahlert vorgegebenen und hier nicht im Einzelnen aufgelisteten Planungsaufgaben werden von den Lehrerinnen und Lehrern als „sehr wichtig" (ebd., 160) eingeschätzt, wobei das Klären von Lernzielen und die Beurteilung der Bedeutung von Schülervorstellungen und deren Berücksichtigung besondere Wertschätzung erfahren, demgegenüber der Kenntnis empirischer Befunde zu Schülervorstellungen keine ähnlich hohe Wertschätzung beigemessen wird. (2) Als Quellen der Klärung eigener Sachfragen verweisen die befragten Lehrerinnen und Lehrer neben Sachbüchern für Kinder und Jugendliche sowie Lexika in Buch- und Online-Formaten auf mündliche Erläuterungen von Kolleginnen und Kollegen; ziehen außerdem „Lehrerhandbücher und Kopiervorlagen, ‚lehrreiche' Fernsehsendungen wie z.B. die Sendung mit der Maus, Zeitschriften für Kinder und Unterlagen aus dem Studium zur Aneignung von Fachwissen hinzu. Didaktisch-methodische Anregungen erhalten sie durch

die eigene Materialsammlung sowie Schulbücher und begleitende Lehrerhandbücher. (3) Navigation und Gestaltung von SUPRA werden von den Grundschullehrkräften als sehr positiv, die Inhalte als nützlich und planungsrelevant eingeschätzt (vgl. ebd., 162f.).
Kahlert, Hedtke & Schwier (2000) ermittelten vor einigen Jahren anhand von Leitfadeninterviews und aufgezeichneten Internetrecherchen, wie 15 Lehrerinnen und Lehrer eine Unterrichtseinheit zum Themenfeld „Müll/Müllvermeidung" vorbereiten. Sie stellten fest, was auch Giest durch seine Untersuchungsergebnisse (vgl. 2002, 64f.)[2] bestätigen konnte: Die Unterrichtsvorbereitung ist im Wesentlichen ein durch die verfügbaren Materialien beeinflusster Konstruktionsvorgang (vgl. Kahlert 1999, 218), in dessen Zentrum vor allem „methodische, aktivitätsorientierte Überlegungen" (ebd., 219) stehen; normative Vorgaben didaktischer Modelle bleiben weitestgehend unbeachtet (vgl. Kahlert, Hedtke & Schwier 2000, 355).[3]

Sachunterrichtsplanung als Gegenstand innerdisziplinärer Diskurse
Auch theoretisch-systematisch ist die Planung von Sachunterricht innerhalb der Wissenschaftsdisziplin ein wenig beachtetes Thema und kein Gegenstand innerdisziplinärer Diskurse. Eine ausführliche Erörterung dieser Thematik findet sich in Kahlert (2005); mehrheitlich weisen jedoch Monographien zur Didaktik des Sachunterrichts Fragen der Planung von Sachunterricht eher

---

[2] Giest befragte 43 Lehrende aus Brandenburger Schulen und 39 Studierende der Universität Potsdam mittels eines Fragebogens mit vorgegebenen Items, wie sie ihren Unterricht planen, wen sie in die Unterrichtsplanung einbeziehen, woran sie sich bei der Bestimmung der Ziele und Inhalte der Unterrichtsstunden beziehen, auf welche Schwerpunkte die Befragten ihre Unterrichtsvorbereitung beziehen, mit wem sie kooperieren und worauf diese Kooperation bezogen ist. Er stellte u.a. fest, dass
  o die überwiegende Mehrheit der befragten Lehrer, Lehrerinnen und – dies ist der Ausbildungssituation geschuldet – alle Studierenden angeben, Themenplanungen durchzuführen, in der Regel mit dem Fokus auf Unterrichtseinheiten (vgl. ebd., 63),
  o sowohl Lehrende als auch Studierende vornehmlich Unterrichtsmaterialien und aktuelle Probleme aus der Lebenswelt der Schüler und Schülerinnen als Orientierungsgrundlage für die Bestimmung von Zielen und Inhalten der Unterrichtsstunde wählen,
  o die Planung des Unterrichts insbesondere auf den Entwurf von Schülertätigkeiten und die Gestaltung der Lernsituationen gerichtet ist, wobei Giest kommentiert: „Es liegt die Vermutung nahe, dass Schülertätigkeit und Gestaltung von Lernsituationen hier nicht im Sinne der eigenregulierten und selbstbestimmten Lerntätigkeit der Kinder interpretiert wurden. Vielmehr scheint es beim Item Schülertätigkeit darum zu gehen, durch die Gestaltung der Lernsituationen alle Kinder im Unterricht möglichst in Aktivität zu versetzen, wobei offen bleibt, ob die Kinder schlicht beschäftigt werden, oder ob es sich tatsächlich um eigenreguliertes *Lerntätigkeit* handelt" (ebd., 66; Hervorhebung im Original).
[3] Die geringe Bedeutung didaktischer Modelle bei der Planung von Unterricht ist auch aus Studien zur Planungspraxis von Lehrerinnen und Lehrern anderer Schulstufen, Schulformen und Unterrichtsfächer bekannt (vgl. z.B. Wengert 1989, Haas 1998, Tebrügge 2001).

randständige Bedeutung zu. Ein von Eva Gläser, Lissy Jäkel und Herwig Weidmann herausgegebenes Kompendium mit dem einschlägigen Titel „Sachunterricht planen und reflektieren. Ein Studienbuch zur Analyse unterrichtlichen Handelns" (2008) enthält eine Fülle praxisorientierter Vorschläge zur Planung sachunterrichtsspezifischer Themen, verzichtet aber auf eine theoretische Rahmung. Analysiert man die von der GDSU herausgegebenen Reihen „Probleme und Perspektiven des Sachunterrichts" sowie „Forschungen zur Didaktik des Sachunterrichts", fällt die mangelnde Präsenz von Beiträgen zu diesem Thema auf: In den bislang vorliegenden acht Forschungsbänden zur Didaktik des Sachunterrichts lässt sich lediglich ein Artikel von Kahlert ermitteln, der Fragen der Unterrichtsplanung thematisiert (Kahlert 1999); in den bisher erschienenen Bänden (1991-2009) der Reihe „Probleme und Perspektiven des Sachunterrichts" sind es weniger als zehn Beiträge, die planungsrelevantes Wissen vermitteln, ohne dabei nur ausgewählte Inhaltsbereiche des Sachunterrichts bzw. nur ausgewählte Planungsentscheidungen zu fokussieren.[4] Denn wer Sachunterricht plant, trifft beispielsweise nicht nur Entscheidungen über Inhalte oder Methoden; er muss vor dem Hintergrund gegebener Bedingungen eine Reihe begründeter Entscheidungen treffen, die miteinander in Verbindung stehen: Bildungsinhalte bestimmen, Lernziele formulieren, Methoden auswählen, Unterrichtsthemen und Unterrichtssituationen entwerfen, Evaluationsmaßnahmen antizipieren. Diese Entscheidungen theoriegeleitet und begründet treffen zu können, setzt unter anderem fachdidaktisches Wissen und Können voraus.

Ziel und Aufbau des Buches
Das Ziel dieses Buches ist es, theoriegeleitetes fachdidaktisches Wissen als eine konstitutive Voraussetzung begründeter und verantwortungsbewusster Sachunterrichtsplanung transparent und zugänglich zu machen. Anforderungen an die Planung thematischer Unterrichtseinheiten im Sachunterricht werden theoretisch-systematisch dargelegt und an Beispielen veranschaulicht. Dieses Buch bietet damit Studierenden wie Referendarinnen und Referendaren sowie Lehrenden an Hochschulen, Universitäten, Studienseminaren und Grundschulen eine zusammenhängende, theoretisch fundierte als auch unterrichtspraktisch akzentuierte Darstellung über die Planung von Sachunterricht. Nicht zuletzt vermag es konkrete Unterstützung bei der Bewältigung unterrichtspraktischer Anforderungen zu geben.

---

[4] Vgl. in den jeweiligen Jahresbänden der Buchreihe „Probleme und Perspektiven des Sachunterrichts": Klafki 1992, Kaiser 2000, Lauterbach, Tänzer & Zierfuß 2003, Bergmann & Gierse-Plagmeier 2004, Schwier 2004, Köhnlein 2006, Giest 2007, Hempel 2007; Heran-Dörr & Kahlert 2009

Ausgangspunkt aller konzeptionellen Überlegungen zum Arrangement dieses Buches war denn auch die Frage, was ein (zukünftiger) Sachunterrichtslehrer, eine (zukünftige) Sachunterrichtslehrerin wissen und können sollte, um begründet und verantwortungsvoll Unterrichtseinheiten im Fach Sachunterricht zu planen (zur Begründung vgl. Kap. 2) Aus dieser Fokussierung resultiert die Gliederung des Buches: *Kapitel 2* entfaltet einen allgemeinen planungstheoretischen Rahmen und schließt mit Überlegungen zur Planung von Unterrichtseinheiten im Sachunterricht, die in den Einzelbeiträgen der *Kapitel 3 und 4*, differenziert nach Planungsbedingungen und Planungsentscheidungen, theoretisch-systematisch und fachdidaktisch konkret entfaltet werden. Kapitel 4 zeichnet sich zudem durch die durchgehende Bearbeitung eines konkreten Planungsbeispiels aus. In *Kapitel 5* stellen Sachunterrichtsdidaktikerinnen und Sachunterrichtsdidaktiker eigene fachdidaktische Ansätze vor, die den Blick auf die Planung von Unterrichtseinheiten im Sachunterricht in ihrem Gesamtzusammenhang richten und diese modellieren. Die ausgewählten Ansätze dieses Kapitels sind alle bisher bereits in Einzelpublikationen mehr oder weniger ausführlich von ihren Verfasserinnen und Verfassern vorgestellt worden.[5] Sie in einem Kompendium nebeneinander zugänglich zu machen, schärft den Blick für die einzelnen Planungsentscheidungen und den theoriegeleiteten Umgang mit ihnen und unterstützt deren vergleichende Reflexion.

Alle Autorinnen und Autoren dieses Buches sind ausgebildete Lehrerinnen bzw. Lehrer, haben in der Grundschule unterrichtet und waren oder sind noch in der Lehreraus- und -fortbildung tätig. Sie haben fachdidaktisch geforscht, Unterrichtseinheiten entwickelt und zur Didaktik des Sachunterrichts veröffentlicht. Wir möchten ihnen allen an dieser Stelle herzlich für die konstruktive und sehr angenehme Zusammenarbeit danken. Besonderer Dank geht an die Autorinnen des Kapitels vier, die in zwei mehrtägigen Arbeitssitzungen mit den Herausgebern die Fruchtbarkeit innerdisziplinärer Diskurse lebendig werden ließen. Wir danken ebenfalls Isabell Krauss und Karin Legler für die Unterstützung bei der Vorbereitung der Druckvorlage und Thomas Tilsner für seine engagierte Beratung seitens des Verlages. Die Planung und die Herausgabe dieses Buches hat uns viel Vergnügen bereitet. Alle hier versammelten Beiträge haben wir mit großem Interesse und anhaltender Freude gelesen und laden Leserinnen und Leser ein, diese mit uns zu teilen.

Sandra Tänzer, Roland Lauterbach

---

[5] Dabei ist es durchaus möglich, dass es weitere fachdidaktische, aber bislang unveröffentlichte, Ansätze gibt, die an den jeweiligen Studienstandorten von Hochschullehrerinnen und Hochschullehren konstruiert wurden und gelehrt werden.

Literatur

Bauer, K.-O.; Kopka, A. & Brindt, St. (1996): Pädagogische Professionalität und Lehrerarbeit: eine qualitativ empirische Studie über professionelles Handeln und Bewußtsein. Weinheim, München: Juventa

Bauer, K.-O. (2005): Pädagogische Basiskompetenzen: Theorie und Training. Weinheim, München: Juventa

Baumert, J. & Kunter, M. (2006): Stichwort: Professionelle Kompetenz von Lehrkräften. In: Zeitschrift für Erziehungswissenschaft, 4, 465–520.

Giest, H. (2002): Entwicklungsfaktor Unterricht. Empirische Untersuchungen zum Verhältnis von Unterricht und Entwicklung in der Grundschule. Dargestellt am Beispiel des Heimatkunde- und Sachkundeunterrichts. Landau: Verlag Empirische Pädagogik

Gläser, E.; Jäkel, L. & Weidmann, H. (2008) (Hrsg.): Sachunterricht planen und reflektieren: ein Studienbuch zur Analyse unterrichtlichen Handelns. Baltmannsweiler: Schneider

Haas, A. (1998): Unterrichtsplanung im Alltag: eine empirische Untersuchung zum Planungshandeln von Hauptschul-, Realschul- und Gymnasiallehrern. Regensburg: Roderer

Heran-Dörr, E. & Kahlert, J. (2009): Welche Medien nutzen Sachunterrichtslehrkräfte bei der Vorbereitung auf naturwissenschaftlichen Sachunterricht? In: Lauterbach, R.; Giest, H. & Marquardt-Mau, B. (Hrsg.): Lernen und kindliche Entwicklung. Bad Heilbrunn: Klinkhardt, 157–164

Kahlert, J. (1999): Vielperspektivität bewältigen. Eine Studie zum Management von Wissen und Information bei der Vorbereitung von Sachunterricht. In: Köhnlein, W.; Marquardt-Mau, B. & Schreier, Helmut (Hrsg.): Vielperspektivisches Denken im Sachunterricht. Bad Heilbrunn: Klinkhardt, 192–225

Kahlert, J.; Hedtke, R. & Schwier, V. (2000): Wenn Lehrer wüssten, was Lehrer wissen. Beschaffung von Informationen für den Unterricht. In: Jaumann-Graumann, O. & Köhnlein, W. (Hrsg.): Lehrerprofessionalität – Lehrerprofessionalisierung. Bad Heilbrunn: Klinkhardt, 349–358

Kahlert, J. (^{2}2005): Der Sachunterricht und seine Didaktik. Bad Heilbrunn: Klinkhardt

Kultusministerkonferenz (KMK) (2000): Gemeinsame Erklärung des Präsidenten der Kultusministerkonferenz und der Vorsitzenden der Bildungs- und Lehrergewerkschaften sowie ihrer Spitzenorganisationen Deutscher Gewerkschaftsbund DGB und DBB – Beamtenbund und Tarifunion. Beschluss der Kultusministerkonferenz vom 5.10.2000. Unter: http://www.kmk.org/fileadmin/veroeffentlichungen_beschluesse/2000/2000_10_05-Bremer-Erkl-Lehrerbildung.pdf (2.10.2009)

Kultusministerkonferenz (KMK) (2004): Standards für die Lehrerbildung: Bildungswissenschaften. Beschluss der Kultusministerkonferenz vom 16.12.2004. Unter: http://www.kmk.org/fileadmin/veroeffentlichungen_beschluesse/2004/2004_12_16-Standards-Lehrerbildung.pdf (2.10.2009)

Seifried, J. (2009): Unterricht aus der Sicht von Handelslehrern. Frankfurt am M., Berlin, Bern, Bruxelles, New York, Oxford, Wien: Peter Lang

Tebrügge, A. (2001): Unterrichtsplanung zwischen didaktischen Ansprüchen und alltäglicher Berufsanforderung: eine empirische Studie zum Planungshandeln von Lehrerinnen und Lehrern in den Fächern Deutsch, Mathematik und Chemie. Frankfurt am Main, Berlin, Bern, Bruxelles, New York, Oxford, Wien: Lang

Terhart, E. (2007): Erfassung und Beurteilung der beruflichen Kompetenz von Lehrkräften. In: Lüders, M. & Wissinger, J. (Hrsg.): Forschung zur Lehrerbildung. Kompetenzentwicklung und Programmevaluation. Münster, New York, München, Berlin: Waxmann, 37–62

Wengert, H. G. (1989): Untersuchungen zur alltäglichen Unterrichtsplanung von Mathematiklehrern: eine kognitionspsychologische Studie. Frankfurt a.M.; Bern, New York, Paris: Lang

Kapitel 2

Fachlicher und planungstheoretischer Rahmen

von Roland Lauterbach & Sandra Tänzer

Wie in der Einleitung bereits ausgeführt und begründet, ist Unterricht heute nicht mehr ohne professionelle Planung verantwortlich vorzubereiten und durchzuführen. Folglich gehört zur Ausbildung von Lehrerinnen und Lehrern neben der notwendigen Fachkompetenz auch der Erwerb von Planungskompetenz. Da sich trotz struktureller Gemeinsamkeiten die Anforderungen und Modi der Planung von Unterrichtsfach zu Unterrichtsfach unterscheiden, muss analog zum domainspezifischen Lernen ein fachdidaktischer Kompetenzaufbau im Studium und in praxisbegleitenden Studien danach erfolgen. Die fachdidaktische Charakteristik des Sachunterrichts, seine curricularen wie methodischen Anforderungen, betrachtet Kapitel 2.1 mit Blick auf seine Geschichte und heutige Systematik. Im Kapitel 2.2 werden Ebenen und Entscheidungskontexte der Planung von Sachunterricht ermittelt, zugleich Interferenzen und Anschlüsse der allgemeindidaktischen Diskussion aufgezeigt, bevor im Kapitel 2.3 die Rolle des Lehrplans für die Planung von Sachunterricht diskutiert wird. Den Abschluss bilden mit Kapitel 2.4 Überlegungen zur begrifflich-semantischen und funktionalen Kennzeichnung der Planung von Unterrichtseinheiten im Sachunterricht.

2.1 Der historische und fachliche Kontext sachunterrichtlicher Bildung

2.1.1 Das Fach Sachunterricht und seine Fachdidaktik

Sachunterricht – Bezeichnung und Gegenstand
„Sachunterricht" ist die bundesweit geltende, in den Empfehlungen der Kultusministerkonferenz (KMK 1994) der Bundesländer zur Arbeit in der Grundschule seit 1970 verwendete und 1994 bestätigte generische Bezeichnung für das Kernfach grundlegender Bildung in der Bundesrepublik Deutschland. Wir verwenden sie in diesem Buch durchgehend in eben diesem Sinne – zum einen ausgeweitet auf den gesamten so charakterisierten schulischen und außerschulischen Unterricht, zum anderen spezifiziert auf das in einem Bundesland so benannte Schulfach der Grundschule bzw. des

Primarbereichs. Die bundeslandspezifischen Benennungen und strukturellen wie inhaltlichen Ausprägungen unterscheiden sich weiterhin und zeigen neben der föderalen Eigenständigkeit in Bildungsfragen auch die kulturelle und regionale Orientierung des Faches sowie dessen Wertschätzung im Grundschulcurriculum.

Derzeit wird das Fach in fünfzehn der sechzehn Bundesländer an den Grundschulen unterrichtet.[1] Im Freistaat Bayern heißt es „Heimat- und Sachunterricht", in Thüringen „Heimat- und Sachkunde", das Land Baden Württemberg bezeichnet es dem Schweizer Kanton Bern ähnlich „Mensch, Natur und Kultur". Der Freistaat Sachsen weist Sachunterricht zurzeit nicht als eigenständiges Fach aus; sondern empfiehlt, sachunterrichtliches Lernen nach Bedarf und Gelegenheit im Rahmen der anderen Fächer zu betreiben. Berlin, Bremen, Brandenburg und Mecklenburg-Vorpommern ordnen es im 1. und 2. Schuljahr dem Deutschunterricht zu. Im 5. und 6. Schuljahr der sechsjährigen Grundschule Berlins und Brandenburgs setzt statt Sachunterricht der Fachunterricht der Sekundarstufe ein. In Hamburg beginnt 2010 eine siebenjährige Primarschule (Schuljahre 0 – 6). Eine Ausweitung des Sachunterrichts in den Elementarbereich auch anderer Bundesländer wird seitens der Fachvertreter beider Bildungsstufen optimistisch diskutiert (vgl. Fischer & Marquardt-Mau 2009). Die Unterschiede zwischen den Bundesländern betreffen neben der Benennung vor allem die fachliche Konzeption und curriculare Struktur, die Art und den Grad der Verbindlichkeit von Anforderungen, den Umfang und die Reichweite der Ziele und Inhalte, aber auch die Ausprägungen von schulischer Autonomie und demokratischem Selbstverständnis, von historischem und kritischem Bewusstsein, von gesellschaftlicher Modernität und kultureller Offenheit. Jedes Bundesland fordert die alleinige Anerkennung der jeweils geltenden länderspezifischen Fassung ihrer Bildungs- und Lehrpläne pläne für den Sachunterricht. Diese differieren hinsichtlich Struktur und Funktion, Typik und Geltungsanspruch; sie unterscheiden sich konzeptuell und sind nicht ineinander überführbar. Die Lehrplanentwicklung verläuft zudem zwischen den Bundesländern asynchron und in verschiedenen Verfahren.

Unterschiede bestehen darüber hinaus zwischen Schulen und auch zwischen einzelnen Schulklassen. Hinzukommt, dass das, was im Unterricht tatsächlich geschieht, empirisch nur unzureichend erfasst und in der erforderlichen Breite ohnehin nicht zugänglich ist. In den veröffentlichten Berichten, Protokollen und Erzählungen erfährt man vom Unterrichtsgeschehen nur selektiv und gefiltert. Die Mitteilungen sind weder repräsentativ noch hinreichend differenziert um substanzielle Aussagen über den Sachunterricht in Deutschland

---

[1] Die Einsicht in die jeweils gültige Fassung der Lehrpläne ermöglicht der Deutsche Bildungsserver (www.bildungsserver.de).

machen zu können. Und doch gehören sie neben den persönlichen Inspektionen, materiellen wie geistigen Produkten und medialen Aufzeichnungen des Unterrichts zu den gewichtigen und einzig verwertbaren Indizien dessen, was in der schulischen Praxis geschieht und geschehen könnte.

Von *sachunterrichtlichem Handeln* sprechen wir im Sinne der generischen Bedeutung, jedoch nicht nur beschränkt auf den Unterricht der Grundschule. Maßgebend ist die Intention des Unterrichtens in, über und von Sachen, Sach- und Weltwissen. Vor diesem Hintergrund ist Sachunterricht und sachunterrichtliches Handeln keine Erfindung des 20.Jahrhunderts: Wie Kindern die „aller vornemsten Welt-Dinge und Lebens-Verrichtungen", „die Sinnbaren Sachen den Sinnen vorgestellt werden / damit man sie mit dem Verstand ergreifen könne, hatte Jan Amos Komensky genannt Comenius im „Orbis sensualium Pictus - Die sichtbare Welt" 1658 beschrieben.

Die *Didaktik des Sachunterrichts* befasst sich auf wissenschaftliche Art und Weise mit allen Belangen des Sachunterrichts. Darin ist sie Fachdidaktik wie die Didaktiken der anderen Schulfächer, auch wenn diese auf die präzisierende Kennzeichnung des Unterrichtens verzichten.

Fachdidaktik Sachunterricht

Die konzeptuelle Heterogenität der Didaktik des Sachunterrichts ist größer als die des Sachunterrichts in den Bildungsplänen der Bundesländer. Das ist zum einen der Geschichte des Faches[2] geschuldet, zum anderen der fachlichen Herkunft und professionellen Prägung der Didaktiker und Didaktikerinnen des Sachunterrichts: Grundschulpädagogik auf der einen, Fachunterricht der Sekundarstufe auf der anderen Seite. Doch hat die konzeptionelle Diversität zu einer überaus produktiven Diskurskultur und zu einem gemeinsamen Interesse an Abstimmung und Zusammenarbeit geführt. Daher präsentieren wir nicht die einzelnen Konzeptionen und didaktischen Positionen, sondern orientieren uns an den von uns optimistisch bewerteten Entwicklungsaussichten für die Fachdidaktik Sachunterricht.

Das Selbstverständnis der Fachdidaktik hat sich mit der Festschreibung der Anforderungen für das Lehramtsstudium in den Bachelor- und Masterstudiengängen über alle Fächer soweit entwickelt, dass die Gesellschaft für Fachdidaktik e.V. (GFD) von einer Eigenständigkeit der Disziplin neben Erziehungswissenschaft und Fachwissenschaft ausgeht, wenn auch Vollmer (2007, 7) Bedenken dahingehend äußert, dass es „in den einzelnen Bereichen der Fachdidaktik an verschiedenen Hochschulen allerdings immer noch Repräsentanten [gibt], die sich einer traditionellen Ausrichtung von Fachdidaktik

---

[2] Vgl. die aktualisierte Neuauflage „Der Sachunterricht und seine Konzeptionen" (Thomas 2010)

als Methodenlehre verschrieben haben, namentlich einer Umsetzung relevanter (ausgewählter) fachwissenschaftlicher Inhalte in schulische Curriculumeinheiten für die verschiedenen Schulstufen und Schulformen, mit dem dominanten Ziel einer möglichst effektiven Weitervermittlung dieser Inhalte in die Köpfe der Schülerinnen und Schüler hinein. Die Mehrzahl der Fachdidaktiker begreift sich dagegen als Vertreter einer eigenständigen wissenschaftlichen Disziplin mit eigenständiger Fragestellung, einem eigenständigen Gegenstandsbereich und eigener Forschungsperspektive, die eine entsprechende Methodologie erfordert bzw. nach sich zieht".

In einer direkten Übertragung der Bedeutung von Fachdidaktik bei Wolfgang Klafki (1992) gehen wir von folgendem Selbstverständnis der Fachdidaktik Sachunterricht aus: Ihr Untersuchungsobjekt ist die Planung, Durchführung und Analyse des Unterrichtens im Sachunterricht. Sie beschreibt den historischen Gang des Sachunterrichts, erforscht, reflektiert und begründet alle Aspekte des Sachunterrichts, erkundet den tatsächlich stattfindenden Unterricht und seine Ergebnisse, führt in die Praxis des Unterrichtens ein und entwickelt und überprüft in der Praxis Unterrichtsmodelle.

Heute darf dieses Verständnis dahingehend erweitert werden, dass die Fachdidaktik Sachunterricht diejenige wissenschaftliche Disziplin bezeichnet, deren Gegenstände in Forschung, Lehre und Entwicklung das Lehren und Lernen durch Sachunterricht unter besonderer Berücksichtigung der Bildungsprozesse sind.

2.1.2 Historisch bedeutsame Prinzipien des Sachunterrichts

Die Geschichte des Sachunterrichts liegt ausführlich dokumentiert vor. Sie zeigt die Herkunft und Entwicklung des Faches und macht deutlich, welches seine konstitutiven Prinzipien sind und warum an ihnen festzuhalten ist. Für die Unterrichtsplanung sind folgende relevant:

1. *Die Kunst, allen Kindern beiderlei Geschlechts ohne Ausnahme auf sichere und vorzügliche Weise alles zu lehren, so dass sie in den Wissenschaften gebildet und zu guten Sitten geführt werden.*
Die erste Didaktik des Sachunterrichts schrieb Johann Amos Comenius. 1657 lag seine *Opera didactica omnia* in drei Bänden vor, die „vollständige Kunst, alle Menschen Alles zu lehren". 1658 veröffentlichte er seinen *Orbis sensalium pictus*, der die „vornehmsten Welt-Dinge und Lebens-Verrichtungen" in Bildern und mit Namen schon den Kindern der ersten sechs Schuljahre zeigte und sie „zuverlässig", „rasch" und „gründlich" auf den Weg durch die von Gott vorgedachte Welt führen sollte, auf dass sie diese kennen und erkunden lernen und das Erkundete nachahmen, wann immer es benötigt würde. Erfolgreicher Unterricht hatte der Methode Gottes

zu folgen, die durch die Wissenschaften erkannt und angewandt werde. Diese betreibe man vor allem mit den Dingen selbst und erkenne im Lichte der Anschauung die Natur und die Weisheit Gottes, die sich in ihr offenbare. Dementsprechend sollten auch alle Kinder auf alters- und stufengerechte Weise umfassend gebildet werden, wobei die Methode die Art des Kindes zu beachten habe, vom Leichten zum Schweren fortschreiten, Lebensbedeutsames lehren, Nützliches üben, Sinn und Bedeutung der Anschauung zeigen solle.

Bis ins späte 19. Jahrhundert wurde der *Orbis sensalium pictus* als Fibel verwandt, heute lässt sich mit ihm bestenfalls historisch unterrichten. Doch zeigt er auch noch der modernen Didaktik des Sachunterrichts auf paradigmatische Weise ihre zentrale Stellung, leitende Prinzipien und unerlässliche Aufgaben im Gesamtsystem einer umfassenden Bildung. Das erleichtert die historische Rekonstruktion sachunterrichtlichen Denkens und begünstigt über kritische und systematische Durchdringung die Weiterentwicklung der Didaktik und die Besserung des Unterrichts. Insofern wäre es ungeschickt, ja leichtfertig, die Erfahrungen und Erkenntnisse aus der mehr als 350-jährigen Geschichte zugunsten augenblicklicher Tendenzen zu vernachlässigen. Eine professionelle Praxis greift gleichermaßen auf Theorie und Geschichte zurück und entwickelt sich bei kritischer Prüfung in rekursiven Schritten selbstbewusst fort.

2. Alle Kinder erhalten eine umfassende Grundlegende Bildung
Das garantierte in unserer Realgeschichte erstmals die Weimarer Verfassung von 1919 für eine vierjährige, für alle Kinder gemeinsame, Grundschule. Der Lehrplan von 1921 sah für die ersten beiden Schuljahre einen heimatkundlichen Gesamtunterricht vor, für das dritte und vierte Schuljahr das zentrale und zentrierende Fach Heimatkunde. Mit diesen Vorgaben und einer insgesamt produktiven und reformfreudigen Pädagogik entwickelte sich der bis heute bewunderte Reichtum pädagogischer Theorie und Praxis der Volksschulen, darin vor allem auch für die Heimatkunde.

Nach den Verirrungen zwischen 1933 und 1945 folgte eine lange Periode pädagogischer Regeneration. Die Grundschule im Westen Deutschlands, der Anfang der sechziger Jahre noch eine erfolgreiche Genesung zugesprochen worden war, wurde bereits 1969 als dringend überholungsbedürftig eingestuft. Der Strukturplan von 1970 (Deutscher Bildungsrat 1970) präsentierte dann ein komplettes Reformprogramm, das die Grundschule organisatorisch als sechsjährige Primarstufe, formal als Einrichtung wissenschaftsbestimmten Lehrens und Lernens, inhaltlich als wissenschaftsorientierte Grundlegung einer für alle Kinder gemeinsamen Bildung, curricular als Prozess ständiger Verbesserung des Unterrichts durch Forschung, Entwicklung, Evaluation und

Revision etablieren sollte. Lehrerinnen und Lehrerin seien wissenschaftlich auszubilden, wissenschaftliches Personal für Forschung und Lehre zu qualifizieren, Fort- und Weiterbildung auf hohem Niveau forschungsnah zu sichern. Nach einem fulminanten Start, bei dem der Sachunterricht eingeführt und letztlich etabliert wurde, verflachten viele Reformansprüche bis hin zur Trivialisierung (Köhnlein, Schreier u.a.). Die Wiedergewinnung des Bildungsbegriffs für Schule und Ausbildung erfolgte Mitte der achtziger Jahre im Austausch mit der Allgemeinen Didaktik (Klafki) und der Grundschulpädagogik (Lichtenstein-Rother, Schorch) und gehört heute zum didaktischen Selbstverständnis des Sachunterrichts (s.o.), *also allen Kindern alles zu lehren, was für ein selbstbestimmtes, mitbestimmendes und solidarisches Handeln in einer gemeinsam gelebten und verantworteten Welt erforderlich ist.*
Doch lässt sich selbstverständlich nicht alles lehren und auch nicht alles lernen. Deshalb wird die Forderung nach einer umfassenden und vollständigen Grundlegung für den Sachunterricht didaktisch auf die Auswahl und Bearbeitung von Exemplaria umgedeutet. Der weltbildende Auftrag des Sachunterrichts darf dabei nicht vernachlässigt werden. Das hat Folgen für die inhaltlichen und thematischen Entscheidungen und somit für die Planung von Sachunterricht.

3. Der Sachunterricht und seine Didaktik orientieren sich am Stand des entwickeltsten Wissens.[3]
Bei Comenius hieß es: *„in den Wissenschaften gebildet und zu guten Sitten geführt".* Mit der Kunst und der Kompetenz, möglichst allen Kindern dazu zu verhelfen, eine realitätsnahe Vorstellung von der Beschaffenheit der Welt und der Sachen und Sachverhalte in ihr zu entwickeln und sie zu befähigen, dieses Wissen selbst zu beschaffen, zu beurteilen und verantwortungsvoll zu nutzen, wollte Comenius, wie Wolfgang Ratke, nach Ende des Dreißigjährigen Krieges ein aufklärendes, ideologiefreies Bildungsprogramm einführen, damit statt Krieg und Vernichtung, Vernunft und Einsicht für ein menschenwürdiges Zusammenleben herrschen soll. Die Humanisten des 14. und 15. Jahrhunderts hatten die Würde und den Wert des Individuums hervorgehoben, die Utopisten des 16. Jahrhunderts den Zugang zu wahrem Weltwissen für alle Menschen erstrebt. Gleiches wollten die Herausgeber der großen französischen Enzyklopädie des 18. Jahrhunderts, die die Beschaffenheit der Welt und aller Dinge in ihr mit dem neusten Wissen ihrer Zeit beschrieben und beschreiben ließen. Unter dem Neuhumanismus des 19. Jahrhunderts, der unser immer noch geltendes Bildungsideal prägte, entwickelte sich die Hei-

---

[3] Eine ausführliche Darstellung ist in Vorbereitung: „Vom Einzug der Wissenschaft in den Sachunterricht" (Lauterbach); in: Hempel, M. & Wittkowske, S. (Hrsg.): Geschichte und Geschichten des Sachunterrichts. Hohengehren: Schneider, voraussichtlich 2010.

matkunde in Anlehnung an die ihr nahen Bezugswissenschaften der Geographie, Biologie, Geschichte und Volkskunde stets wissenschaftsorientiert bis hin zu Eduard Sprangers Idee einer Wissenschaftlichen Heimatkunde (1923, 1952). Erst in den sechziger Jahren erholte sich die Bundesrepublik Deutschland von der kulturellen Demontage durch den Nationalsozialismus. Zeitgleich mit der Herausgabe des „Strukturplans für das Bildungswesen" durch die Bildungskommission des Deutschen Bildungsrates (1970), die die Wissenschaftsorientierung zu einem der leitenden Prinzipien der Reform erklärte, vereinbarten die Kultusminister der Bundesrepublik Deutschland einen dementsprechenden Neuen Sachunterricht.

Die Gesellschaft für die Didaktik des Sachunterrichts (GDSU) wurde in 1992 als wissenschaftliche Fachgesellschaft gegründet. 2002 veröffentlichte sie den Perspektivrahmen für den Sachunterricht mit fünf Perspektiven, deren wissenschaftliche Ausrichtung in der Neufassung von 2010 unmissverständlich als geschichtswissenschaftlich, gesellschaftswissenschaftlich, naturwissenschaftlich, raumwissenschaftlich und technikwissenschaftlich expliziert wird.

Das didaktische Programm des Comenius ist damit bei weitem nicht ausgeschöpft. Wir fügen einen Komplex von fünf methodischen Prinzipien der reformpädagogischen Heimatkunde hinzu, die ebenfalls bei Comenius angelegt sind: Lebensnähe – Kindgemäßheit – Anschaulichkeit – Ganzheitlichkeit – Selbsttätigkeit. Auch sie sind, kulturell umgeformt und differenziert, bis heute im Sachunterricht wirksam. Wir haben sie wie die anderen gegenwartsbezogen und zukunftsorientiert auszulegen und weiterzuentwickeln.

2.1.3 Aufgaben des Sachunterrichts
Dem Sachunterricht sind mehr Aufgaben aufgetragen, als Hartmut von Hentigs pädagogische Losung der Aufklärung in der kindgemäßen Fassungauf den ersten Blick erkennen lässt.[4] „Kinder stärken, Sachen klären" ist sicher eine davon, die zudem im nicht-professionellen, öffentlichen Diskurs Zustimmung bewirkt und die Aufmerksamkeit auf die didaktische Anforderungsstruktur lenkt. Zum einen verweist sie auf die Parallelität der didaktischen und pädagogischen Aufgaben sowie deren relative Autonomie, zum anderen unterwirft sie die Sachklärung der pädagogischen Verantwortung. Der Sachunterricht hat beide dialektisch aufzuheben. In optimistischer Deutung verspricht das der Bildungsbegriff.

Seit den achtziger Jahren führen die Didaktiker und Didaktikerinnen des Sachunterrichts regelmäßig gemeinsame Gespräche mit dem Ziel der Ver-

---

[4] „Menschen stärken, Sachen klären" (v. Hentig 1986)

ständigung und Konstituierung einer gemeinsam getragenen eigenständigen wissenschaftlichen Disziplin. Dieses Ziel ist mit einer gemeinsamen Fachgesellschaft formal erreicht und auch inhaltlich mit gemeinsamen Fachtagungen und Fachpublikationen auf einem sehr guten Wege. In Anwendung der curricularen Delphi-Studie befragte die Gesellschaft für die Didaktik des Sachunterrichts (GDSU) ihre Mitglieder nach den Aufgaben und bestimmenden Gesichtspunkten des Sachunterrichts. Über mehrere Befragungsrunden entwickelte sie daraus eine didaktische Rahmenkonzeption für den Sachunterricht, „um die Anschlussfähigkeit, sowohl an die Sachfächer weiterführender Schulen als auch an die Lebenswelterfahrungen und Interessen der Kinder zu sichern" (GDSU 2002, 3). Unter fünf Perspektiven sollten die Schülerinnen und Schüler unterstützt werden,

o „sich in ihrer Umwelt zurechtzufinden,
o diese angemessen zu verstehen und mitzugestalten,
o systematisch und reflektiert zu lernen,
o Voraussetzungen für späteres Lernen zu erwerben" (GDSU 2002, 2).

Aus Sicht der Fachdidaktik liegen zahlreiche Ansätze zur Formulierung der Aufgaben des Sachunterrichts vor. Weil wir unterstellen, dass Handbücher den Stand einer Wissenschaft objektiviert und zeitnah wiedergeben sowie eine verlässliche Übersicht relevanter Fachpublikationen enthalten, beziehen wir uns auf die im „Handbuch Grundschulpädagogik und Grundschuldidaktik" (Einsiedler u.a. 2005) veröffentlichen Zusammenfassungen, ohne andernorts veröffentlichte Beiträge der von uns hier nicht genannten Fachkolleginnen und Fachkollegen geringer zu schätzen.
Joachim Kahlert (2005, 551f.) nennt mit Verweis auf die gültigen Lehrpläne des Sachunterrichts sowie die Vorgängerversionen und fachanalogen Dokumente im Ausland als übergreifendes Leitziel des Faches das „Erschließen von Umweltbeziehungen", wobei er historische und kulturelle Differenzierungen und Abweichungen im Begrifflichen einräumt. Grundsätzlich aber werde vertreten, „das Kind in seiner Auseinandersetzung mit der Umwelt so zu unterstützen, dass es sich in Gegenwart und Zukunft hinreichend verlässlich orientieren und seine Beziehungen zur Umwelt zunehmend selbständig gestalten kann" (ebd., 552). Dabei komme es auf die Qualität der Beziehung an: „Eigene Vorstellungen prüfen, Vermutungen planvoll überprüfen, Wahrnehmungen umsichtig verarbeiten, gezielt Informationsquellen nutzen, also sich verständnisorientiert darum zu bemühen, die eigenen Vorstellungen für andere nachvollziehbar zu machen und sie vor dem Hintergrund der Vorstellungen anderer zu überprüfen, also ein sachliches Verhältnis zu ihnen einzunehmen" (ebd., 552). Kahlert erkennt den Bildungsbegriff als „Kristallisationspunkt" des Sachunterrichts (Einsiedler) an. Doch lässt seine Auslegung

zugunsten der Betonung formaler Fähigkeiten offen, inwieweit beim heutigen Drängen auf die Entwicklung von Kompetenzen der Kinder und auf methodische Exemplarität der Inhalte die flexibel einsetzbaren Problemlöser für einen globalen Arbeitsmarkt funktionalisiert werden (Sennet 1998), selten dagegen die in den Kategorien Klafkis gebildeten Individuen.

Walter Köhnlein (2005, 560ff.) nennt in seinem Beitrag zu den „Aufgaben und Zielen des Sachunterrichts" drei Hauptaufgaben:
o den Aufbau grundlegender Bildung,
o die Einführung in Sachverhalte,
o die Erziehung zur Sachlichkeit.

Als Aufgabenbereiche des Faches sieht er die Strukturierung des Sachunterrichts in Dimensionen und Perspektiven, den Aufbau von Wissen und Können, die Vermittlung von Repräsentationsformen und Kategorien, die Erarbeitung und Einübung von Problemlösungsstrategien und Arbeitstechniken sowie Anbahnung und Förderung von Moralität. Weitere Zielperspektiven des Sachunterrichts seien unter anderem die Befähigung der Kinder zur Mitwirkung an der Lösung epochaltypischer Schlüsselprobleme, die Ermöglichung von Einsichten in und Erfahrung mit diversen Funktionszielen sowie das Verstehen lehren.

Wir formulieren sechs didaktische Führungsaufgaben, die der Sachunterricht im Curriculum der Grundschule zu übernehmen hat:
o Grundlegende Bildung aller Kinder,
o Individuelle Entfaltung und Entwicklung ihrer Persönlichkeit (Neigungen, Interessen und Fähigkeiten),
o Menschenwürdiges/-gerechtes und naturverträgliches Zusammenleben,
o Befähigung zur Bewältigung von Lebenssituationen,
o Demokratisches und verantwortungsbereites Handeln (selbstbestimmt, mitbestimmend, solidarisch),
o Einübung in Schulfähigkeit.

Keine dieser oder der vorgenannten Aufgaben kann ohne professionelle Planung seitens der Lehrerinnen und Lehrer langfristig, gründlich, kindgemäß und sachadäquat bewältigt werden.

2.1.4 Unterrichtsplanung als Kernaufgabe von Schule und Fachdidaktik

Lehrerinnen und Lehrer befassen sich ebenso wie Fachdidaktikerinnen und Fachdidaktiker hauptamtlich mit Planungsaufgaben bzw. mit deren Qualität, die einen für ihren Unterricht, die anderen für Forschung und Entwicklung sowie für die hier nicht weiter diskutierte Bewertung des Unterrichts der Studierenden und Referendare. Beide Gruppen sind an der Verbesserung des Unterrichts interessiert. Und doch gibt es systematische Unterschiede von hoher Relevanz. In der Schule wird geplant, um nach bestem Wissen und

Gewissen im Unterricht bedarfsgerecht entscheiden und handeln zu können; jedes Mal ist es der Ernstfall für ein Geschehen, das für die Beteiligten so nicht wiederholbar ist. Fokussiert wird auf die Kinder. Forschung und Entwicklung optimiert dagegen für Erkenntnis und Modelle mit ständiger Variation und Wiederholung. Fokussiert wird auf die didaktische Idee. Die Fachdidaktik liefert denn auch keine Anleitung für den Ernstfall des Unterrichts, und der Ernstfall des Unterrichts ist kein wissenschaftliches Experiment der Didaktik, er sollte es nach forschungsethischen Gesichtspunkten jedenfalls nicht sein. Beide, Lehrer wie Didaktiker, treffen sich jedoch im gemeinsamen Interesse bei der Planung des Unterrichts. Didaktiker bieten ihre Erkenntnisse und Modelle an, um etwas über die Art der Nutzung und die Wirkungen ihrer Ideen zu erfahren, Lehrer verwenden aus dem Angebot das, was ihnen geeignet erscheint. Offensichtlich wäre es von Vorteil für beide, wenn sie miteinander in festen Koppelungen interaktiv kommunizieren würden. Bis dies geschieht, werden Lehrerinnen und Lehrer die pädagogische, fachliche und fachdidaktische Analyse und Kritik von Lehrplänen und Curricula selbst vornehmen müssen; um Sachunterricht professionell planen und fachgerecht durchführen zu können.

2.2 Planungsebenen und Planungskontexte des Sachunterrichts

Eine weite Sicht von Unterrichtsplanung erlaubt die Feststellung, dass diese an mehreren Orten im Bildungswesen stattfindet – unterschiedlich in Intensität, Reichweite, Legitimität, Umfang, Anspruch, Qualität, Einfluss, Wirksamkeit, Korrektheit und Kompetenz. Eine enge Sicht fokussiert auf die Planungstätigkeit von Lehrerinnen und Lehrern. Die erste ist für das Verständnis von Unterrichtsplanung, die zweite für das Handeln im Unterricht erforderlich. In der vorunterrichtlichen Unterrichtsplanung haben beide, im Bewusstsein ihrer Differenz und wechselseitig aufeinander bezogen, die jeweiligen Planungsakte zu begleiten.

2.2.1 Ebenen der Unterrichtsplanung

Peter Menck differenziert „vier bezugsebenen didaktischer reflexion" (1975, 41)[5], die sich darin unterscheiden, in welchen Kommunikationszusammenhängen welche spezifischen didaktischen Aufgaben diskursiv verhandelt und letztlich entschieden werden (vgl. Abb. 1 auf Seite 24).
Das übersichtliche Ebenenmodell von Peter Menck enthält dabei einige Vereinfachungen, die ggf. zu Missverständnissen und Fehlinterpretationen füh-

---

[5] Menck folgt in seinem Buch „Unterrichtsanalyse und didaktische Konstruktion" konsequent der Kleinschreibung mit Ausnahme von Satzanfängen und Eigennamen. Die Zitate einschließlich der Abbildung wurden adäquat übernommen.

ren könnten. Im Kontext unserer Argumentation ist dies insbesondere jener Verweis auf das Aufgabenfeld didaktischer Konstruktion der zweiten Bezugsebene, der Fachdidaktik, deren Arbeitsergebnisse das Handeln der Lehrerinnen und Lehrer in besonderer Weise beeinflussen (enge Sicht von Unterrichtsplanung). Menck spricht hier von der „entwicklung von lehrplänen/richtlinien »curricula« (ebd., 41), doch ist hier terminologisch klar zu unterscheiden. Herwig Blankertz charakterisierte einen Lehrplan als „geordnete Zusammenfassung von Lehrinhalten, die während eines vom Plan angegebenen Zeitraumes über Unterricht ... von Lernenden angeeignet und verarbeitet werden sollen" (Blankertz 1969, 111). Er „sei im Idealfall das legitimierte Resultat des von Erich Weniger beschriebenen ‚Kampfes der geistigen Mächte'. In der Form erscheint er als Liste der erwünschten Inhalte mit übergeordneten Bildungs- und Erziehungszielen, die in einer Präambel oder einem begleitenden Text gerechtfertigt werden" (Lauterbach 1994, 157f.).[6] Der Curriculumbegriff ist ambivalenter: Durch die Internationalisierung der anglo-amerikanischen erziehungswissenschaftlichen Forschung seit den dreißiger Jahren des letzten Jahrhunderts entstand mangels deutscher Beteiligung am fachlichen Diskurs eine grundsätzliche Differenz in der Verwendung der Begriffe Curriculum und Didaktik. Der Versuch zum Anschluss in den siebziger Jahren (Robinson 1969) misslang. Während *curriculum* im internationalen Verständnis die Didaktik (als *didactics*) einschließt und mit letzterer (nur) methodisches Geschick bezeichnet, wird in der deutschen Erziehungswissenschaft Curriculum als ziel- und inhaltsbestimmtes Lehr-Lern-Gefüge (meist eines Faches) verstanden. Hans Tütken (1970) hob denn denn auch seine Brückenfunktion zwischen Lehrplan und Unterricht hervor.[7]

Mencks Ebenenmodell verdeutlicht, dass unmittelbar lehrergesteuerte, lehrerverantwortete didaktische Konstruktion auf verschiedenen Ebenen mit je spezifischen Aufgabenfeldern stattfindet.

---

[6] Auf die aktuelle Entwicklung hin zu Bildungsplänen mit ausgewiesenen Kompetenzen und Bildungsstandards wird im Kap. 2.3.1 eingegangen.

[7] Als paradigmatisch für Curriculum galt in der Bundesrepublik der siebziger Jahre „Science – A Process Approach", das als materialisiertes Lehrgefüge mit einem mathematisch-naturwissenschaftsmethodischen Inhaltsaufbau, ihm zugeordneten Bildungsintentionen und Lernzielen, Lehr- und Lernmitteln gestützten Hinweisen bzw. Anweisungen zur ‚wirksamen' Unterrichtsdurchführung, Evaluationsmaßnahmen und Lehrerbegleitmaterialien ausgestattet war (Lauterbach 2001).

bezugsebene	aufgabenfeld didaktischer konstruktion	entscheidungsinstanz	kommunikationsstruktur	kommunikationsmedien (informationsquellen)	medien der didaktischen steuerung
1. didaktisches gesamtsystem	bildungssystem teilsysteme	legislative (exekutive)	öffentlichkeit; wissenschaftliche u. unterrichtspraktische politikberatung; planungskommissionen, planungsstäbe	bildungspolitik bildungsökonomie bildungstheorie	stundentafel kursfolge
2. fachdidaktik	entwicklung von lehrplänen/richtlinien »curricula«	exekutive	wissenschaftliche u. unterrichts- praktische politikberatung: richtlinienkommissionen	fachwissenschaft didaktik humanwissenschaften erfahrungen der praxis und verwaltung	richtlinien
3. didaktische analyse	didaktische strukturierung von themenkreisen	fachlehrer schüler	fachlehrer, fachkonferenzen (eltern, schüler)	fachdidaktik fachwissenschaft erfahrungen der praxis	lehrplanung lehrbuch unterrichtsprogramm
4. didaktik der unterrichtssituation (mikrodidaktik)	durchführung von unterricht: strukturierung von lernprozessen	fachlehrer schüler	fachlehrer-schüler- interaktion	unterrichtsmedien (»sache«)	sprechakte der beteiligten bzw. unterrichtsmaterialien

Abb.1: Bezugsebenen didaktischer Reflexion (Menck 1975, 41)

Folgt man seinem Ansatz, so sind jene Bezugsebenen, die der Steuerung und der Verhandlung von Lehrerinnen und Lehrern unterliegen, die Ebenen der

„didaktischen analyse", die sich der „Aufgabe der didaktischen Strukturierung von themenkreisen" (ebd., 39) im Sinne thematischer Unterrichtseinheiten widmet, sowie die Ebene der „didaktik der unterrichtssituation (mikrodidaktik)", deren Aufgabe „die kon-stitution von konkretem unterricht, die strukturierung von lernprozessen" (ebd., 40) ist. Planungstheoretische Ansätze ergänzen jene lehrergesteuerte Konstruktionsaufgaben um ihre zeitliche Dimension und weisen ihnen vor diesem Hintergrund spezifische Merkmale und Funktionen zu. Wilhelm H. Peterßen (vgl. 2000, 206) unterscheidet den Jahresplan vom Arbeitsplan, der mittelfristigen Unterrichtseinheit und dem Unterrichtsentwurf. Wolfgang Schulz (vgl. 1981, 3) schließt Entscheidungen im konkreten Unterrichtsvollzug in sein Verständnis von Unterrichtsplanung ein, so dass die Planung von Unterricht damit erst im Unterricht selbst ihre abschließende Konkretisierung erfährt. Er differenziert als Ebenen der Unterrichtsplanung im engeren Sinn:

o die *Perspektivplanung* als Auswahl und Ordnung einzelner thematischer Einheiten im Schuljahresverlauf,
o die *Umrissplanung* als Planung thematischer Sinneinheiten,
o die *Prozessplanung* als Planung der Abfolge einzelner Unterrichtsschritte sowie zugehöriger Kommunikations- und Arbeitsformen in der Zeit,
o die *Planungskorrektur* im Sinne der Anpassung der Planung während des Unterrichts an nicht vorhergesehene Planungswirkungen.[8]

Die Planung des Sachunterrichts lässt sich weitgehend auf den genannten Planungsebenen abbilden bzw. in deren Gliederungen beschreiben. Die charakteristische historische Ausrichtung des Faches legt das Zentrum der Planung in die didaktische Konstruktion der Menckschen Ebene drei. Die inhaltlich-thematische Vielfalt des Sachunterrichts und dessen heimatkundliche Herkunft, die vielerorts noch lebendig ist und sich an den Inhalten und Themen von Lehrwerken und veröffentlichtem Unterricht zeigt (vgl. Rauterberg 2002), erlaubte bislang keine dauerhafte Prägung durch Entscheidungen der Ebenen eins und zwei. Weder bildungspolitische Rahmenentscheidungen (z.B. Vereinheitlichung der Fachbezeichnung und Rücknahme der traditionalen inhaltlichen und intentionalen Ausrichtung) noch fachspezifische Forderungen der Lehrpläne oder Konzepte und Empfehlungen der Fachdidaktik

---

[8] Die von Schulz genannten Planungsebenen ergänzen Mencks Bezugsebenen didaktischer Reflexion, in dem zwischen zweiter Bezugsebene (Fachdidaktik) und dritter Bezugsebene (Didaktische Analyse) Planungs- und Konstruktionsaufgaben von Lehrerinnen und Lehrer „eingeschoben" werden. Der Begriff der Planungsebene ist an dieser Stelle missverständlich; tatsächlich handelt es sich um einzelne Planungsanforderungen mit eigenem Charakter und eigener Spezifik. Die Perspektivplanung gewährleistet beispielsweise, dass die Lehrplanvorgaben für ein Schuljahr in eine sinnvolle Ordnung in Abhängigkeit der zeitlichen Bedingungen und der konkreten schulischen und personalen Bedingungen vor Ort gebracht werden und nichts „vergessen" wird.

zeigten bis in die neunziger Jahre nachhaltige Wirkungen und brachten dem in den Schulen praktizierten Sachunterricht sogar den Vorwurf der Trivialisierung ein.

2.2.2 Planungskontexte für Sachunterricht

Im deutschen Bildungswesen sind hauptsächlich zwei Instanzen für die Planung des Unterrichts zuständig: die Kultusministerien der Bundesländer als politische Exekutive der gesellschaftlichen Bildungsabsichten und die Lehrerinnen und Lehrer, die die Kinder in personaler Verantwortung unterrichten. Tatsächlich wirken weitere Instanzen mit, außerdem beteiligen sich freie Mitarbeiter je nach Interesse, Zeitgeist und Opportunität.

In den siebziger Jahren hat einer der Herausgeber dieses Buches (R.L.) untersucht, an welchen Orten im Bildungswesen der damaligen Bundesrepublik Deutschland planungsrelevante Entscheidungen für den Sachunterricht getroffen wurden und inwiefern diese die Unterrichtsplanung von Lehrerinnen und Lehrer beeinflussten (Lauterbach 1979). Fokussiert wurde auf die Unterrichtsplanung als Ort zwischen Vollzug und Theorie (nach Hesse 1975), konzeptualisiert als „Entscheidungskontext der Spezifischen Unterrichtsplanung"[9] (modelliert nach Flechsig & Haller 1973, Frey 1969).[10] Ein Entscheidungskontext bezeichnet die Umgebung einer Klasse von Entscheidungssituationen (im nicht-geographischen Sinn), die den inhaltlichen Zusammenhang und die Bedingungen der Entscheidungen erkennen lassen sowie die Interessenlagen in dem Kontext ausweisen (Lauterbach 1979, 47). Es wurde der von Helmut Becker (Becker, Haller, Stubenrauch & Wilkending 1975) empfohlene Entscheidungsbegriff übernommen: ein von einzelnen Personen oder Gruppen ausgeführter Akt der Wahl zwischen alternativen Handlungen, wobei diese Wahl bewusst oder unbewusst erfolgen kann.

Insgesamt wurden neben der Spezifischen Unterrichtsplanung weitere zehn wirkungsrelevante Kontexte ermittelt und untersucht, die auf diese Einfluss hatten: der Unterricht (vorgängig wie antizipiert), die schulische und außerschulische Lebenswelt, Schule als Organisationseinheit, Schuladministration mit Lehrplan- und Curriculumplanung – wobei letztere teils virtuell als Konzept, teils in Verlagsprodukten oder erfahrungsbasiert nur in den Köpfen und Aufzeichnungen der Lehrpersonen vorhanden waren –, Lehreraus- und Fortbildung, Forschung und Entwicklung, staatliche und nicht-staatliche Öffentlichkeit, Verbände, Privatwirtschaft (Verlage, Lehrmittelhersteller). Als Epi-

---

[9] Entspricht der Klasse vorunterrichtlicher Planungssituationen, in denen für den konkreten Unterricht einer (oder mehrerer) Schulklassen geplant wird.

[10] Karl-Heinz Flechsig und Hans-Dieter Haller hatten, wie Karl Frey zuvor, anglo-amerikanische Strukturmodelle für Curriculumentscheidungen, die das gesamte Bildungswesen erfassten, übertragen.

zentrum der Planung mit der stärksten Beeinflussung wurde der Unterricht identifiziert. Bei der Spezifischen Unterrichtsplanung konnte auf weitreichende Selektions-, Kontroll- und Steuerfunktionen zurückgegriffen werden, die aber je nach Kompetenz, Vermögen und Bewusstsein der Lehrperson(en) unterschiedlich wahrgenommen und genutzt wurden. Hier gab es mit Ausnahme von Forschung und Entwicklung die höchste Verdichtung der planungsrelevanten Informationen, die meisten Optionen, die größten Freiheitsgrade für Entscheidungen und die bestherstellbare Handlungskonsistenz. Lehrerinnen und Lehrern entschieden gleichrangig über Unterrichtsgegenstände, Materialien und Unterrichtsprozesse (u.a. Lehr- und Lernmethoden, Management und Organisation), Inhalte und Themen, kaum über Ziele und Maßnahmen zwecks planbezogener Beeinflussung (Verwirklichung) und Evaluation eines bestimmten Unterrichts. Die Diskrepanz zur damals virulenten Curriculumdiskussion war augenfällig. Die Lehrerinnen und Lehrer wurden zwar von allen Entscheidungskontexten beeinflusst, aber nicht direkt gefordert. Sie wähnten sich in ihrem Handeln weitgehend frei und trafen ihre Entscheidungen eher unbewusst.

Zu wissen, welche Kontexte an der Planung des Sachunterrichts mitwirken und wie sie die Unterrichtsplanung der Lehrerinnen und Lehrer beeinflussen, ist von hoher Relevanz:

(1) Unterrichtsplanung wird systemisch betrachtet, verstanden und genutzt; ohne dieses Wissen würde sie hingegen individualistisch durchgeführt und bliebe unvollständig. Der Fachunterricht an deutschen Schulen wird traditionsgemäß nicht nur von Lehrerinnen und Lehrern vor Ort geplant, sondern funktional differenziert auch von mehr oder minder stark gekoppelten Instanzen innerhalb und außerhalb des Bildungswesens, einige davon legitimiert, andere in freier Trägerschaft. Sie zu kennen und mit ihnen selbstbestimmt und mitbestimmend umzugehen, gehört zum professionellen Selbstverständnis und zur Kompetenz von Lehrerinnen und Lehrern.

(2) Das eigene Planungshandeln wird qualitativ und quantitativ verstärkt, ohne Systemwissen dagegen verkürzt, zufallsanfällig und potenziell degenerativ. Die Ausweitung der Anforderungen an den Lehrerberuf beeinträchtigen die professionelle Entfaltung, erzwingen Routinen, verringern Planungszeit. Der Unterricht wird zunehmend aus sich selbst, aus dem, was früher schon war, und aus dem, was gestern geschah, vielleicht noch mit Einbezug der Ereignisse und Einfälle aus dem lebensweltlichen Alltag der Schülerinnen und Schüler rudimentär vorgeplant und im Unterrichtsvollzug planerisch vollendet. Die Kenntnis der Planungskontexte ermöglicht dagegen, sowohl deren Angebote und Produkte zu vergleichen und geeignete zu nutzen als auch offene Forderungen beurteilen und unter-

schwellige Einflussnahme abweisen zu können. Bei der Unterrichtsplanung wird bewusster entschieden.

Unterrichtsplanung ist zu begründendes Entscheidungshandeln. Das hat eigentlich auf allen Ebenen und in allen Kontexten didaktischen Planungshandelns zu gelten. Menck nennt in seinem Modell vier Instanzen, die beteiligt sind: (1) die Legislative und (2) Exekutive als die gesetzlich Legitimierten, die im Schulgesetz und in den Lehrplänen (Richtlinien, Rahmenplänen) und Begleiterlassen die Anforderungen des Staates auf der Grundlage erkannter Erfordernisse der Gesellschaft formulieren und rechtfertigen, (3) die Schülerinnen und Schüler, die als persönlich Betroffene in unserer demokratisch verfassten Gesellschaft mit grundgesetzlichem Anspruch (der mit der Anerkennung der UN-Charta der Menschenrechte auch für Kinder besteht) zur Selbst- und Mitbestimmung legitimiert sind, und (4) die Lehrerinnen und Lehrer, die in professioneller Verantwortung sowohl dem staatlichen Auftrag Geltung verschaffen als auch den Bedürfnissen und Interessen der Kinder gerecht werden sollen. Damit treffen drei sich verstärkende Faktoren zusammen, die der vorunterrichtlichen Planung den außerordentlichen Status der Planungsmitte verleihen und der oder den beteiligten Lehrpersonen die Zuständigkeit und Verantwortung für die Planung zuweisen: die tradierte Praxis, die zuerkannte Legitimität und die didaktische Funktionalität.

Das unbequeme Problem der Planungen für Sachunterricht liegt in der Pflicht, den Unterricht jeweils wie neu, d.h. in all seinen Dimensionen zeitgemäß zu planen. Das schließt im Prinzip eine fortgesetzte Analyse und didaktische Rekonstruktion der Sachen und Sachverhalte ein und erfordert ständiges Öffnen von Optionen, über deren Eignung, Präferenz und Wirkungen bewusst entschieden werden muss. Die Aufgabe ist komplex und aufwändig. Wer Sachunterricht plant, sollte wissen dass die Begründungen nur pragmatisch[11], das heißt auf die beabsichtigten Wirkungen bezogen, erfolgen können. Das gilt nicht in gleicher Weise für die oberen Planungsebenen.

---

[11] Zum systematischen Verständnis pragmatischer Begründungen vgl. den Beitrag 5.4.

2.3 Die Rolle des Lehrplans[12] für die Unterrichtsplanung

2.3.1 Zum Wandel deutscher Lehrplantradition

Curriculare Festschreibungen bis in die einzelnen Unterrichtsstunden hat es in der deutschen Lehrplangeschichte ebenso gegeben (u.a. Bayern, DDR) wie nur orientierende Empfehlungen (Richtlinien) für die nachfolgenden Planungsinstanzen, einschließlich der völligen Freigabe von Unterrichtszeit für Lehrer und Schüler (z.B. Projektwochen). Die heutige Praxis liegt zwischen den Extremen mit der Tendenz zur erhöhten Kontrolle im Leistungsbereich seitens der Schulaufsicht.

Durch internationale Vergleichsstudien (TIMSS, PISA) verunsichert, haben die Länder Kompetenzstandards für Schulstufen und Fächer verabredet und überprüfen deren Einhaltung derzeit regelmäßig. Damit geht ein fundamentaler Wandel deutscher Lehrplantradition einher: Statt der bisherigen inhaltlich-thematischen Vorgaben werden nunmehr abprüfbare Kompetenzerwartungen formuliert. Die bildungsoffene, inhaltsbestimmte In-put-Praxis soll mit einem kriteriellen Out-put-Konzept umgestaltet und effektiviert werden. Das hat Konsequenzen für die unteren, d.h. unterrichtsnäheren Planungsebenen. Während traditionsgemäß die Inhalte vorgegeben waren, blieb deren zeitliche Anordnung und thematische Auslegung den relativ autonomen Entscheidungen von schulischen Planungsgremien, mehr noch den Lehrerinnen und Lehrer selbst vorbehalten. Die thematische Ausgestaltung und methodische Umsetzung nahmen Lehrerinnen und Lehrer gegebenenfalls unter Einbeziehung von Schülern gemäß dem Postulat der Methodenfreiheit vor und rechtfertigten ihre Entscheidungen selbstbewusst aus ihren Erfahrungen, ihrer praktischen Kompetenz, den regionalen Erfordernissen, den konkreten schulischen Bedingungen und der persönlichen Betroffenheit.

Die bisherigen Erfahrungen mit der Einführung von Kompetenzstandards in angelsächsischen Staaten (Harlen 1992, 2007) decken sich mit Warnungen kritischer Bildungsforscher (z.B. Sennet 1998) und ersten Rückmeldungen aus deutschen Modellversuchen (z.B. comp@ss). Die zwangsläufig enge Ausrichtung auf das Erreichen vorgegebener Standards verführt leicht über ausgearbeitete Unterrichtsempfehlungen zur Monotonisierung des Unterrichts, Dequalifizierung der Lehrenden und Funktionalisierung der Lernenden

---

[12] Je nach Bundesland variieren die Begrifflichkeiten; gesprochen wird von Bildungsplänen, Rahmenplänen, Rahmenlehrplänen, Lehrplänen, Richtlinien, Rahmenrichtlinien. Die gewählten Bezeichnungen unterscheiden sich nach dem Grad der Verbindlichkeit und der länderspezifischen Präferenz. Der Grad der Verbindlichkeit für unterrichtsnähere Planungsprozesse ist zwischen den Bundesländern nicht geregelt. Länderübergreifend (KMK) wird weiterhin die Bezeichnung Lehrplan verwendet. Deshalb und wegen der bildungstheoretischen Grundlegung des Begriffs wird er auch in diesem Buch mit systematischer Absicht gebraucht.

– Bedenken, die in den siebziger Jahren auch gegen den Einsatz und die Verbreitung ausgearbeiteter Curricula erhoben wurden. Das angezeigte Problem ist ernst zu nehmen. Befunde aus der Implementationsforschung weisen darauf hin, dass sich auf dem Weg in den Schulalltag nahezu alle innovationswirksamen Parameter verengen: der Einfluss und die Akzeptanz des Innovationsziels, die Kompetenzstruktur der Beteiligten, die zeitlichen Vorgaben, die materiellen Bedingungen, die sozialen Kontrollen, die verfügbaren finanziellen Mittel.[13] Erfolgswahrscheinliche Implementationsstrategien erfordern Zeit und verursachen Kosten. Sie setzen zudem voraus, dass Lehrerinnen und Lehrer zum Wandel und zur eigenen Kompetenzerweiterung bereit und fähig sind.

2.3.2 Der Lehrplan – „Gemeinsames Lernen für gemeinsame Lebensaufgaben in einem Kernunterricht" (Wolfgang Klafki)

Die historische Grundlegung der heute noch virulenten bildungstheoretischen Didaktik der Unterrichtsplanung erkennen wir in Erich Wenigers (1952) Theorie der Bildungsinhalte und des Lehrplans. Sie berücksichtigt das Gesamt der wesentlichen Faktoren und Momente des Lehrgefüges, von denen Bildner, Zögling, Bildungsgut und Bildungsziel der Didaktik, Unterricht der Methodik und beide der „Erziehungswirklichkeit" angehören, die für Weniger fachlich ist. Im Lehrplan sind alle Strukturelemente der Planung kodifiziert. Und weil in Lehrplänen – trotz begrifflicher Mängel und manch anderer Unzulänglichkeiten – das vom Unterricht Geforderte auch mehr als in anderen Kodifizierungen Geltung habe, könne – ja müsse – die didaktische „Besinnung" in ihm ihren Ausgang nehmen, zumal auch das nicht explizit im Lehrplan Kodierte aus ihm „verstanden und beurteilt werden" könne. Ein gesellschaftlich vereinbarter Lehrplan sei demzufolge auch bis zur Ebene des Unterrichts für die Planungs- und Vollzugsentscheidungen in kritischer Verpflichtung anzunehmen (ebd., 21ff.).

Weniger nennt drei Schichten des Lehrplans (ebd., 62ff.): Erstens „das Bildungsideal" als vom Staat zu moderierendes Ergebnis des „Kampfes der Bildungsmächte", zweitens „die geistigen Grundrichtungen und die Kunde" und drittens „Kenntnisse und Fertigkeiten". Unabhängig und nicht kodifizierbar sind die schulische und außerschulische Lebenswelt der Jugendlichen als selbstständige Bildungsmacht. Mindestens dreierlei erscheint uns für die Unterrichtsplanung hervorhebenswert: *Erstens* das Bestimmungsmo-

---

[13] Innovationen im Bildungswesen können erfolgreich sein, wenn die bereits bekannten empirischen Tatbestände berücksichtigt, die betroffenen Personen einbezogen und qualifiziert, die Prozesse mit den erforderlichen Mitteln nachhaltig ausgestattet, die Reformziele klar formuliert, überzeugend gerechtfertigt und politisch fortgesetzt vertreten werden (Lauterbach 1985).

ment und die Legitimität des Lehrplans als oberste Planungsebene, wobei unbestimmt bleibt, welcher Anteil der tatsächlichen Unterrichtszeit vom Lehrplan belegt und ihm unterstellt wird. Wolfgang Klafki nennt später gleichrangig die Zeit zum Nachgehen und Entwickeln von Neigungen und Interessen der Kinder sowie Gelegenheiten, akute Fragen und Probleme zu bearbeiten (Klafki 1992). *Zweitens* die Eigenständigkeit und „Nicht-Planbarkeit" der Lehrperson, der Schülerinnen und Schüler, der Geschichtlichkeit des Gegenstandes und des Faches, wobei den Betroffenen – das sind die Kinder, Lehrer und Eltern – das Recht zukommt, alle an sie gerichteten Anforderungen zur prüfen, zu interpretieren und in ihrer Verantwortung zu behandeln. Die Lehrperson hat zudem die antagonistische, manchmal aporetisch erscheinende Aufgabe, sowohl das gesellschaftliche Allgemeinwohl als auch die Belange eines jeden ihr anvertrauten Kindes zu vertreten. *Drittens* benötigen Lehrplananforderungen hinsichtlich nachfolgender Planungsentscheidungen keine weitere Rechtfertigung. Vorbehaltlich der Ausführungen unter Punkt zwei darf eine Gesellschaft von ihren Mitgliedern gemeinsames Lernen (und Können) für die Bewältigung (Verstehen und Handeln) gemeinsamer Lebens- und Überlebensaufgaben erwarten. Sie müsste es beim Vorliegen des gesetzlichen Rahmens der Schulpflicht sogar einfordern.[14] Das bedeutet keinen Angriff auf die Autonomie der Person und keine Beschränkung demokratischer Rechte.

In diesem Sinne ist *Klafki* (1985/1996) zu verstehen. Auch er sieht die Unterrichtsplanung auf mehreren Ebenen abgebildet – mit den länderspezifischen Rahmenrichtlinien oder Rahmenlehrplänen auf der obersten und individuellen Unterrichtsvorbereitungen für Einzelstunden auf der untersten Ebene. Er beurteilt die Rahmenvorgaben der Lehrpläne unter dem Vorbehalt ihrer kompetenten und demokratisch legitimierten Erstellung als „eine Notwendigkeit, sofern solche Pläne auf die Konkretisierung unter je spezifischen Bedingungen angelegt sind, Entscheidungsspielräume offen lassen und ihrerseits kritisierbar und revidierbar sind" (1996, 268). Eingedenk der Tatsache, dass die Unterrichtsplanung vor dem Hintergrund jener eingangs erwähnten Ebenendifferenz auf unterschiedliche „Gliederungseinheiten" bezogen werden kann, fordert Klafki für didaktisch begründete Unterrichtsplanung die Orientierung an der Unterrichtseinheit, ohne oder mit Kollegen und Schülern erstellt, als offener Entwurf für flexibles Lehrerhandeln im Unterricht: „für didaktisch begründete Unterrichtsplanung muß meines Erachtens *die thematisch bestimmte Unterrichtseinheit oder das Unterrichtsprojekt* bzw. die durch einen zielorientierten, thematischen Zusammenhang definierte *Lehr-*

---

[14] Die Kinder sind ebenso wie ihre Eltern Mitglieder unserer Gesellschaft und darüber den Prinzipien der Partizipation und der Verantwortung unterstellt (Lauterbach 1994).

gangssequenz als *Grundeinheit* betrachtet werden" (ebd., 267f.). Dieser Forderung schließen wir uns an. Das nachfolgende Kapitel 2.4 stellt hierfür ein begriffliches Inventar der Planung von Unterrichtseinheiten im Sachunterricht bereit, das jedem Planenden bzw. jeder Planungsgruppe erlaubt, reflexiv didaktische Analyse- und Planungsaufgaben wahrzunehmen. Es wird in den Kapiteln 3 und 4, differenziert nach Planungsbedingungen und Planungsentscheidungen, theoretisch-systematisch und fachdidaktisch konkret entfaltet und findet sich, mehr oder weniger strukturell verankert, innerhalb der modellierten Gesamtzusammenhänge der Planung von Unterrichtseinheiten des Sachunterrichts des Kapitels 5 wieder.

2.4 Planung von Unterrichtseinheiten des Sachunterrichts – eine begrifflich-semantische und funktionale Grundlegung

Dieses Buch fokussiert die Planung von Unterrichtseinheiten auf der Ebene der didaktischen Analyse und Konstruktion im Entscheidungskontext „Spezifische Unterrichtsplanung" durch Lehrerinnen und Lehrer. Mit dieser Fokussierung geraten Planungsentscheidungen in den Blick, die darauf gerichtet sind, Interaktionsprozesse zwischen den am Unterricht Beteiligten über Einzelstunden hinweg bildungswirksam in Gang zu setzen, aufrecht zu erhalten und zu einem erfolgreichen Ende zu führen: „Entscheidungen über Ziele, Themen, Unterrichtsmaterialien, Unterrichtsprozesse (Lehr- und Lernmethoden) und Evaluationsmaßnahmen zum Zwecke der Vorbereitung, der planbezogenen Beeinflussung (Verwirklichung) und Evaluation eines bestimmten Unterrichts. Träger der Entscheidungen ist üblicherweise der Lehrer, der den Unterricht verantwortet .... Die Entscheidungen sind auf einen konkreten Unterricht mit eindeutig bestimmbaren Personen, Objekten, Raum-Zeit-Bedingungen und antizipierten Interaktionsprozessen bezogen" (Lauterbach 1979, 52f.).

Die Planung von Unterrichtseinheiten verleiht einem Lehrer bzw. einer Lehrerin gegenüber der isolierten Planung und Durchführung einzelner Unterrichtsstunden ein höheres Maß an Flexibilität und Verhaltenssicherheit in der konkreten Unterrichtssituation. Der Überblick über die thematische Einheit in ihrem Gesamtzusammenhang gibt nicht nur der Einzelstunde ihre konkrete didaktische Verortung und intentionale Ausrichtung (vgl. auch Klafki 1996, 268). Er ermöglicht spontanes Abweichen vom Plan, ohne dabei die Geschlossenheit einer thematischen Sinneinheit aus dem Blick zu verlieren oder didaktisch unreflektiert zu handeln – beispielsweise weil die Lehrperson bereits das nötige Sachwissen besitzt, den Bildungsinhalt didaktisch-methodisch durchdacht oder relevante Materialien beschafft hat, um sofort zu reagieren oder auf eine spätere Unterrichtssituation zu verweisen, in der diese

Frage unter optimierten – für eine bildungswirksame Erschließung günstigeren – Bedingungen (zeitlicher, räumlicher, personaler, materieller Art ...) aufgegriffen und geklärt wird.

Die Unterrichtseinheit muss als Elementareinheit der Planung von Sachunterricht angesehen werden, denn die Konstruktion thematischer Einheiten im hier vertretenen Planungsverständnis verhindert perspektivische Verengungen und einseitige fachliche (bereichsspezifische) Orientierungen bei der Erschließung lebensweltlich relevanter Sachverhalte. Die im Perspektivrahmen Sachunterricht (GDSU 2002) und einigen sich am Perspektivrahmen orientierenden Fachlehrplänen (z.B. in Sachsen-Anhalt) ausgewiesenen Inhalte werden zwar getrennt nach einzelnen Perspektiven systematisch zusammengefasst (vgl. Kap. 4.1), eine segregierende Planung unter ausschließlich perspektivischem Blickwinkel wird jedoch den Kernaufgaben des Sachunterrichts, beispielsweise Bewältigung von Lebenssituationen, Erschließung der Lebenswelt, Mitwirkung an der Lösung epochaltypischer Schlüsselprobleme, Grundlegende Bildung (vgl. Kap. 2.1), nicht gerecht.

Es lassen sich verschiedene Typen von Unterrichtseinheiten im Sachunterricht unterscheiden. Neben der Vielfalt und Fülle thematischer Einheiten (vgl. die Beispiele in Kap. 4 und 5) planen Lehrerinnen und Lehrer Kurse zur Einführung in Arbeitstechniken und Verfahren des Sachunterrichts und Projekte für eine Schulklasse. Sowohl die Planung von Projekten als auch von Kursen o.g. Art zeichnet sich neben den hier entwickelten planungstheoretischen Überlegungen zur inneren thematische Struktur einer Unterrichtseinheit durch spezifische Kennzeichen aus; sie können an dieser Stelle nicht näher aufgeführt werden.

Um die Planung einer Unterrichtseinheit im Sachunterricht in ihren Anforderungen kategorial zu skizzieren, wählen wir den Zugang über das allgemeindidaktische Modell Wolfgang Klafkis. Klafki (1985/1996) äußert in seinem Aufsatz zur Unterrichtsplanung seine Überzeugung, dass ein kritisch-konstruktiver, auf Handeln ausgerichteter Bildungsbegriff als „zentrierende, übergeordnete Orientierungs- und Beurteilungskategorie für alle pädagogischen Einzelmaßnahmen", unter anderem als oberstes Prinzip für Lernzielbestimmungen, erhalten bleiben müsse und zwar aus systematischen wie historischen Gründen. Man müsse allerdings seine ursprünglich gesellschaftskritische Bedeutung wieder herausarbeiten und auf die heutigen Verhältnisse beziehen (ebd., 252). Mit einem umfänglich dokumentierten Hinweis auf die überaus vielfältige Literatur zur Unterrichtplanung und Didaktik setzt Klafki in kritischer Absicht zur Integration des Vorhandenen in seine Konzeption der Didaktik an. Das geschieht in zwei Thesenfolgen von zusammen elf Thesen. Obwohl sie alle für die Unterrichtsplanung des Sachunterrichts relevant sind, können sie im Rahmen dieses Beitrags nicht rekonstruiert werden. Sie

betreffen die übergreifende Zielbestimmung (Selbst- und Mitbestimmungsfähigkeit sowie Solidarität), das Lehren und Lernen als Interaktionsprozess, das entdeckende und verstehende Lernen an exemplarischen Themen, die Mitplanung durch Schülerinnen und Schüler, den Unterricht als sozialen Prozess, den Primat der Zielentscheidungen, die themenkonstituierende Funktion von (interessengeleiteten) Fragestellungen und Methoden (hier nicht Unterrichtsmethoden), den immanent-methodischen Charakter der Thematik, die Unterrichtsmethoden, die Orientierung der Methoden an emanzipatorischen Zielsetzungen, soziale Konflikte und Beziehungsschwierigkeiten. Für die Planungspraxis entwickelte Klafki ein „(Vorläufiges) Perspektivenschema zur Unterrichtsplanung", das er selbst als Problematisierungsraster (vgl. ebd., 266) für die Konstruktion der thematischen Struktur einer Unterrichtseinheit mit all ihren zu Grunde liegenden Entscheidungen und zu berücksichtigenden Voraussetzungen und Bedingungen charakterisiert:
Erstens: Alle Planungsentscheidungen werden durch ein Bedingungsgefüge determiniert. Die Bedingungsanalyse ist kein Planungsschritt an sich, der den einzelnen Planungsentscheidungen vorausgeht; sie ist unmittelbar an die Entscheidungen bzw. die diesen Entscheidungen zu Grunde liegenden Prozesse und Begründungen gebunden. Als zu analysierende Bedingungen verweist Klafki auf schulische Bedingungen, auf personale Voraussetzungen der Schülerinnen und Schülern und der Lehrperson sowie voraussehbare Schwierigkeiten oder Störungen im Allgemeinen. Für die Planung von Sachunterricht wird darüber hinaus die Sache selbst zum Bedingungsfaktor. Dabei geht es um mehr als nur Sachkenntnis. Bedingungen und Voraussetzungen, die durch die Sache konstituiert werden, sind zu analysieren und hinsichtlich ihres Einflusses auf didaktische Entscheidungen zu prüfen. Als Bedingungsfaktoren unterscheidet und diskutiert das nachfolgende Kapitel den Eigenwert der Sache (3.1), die Lernvoraussetzungen der Kinder (3.2), die Voraussetzungen in der Lehrperson (3.3) sowie die schulischen Bedingungen (3.4).
Zweitens: Klafkis Perspektivenschema enthält didaktische Felder, er bezeichnet sie als „Problemfelder" (ebd., 270), die im Rahmen der Planung von Unterrichtseinheiten zu bearbeiten sind:
  o die Begründung der „Thematik", die in Klafkis Verständnis sowohl das Thema der Unterrichtseinheit als auch deren Teilthemen umfasst[15] und nicht unabhängig von deren Zielsetzungen getroffen werden kann,

---

[15] Es ist die inhaltliche Dimension des Unterrichts, die er begrifflich unterschiedlich kennzeichnet: Neben dem Terminus Thematik spricht er auch vom »(potentiellen) Thema« bzw. den »Themen«, von »(potentiellen) Ziel-Themenzusammenhänge(n)«, vom »thematischen Zusammenhang« oder dem »Unterrichtsthema«. Hier ist begrifflich und semantisch klar zu unterscheiden (vgl. Kap. 4.1 und 4.4.)

- die thematische Strukturierung des Themas der Unterrichtseinheit, deren Bestimmung wiederum an die Festlegung von Lernzielen gebunden ist, sowie die Möglichkeiten und Formen der Überprüfbarkeit der angestrebten Lernziele,
- Möglichkeiten und Formen der Vermittlung zwischen Kind und Sache im Sinne der Bestimmung von Zugangs- und Darstellungsmöglichkeiten – beispielsweise durch konkrete Handlungen, Spiele, Erkundungen oder Medien,
- die Frage der Strukturierung des Lehr-Lern-Prozesses, des Interaktionsprozesses zwischen Lehrperson, Schülerinnen und Schülern in seinem zeitlichen und sachlogischen Verlauf.

Damit sind allgemeine Planungsanforderungen umrissen, die Rahmen und Orientierung für die Planung von Sachunterricht sein können. Mit Blick auf die notwendige Differenzierung dessen, was Klafki allgemein als Thematik bezeichnet (vgl. Fußnote 15), unterscheidet und diskutiert das 4.Kapitel folgende entscheidungsrelevante Strukturelemente der Planung einer Unterrichtseinheit im Sachunterricht hinsichtlich ihrer begrifflichen Konsistenz, ihrer Funktion(en) und Wirkungen: die Bestimmung von Bildungsinhalten (4.1), die Formulierung von Lernzielen (4.2), die Auswahl von Methoden (4.3), den Entwurf von Unterrichtsthemen (4.4), die Strukturierung des Lehr-Lern-Prozesses in zeitlich begrenzte Unterrichtssituationen (4.5) sowie Möglichkeiten und Formen der Evaluation des Unterrichts (4.6).

Drittens: Klafkis Planungsmodell macht auf Wechselbeziehungen und Abhängigkeiten aufmerksam, beispielsweise auf die Wechselbeziehung zwischen Bedingungsanalyse und allen anderen didaktischen Entscheidungen (siehe oben), auf die Abhängigkeit thematischer und methodisch-medialer Entscheidungen von getroffenen Zielentscheidungen oder die Abhängigkeit der Gestaltung unterrichtlicher Interaktionsprozesse (Kap. 4.5: Unterrichtssituationen antizipieren und gestalten) von methodischen Entscheidungen (Kap. 4.3: Unterrichtsmethoden auswählen). Die additive Aneinanderreihung der einzelnen Beiträge im 3. und 4. Kapitel lässt das Prinzip der Interdependenz formal-strukturell nicht erkennbar werden, wenn auch in den Beiträgen selbst darauf verwiesen wird. Diesbezüglich ist auf die fachdidaktischen Ansätze des Kapitels 5 zu verweisen. In den Modellierungen der Planung von Unterrichtseinheiten im Sachunterricht in ihrem Gesamtzusammenhang werden Wechselbeziehungen und Abhängigkeiten zwischen Strukturelementen der Planung von Sachunterricht sowohl inhaltlich als auch strukturell zum Ausdruck gebracht.

Literatur

Becker, H.; Haller, H.-D.; Stubenrauch, H. & Wilkending, G.. (1975): Das Curriculum. Praxis, Wissenschaft und Politik. München: Juventa

Blankertz, H. (1969): Theorien und Modelle der Didaktik. München: Juventa

Comenius, J.A. (1657, [8]1993): Große Didaktik. Übersetzt und herausgegeben von Andreas Flitner. Stuttgart: Klett-Cotta

Comenius, J.A. (1658, [4]1991): Orbis sensalium pictus. Die bibliophilen Taschenbücher Nr. 30. Dortmund: Harenberg

Deutscher Bildungsrat (1970): Strukturplan für das Bildungswesen. Weinheim: Beltz

Deutscher Bildungsserver: www.bildungsserver.de

Duncker, L. (1994): Lernen als Kulturaneignung. Schultheoretische Grundlagen des Elementarunterrichts. Weinheim, Basel: Beltz

Fischer, H.-J. & Marquardt-Mau, B. (2009): Forum: Kinder entdecken und verstehen die Welt. – Frühe und grundlegende schulische Bildung im Dialog. In: Lauterbach, R.; Giest, H. & Marquardt-Mau; B. (Hrsg.): Lernen und kindliche Entwicklung. Elementarbildung und Sachunterricht. Bad Heilbrunn: Klinkhardt, 19–26

Flechsig, K. & Haller, H.-D. (1973): Entscheidungsprozesse in der Curriculumentwicklung. Stuttgart: Klett

Frey, K. (1969): Das Curriculum im Rahmen der Bildungsplanung und der Unterrichtsplanung. In: Die Deutsche Schule, 61 Jg., 270–281

Gesellschaft für Didaktik des Sachunterrichts (GDSU) (2002): Perspektivrahmen Sachunterricht. Bad Heilbrunn: Klinkhardt

Haller, H.-D. (1971): Zur Empirie der Lehrplanentwicklung. Monographie IV der Arbeitsgruppe für Unterrichtsforschung. Sonderforschungsbereich Bildungsforschung. Konstanz: Universität Konstanz

Harlen, W. (1992): Primarschulentwicklung und Naturwissenschaften in England und Wales. In: Hameyer, U.; Lauterbach, R. & Wiechmann, J. (Hrsg.): Innovationsprozesse in der Grundschule. Fallstudien, Analysen und Vorschläge zum Sachunterricht. Bad Heilbrunn: Klinkhardt, 272–293

Harlen, W. (2007): Assessment of Learning. Sage Pubns Ltd.

Hesse, H. (1975): Gesellschafts- und wissenschaftstheoretische Bedingungen der Curriculumreform. In: Frey, K. u.a. (Hrsg.): Curriculum-Handbuch. Band I. München: Piper, 73–78

Kahlert, J. ([2]2005): Sachunterricht als fächerübergreifender Lernbereich. In: Einsiedler, W.; Götz, M; Hacker, H.; Kahlert, J.; Keck, R.W. & Sandfuchs, U. (Hrsg.): Handbuch Grundschulpädagogik und Grundschuldidaktik. Bad Heilbrunn: Klinkhardt, 550–559

Klafki, W. (1985/[5]1996): Neue Studien zur Bildungstheorie und Didaktik: zeitgemäße Allgemeinbildung und kritisch-konstruktive Didaktik. Weinheim, Basel: Beltz

Klafki, W. (1992): Allgemeinbildung in der Grundschule und der Bildungsauftrag des Sachunterrichts. In: Lauterbach, R.; Köhnlein, W.; Spreckelsen, K. & Klewitz, E. (Hrsg.): Brennpunkte des Sachunterrichts. Vorträge zur Gründungstagung der Gesellschaft für Didaktik des Sachunterrichts. Kiel: IPN & GDSU, 11–31

KMK (1994): Empfehlungen der Kultusministerkonferenz zur Arbeit in der Grundschule. (Beschluss der Kultusministerkonferenz vom 2.Juli 1970 i. d.F. vom 6.Mai 1994).Unter: http://www.kmk.org/fileadmin/veroeffentlichungen_beschluesse/1970/1970_07_02_Empfehlungen_Grundschule.pdf (6.01.2010)

Köhnlein, W. (2005): Aufgaben und Ziele des Sachunterrichts. In: Einsiedler, W.; Götz, M; Hacker, H.; Kahlert, J.; Keck, R.W. & Sandfuchs, U. (Hrsg.): Handbuch Grundschulpädagogik und Grundschuldidaktik. Bad Heilbrunn: Klinkhardt, 560–571

Lauterbach, R. (1979): Unterrichtsplanung als didaktische Entscheidungssituation. Hamburg: Universität

Lauterbach, R. (1985): Staff development with Regards to science education in primary schools. In: European Council: Educational Research Workshop on Science and Computers in Primary Education Edinburgh, Scotland, 3 - 6, September 1984. Strasbourg: Council of Europe

Lauterbach, R. (1992): Von der Heimatkunde zum Sachunterricht. Erinnerungen für die Zukunft. In Lauterbach, R.; Köhnlein, W.; Spreckelsen, K. & Klewitz, E. (Hrsg.): Brennpunkte des Sachunterrichts. Kiel: IPN, 83–106

Lauterbach, R. (1994): Zum Curriculum gehört die Pflicht. In: Lauterbach, R.; Köhnlein, W.; Koch, I. & Wiesenfarth, G. (Hrsg.): Curriculum Sachunterricht. Kiel: IPN & GDSU, 149–162

Lauterbach, R. (1998): Evaluation Sachunterricht – Sachsen. Dresden: Comenius-Institut (unveröffentlichte Studie)

Lauterbach, R. (2001): „Science - A Process Approach" revisited - Erinnerungen an einen "Weg in die Naturwissenschaft". In: Köhnlein, W. & Schreier, H. (Hrsg.): Innovation Sachunterricht – Befragung der Anfänge nach zukunftsfähigen Beständen. Bad Heilbrunn: KLinkhardt,103–132

Lauterbach, R. (2010): Vom Einzug der Wissenschaft in den Sachunterricht – Ein Beitrag zur unendlichen Geschichte grundlegender Bildung. In: Hempel, M. & Wittkowske, S. (Hrsg.): Geschichte und Geschichten des Sachunterrichts. (in Vorbereitung)

Menck, P. (1975): Unterrichtsanalyse und didaktische Konstruktion. Frankfurt am Main: Athenäum Fischer Taschenbuch Verlag

Neuhaus, E. (1974): Reform des Primarbereichs. Düsseldorf: Schwann

Peterßen, W. H. (^{9}2000): Handbuch Unterrichtsplanung. Grundfragen-Modelle-Stufen-Dimensionen. München, Düsseldorf, Stuttgart: Oldenbourg

Rauterberg, M. (2002): Die „alte Heimatkunde" im Sachunterricht: eine vergleichende Analyse der Richtlinien für den Realienunterricht der Grundschule in Westdeutschland von 1945 bis 2000. Bad Heilbrunn: Klinkhardt

Robinsohn, S.B. (1969): Bildungsreform als Revision des Curriculum. Neuwied & Berlin: Luchterhand

Schulz, Wolfgang (^{3}1981): Unterrichtsplanung: mit Materialien aus Unterrichtsfächern. München, Wien, Baltimore: Urban & Schwarzenberg

Sennet, R. (1998): Der flexible Mensch. Die Kultur des neuen Kapitalismus. Berlin: Berlin-Verlag

Spranger, E. (1952): Der Bildungswert der Heimatkunde. Stuttgart: Reclam

Tütken, Hans (1970): Curriculum und Begabung in der Grundschule. In: Westermanns Pädagogische Beiträge, 3, 103–111

Hentig, H. v. (1986): Die Menschen stärken, die Sachen klären: Ein Plädoyer für die Wiederherstellung der Aufklärung. Stuttgart: Reclam

Vollmer, H.J. (2007): Zur Situation der Fachdidaktik an deutschen Hochschulen. Überarbeitete Fassung eines Vortrags im Rahmen einer DGfE-Arbeitstagung vom November 2006 zum Thema „Erziehungswissenschaft in der BA/MA-Struktur". Unter: http://gfd.physik.rub.de (6.12.2009)

Weniger, E (1952): Didaktik als Bildungslehre I: Die Theorie der Bildungsinhalte und des Lehrplans. Weinheim: Beltz

Kapitel 3

Die Planung von Unterrichtseinheiten im Kontext sachbezogener, individueller und schulischer Bedingungen

3.1 Der Eigenwert der Sache und die Relevanz ihrer Gegenstände

von Roland Lauterbach

3.1.1 Die Sache nicht übersehen

Tag und Nacht, der Berliner Mauerfall, ein springender Ball, Feuer, unsere Schule, Schmetterlinge, Frühling, Geld, Muttertag, der Ort, in dem ich lebe – all das und sehr viel mehr kann im Sachunterricht der Grundschule zur Sache werden.[1] Damit dies bildungswirksam geschieht, bieten sich traditionsgemäß zwei komplementäre Strategien an: Sacherschließung[2] und Sachlernen. Beide erfordern von Lehrerinnen und Lehrern Sachkenntnis, denn selbstverständlich ist jede Sache auf die ihr gemäße Weise zu behandeln.

In dieser Abhandlung geht es um die Aufmerksamkeit, die Kenntnis und das Verhältnis zur Sache bei der Unterrichtsplanung, um ein realitätsnahes Verständnis vor aller Didaktisierung. Ich bearbeite drei Aufgaben:

Erstens: Was ist mit Sache des Sachunterrichts gemeint, wie unterscheidet sie sich von der Sache im Status Nascendi, wie von den Gegenständen, an denen die Sache erkannt werden kann?

Zweitens: Was müssten Lehrerinnen und Lehrer bei *jeder* Unterrichtsplanung von der Sache, um die es gehen soll, und deren Gegenständen kennen, wissen und verstehen, wie müssten sie mit diesen umgehen können?[3]

---

[1] Die Fachzeitschrift „Sache – Wort – Zahl" hat seit ihrer Gründung im Jahr 1996 mehr als 100 Themenhefte herausgegeben.
[2] Vgl. Lauterbach 2007
[3] Im professionellen Diskurs werden die Fragen, was Lehrerinnen und Lehrer von den Sachen und ihren Gegenständen tatsächlich (Umfang, Reichweite, Tiefe) kennen und verstehen und

Drittens: Wie können sich Lehrerinnen und Lehrer der Sache selbst und der Realität ihrer Gegenstände nähern, wie ihr Wissen und Können sach- und gegenstandsgemäß aufbauen und entwickeln?

Diese Fragen diskutiere ich unter der Prämisse, dass die Sachanalyse für die Unterrichtsplanung eine doppelte Funktion hat: Zum einen soll sie die Sache intensiv in ihrer natürlichen, kulturellen und lebenspraktischen Existenz klären, zum anderen extensiv ihr didaktisches Potenzial ermitteln. Hieraus folgen zwei getrennt zu bearbeitende Aufgaben. Die erste ist der zweiten grundsätzlich vorausgesetzt. Sie ist hier das Thema.

3.1.2 Was mit der Sache, was mit ihren Gegenständen gemeint ist

Die Sache selbst

Die Sachen des Sachunterrichts entstehen durch didaktische Entscheidungen über Ziele, Inhalte und Themen – letztlich im Unterrichtsprozess durch die Lehrperson, die Schülerinnen und Schüler, das Unterrichtsgeschehen, die materiellen, sozialen wie kontextuellen schulischen Bedingungen, die historischen Umstände und nicht zuletzt durch ihre Gegenstände selbst.

Was unter Sache verstanden werden kann, wurde von Didaktikern des Faches seit dessen wissenschaftlicher Etablierung grundlegend untersucht, teils kritisch verhandelt und schließlich im fachdidaktischen Diskurs der Gesellschaft für Didaktik des Sachunterrichts grundsätzlich akzeptiert (GDSU 2002). Die für den Sachunterricht nunmehr verbindliche Bedeutung hat Walter Köhnlein im *Handbuch Didaktik des Sachunterrichts (2007)* rekonstruiert und didaktisch stimmig formuliert. In Kapitel 5 dieses Bandes fasst er sie zu Beginn seines Beitrags zusammen und zeigt exemplarisch, wie im Planungsprozess aus dem didaktischen Primat der Sachen deren Potenz für Wissen und Können von Grundschulkindern gewonnen werden kann. In dem hier diskutierten Kontext enge ich den Sachbegriff terminologisch[4] ein und vertiefe zwei Aspekte. Damit man Sachen und Sachverhalte des Sachunterrichts in ihrer vordidaktischen Existenz, ihrer Weltbeschaffenheit, *res*, ontologisch *Etwas, das ist,* wie es ist, (aber auch Etwas, das war, wie es war) kennen und verstehen lernen kann, müssen sie sich phänomenal, d.h. direkt oder indirekt wahrnehmbar zeigen (oder gezeigt haben), sonst fehlt der erkennende Zugang zu

---

was sie im Umgang mit diesen können, tabuisiert, obwohl sie zu den wichtigen des Sachunterrichts gehören. Nach mehr als vierzig Jahren Berufserfahrung habe ich persönlich die empirische Gewissheit, dass dies weder den Sachen gemäß ist noch den Kindern gerecht wird.

[4] Problematisch bleibt die unvermeidliche Interferenz des umgangssprachlichen Universalbegriffs der Sache, mit dem *irgendetwas* unspezifisch angezeigt werden kann. Sie stört nicht nur die terminologische Konsistenz, sondern auch die fachliche Verständigung über und mit einem sorgfältig definierten Sachbegriff.

ihnen. Ohne Evidenz kann ihre Existenz nur geglaubt werden und Sachunterricht nicht stattfinden.

Erstens: Für die empiristische Auffassung spricht, dass sowohl der Sache als auch den Beobachtern und ihren Urteilen der gleiche existenzielle Status zuerkannt wird: Eine Sache existiert danach unabhängig von einer wahrnehmenden Person für, bei und an sich, sie hat eine charakteristische Erscheinung, innere Struktur und Organisation, eine eigene Geschichte, Herkunft, befindet sich in je besonderen Zusammenhängen, Beziehungen, Funktionen. Ebenso existiert das von einer Person individuell Erkannte, Konstruierte und Gemeinte, gleichermaßen das gesellschaftlich Geltende einer Sache, das intersubjektiv durch Kommunikation, insbesondere Sprache, Interaktion, soziale Organisation und kulturelle Objektivationen bestimmt und tradiert wird. Einen Sonderstatus nimmt dabei wissenschaftliches Wissen ein, für das methodisch gestützt allgemeine Gültigkeit (hypothetisch auf Zeit) beansprucht wird.

Zweitens: Die Existenz der Sache für sich bezeichne ich mit *Realität*, ihre (von Menschen erkannte) Erscheinung mit *Phänomen*, die durch diese empfundene, erkannte, konstruierte und erklärte Vorstellung mit *Wirklichkeit*.[5] Hiernach kennen wir nie die Realität einer Sache, sondern nur ihr Phänomen und ihre (verschiedenen) Wirklichkeiten bei uns und anderen, in unserer unmittelbaren und fernen Lebenswelt, in den gesellschaftlichen Funktionsbereichen, in den Wissenschaften, in der Kunst. Deren jeweilige Nähe zur Realität hängt von der Sache selbst, ihrer phänomenalen Präsenz und Ausprägung, den verwendeten Erkenntnismethoden und der Qualität (u.a. Deutungskonsistenz, Widerspruchsfreiheit) wie Quantität des verfügbaren Wissens ab. Daher scheint der prinzipielle Gültigkeitsanspruch der Wissenschaften gerechtfertigt. Ein verlässliches Maß der Realitätsnähe und damit Gültigkeit des Erkannten besteht allerdings nicht. Das ist auch wissenschaftsgeschichtlich ausreichend belegt. Vermeintlich sicheres Wissen, sei es individuell, bereichsspezifisch oder wissenschaftlich allgemein, muss folglich immer wieder geprüft, manchmal verworfen, oft modifiziert oder mangels besserer Alternativen auch beibehalten werden. Allerdings ermutigt uns unter anderem die Evolutionäre Erkenntnistheorie, unseren Wirklichkeitsvorstellungen gelegentlich dann zu trauen, wenn diese die uns nahe und unsere eigene Natur betreffen, sich auf direkte Wahrnehmung stützen und sich praktisch bewähren. Freilich muss uns bewusst bleiben, dass wir es um uns herum stets mit multiplen Wirklichkeiten einer Sache zu tun haben.

---

[5] Hier wird dem Vorschlag Gerhard Roths (1994) gefolgt und zwischen der letztlich nicht vollbestimmbaren Existenzweise eines Gegenstands (seiner ontologischen Verfasstheit) als Realität und den jeweiligen Vorstellungen und Konzeptualisierungen von ihm in den Individuen (seinen epistemologischen Repräsentationen) als Wirklichkeiten unterschieden.

Drittens: Besondere Aufmerksamkeit gilt den Phänomenen und Begriffen einer Sache. Beide existieren nicht für sich. Phänomene sind das sinnlich, zunächst vorbegrifflich Wahrgenommene einer Realität und darin abhängig sowohl von der Sache als auch von dem (technisch erweiterten) Wahrnehmungsvermögen und den Erfahrungen des Betrachters. (So erkennen zum Beispiel Feuerwehrleute an den Farben des Feuers und den Gerüchen, was verbrennt.) Begriffe bezeichnen Sachen und Eigenschaften, sind Ordnungs-, Interpretations- und Sinnkategorien für Gedanken und Aussagen über deren Realität und Wirklichkeit. Phänomene ermöglichen das Erkennen von Gestalt und Eigenschaft, Teil und Ganzem, Mustern in Raum und Zeit, Begriffe das Benennen, Beschreiben, Interpretieren, Erklären, Verständigen, Diskutieren, Urteilen.

Viertens: Eine Sache existiert nicht nur mehrfach, nämlich als Realität und in multiplen Wirklichkeiten ebenfalls als Phänomen und Begriff, sie wirkt auch in jeder ihrer Existenzweisen und darin unterschiedlich in Art, Stärke und Dauer.

Die Gegenstände

Die didaktische Rekonstruktion eines Ereignisses kann auf unterschiedliche Weise und mit verschiedenen Mitteln geschehen. Durch sie und an ihnen soll die Sache, um die es geht, erkennbar und verstehbar werden. Insofern sind die verwendeten Mittel und Verfahren die tatsächlichen und relevanten Gegenstände des Unterrichts, sie sind die Sache selbst oder repräsentieren und erzeugen sie. Beim Gegenstandsbegriff wäre ähnlich wie zwischen der ursprünglichen und der didaktisierten Sache zu unterscheiden zwischen dem Unterrichtsgegenstand, also dem, was in den Blick oder zur Hand genommen wird, um zur Sache zu kommen, und dem Gegenstand in seiner vordidaktischen Präsenz, z.B. eine Muschel, die eine Schülerin aus den Ferien mitgebracht hat. Das Mädchen würde ihre Muschel sehr gern als Unterrichtsgegenstand sehen. Was daran zur Sache werden könnte, weiß vielleicht die Lehrerin.[6]

Die Identität von Sache und Gegenstand ist meist momentan und bei genauer Betrachtung nur in wenigen Fällen (z.B. „Ich", „Mein Hamster", „Meine Familie") tatsächlich vorhanden. Indes müssen beide zumindest in Teilen deckungsgleich sein, damit ein Gegenstand die Sache repräsentieren kann und diese am Gegenstand auch erkennbar wird. Nur der so beschaffene und

---

[6] In der Allgemeinen Didaktik wird generell von Gegenständen des Unterrichts gesprochen und im besonderen Fall des Exemplarischen von deren Vertretern. Für den Sachunterricht kann die allgemeine Terminologie leicht irritieren. Der Ort, in dem die Kinder leben, ist ihr Ort und das Eichhörnchen, das auf dem Baum vor der Schule klettert, ist genau dieses Eichhörnchen und nicht sein Vertreter. Da es im Sachunterricht beides gibt, Originale wie Vertreter, sichert eine sachunterrichtsdidaktisch adäquate Terminologie Klarheit für Verstehen und Verständigung.

auch im Unterricht so gekennzeichnete Gegenstand ist als Unterrichtsgegenstand geeignet, ist für das Erkennen und Verstehen der Sache relevant.[7] Der konkrete Fall ist oft komplizierter.

Eine Kerze kann aus verschiedenen Gründen zum Unterrichtsgegenstand werden: Beispielsweise sollen an ihr (1) das sichere Entzünden eines Feuers gelernt oder (2) die Entzündung eines Feuers und die Verbrennung erkannt oder (3) die Kerze als technisches Kunstwerk verstanden werden. In einer Unterrichtseinheit zum Feuer könnte es auch um alle drei Sachen gehen.

In jedem dieser Fälle kann das Geschehen an der Kerze bei entsprechender Fokussierung für unterschiedliche Sachen exemplarisch ausgelegt werden. Das gilt übrigens für alle Kerzen und doch sind nicht alle für den Unterricht geeignet. Deswegen ist nach der vordidaktischen Sachanalyse des Entzündungsvorganges (allgemein) auch eine Gegenstandsanalyse an mehreren Kerzen erforderlich. Diese würde zeigen, dass bei einer neuen Kerze der Entzündungsvorgang anders erscheint als bei einer schon früher einmal entzündeten Kerze. Teelichter verhalten sich anders (da im Flachbett) und wirken daher im Unterricht anders als eine geschmückte Oster- oder Weihnachtskerze. Die erste zentriert Sachaufmerksamkeit, die zweite dezentriert sie. Der Entzündungsvorgang an der Kerze (Unterrichtsgegenstand) kann nach unserem Verständnis beobachtet werden, tatsächlich bedarf es einer (erfahrungsbasierten) Integrationsleistung, den Vorgang als Einheit wahrzunehmen, zu wissen, was dazugehört und was nicht, wann er beginnt und wann er endet. Wie die meisten anderen Lebewesen auch vermögen wir Muster in Raum und Zeit ganzheitlich wahrzunehmen und über ihre Gegenstände und deren Beziehungen spontan als Sachen eigener Ordnung und Integrität zu erkennen (z.B. Vogelzug, Wald, Fußballspiel). Um das Wahrgenommene zu verstehen, bedarf es dagegen der Auslegung des Beobachteten. Auch der Entzündungsvorgang[8] lässt sich nur anhand von Indizien deuten. Doch darf die Sache (nach didaktisch redlicher Klärung) hypothetisch für gültig angenommen und so lange nach ihr verfahren werden, wie sie sich theoretisch und praktisch bewährt.[9]

Ich halte fest: Eine als bildungsrelevant erklärte Sache darf den Kindern nicht nur vorgestellt werden, sie muss durch den Umgang und in der Auseinandersetzung mit den Unterrichtsgegenständen und den Vorstellungen der am Unterricht beteiligten Personen dazu tatsächlich auch zugänglich werden. Insofern haben die Unterrichtsgegenstände die Funktion, selbst erkennbar die

---

[7] Die Gegenstände „im richtigen [hier: didaktischen] Licht" sehen oder auch zeigen (vgl. Schütz & Luckmann 1979, 224 ff.)
[8] Eine ausführliche Sachanalyse enthält mein Beitrag in SWZ 59 (Lauterbach 2004).
[9] Wer den Versuch im Unterricht selbst durchführt und versucht, an ihm die Sache einer Schulklasse sichtbar und verstehbar zu machen, wird von der Vielfalt der Deutungen verblüfft sein.

Sache zu sein, sie zu werden oder sie zu generieren und zu entwickeln, und die Lehrpersonen die Aufgabe, ihre Vorstellungen von der Sache und ihre Kenntnis von den Gegenständen zu aktualisieren und in ihren Handlungen auszudrücken.[10]
Diese Auffassung leitet sicherlich jede professionelle didaktische Praxis bei der Wahl der Unterrichtsgegenstände. Dennoch wird nicht selten übergangen oder vernachlässigt, dass die Unterrichtsgegenstände wie die gemeinten Sachen und Sachverhalte über ihre didaktischen Funktionen hinaus außerdidaktisch existieren und demgemäß auf eine eigene Art und Weise wirken. Offensichtlich wäre es für den Unterricht und bereits bei dessen Planung von Vorteil, die Gegenstände nicht nur in ihrem Verhältnis zur Sache, sondern auch in ihrer multiplen Existenz sowie in ihren Wirkungen auf Kinder und Eltern, Schule und Unterricht sowie auf Lehrerinnen und Lehrer zu kennen und zu verstehen, *bevor* sie didaktisch transformiert werden.

Von der Natur und dem Eigenwert der Sache und ihrer Gegenstände
Blickt man auf die „*natürliche*" Existenz der Sachen und ihrer Gegenstände, wobei *Natur* auch für die Eigenheit und den Eigenwert steht, zeigt sich, dass beide einen Eigenwert haben und dass die Gegenstände für sich einmalig sind. Das relativiert das didaktische Prinzip des Exemplarischen und erfordert sorgfältige Prüfung seiner Anwendung am Fall.
Auch Sachen können einmalig sein, wenn es sie nur einmal als Original gibt oder gab, eine Singularität, die bereits durch ihre Raum-Zeit-Koordinaten erkennbar ist. Von historischen Ereignissen wissen wir und finden es bei genauer Prüfung auch bestätigt, dass sie selbst bei hoher Ähnlichkeit zu anderen ihrer Art einmalig waren, bei Lebewesen gilt dies nachweislich von den biographisch bedingten Merkmalen bis in die genetische Struktur ebenfalls. Das ist so für mich wie für jeden Menschen. Es ist allerdings ebenso für jeden Schmetterling, jede Pflanze und sogar jeden Stein. Die Einmaligkeit seiner Existenz wird für keinen realen Gegenstand aufgehoben, selbst wenn es davon sehr, sehr viele der vermeintlich gleichen Erscheinung gibt. Das trifft für Individuen ebenso zu wie für Aggregationen und Systeme höherer Ordnung: Wälder, Landschaften, Flüsse, Berge und Seen; für jedes Phänomen, für jedes Ereignis in Raum und Zeit. Insofern bedarf jeder Gegenstand einer ihm gegenüber spezifischen Aufmerksamkeit, die offen ist, dessen Eigenheiten wahrzunehmen und dessen Eigenwert zu erkennen. Das ist bei Menschen, die einander begegnen, selbstverständlich, bei Tieren und Pflan-

---

[10] Schülerinnen und Schüler orientieren sich am Verhalten der Lehrperson, nicht an ihren Worten.

zen unterschiedlich und bei nicht-lebenden Gegenständen lediglich von einigen technischen Objekten bekannt.

3.1.3 Was man von der Sache und ihren Gegenständen wissen muss

Den Fachdidaktikern ist selbstverständlich, dass ein Lehrer „seinen Stoff beherrschen", sich in seinem Fach auskennen muss. Das erfordert einen (langen) intimen Umgang mit dem Wissen und inneren Aufbau des Faches, dessen Strukturen, Arbeitsbereichen, Methoden, Traditionen, Regeln, Normen, Sprache, aber auch dessen Grenzen, Erscheinung und Außenbeziehungen. Auch sind persönliche Begegnungen mit den originären Vertretern des Faches unverzichtbar. Das Studium legt dazu nur Grundlagen. Was davon soll für die Fachfrau, den Fachmann des Sachunterrichts gelten?

In der allgemeindidaktischen Literatur wird insbesondere Heinrich Roth die Forderung zugeschrieben, der Lehrer habe sich vor allen anderen Entscheidungen der Unterrichtsvorbereitung auf den Gegenstand in seiner Originalität einzulassen. „Es kommt auf die eigentliche und wahre innere Beziehung eines Lehrers zu dem tiefsten sachlichen Gehalt des zu behandelnden Gegenstandes an" (Roth [8]1965b, 119). Ein „eigenpersönliches, eigenlebendiges Verhältnis" solle hergestellt werden. „Der Lehrer greife also zu den originalen Werken. Er befrage die besten Fachkenner!" Völlig verkehrt sei es, bei diesen ersten Bemühungen schon an das Kind oder an den Jugendlichen zu denken. „Es geht zunächst nur um die Sache." Um das, „was nicht wir zwingen, sondern was uns zwingt: die Wahrheit." Und zwar auf unserem geistigen Niveau in höchstmöglicher Fassenskraft und nicht auf dem des Kindes, denn es komme auf die „Erfassung des wahren Wesens, des sachlichen Gehalts, des existenziell Wichtigen" an.[11] Sein Fazit: „Nur der unverfälschte, seiner Tiefe, seinem Wissen und seiner Eigenart nach erfasste Gegenstand in seiner reinen, objektiven Geistigkeit darf der pädagogischen Behandlung ausgesetzt werden" (a.a.O., 120).

Diese Forderungen sind aus Sicht des geschulten Historikers, erfahrenen Lehrers und engagiert wie gründlich arbeitenden Wissenschaftlers formuliert. Roth argumentierte damals in fachdidaktischer Absicht und blieb daher mit dem Gemeinten den zuständigen Fachtraditionen mit ihren Ordnungs- und Interpretationskategorien verpflichtet. Doch bleiben die Forderung, die Sache selbst im Planungsprozess zur Geltung zu bringen, sowie die Qualität der Argumentation, die sie stützt, uneingeschränkt bestehen. Für den Sachunter-

---

[11] „Nur eine Besinnung, die so tief geht, macht frei vom Unwesentlichen, Kleinlichen, Nebensächlichen, macht frei für den Wechsel des Standpunktes, wie ihn die Jahrhunderte dem Gegenstand gegenüber eingenommen haben, macht frei für seine sachgerechte Umsetzung ins Volkstümliche, Jugend- und Kindgemäße" (Roth [8]1965, 120).

richt gilt – wie für die Fächer der Grundschule insgesamt – indes ein den Didaktiken der Fachwissenschaften gegenläufiger Ansatz.

Der reinen fachdidaktischen Betrachtung widersetzt sich der Sachunterricht nicht nur durch die große Zahl, die strukturelle Unbestimmtheit und die Elementarität ihrer Themen und Inhalte, sondern vor allem durch die naturgegebene Notwendigkeit und den gesellschaftlichen Auftrag der Entwicklungsförderung unserer Kinder. Nicht einzelne Fachwissenschaften stellen den Fundus der Sachen und Sachverhalte für den Unterricht bereit, sondern die Welt, in der sie leben. Während die Fachdidaktiker nach fachgeeigneten, also fachgemäßen und fachlich repräsentierbaren Gegenständen für den Unterricht suchen, prüfen Sachunterrichtsdidaktiker die in der Welt vorhandenen Sachen darauf, ob sie sich von Kindern welt- und selbstbildend erschließen lassen und sich eignen, gegenwärtige und zukünftige Probleme zu bewältigen.[12] Hinsichtlich der Sache ist festzuhalten, dass sie nicht fachlich bestimmt sein kann, und dass elementar von ihr selbst auszugehen ist, idealerweise von ihrer phänomenalen Existenz.

Dazu müssen Lehrerinnen und Lehrer die Erscheinung und die dazugehörigen Strukturen und Verhältnisse, die Sache und ihre Gegenstände, realitätsnah kennen, verstehen und mit ihnen ohne Schaden umgehen können.[13] Das erfordert gründliches Sachwissen und Erfahrung. Beide können offensichtlich nicht während des Studiums erworben werden. Und weil die Zeit für die Unterrichtsplanung stets zu knapp ist und ein Moratorium der Didaktik nicht zugelassen werden kann, braucht es ein unmittelbar wirksames, ein pragmatisches Prinzip des Handelns: Die Forderung Roths nach der originalen Begegnung[14] ist im Grundsatz anzuerkennen und sachunterrichtsspezifisch zu befolgen und zwar so weit, wie es in der jeweils verfügbaren Planungszeit der anstehenden Unterrichtseinheit möglich ist.

---

[12] Zwangsläufig schauen Fachdidaktiker von ihren fachlichen Plattformen aus rückschreitend und reduzierend auf mögliche Anfänge und Eingänge für das Lernen von unten nach oben. Sachunterrichtsdidaktiker müssen dagegen von dem Ort, an dem sich die Kinder jeweils befinden, spekulierend und probierend den Weg gemeinsam mit den Kindern entwickeln. Es gäbe keine Rechtfertigung für die Vorbestimmung eines bestimmten Weges, meinte Theodor Litt (^{12}1965, 1927) in „Führen oder Wachsenlassen". Dennoch besteht die Pflicht der Begleiter, darauf zu achten und mitzuwirken, dass die Wege der Kinder freudvoll und sicher sind. Diese Aufgabe der Unterrichtsplanung wird an anderer Stelle des Buches diskutiert.

[13] Grundsätzlich zum Verstehen und Handeln siehe die Beiträge in Köhnlein & Lauterbach (2004).

[14] H. Roth (^{8}1965a) hat die Forderung nach „originaler Begegnung" zuerst als allgemeines methodisches Prinzip des Unterrichts 1949 veröffentlicht.

3.1.4 Wie man sich der Sache und ihren Gegenständen nähert

Die Sachen des Sachunterrichts sind bereits didaktisch bearbeitet, d.h. prinzipiell ausgelegt auf die Entwicklungsbedürfnisse der Kinder und die Erfordernisse der Gesellschaft. Ihr Bildungswert wurde geprüft und ihr praktischer Gebrauchswert für Schule, Unterricht und für die Bewältigung anderer Lebenssituationen ermittelt. Das trifft vom Grundsatz für alle Anforderungen aus Lehrplänen und Richtlinien zu und darf auch für die Inhalte von Lehrwerken unterstellt werden. Folglich greift die Planung einer Unterrichtseinheit in der Regel auf Sachen und Sachverhalte zurück, deren allgemeine Eignung für den Sachunterricht schon festgestellt wurde. Die didaktische Analyse rekonstruiert, adaptiert und konkretisiert dann die Vorgaben für einen spezifischen Unterricht. Insofern scheint die vordidaktische Einlassung auf die Sache faktisch ausgeschlossen. Hinzu kommt, dass entgegen der unterstellten Empfehlung von Heinrich Roth und anderen Pädagogen die Sachanalyse nicht nur einmalig vor der didaktischen Analyse zu erledigen wäre, sondern als Gegenstandsanalyse während des gesamten Planungsprozesses und sogar als methodisches Moment im Unterricht wiederholt eingesetzt werden muss.

Einklammern

Mit Hilfe der Phänomenologie lässt sich die antagonistische Forderung dennoch grundlegend erfüllen und die Unterrichtsplanung sachgemäß durchführen. An deren Anfang steht die Rückkehr in den (hypothetischen) Zustand der Naivität, der „natürlichen" Unbefangenheit. Dazu eignet sich die phänomenologische Methode der *Einklammerung* wie sie Edmund Husserl (1950, 1986) entwickelt hat. Sie sollte ermöglichen, sich den Gegenständen der Welt ohne die Vorbestimmung durch die Interpretationen von Kultur, Wissenschaft und biografische Erfahrung zu nähern und so eine neue Wissenschaft vom In-der-Welt-Sein (Welterkenntnis) auszuarbeiten. Dementsprechend streng waren seine Anforderungen.[15] Den Zustand der Einklammerung bezeichnete er mit *Èpoché*.[16] Sie sei die Voraussetzung, um sich den realen Weltvorkommnissen zu nähern und die natürliche Wirklichkeit zu erfahren.[17]

---

[15] „Alles und jedes, was wirklich ist im Bewusstsein, wird eingeklammert: die ganze natürliche Welt, die beständig »für uns da«, »vorhanden« ist, und die immerfort dableiben wird als bewußtseinsmäßige »Wirklichkeit«, wenn es uns auch beliebt, sie einzuklammern ... Also alle auf diese natürliche Welt bezügliche Wissenschaften, so fest sie mir stehen, so sehr ich sie bewundere, so wenig ich daran denke, das mindeste gegen sie einzuwenden, schalte ich aus, ich mache von ihren Geltungen absolut keinen Gebrauch" (Husserl 1986, 142).

[16] Er verwendet der Hervorhebung und philosophischen Tradition wegen die griechische Schreibweise εποχη.

[17] Vertreter der Evolutionären Erkenntnistheorie (u.a. Vollmer 1994, Riedl 2000) und biologischen Selbstorganisation (Maturana & Varela 1987) kommen zu ähnlichen Schlüssen. Sie ar-

Man lasse sich auf den originalen Gegenstand ein oder suche Originale für die Sache, wenn diese kategorialen Charakter hat. „Ich" in der Person[18], unsere Familie, mein Hund, dein Geburtstag, unser Schulfest, der Ort, in dem wir wohnen, der Baum vor unserer Schule (oder auch mehrere). Hierbei fallen Sache, Gegenstand und Begriff zusammen. Auch die „Polizei", die „Feuerwehr" oder der „Supermarkt" lassen sich in der eigenen Gemeinde im Original aufsuchen, um daran die Eigenheit wie die Typik der Struktur und Funktion der Sache zu erkennen und ihre Relevanz zu ermitteln. Der originäre Zugang erfordert kategoriale Unbefangenheit, das Absehen von den begrifflichen Vorbestimmungen (deren Einklammerung), das Einlassen auf die Gegenstände, auf die Situation.

Der komplementäre, unschätzbare Gewinn dieses Vorgehens für die Planung von Sachunterricht zeigt sich in der Ähnlichkeit der natürlichen Einstellung zu der Befindlichkeit von Kindern in einer vergleichbaren Situation und der originalen Begegnung mit dem Gegenstand zur wechselseitigen Erschließung im Bildungsprozess.

> Nehmen Sie einen *Gegenstand* zur Hand oder richten Sie Ihren Blick, besser noch Ihre gesamte sinnliche und geistige Aufmerksamkeit auf ihn. Das kann Ihre Tasse sein, Ihr Bleistift, ein Buch, das Ihnen geschenkt wurde, oder ein anderer Gegenstand von handhabbarer Größe und einigem Gebrauchswert. Schauen Sie auf die Uhr und lassen Sie eine Minute alles, was Sie an dem Gegenstand wahrnehmen, auf sich einströmen, erlauben Sie, dass Worte, Erinnerungen, Bilder, Gefühle, Wünsche hinzukommen. Brechen Sie nach einer Minute ab und *klammern Sie all das Erlebte und Gedachte gedanklich ein*, d.h. sie wissen es zwar, aber Sie dürfen nichts davon beim anschließenden Versuch verwenden. Sie haben für den folgenden Durchgang ebenfalls eine Minute Zeit. Richten Sie Ihre volle Aufmerksamkeit erneut auf den Gegenstand, klammern sie das bisherige gedanklich aus, und *begegnen* Sie dem Gegenstand in seiner vor Ihnen befindlichen Präsenz. Sie dürfen sich ihm auch aktiv nähern, ihn anfassen, beschnuppern, mit ihm spielen. Nach Ablauf der Minute versuchen Sie den Gegenstand umgangssprachlich, d.h. ohne Fachbegriffe zu beschreiben, geben Sie an, was an der zweiten Begegnung gegenüber der ersten anders, was neu war, ob Ihnen die Einklammerung gelang. Die Übung können Sie mit anderen Gegenständen (bei steigender Komplexität) wiederholen: mit einer Fotografie aus dem letzten Urlaub, Ihrem Haus- oder Heimtier, Ihrem Nachbarn oder Ihrer Nachbarin, sich selber (vor einem Spiegel), Ihrer Familie, mit einem Baum vor dem Haus, in dem Sie wohnen, dem Ort, in dem Sie leben. Im Idealfall gelingt Ihnen die Einklammerung schon beim ersten Zugang zum gewählten Gegenstand.

---

gumentieren mit der evolutionsbedingt notwendigen Passung unserer biologischen Ausstattung und den realen Weltverhältnissen. Sie sei die Voraussetzung für das Hervortreten und die extensive Verbreitung unserer Art. Wir dürfen zunächst annehmen, dass wir die Welt (fast) so wahrnehmen können, wie sie ist, jedenfalls innerhalb der uns mitgegebenen Wahrnehmungsgrenzen des Meso-Kosmos.

[18] Lauterbach 1996, SWZ Heft 1

Das Objekt durch Annäherung zum Subjekt werden lassen

Durch die Entrückung vom Ich – bei Mitnahme meines Subjektvermögens in die Begegnung mit dem Objekt – und dem hypothetischen Einswerden entsteht (manchmal) der zündende Moment eines originalen Verstehens. Hierbei handelt es sich nicht um einen esoterischen Glaubenssatz oder methodischen Missgriff. Das empathische Vermögen der Menschen (wie vieler anderer Lebewesen) scheint ein wirksames Produkt der Evolution zu sein, dessen Grenzen – da nicht sicher ermittelt – jeweils am Fall, d.h. am Gegenstand zu ermitteln sind. Geübt wird zunächst an sich selbst: „Ich" mit den Sinnen wahrgenommen, außen gesehen und gehört, innen geschmeckt und balanciert, die Grenzen gespürt, die Sinne selbst wahrgenommen, weich und hart, glatt und rau, kalt und warm, Schmerz und Rhythmus. Wir empfinden und entdecken weit mehr Sinne als die fünf, die in Arbeitsblättern üblicherweise genannt werden.

> Lassen Sie sich auf den Ernstfall ein. Gehen Sie nach draußen. Suchen Sie eine Pflanze auf, eine, die Sie (später) möglichst unversehrt ausgraben können. Tun Sie das aber nicht sofort. Wenden Sie sich der Pflanze zuerst mit voller sinnlicher Aufmerksamkeit und hoher Konzentration im Zustand der Epoché zu. Klammern Sie möglichst alles ein, was Sie von der Pflanze kennen und mit ihr erlebt haben: auch ihren Namen, Geschmack *(Vorsicht!)*, Empfindungen. (Manchem hilft es, die Augen kurz zu schließen und den Kopf zu leeren.) Begegnen Sie der Pflanze dann in voller Naivität erstmals, originär und offen für alles, was Sie mit Ihren Sinnen an ihr beobachten können. Beschreiben Sie anschließend ab ovo, was Sie wahrnehmen und wie dies geschieht, machen Sie Fotos, besser noch, zeichnen Sie sie, falls Sie können. Nehmen Sie nun die Umgebung der Pflanze auf gleiche Weise auf. Halten Sie sich an Husserls „Prinzip der Prinzipien", dass nämlich „jede originär gebende Anschauung eine Rechtsquelle der Erkenntnis sei ... [und] einfach hinzunehmen sei, als was es sich gibt, aber auch nur in den Schranken, in denen es sich gibt ..."(Husserl 1913, zit. nach Held 1986, 17).

Explorieren und Grenzen respektieren

Die phänomenologische Realitätsanalyse kann Schwellen der Unumkehrbarkeit überschreiten, wenn sie zu heftig und zu sorglos mit den Gegenständen umgeht: Gegenstände können beschädigt werden. Exploration und Untersuchung stoßen auf Grenzen, wenn die Existenz des Gegenstandes gefährdet wird und seine Vernichtung droht.

Wählen Sie die Reihenfolge Ihrer nächsten Schritte selber:

A
Sie bleiben in natürlicher Einstellung und explorieren weiterhin das Außengelände, lassen sich auf originale Begegnungen mit höherer Komplexität ein: betrachten und vergleichen weitere Pflanzen, entdecken charakteristische Strukturen, typische Muster, räumliche Anordnungen, Beziehungen zu anderen Pflanzen und zu Tieren, vergleichen nähere und weitere Umgebungen, beobachten Veränderungen im Tageslauf, Entwicklungen über Tage, besser noch über Wochen oder gar ein Jahr. Sie begleiten die Lebensläufe einiger Pflanzen.

B
Sie graben eine oder mehrere der Pflanzen aus, nehmen Sie nach Hause und untersuchen sie dort. Sie greifen auch auf experimentelle, hypothesengeleitete Verfahren in erklärender Absicht zurück. Sie schauen mit Hilfe eines Mikroskops in das Innere der Pflanze, entnehmen ihr Flüssigkeit, untersuchen ihre Anatomie. Die Pflanzen werden die Ausgrabung sehr wahrscheinlich nicht ohne Schaden überstehen, sicherlich nicht die anschließende Untersuchung überleben.

C
Sie beginnen wegen der knappen Zeit, die Ihnen für die Unterrichtsplanung zur Verfügung steht, mit der schrittweisen Restitution und Aneignung des verfügbaren Wissens über die Pflanze (hier und im Folgenden sind stets Können, Fühlen, Vorstellen, Verstehen, Wollen mitgemeint). Selbstverständlich verquicken Sie hierbei weitere kurze Phasen der *Èpoché* mit der kontrollierten Freigabe des von Ihnen bereits Gewussten und der Aneignung neuen Wissens über die Pflanze im Rahmen der inhaltlich-thematischen Vorgaben der Unterrichtseinheit und der Ihnen zur Verfügung stehenden Zeit.

In jedem Fall beschließen Sie die Phänomenologische Einlassung mit einem realitätsnahen Interview, das Sie mit einer Ihrer Pflanzen in doppelter Rolle ernsthaft führen, oder Sie lassen die Pflanze in der Form der Ich-Erzählung aus ihrem Leben berichten.

Geltendes und gültiges Wissen hinzufügen: *Entklammern - Erweitern*
Wir bleiben nicht bei der Exploration des Phänomens stehen, sondern *restituieren* die Sache bzw. die Gegenstände mit Hilfe sachadäquater Erkenntnismethoden: systematisches Beobachten, Vergleichen, Nachforschen, Experimentieren, dialektisches Argumentieren (vgl. Kap. 4.1 und 4.3).

Ihre Beobachtungen vergleichen Sie zunächst mit Ihrem (eingeklammerten) Wissen. Sie prüfen Ihre Erinnerung, Ihr bisheriges Wissen, gegen die neuen Beobachtungen, ergänzen, modifizieren oder verwerfen es.

Für den Aufbau und die Restitution des Wissens vom und über den Gegenstand wird aus der Klammer nur das entnommen und am Gegenstand geprüft, was an diesem gerade betrachtet oder untersucht wird. Darüber hinaus wird selbstverständlich auch auf das gesellschaftlich akkumulierte Wissen zurückgegriffen. Hierbei können mit Blick auf den Sachunterricht lokale, lebensweltlich alltägliche Wissensbestände ebenso relevant sein wie das bereichsspezifisch tradierte Wissen beruflicher Fachwelten und das objektivierte allgemeine Wissen der Wissenschaften. Sie erfüllen die dialektische Funktion, sich den Gegenstand vollkommener und zugleich über die Prüfung am Gegenstand das überkommene, geltende und gültige Wissen zu erschließen. Die Art und Weise der Restitution und deren wirksame Erweiterung hängt wie die der Annäherung immer auch von der Person ab, die sich nähern will, von ihrer gegenstandsbezogenen Bereitschaft, ihrem Vorwissen, ihrer Zeit, ihrer Zugangsmöglichkeiten und den Umständen der Befassung. Hinsichtlich des Gegenstandes sind bei der Auswahl und Adaptation der Strategie Spezifik des Gegenstandes (z.B. die Hainbuche vor der Schule »ist anders als« meine Kneifzange »ist anders als« meine Mutter), Art oder Typus (z.B. Bäume »sind anders als« Zangen »sind anders als« Eltern), Systemzugehörigkeit (z.B. Allee »ist anders als« Werkzeugkasten »ist anders als« Familie), die jeweilige Struktur und Funktion sowie die raum-zeitlichen Bedingungen zu berücksichtigen.

Der kurze Weg zu *geltendem* Wissen führt über Lexika, populärwissenschaftliche Fachbücher und weitere geeignete Medien wie das Internet. Die Sachanalyse ist darauf angelegt, die Sache und ihre Gegenstände realitätsnah zu erkennen, zu verstehen und mit ihnen sachgemäß umgehen zu können. Deshalb fokussiert die primäre Erschließung auf eine originale Begegnung. Die Restitution und Erweiterung des verfügbaren Wissens wird dann jedoch systemisch offen im Rahmen der thematischen Vorgabe der Unterrichtseinheit durchgeführt. Zwei Strategien stehen derzeit erprobt und praktisch durchführbar zur Verfügung. Man bedient sich der fachwissenschaftlich orientierten Instrumente der Didaktischen Inhaltsanalyse (vgl. Kap. 4.1), z.B. der Dimensionen von Walter Köhnlein (vgl. Kap. 5.1), und erschließt sich mit deren Hilfe das Spektrum des benötigten Wissens. Bei der phänomenologischen Realitätsanalyse werden die Sache und ihre Gegenstände in den lebensweltlichen Schichten hinsichtlich Erscheinung, Singularität und Typik, Struktur und Funktion, Relevanz und begrifflichen Wissens erschlossen (vgl. Kap. 5.4).

Literatur
GDSU (2002): Perspektivrahmen Sachunterricht. Bad Heilbrunn: Klinkhardt
Held, K. (1986): Einleitung. In: Husserl, E.: Die phänomenologische Methode. Ausgewählte Texte I. Stuttgart: Reclam, 5–51
Husserl, E. (1913): Ideen zu einer reinen Phänomenologie und phänomenologischen Philosophie. Erstes Buch. Allgemeine Einführung in die reine Phänomenologie. In: Jahrbuch für Philosophie und phänomenologische Forschung. Bd. I. Halle a. d. S.: Niemeyer (Unveränderter Nachdruck 1980)

Husserl, E. (1986): Die phänomenologische Methode. Ausgewählte Texte I. Stuttgart: Reclam (Erstveröffentlichung in der Husserliana 1950)

Köhnlein, W. & Lauterbach, R. (Hrsg.) (2004): Verstehen und begründetes Handeln. Studien zur Didaktik des Sachunterrichts. Bad Heilbrunn: Klinkhardt

Köhnlein, Walter (2007): Sache als didaktische Kategorie. In: Kahlert, J.; Fölling-Albers, M.; Götz, M.; Hartinger, A.; v. Reeken, D. & Wittkowske, St. (2007) (Hrsg.): Handbuch Didaktik des Sachunterrichts. Bad Heilbrunn: Klinkhardt, 41–46

Lauterbach, R (1996): Ich bin ich mit Haut und Haaren In: SWZ 24, 1, 13–23

Lauterbach, R. (2004): Das Feuer der Kerze. In: SWZ 32, 59, 4–8

Lauterbach, R. (2007): Die Sachen erschließen. In: Kahlert, J.; Fölling-Albers, M.; Götz, M.; Hartinger, A.; v. Reeken, D. & Wittkowske, St. (2007) (Hrsg.): Handbuch Didaktik des Sachunterrichts. Bad Heilbrunn: Klinkhardt, 448–460

Litt, T. (^{12}1965, 1927): Führen oder Wachsenlassen. Stuttgart: Klett

Maturana, H. & Varela, F. (1987): Der Baum der Erkenntnis. Die biologischen Wurzeln des Erkennens. Bern und München: Scherz

Riedl, R. (2000): Strukturen der Komplexität: Eine Morphologie des Erkennens und Erklärens. Berlin: Springer

Roth, H. (^{8}1965a): Die „originale Begegnung" als methodisches Prinzip. In: Roth, H.: Pädagogische Psychologie des Lehrens und Lernens. Hannover: Schroedel, 109–118

Roth, H. (^{8}1965b): Die Kunst der rechten Vorbereitung. In: Roth, H.: Pädagogische Psychologie des Lehrens und Lernens. Hannover: Schroedel, 119–128

Roth, H. (^{8}1965): Pädagogische Psychologie des Lehrens und Lernens. Hannover: Schroedel

Roth, G. (1994): Das Gehirn und seine Wirklichkeit. Frankfurt/M.: Suhrkamp

Schütz, A. & Luckmann, T. (1979): Strukturen der Lebenswelt, Band I. stw 284. Frankfurt a.M.: Suhrkamp

Vollmer, G. (^{6}1994): Evolutionäre Erkenntnistheorie. Stuttgart: Hirzel

3.2 Die Voraussetzungen bei den Schülerinnen und Schülern

von Hans-Joachim Fischer

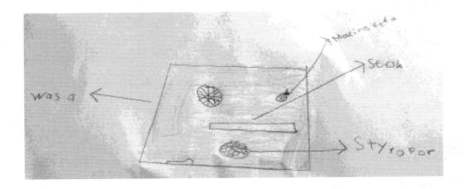

Halime – die leichten Sachen gehen unter
Halime (7 Jahre, Schülerin einer altersgemischten Schuleingangsstufe) hatte eine Stunde Gelegenheit, an einem Wasserbecken zu spielen. Ihr Spiel bestand vor allem darin, verschiedene Gegenstände im Wasser auszuprobieren. Später fertigt sie eine Zeichnung an. Die Zeichnung zeigt das Wasserbecken von der Seite. Im blau gefärbten Wasser schwimmen einige Gegenstände. Pfeile weisen auf ihre Namen, die Halime an den Seiten aufgeschrieben hat. Auf dem Beckenboden liegt ein ungenannter Gegenstand, dicht darüber ein Styroporstück, weiter oben ein Stock und im oberen Bereich ein Marienkäfer (aus Holz) und eine geflochtene Kugel. Halime erzählt: *„Das ist ... ein Marienkäfer. Und das Marienkäfer hab ich darein getun, dass es geschwimmt, langsam runtergetaucht hat. Und das Ganze ist da Wasser. Dann hab ich hier Wasser hingeschrieben. Styropor und ein Stock ist des. Und des ist ein Marienkäfer und des (zeigt auf die Kugel) schreib ich dann noch hin."*
„Könntest du auch erzählen, was du damit gemacht hast?" *„Ja, das hab ich draufgelegt. Das ist auch dann runtergetaucht (zeigt aufs Styropor)."* „Was hast du da draufgelegt?" *„Das waren Steine."* „Oh. Und was ist passiert?" *„Das ist dann langsam auch runtergetaucht, weil es ist ein bisschen so leichter geworden, dann immer, weil ich hab die Steine weggenehmt langsam."*
„Wann ist es leichter geworden, als du die Steine draufgetan hast oder als du

die runtergetan hast?" *„Ja" (Schweigen)* ... „Hast du was mit diesem Marienkäfer gemacht?" *„Ja, ich hab's draufgelegt, und dann sind das so halt langsam auch runtergetaucht."* ... „Warum ist er runtergegangen?" *„Weil des halt ein bisschen leicht war. Wo ich bei den anderen gesagt hab: Die leichten Sachen tauchen runter, ja. Das war ein bisschen auch leicht."* „Warum tauchen die leichten Sachen unter?" *„Weil das so, da kommt ja Wasser drauf, das Wasser da drückt das runter, weil mit Wasser wird das stärker, stärker, stärker und des, wenn das stärker geht, dann geht's auch runter aber wenn es auch so mittel ist, dann geht das nicht runter."* „Aha, ist das Wasser stark?" *„Nicht so viel, halt schon leichte Sachen bringt sie runter."* „Geht's darum, dass das Wasser stark ist und die leichten Sachen sind schwach?" *„Ja, die kleinen Sachen, die gehen so runter, das Wasser macht das denn stärker, stärker, stärker halt, und das geht immer noch runter und wenn das gar nicht stärker macht, wenn das so oben bleibt, das heißt, des ist, so zum Beispiel (zeigt auf den Gegenstand am Beckenboden). Wenn das mit Steine war, dann könnte das so mit drei Steine oder so, dann bleibt das ja oben."*
So wie Halime glauben manche Kinder, dass leichte Sachen untergehen. Sie nennen vielleicht nicht dieselben Gründe, haben mit Sicherheit auch andere Erfahrungen gemacht, sprechen ihre eigene Sprache, um zu sagen, was sie wahrgenommen haben und wie sie es verstehen. Aber sie stimmen mit Halime darin überein, dass das Wasser stark genug ist, leichte Sachen nach unten zu drücken. Piaget (1927) und später Banholzer (2008) haben diesem Denken gar eine eigene Entwicklungsstufe zugeordnet. Aber nicht alle Kinder denken so. Für die meisten können die leichten Sachen schwimmen, während die schweren untergehen. Schon Fünf- und Sechsjährige denken so. Aber auch hier denken nicht alle gleich. Gilt, was für diesen Gegenstand gilt, für alle Gegenstände der gleichen Art? Ist schwer und leicht absolut oder relativ zu sehen? Ist das Wasser ein Lastenträger oder gar ein Kämpfer, der nach unten drückt oder oben halten möchte? Oder wird das Gewicht des Wassers mit dem Gewicht des Gegenstandes verglichen? Wenn ja, ist das gesamte Wasser im Becken von Belang oder nur die verdrängte Wassermenge? Und was denken die anderen Kinder, die nicht von schwer und leicht reden? Sie machen Hohlräume aus, darin auch Luft, die nach oben drückt, oder sie bemerken, dass Wasser eindringt und etwas schwer macht und so zum Sinken bringt. Auch das Material, die Form eines Gegenstandes, seine Größe, Härte oder Festigkeit, Technik und Magnetismus kommen ins Spiel. Analogien zum Atmen werden ausgemacht (wer keine Luft mehr hat, geht unter). Auch wie etwas ins Wasser gelangt oder die Tiefe des Wassers sind von Bedeutung. Schließlich gibt es auch, wenngleich nur wenige, moralische oder animistische Deutungen (vgl. Fischer 2009b).

Im Sachunterricht wollen wir Kindern dabei helfen, die Welt zu verstehen. Dabei müssen wir damit rechnen, dass sie die Welt schon längst verstanden haben. Jedes Kind auf seine Weise. Es ist atemberaubend, wie verschieden Kinder die Welt sehen. Und je genauer wir uns mit ihren Sichtweisen befassen, desto mehr erkennen wir, wie sehr auch scheinbar ähnliche Auffassungen von ganz individuellen Erfahrungen und Ordnungsbemühungen geprägt sind – ganz zu schweigen von den Wichtigkeiten und Wertigkeiten, von den Empfindungen, Emotionen und Interessen, die sich mit den Erfahrungen verbinden. Wie gehen wir damit um unter den Bedingungen von Schule und Unterricht? Wie kann es im Sachunterricht gelingen, Halime und all die anderen Kinder so zu verstehen, dass wir mit ihnen in einen unterrichtlichen Dialog treten können, der für ihr Lernen förderlich ist? In der Allgemeinen Didaktik wird dieses Problem seit je als eines der Voraussetzungen des Unterrichts beschrieben (vgl. Esslinger-Hinz u.a. 2007, 31ff.). Unterricht kann nur gelingen, wenn er auf das, was er bei seinen Schülerinnen und Schülern voraussetzen muss, hinreichend eingestellt ist. Deshalb ist es ein erster Schritt bei jeder Unterrichtsvorbereitung, diese Voraussetzungen zu ermitteln. Was muss dabei alles bedacht werden? Wie kann diese Aufgabe bewältigt werden? Schauen wir dazu zunächst in die allgemeindidaktische Diskussion, bevor wir uns mit dem Sachunterricht i.e.S. befassen.

3.2.1 Die Voraussetzungen bei den Schülerinnen und Schülern in der allgemeindidaktischen Diskussion

Es sind im Wesentlichen zwei Grundauffassungen, die in der deutschen Didaktik des letzten halben Jahrhunderts das Problem der Unterrichtsvorbereitung und damit auch das ihrer Voraussetzungen alternativ definiert haben: die sog. „bildungstheoretische Didaktik", die vor allem mit dem Namen Wolfgang Klafki (1961, 1963, 1991) verbunden ist und die sog. „lerntheoretische Didaktik" der Berliner Schule (Heimann, Otto & Schulz 1965). Der Prozess, dessen Voraussetzungen hier zu bestimmen sind, wird einmal als „Bildung", ein anderes Mal als „Lernen" bestimmt. Tatsächlich stehen sich hier zwei Welten gegenüber. Ihre Wurzeln liegen in gegensätzlichen Weisen zu sprechen, zu denken, zu erkennen. Nicht nur der Unterricht und seine Voraussetzungen erscheinen da in einem je eigenen Licht, auch das Unternehmen „Wissenschaft", das das Licht spenden soll, mit dem der Unterricht und seine Voraussetzungen beleuchtet werden, hat in den beiden Welten entgegengesetzte Grundlagen. Weil die Grundlagen so verschieden sind, fällt es schwer, über Detailprobleme überhaupt zu reden, geschweige denn, sich zu einigen. Bis heute dauert diese Problematik an, auch wenn sie in immer neuen Varianten erscheint. Letztlich geht es darum, ob wir die menschliche Welt, den Menschen, seine Auseinandersetzung mit der Welt, auch Schule und Unter-

richt als Orte dieser Auseinandersetzung als einen Sinnzusammenhang subjektiv verstehen oder ob wir ihn als einen Wirkungszusammenhang objektiv rekonstruieren. Diese Alternative ist so alt wie das bewusste, systematische Nachdenken über Erziehung und Unterricht.[1]
Wie erscheinen die Voraussetzungen bei den Schülerinnen und Schülern in der bildungstheoretischen Didaktik? Die Aufgabe der Unterrichtsvorbereitung konzentriert sich nach Klafki (1969) darauf, eine Strategie für die „fruchtbare Begegnung bestimmter Kinder mit bestimmten Bildungsinhalten" (S.6) zu entwickeln. Dazu muss der Lehrende untersuchen, welche „bildenden Momente" (S.8) ein Inhalt potentiell in sich birgt. Das hat eine objektive, welterschließende und eine subjektive, kindaufschließende Seite. Mit „Bildung" ist dabei immer ein Prozess oder als Ergebnis eine Verfassung gemeint, die den ganzen Menschen betrifft – eine innere Ordnung, eine gewisse Stimmigkeit im Zusammenklang der Aspekte des Selbst, die zugleich eine geordnete und verantwortliche Beziehung zur Welt ermöglicht (S.10). Inwieweit ein Inhalt in diesem Sinne bildend wirken kann, hängt einerseits ab von den besonderen „Bildungsmöglichkeiten" dieses Kindes, andererseits von den Aufgaben, die sich diesem Kind in der Zukunft stellen werden. Was wir hier mit „Voraussetzungen" umschreiben, ist für Klafki also ein Schlüssel dafür, ob ein Inhalt überhaupt bildsam sein kann. Er ist dann potentiell bildend, wenn er für dieses Kind eine Herausforderung darstellt, sich mit ihm auseinanderzusetzen. Diese Herausforderung ist vom „ganzen Menschen" her zu denken, nicht nur von Teilaspekten oder -funktionen. Zugleich muss sich in ihr etwas aufschließen, was für dieses Kind zukunftsbedeutsam ist.
Wie erscheinen dagegen die Voraussetzungen bei den Schülerinnen und Schülern in der lerntheoretischen Didaktik? Die Aufgabe der Unterrichtsvorbereitung ergibt sich hier aus einem Strukturmodell des Unterrichts (vgl. Heimann, Otto & Schulz 1965). Es werden vier Entscheidungsfelder und zwei Bedingungsfelder des Unterrichts unterschieden. Entscheidungen, die bei der Unterrichtsvorbereitung anfallen, betreffen die Intentionen, die Inhalte, die Medien und die Methoden des Unterrichts. Diese Entscheidungen stehen unter dem Vorbehalt, dass sie die anthropogenen Lernvoraussetzungen der Schüler und die soziokulturellen Voraussetzungen der Lernsituation zu berücksichtigen haben. Dabei gilt der Grundsatz der „Interdependenz": Zwischen allen Feldern des Unterrichts gibt es eine Wechselwirkung. Die Voraussetzungen bei den Schülern werden also a) intern in anthropogene und

---

[1] Gemeint ist hier der Dualismus von Verstehen und Erklären (vgl. Wright 1974), der sich in der Pädagogik in den Paradigmen Geistes- versus Erfahrungswissenschaft widerspiegelt und der schon in der antiken und mittelalterlichen Unterscheidung von sprachlichen Künsten, in denen sich der Mensch selbst reflektiert, und mathematischen Künsten, in denen er die äußere Welt begreift, enthalten ist (vgl. Dolch 1959).

soziokulturelle unterteilt. Zu ersteren gehören Aspekte der Lernfähigkeit (Lernstand, Lernstil, Lerntempo) und der Lernbereitschaft. Zu letzteren zählen personelle und gruppenbezogene Bedingungen soziokultureller, -ökologischer und -ökonomischer Art (vgl. Peterßen 1988, 405ff.). Andererseits stehen diese Voraussetzungen b) in externen Wechselwirkungen mit allen Entscheidungsfeldern des Unterrichts. Welche Ziele und Inhalte, aber auch welche Methoden und Medien gewählt werden, hängt von den Voraussetzungen ab. Aber auch umgekehrt können sich Abhängigkeiten einstellen, wenn auch weniger bedeutsam und offensichtlich (vgl. Jank & Meyer 1994, 193f.). Soweit die beiden didaktischen Grundauffassungen, von denen her sich auch das Problem der Voraussetzungen bei den Schülerinnen und Schülern in einem je eigenen Licht zeigt. Wie würde es dabei Halime ergehen? Welche Resonanzen würde sie in beiden Modellen auslösen? Welches Licht würde auf ihre Voraussetzungen fallen und welche Bedeutung würde ihnen für die Vorbereitung des Unterrichts zukommen?

Das Licht der bildungstheoretischen Didaktik würde auf die Sache fallen, mit der Halime sich befasst: Gegenstände verhalten sich im Wasser. Sie tauchen ein, gehen unter oder schwimmen auf der Wasseroberfläche. Erscheinungen, in denen sich eine objektive Naturgesetzlichkeit manifestiert. Sie zu verstehen, die sichtbaren Erscheinungen durch eine gesetzliche Kausalität der Natur zu erklären, ja alle Naturerscheinungen als kausal begründet wahrzunehmen und darin einem Verstehensideal der neuzeitlichen naturwissenschaftlichen Vernunft zu folgen – darin läge ein objektiver Bildungsanspruch der Sache. Aber inwieweit könnte diese Sache und das darin erschließbare Objektive für Halime zu einem Anlass von Bildung werden? Halime befasst sich intensiv mit den Gegenständen im Wasser. Sie legt sie hinein, drückt sie unter Wasser, legt Gegenstände im Wasser aufeinander. Offenbar lässt sie sich ein auf das Spiel der Gegenstände, entwickelt eine Aufmerksamkeit, eine Neugierde, Fragen und Ideen, was die Dinge im Wasser tun. Sie ordnet ihre Erfahrungen, indem sie sie in ein Bild fasst. Darin schweben die Gegenstände in unterschiedlichen Wassertiefen. Es sind die Vorgänge des Schwebens und Fallens, des Schwimmens und Sinkens, die Halime auffallen und die sie veranlassen, Gründe dafür zu suchen. Die Gründe formulieren bereits etwas Allgemeines: schwer und leicht, allgemeine Eigenschaften, die den Gegenständen zukommen und ihr Verhalten im Wasser bestimmen. Halime ringt mit der Sprache, um die Gründe zu fassen. Sie hat auch eine Vorstellung davon, was es bedeutet, unterzugehen. Das Wasser drückt mit einer gewissen Stärke, vielleicht sogar mit einer wachsenden Stärke auf die Gegenstände. Leichtes kann da nicht lange standhalten. Die unterschiedlichen Wassertiefen, in denen die Gegenstände im Bild schweben, entsprechen wohl ihrer Leichtigkeit, wobei das Styropor erst durch die Steine leicht geworden ist. Ja,

Halime tritt in eine intensive geistig ordnende Beziehung zu der Sache. Sie konstituiert die Sache auf eigene subjektive Weise als einen Bildungsgegenstand. Geistig ordnend ringt sie um einen verstehenden Zugang zur Welt der schwimmenden und sinkenden Gegenstände. Sie selbst ist dabei keine unbeteiligte Beobachterin. Wie eine Puppenmutter umsorgt sie die Bewohner dieser Welt, setzt sie in Position, hält fest und lässt los, fängt wieder ein, legt zueinander. Sie braucht diesen handelnden, umsorgenden Zugang. Sie braucht auch deshalb die Nähe zu der Welt, weil sie dort Freude und Genuss empfindet, weil sie Spannung sucht, vielleicht auch, weil sie die Gegenstände bergen möchte und ihnen wohl gesonnen ist. Man darf Halime getrost noch eine Weile in der Welt des Wasserbeckens spielen lassen. Aber sie profitiert auch von der Herausforderung der Reflexion, der Ablösung und vergegenständlichenden Abstraktion. Das Zeichnen oder das Erzählen, auch der sachbezogene Dialog sind geeignete Formen der Reflexion. Wie in einem Brennglas erscheint darin eine Vision der zukünftigen Halime: Sie hat über viele, viele Erfahrungen die Beziehungen zur Welt der Naturphänomene geordnet, hat ihr Verstehen vertieft und erweitert, ohne die Neugierde zu verlieren, weiter zu suchen und zu fragen.

Soweit der bildungstheoretische Blick auf Halime. Eine lerntheoretische Didaktik dagegen würde fragen, welche Bedeutung Halimes Voraussetzungen für die unterrichtlichen Entscheidungen haben, die zu treffen sind. Welche Lernziele sind Halime angemessen? Offenbar ist sie noch weit davon entfernt, ein sachlich zutreffendes Verständnis von Schwimmen und Sinken zu entwickeln. Welche Ziele wären für sie erreichbar? Um das zu klären, müssen wir den Zielhorizont beschränken. Auch für Halime führt das zu Einschränkungen. Sie darf nicht mehr alles Mögliche im Wasserbecken anstellen. Ein realistisches Ziel wäre, ihre falsche Vorstellung, dass es die leichten Sachen sind, die untergehen, zu korrigieren. Sie könnte feststellen, dass es nicht die leichten, sondern die schweren Sachen sind, die sinken. Wir wären dann immer noch weit von einem physikalisch zutreffenden Verständnis der Sache entfernt, denn es ist ja nicht die Schwere, sondern die relative Dichte eines Gegenstandes im Verhältnis zu der des Wassers, der ihn sinken lässt. Aber wir wären schon weiter. Indem Halimes Voraussetzungen auf mögliche Unterrichtsziele bezogen werden, werden sie als ein „Noch nicht" oder „Von hier aus wäre es möglich" qualifiziert. Nur das rückt in den Blick, was für das Ziel relevant ist. Das Gleiche gilt für das Unterrichtsthema. Aus dem dialogischen Zwiegespräch zwischen Kind und Gegenstand in der bildungstheoretischen Didaktik, das vom Lehrer als „Anwalt des Kindes" (Weniger) stellvertretend geführt wird, wird nun ein Bedingungsverhältnis. Die objektive Passung wird gemessen. Es geht oder es geht nicht. Oder: Es geht unter dieser oder jener Voraussetzung. Ein guter Unterricht kann dann mehr möglich machen als ein schlechter Unterricht. Methodisches Repertoire, mediale Ausstattung, günstige soziale Voraussetzungen, wie Lernklima und Gruppenstrukturen sind dann ausschlaggebend. Natürlich hängen umgekehrt auch die Methoden- und Medienwahl von Halimes Voraussetzungen ab.

3.2.2 Die Bedeutung der Lernvoraussetzungen in der aktuellen Sachunterrichtsdidaktik

In der Geschichte des Sachunterrichts sind unterschiedliche Konzeptionen entwickelt worden, in denen sich auch das Problem der Voraussetzungen von Schülerinnen und Schülern spezifisch artikulierte (vgl. Schultheiß 2007). Für die gegenwärtige Sachunterrichtsdidaktik lässt sich ein weitgehender Konsens dahingehend feststellen, dass Kindern nicht etwa fertige Weltbilder vermittelt werden können, sondern dass sie diese in der Auseinandersetzung mit ausgewählten Phänomenen selbst generieren. Weltbilder sind immer Ergebnis einer subjektiven, eigenaktiven Auseinandersetzung. Freilich kommen dabei zunehmend objektive kulturelle Maßstäbe, vor allem die der wissenschaftlichen Fachkulturen ins Spiel, an denen sich die Geltung der subjektiven Weltbilder zu beweisen hat. Diese Position vertritt auch der derzeit einflussreiche gemäßigte Konstruktivismus, der sachunterrichtliches Lernen als „Konzeptveränderung" modelliert. Lernen beginnt nicht bei einem Nullpunkt, sondern hat als Voraussetzung kognitive Strukturen (vgl. Piaget 1976), mit denen Schüler ihre Beziehungen zur Welt, ihre Aktivitäten und Erfahrungen sinnvoll ordnen. Diese Voraussetzungen setzen dem Lernen nicht nur einen Anfang, eine Möglichkeit oder eine Reichweite. Sie sind Organ und Werkzeug, mit denen das Kind neue Erfahrungen macht, mit denen es ihnen Wertigkeiten und Wichtigkeiten, Bedeutungen und Sinn verleihen kann, mit denen es in Sachauseinandersetzungen zu anderen tritt. Sie sind schlechthin Medium des Lernens. Der Begriff „Präkonzepte" für diese Voraussetzungen entspricht eher der Perspektive des Lehrenden, der erstens die Aufgabe hat, die Kinder in ihren subjektiven Konzepten kennen zu lernen, zweitens deren Tragfähigkeit im Lichte wissenschaftlicher Theorien beurteilen muss und drittens eine Strategie entwickelt, welche die Kinder darin fördern soll, zu adäquateren Konzepten zu kommen. Im Begriff der Präkonzepte schwingt also die Absicht, das Lernen hier nicht abzuschließen, sondern fortzusetzen. Dabei wurden die Vorstellungen darüber immer mehr verfeinert, was da fortzusetzen sei (vgl. Möller 1999): Präkonzepte können tiefer oder weniger tief verankert sein, können von Kontexten abhängig oder unabhängig sein, können deklaratives oder prozedurales, implizites oder explizites Wissen betreffen. Ihre Veränderung kann eher kontinuierlich oder diskontinuierlich geschehen, in Erweiterungen und Differenzierungen bestehen, zu mehr Komplexität, zu größerer Allgemeinheit etc. führen. Auch Nebenwirkungen und anderweitige Voraussetzungen solcher Lernprozesse finden Beachtung, so z.B. der mögliche Verlust an Selbstsicherheit und Motivation im Falle von Konfliktstrategien, bei denen die Präkonzepte mit widersprechenden Erfahrungen konfrontiert werden.

Halime wird in der gemäßigt konstruktivistischen Didaktik sehr behutsam auf ihr Präkonzept zum Thema „Schwimmen und Sinken" befragt. Ihre Vorstellung, dass es die leichten Sachen sind, die untergehen, wird natürlich als fehlerhaftes und nicht belastbares Alltagskonzept erkannt. Ja, es ist noch nicht einmal sicher, ob Halime zutreffend zwischen Schwimmen, ggf. Schweben und Sinken zu unterscheiden vermag. Sie lässt fast alle ihre Gegenstände im Wasser schweben, differenziert dabei ihre Höhe. Stellt sie dabei die Stärke der Gegenstände in Abhängigkeit von ihrer Schwere dar? Repräsentiert das Wasser, wenn es „stärker, stärker, stärker" wird und auf die leichten Sachen drückt und sie nach unten zwingt, vielleicht Halimes eigene Erfahrungen im Wasser? Ist es vielleicht Halime selbst, die mit dem Auftrieb mancher Schwimmer schwer zu kämpfen hatte, während sie es leicht hatte, sinkbare Gegenstände unter Wasser zu drücken. Deutet Halime „schwer" und „leicht" vielleicht als Kräfte in umgekehrte Richtung, als Kraft nach oben? Tatsächlich wird da ein Stein ziemlich leicht und ein Wasserball sehr schwer. Die gemäßigt-konstruktivistische Didaktik gleicht der bildungstheoretischen darin, dass sie einen genetischen Ansatz (vgl. Wagenschein 1968) verfolgt. Sie nimmt Halime als Schöpfer ihres eigenen Lernens ernst. Was Halime lernen kann, muss eine sinnvolle Konsequenz aus dem darstellen, was sie jetzt denkt. Andererseits gibt sie Halime einen objektiven Maßstab und ein objektives Ziel. Und sie kalkuliert nüchtern, was man machen kann, damit Halime das Ziel erreicht. In diesem „technologischen" Ansatz gleicht sie der lerntheoretischen Didaktik. Leider erscheint die Situation etwas schwierig. Halime blüht auf in der Schilderung ihrer Theorie. Erst allmählich kommt diese explizit ans Tageslicht. Ein langes Gespräch ist nötig, den „Schatz" zu heben. Es gibt Anzeichen, dass Halime Widersprüchen ausweicht, die ihre Theorie erschüttern können. Was ist wichtiger: Die Erfahrung, die eigene Welt subjektiv geordnet und dargestellt zu haben, so dass alles zusammenpasst – die eigenen Erfahrungen, die Theorie, die Zeichnung, die Sprache, das freundliche Gespräch mit dem Erwachsenen? Oder die Erfahrung, dass es objektive Tatsachen und Maßstäbe gibt, die das eigene Denken verwirren können, das eigene Gebäude zusammenstürzen lassen, zu neuen Anstrengungen zwingen? Hat Halime die Kondition, das zu bewältigen? Was ist jetzt wichtiger: Sicherheit oder Wahrheit? Oder hat Halime noch Zeit? Dürfen wir sie noch eine Weile in ihrem alten Weltbild belassen und ungestört eigene Erfahrungen machen lassen – Erfahrungen, die sie vielleicht allmählich und schonender auf den richtigen Weg bringen?

3.2.3 Wer sind unsere Schülerinnen und Schüler?

Wissen wir eigentlich genug von Halime, wenn wir ihre „Präkonzepte" kennen? Wie wir gesehen haben, ist Halimes Präkonzept über die Phänomene „Schwimmen" und „Untergehen" ziemlich kompliziert. Es reicht nicht aus, für sie lediglich ein umgekehrtes Schwerekonzept anzunehmen. Man muss sich schon genauer auseinandersetzen. Dabei stoßen wir auch auf ein Kapazitätsproblem. Was können wir sinnvoll als Lehrende unter den Bedingungen von Schule und Unterricht über Schülerinnen und Schüler in Erfahrung bringen? Halime ist ja nur eines von vielen Kindern, die im Sachunterricht gemeinsam zu fördern sind. Wenn wir über die Voraussetzungen bei den Schülerinnen und Schülern reden, müssen wir also Einschränkungen machen. Nicht alle Voraussetzungen sind wichtig zu wissen. Nicht einmal alle wichtigen Voraussetzungen sind möglich zu wissen. Wir brauchen eine pragmatische Lösung, die am Möglichen orientiert ist. Da ist es schon eine enorme Herausforderung, die bedeutsamen Präkonzepte der Kinder in Erfahrung zu bringen. Und dennoch reichen sie alleine nicht aus.

a) Um Halimes Vorstellung von „Untergehen" zu verstehen, die offenbar etwas damit zu tun hat, dass sich das mäßig starke Wasser auf die Gegenstände schiebt, dann anfängt zu drücken und dabei „stärker, stärker, stärker" wird, müsste man etwas von den Erfahrungen wissen, die sie hier deutet. Nicht nur die Theorien, auch die Erfahrungen der Kinder sind von Bedeutung – vor allem dann, wenn die Theorien noch wenig explizit, anfänglich, lückenhaft, voller Widersprüche und wenig belastbar erscheinen. Erzählungen, die in den Alltag der Kinder zeigen, sind bedeutsame Fenster zu ihrem Weltverstehen. Überhaupt sind Erzählungen frühe Formen, die Welt zu denken und sprachlich zu fassen (vgl. Schäfer 2008). Sie sind auch für Grundschüler wichtige Formen der Darstellung. In ihnen leben nicht nur Kognitionen, sondern auch Wahrnehmungen, Empfindungen und Bewegungen.

b) Was ist, wenn Kinder noch gar keine Konzepte haben? Bei kleineren Kindern findet man große Aufmerksamkeit und Freude, dass etwas im Wasser schwimmt. Sie beginnen auch auszuprobieren, ob etwas schwimmt oder untergeht. Und sie tauchen einen Korken immer wieder unter Wasser, lassen ihn entwischen und zur Seite springen, fangen ihn wieder ein. So, als ob sie ihn überreden möchten, auch einmal unterzugehen (vgl. Fischer 2009a). Das Weltwissen dieser Kinder organisiert sich in ihren Empfindungen, Bewegungen und Aktionen. Wenn wir diese Leiblichkeit des kindlichen Lernens nicht beachten, übersehen wir wichtige Dimensionen der Kognition. Auch bei Halime bilden sich nicht nur Konzepte, sondern Empfindungen, Bewegungen, Aktionen. Immer wieder begießt sie einen Luftballon, der im Wasserbecken schwimmt. Die Güsse werden „stärker, stärker, stärker". Und Halime

lacht und freut sich über den Ballon, der zur Seite springt, um dem Guss zu entkommen.
c) „Wie lernen wir unsere Schüler als Menschen kennen?", fragt Heinrich Roth in seiner „Pädagogische(n) Psychologie des Lehrens und Lernens (1957, Kap. II). Es sind nicht nur Präkonzepte, die ihn interessieren. Das Interesse erfasst „das körperliche Erscheinungsbild", „die soziale Herkunft", „die vitale Lebendigkeit", „die Gemütsart", „das Verhalten", „die Fähigkeiten und Fertigkeiten" und „die geistige Werthaltung" (S.45ff.). Auch wenn der Sachunterricht sich thematisch beschränkt, richtet er sich doch an „ganze Menschen". Wer ist Halime, auch außerhalb ihrer Präkonzepte, wo kommt sie her und wie lebt sie? Solche Fragen sind nicht nur von Bedeutung, um zu verstehen, wie sie spricht, was sie sagt, was sie tut, wie sie spielt, wie sie wahrnimmt und empfindet. Sie klären nicht nur die Voraussetzungen, um ihr Aufgaben zuzumuten und sinnvolle Unterstützung zu geben. Sie sind auch unerlässlich, um zu ergründen, wo Halimes Zukunft liegen könnte. Welche Bedeutung hat darin die wissenschaftliche Perspektive? Nicht nur die konstruktivistische Didaktik, auch der Perspektivrahmen Sachunterricht (2002) nehmen die Wissenschaft zumindest als dominante Perspektive wahr. Ist das sinnvoll? Müssen wir nicht auch über die Wissenschaft hinaus mehrperspektivisch (vgl. Giel 1974) denken? Die Antwort der bildungstheoretischen Didaktik auf diese Frage hat Herman Nohl (1982, 127) in ein Prinzip der relativen pädagogischen Autonomie gefasst: „Was immer an Ansprüchen aus der objektiven Kultur und den sozialen Bezügen an das Kind herantreten mag, es muss sich eine Umformung gefallen lassen, die aus der Frage hervorgeht: welchen Sinn bekommt diese Forderung im Zusammenhang des Lebens dieses Kindes für seinen Aufbau und die Steigerung seiner Kräfte, und welche Mittel hat dieses Kind, um sie zu bewältigen?"

3.2.4 „Wie lernen wir unsere Schüler als Menschen kennen?"
Wir greifen die Frage Roths auf, um eine Antwort zu finden, die nicht nur das, was wichtig ist, bedenkt, sondern das berücksichtigt, was möglich ist. Entscheidend dafür, dass wir als Lehrende im Sachunterricht die Voraussetzungen bei den Schülerinnen und Schülern angemessen berücksichtigen können, ist, dass wir diese nicht nur punktuell, sondern langfristig erfassen.
a) Bereits im Vorfeld von Schule und Unterricht, v.a. im Lehrerstudium, können wir „auf die Kinder schauen" (Meiers 1994, Kap. II). Wir gewinnen dabei anthropologische Informationen, wie Kinder leben und wie sie sich ihre Welt aneignen. Auch Forschungen zur Entwicklung bereichsspezifischen Weltwissens sind dabei von Bedeutung (vgl. Kahlert 2007, Kap. 3).
b) In der Sachunterrichtspraxis geht es dann darum, individuelle Kinder kennen zu lernen. Heinrich Roth empfiehlt dazu vor allem das Mittel der

teilnehmenden Beobachtung und der tagebuchartigen Aufzeichnung. Aber auch standardisierte Formen der Erhebung (Test, Befragung, Soziometrie, Beobachtungen) sind hier von Bedeutung (vgl. Fichtner u.a. 1978).

c) Der wichtigste Ort, Kinder kennen zu lernen, ist der Sachunterricht selbst (bzw. das Leben und Lernen in der Schule generell). Er ist es umso mehr, je mehr er Kinder herausfordert, auf eigene Weise Erfahrungen zu machen, diese zu deuten und zu reflektieren und die gewonnenen Erkenntnisse zu präsentieren und zu diskutieren (vgl. Fischer 2007). Je vielfältiger die Erfahrungssituationen und Problemstellungen, die Ausdrucks-, Darstellungs- und Reflexionsmöglichkeiten der Kinder sind, desto reicher sind die Informationen.

d) Im Vorfeld von thematischen Unterrichtseinheiten lassen sich unterschiedliche Aktivitäten zur Ermittlung der Lernvoraussetzungen durchführen. Meiers (1994, 48ff.) nennt Kinderäußerungen in verschiedenen Situationen, Gespräche mit den Eltern, Befragung der Kinder selbst, auch unter Einsatz von Fragebogen. Auch die Kinder können ihre Fragen zum Thema stellen, ihre Lernbedürfnisse artikulieren sowie ihr Wissen und ihre Vermutungen einbringen. Dazu können auch eigens Vorgespräche angesetzt werden (vgl. dazu exemplarisch Fischer & Haug 2009). Sie können eine Grundlage für eine gemeinsame Unterrichtsplanung darstellen.

e) Im Rahmen einer pädagogischen Leistungskultur, die auf Selbstreflexion und dialogische Leistungsfeststellung baut, lassen sich Lernstände erheben (z.B. Arbeitsmappe, Portfolio, Sammlungen, Lerntagebuch, Forscherbuch, Leistungsportfolio, Lernplakat), Lernentwicklungen aufzeichnen und rückmelden (z.B. Klassentagebuch, Zertifikate, Jahresrückblick) und Lerngespräche mit Kindern über deren Arbeitsergebnisse, Arbeitstechniken und Lernstrategien führen (vgl. Schönknecht & Klenk 2005).

f) Anregungen aus der Frühen Bildung lassen sich nutzen, z.B. periodische (video-, fotogestützte) teilnehmende Beobachtungen mit Auswertungsanregungen, wie z.B. der „Wahrnehmenden Beobachtung" des Fortbildungsinstituts Weltwerkstatt e.V. (noch unveröffentlicht): Eigene Wahrnehmung der Situation – Was und wie nimmt das Kind wahr? – Einlassen auf Tätigkeit, bei der Sache bleiben – Wege des Denkens und Erkennens beim Kind – Vorerfahrungen, Themen des Kindes – Beziehungsaufnahme zu Anderen u.a.m.

Literatur

Banholzer, A. (2008): Die Auffassung physikalischer Sachverhalte im Schulalter. Herausgegeben u. eingeleitet von B. Feige und H. Köster. Bad Heilbrunn: Klinkhardt

Dolch, J. (1959): Lehrplan des Abendlandes. Zweieinhalb Jahrtausende seiner Geschichte. Ratingen: Henn

Esslinger-Hinz, I. u.a. (2007): Guter Unterricht als Planungsaufgabe. Ein Studien- und Arbeitsbuch zur Grundlegung unterrichtlicher Basiskompetenzen. Bad Heilbrunn: Klinkhardt

Fichtner, B. u.a. (1978): Handbuch schulpraktische Studien. Kronberg/Ts.: Henn

Fischer, H.-J. (2007): Die Sachen darstellen und reflektieren. In: Kahlert, J. u.a. (Hrsg.): Handbuch Didaktik des Sachunterrichts. Bad Heilbrunn: Klinkhardt, 470–480

Fischer, H.-J. (2009a): Mimetisches und selbstgesteuertes Lernen im Kinderspiel – eine ethnographische Studie. In: Höttecke, D. (Hrsg.): Chemie- und Physikdidaktik für die Lehramtsausbildung. Gesellschaft für Didaktik der Chemie und Physik. Jahrestagung in Schwäbisch Gmünd 2008. Berlin, Münster: Lit, 229–231

Fischer, H.-J. (2009b): Schwimmen und Untergehen – Kindergartenkinder deuten ein Naturphänomen. In: Lauterbach, R. u.a. (Hrsg.): Lernen und kindliche Entwicklung. Elementarbildung und Sachunterricht. Bad Heilbrunn: Klinkhardt, 173–180

Fischer, H.-J. & Haug, M. (2009): Kind und Landschaft. Anthropologische und pädagogische Überlegungen. In: Sache – Wort – Zahl, 103, 4–12

Gesellschaft für Didaktik des Sachunterrichts (GDSU) (2002): Perspektivrahmen Sachunterricht. Bad Heilbrunn: Klinkhardt

Giel, K. (1974): Perspektiven des Sachunterrichts. In: Ders. u.a.: Stücke zu einem mehrperspektivischen Unterricht. Aufsätze zur Konzeption 1. Stuttgart: Klett, 34–66

Heimann, P.; Otto, G. & Schulz, W. (1965): Unterricht – Analyse und Planung. Hannover: Schroedel

Jank, W. & Meyer, H. (1994): Didaktische Modelle. 3. Aufl. Frankfurt a.M.: Cornelsen Scriptor

Kahlert, J.; Fölling-Albers, M.; Götz, M.; Hartinger, A.; v. Reeken, D. & Wittkowske, St. (2007) (Hrsg.): Handbuch Didaktik des Sachunterrichts. Bad Heilbrunn: Klinkhardt

Klafki, W. (1961): Das pädagogische Problem des Elementaren und die Theorie der kategorialen Bildung. Weinheim: Beltz

Klafki, W. (1969): Didaktische Analyse als Kern der Unterrichtsvorbereitung. In: Roth, H. & Blumenthal, A. (Hrsg.): Auswahl. Grundlegende Aufsätze aus der Zeitschrift Die Deutsche Schule. 10. Auflage. Hannover, Berlin, Darmstadt: Schroedel,

Klafki, W. (1963): Studien zur Bildungstheorie und Didaktik. Weinheim: Beltz

Klafki, W. (1991): Neue Studien zur Bildungstheorie und Didaktik. Weinheim, Basel: Beltz

Meiers, K. (^{2}1994): Sachunterricht. Zug: Klett und Balmer

Möller, K. (1999): Konstruktivistisch orientierte Lehr-Lernprozeßforschung im naturwissenschaftlich-technischen Bereich des Sachunterrichts. In: Köhnlein, W. u.a. (Hrsg.): Vielperspektivisches Denken im Sachunterricht. Forschungen zur Didaktik des Sachunterrichts,3. Bad Heilbrunn: Klinkhardt, 125–191

Nohl, H. (^{9}1982): Die pädagogische Bewegung in Deutschland und ihre Theorie. Frankfurt a.M.: Schulte-Bulmke

Peterßen, W. H. (^{3}1988): Handbuch Unterrichtsplanung: Grundfragen, Modelle, Stufen, Dimensionen. München: Ehrenwirth

Piaget, J. (1976): Die Äquilibration der kognitiven Strukturen. Stuttgart: KLett

Piaget, J. (1927): La Causalité Physique chez l'Enfant. Paris: Alcan

Roth, H. (1957): Pädagogische Psychologie des Lehrens und Lernens. Berlin, Hannover, Darmstadt: Schroedel

Schäfer, G. E. (2008): Frühe Wege ins Naturwissen. Teil 1 und Teil 2. In: Betrifft Kinder, H. 01-02, 6–13 und H. 03-04, 6–13

Schönknecht, G. & Klenk, G. (2005): Sachunterricht. Pädagogische Leistungskultur: Materialien für Klasse 1 und 2. Frankfurt a.M.: Grundschulverband; Arbeitskreis Grundschule

Schultheiß, K. (2007): Anthropologische Lernvoraussetzungen. In: Kahlert, J. u.a. (Hrsg.): Handbuch Didaktik des Sachunterrichts. Bad Heilbrunn: Klinkhardt, 319–328

Wagenschein, M. (1968): Verstehen lehren. Genetisch – Sokratisch – Exemplarisch. Weinheim, Basel: Beltz

Wright, G.H v. (1974): Erklären und Verstehen. Frankfurt a.M.: Fischer Athenäum

3.3 Bedingungen und Voraussetzungen in der Lehrperson

von Sandra Tänzer

3.3.1 Einleitung

Die Verfasserin dieses Artikels führte vor einigen Jahren mit einer dritten Klasse eine Unterrichtseinheit zum Thema „Immer fahrbereit?!" durch. Ein Lernziel bestand darin, bestimmte Reparatur-, Wartungs- und Pflegemaßnahmen an einem Fahrrad selbst durchführen zu können und zu wissen, welche Maßnahmen besser dem Fachmann bzw. der Fachfrau überlassen werden sollten. Als Unterrichtsmethode wählte sie den Unterrichtsgang in einen nahegelegenen Fahrradladen, in dem ein Experte Reparatur-, Wartungs- und Pflegemaßnahmen zeigte, erläuterte und von den Schülerinnen und Schülern in Kleingruppen an Fahrrädern durchführen ließ. Anders ein Student, den sie im Schulpraktikum betreute: Mit Leidenschaft und Fachkompetenz übernahm er im Klassenzimmer selbst die Rolle des Fahrradexperten; er erklärte, zeigte, schraubte an seinem Fahrrad herum, bevor die Schülerinnen und Schüler ihre Fahrräder selbstständig untersuchten. Es war deutlich zu sehen und zu spüren, wie viel Spaß diesem Lehrer der Umgang mit seinem Fahrrad machte. – Das gleiche Lernziel, eine andere Methode, zahlreiche Konsequenzen für den Unterricht, denn nicht nur waren ihm Aufmerksamkeit, Motivation und Bewunderung der Kinder sicher; auch die sachlich-logische und zeitlich-logische Struktur wurde durch die – seinen persönlichen Interessen und individuellen technischen Fähigkeiten kongruente – Wahl der Methode entscheidend beeinflusst. Das Beispiel zeigt: Lehrerinnen und Lehrer beeinflussen mit ihren je individuellen Bedingungen und Voraussetzungen den Unterricht. Neben dem Einfluss persönlicher Interessen und Neigungen auf Planungsentscheidungen und Unterrichtsprozesse zählt Wiater als weitere „anthropogene Voraussetzung(en) oder anthropologisch-psychologische Voraussetzung(en) des Unterrichts" im Sinne jener Bedingungen, die „die am Unterricht beteiligten Personen in den Unterricht einbringen" (1993, 215), folgende Merkmale der Lehrperson auf: „Geschlecht, Alter, Herkunfts- und Lebensmilieu, psycho-physischer Zustand, pädagogische Konzeption, Führungsstil, didaktische Fähigkeiten, fachwissenschaftliche Kompetenz, soziale Geschicklichkeit, Berufsauffassung, Berufserfahrung, Berufsperspektiven, außerberufliche

Erfahrungen, Erwartungen gegenüber den Schülern, Selbstbild als Lehrer und Erwachsener, Selbstwahrnehmungsgrad usw." (ebd.). An dieser Aufzählung ist Folgendes auffällig:
(1) Es gibt unter den genannten Bedingungen in der Lehrperson solche, die unmittelbarer Planungsgegenstand/Planungsinhalt sind: Fachwissenschaftliche Kompetenz oder didaktische Fähigkeiten gehören zu diesen Bedingungen. Glöckel, Rabenstein, Drescher & Kreiselmeyer fokussieren genau jene Variablen, wenn sie als Elemente der Bedingungsanalyse im Rahmen der Planung von Unterricht Lehrer und Lehrerinnen auffordern zu überprüfen, wie gut und sicher ihre fachlichen Kenntnisse sind bzw. wie gut sie die notwendigen Unterrichtstechniken beherrschen (vgl. 1989, 35; ähnlich Kramp 1962, 38). Darüber hinaus zählt Wiater Bedingungen und Voraussetzungen in der Lehrperson auf, die zwar analysiert und reflektiert werden können, sich aber im Kontext der Planung von Unterrichtseinheiten einer Kontrolle entziehen, auch wenn sie nachweislich Planungsprozesse, Planungsentscheidungen und die Art der Unterrichtsdurchführung beeinflussen. Alter, Geschlecht oder Berufserfahrung gehören ebenso zu diesen Bedingungen und Voraussetzungen (vgl. Terhart 1993, Vollstädt 1996; Hartmann-Kurz et al. 2001) wie zum Beispiel eigene Kinder[1] oder das Zusammenleben mit einem „Lehrer-Partner", dessen Ideen die eigene Unterrichtsplanung bereichern, korrigieren und beeinflussen können. Bedingungen und Voraussetzungen in der Lehrperson müssen als Faktoren betrachtet werden, die zum einen – entsprechend der Intention in den bekannten didaktischen Modellen zur Analyse und Planung von Unterricht von Wolfgang Klafki oder Paul Heimann, Gunter Otto und Wolfgang Schulz („Berliner Modell") – Elemente der Analyse und Reflexion innerhalb der Unterrichtsplanung sind, zum anderen die Unterrichtsplanung organisieren und mitbestimmen und von daher als „Rahmenbedingung(en) ... im Sinne einer das planende Denken selbst organisierenden Größe" (Bromme 1981, 19)[2] fungieren. Dieser Beitrag richtet sich auf jenen erstgenannten Aspekt, auf Bedingungen und Voraussetzungen in der Lehrperson als Gegenstand der Analyse und Reflexion im Rahmen der Planung von Unterrichtseinheiten im Sachunterricht.

---

[1] Denn wie Haas ermittelte, üben „eigene schulpflichtige Kinder ... eine Korrekturfunktion aus. Die Rollenverschränkung Lehrer-Eltern führt zu Veränderungen in der Schülerwahrnehmung, die den kognitiven, emotionalen und motivationalen Bereich betreffen. Berichten die eigenen Kinder etwa über Schwierigkeiten, so wirkt sich dies auf die Planung aus. Der Stoff wird bspw. reduziert, Anweisungen verständlicher formuliert, es wird mehr veranschaulicht, weniger Theorie gelehrt oder mehr Übungsphasen eingebaut" (Haas 2005, 13).

[2] Bromme weist beide Funktionszusammenhänge an den Planungsgrößen „Lehrbuch" und „Zeit nach (vgl. Bromme 1981, 17ff.).

(2) Die unsystematische und unabgeschlossene Aufzählung von Bedingungen und Voraussetzungen in der Lehrperson, wie sie Wiaters Ausführungen kennzeichnet, erschwert den Umgang mit ihnen. Welche Bedingungen können (allein aus Gründen begrenzter Planungszeit) analysiert werden, welche müssen im Rahmen der Planung einer Unterrichtseinheit mit welchem Ziel und welchen Konsequenzen analysiert und ggf. modifiziert werden? Wie können Lehrerinnen und Lehrer mit der ihnen eigenen „Ausgangslage" (Schulz 1981, 82) kontrolliert umgehen? Der Beitrag versucht, systematisch, differenziert und theoretisch begründet auf diese Fragen eine Antwort zu geben. Einschlägige empirische Befunde aus Forschungen zur Unterrichtsplanung sowie Transkriptauszüge einer eigenen Studie zum Planungshandeln von Referendarinnen im Sachunterricht ergänzen und veranschaulichen die Ausführungen.

3.3.2 Bedingungen und Voraussetzungen in der Lehrperson als Strukturelement der Planung von Unterrichtseinheiten

Es ist ein Verdienst des sog. „Berliner Modells" der Unterrichtsanalyse und Unterrichtsplanung von Paul Heimann, Gunter Otto und Wolfgang Schulz (Heimann 1962, Schulz 1979), die Bedeutung der Bedingungen und Voraussetzungen in der Lehrperson als konstitutives Element der Planung von Unterricht hervorgehoben zu haben. Folgt man dem Berliner Modell, verläuft die Analyse und Planung des Unterrichts auf zwei Reflexionsstufen, von denen hier zunächst nur die Erste erwähnt werden soll; die zweite Stufe, die Faktorenanalyse, wird im Abschnitt 3.3.3 thematisiert. Die erste Stufe, die Strukturanalyse, bezieht sich auf die Grundstruktur des Unterrichts als Interdependenz der inhaltlich variablen, aber formal konstanten Elementar-Strukturen der (1) Intentionalität, (2) Inhaltlichkeit, (3) Methoden-Organisation, (4) Medienabhängigkeit, (5) anthropologisch-psychologischen Voraussetzungen der am Unterricht beteiligten Personen und (6) sozial-kulturellen Determination des Unterrichts (vgl. 1962, 416). Sie unterscheiden sich in ihrem Charakter als Entscheidungsfelder (1-4) und Bedingungsfelder (5-6). Heimann betont, dass „...das Bewußtsein der durchgängigen anthropologischen und sozial-kulturellen Determiniertheit alles unterrichtlichen Geschehens ... die Tatsache fest(hält), daß in diesen Bereichen die Bedingungen für die jeweilige Faktizität stattfindenden Unterrichts zu suchen sind" (ebd., 422).[3] Damit stellt sich die Analyse der Bedingungen (auch) in der Lehrperson für jede konkret zu planende Unterrichtseinheit stets aufs Neue; Peterßen

---

[3] Über Bedingungen lassen sich demzufolge auch keine Entscheidungen treffen, wie Gonschorek & Schneider (vgl. 2005, 274) in ihren Ausführungen zur Unterrichtsplanung missverständlich betonen. Bedingungen sind gegeben; sie müssen erkannt und mit ihnen muss umgegangen werden.

hebt diese Kontextgebundenheit hervor, wenn er dafür plädiert, Lehrvoraussetzungen nicht „ein für allemal ..., sondern jeweils nur für einen konkreten Fall" festzustellen, um auf diese Weise „tatsächlich die situativen Konstellationen in den Griff zu bekommen und sich nicht mit Stereotypen zu begnügen" (Peterßen 2000, 448; Hervorhebung im Original). Auch Wolfgang Klafki verweist im „(Vorläufigen) Perspektivenschema zur Unterrichtsplanung" unter dem Stichwort „Bedingungsanalyse" auf die „Analyse der konkreten, sozio-kulturell vermittelten ... Ausgangsbedingungen des/der Lehrenden" (1996, 272). Beide Ansätze ähneln sich dahingehend, dass die Bedingungsanalyse bei allen Planungsentscheidungen zu beachten ist. Sie ist kein Planungsschritt an sich, der den einzelnen Planungsentscheidungen vorausgeht, sondern untrennbar an die Entscheidungen bzw. die diesen Entscheidungen zu Grunde liegenden Prozesse und Begründungen gebunden, die wiederum als getroffene Entscheidungen ein spezifisches Bedingungsgefüge voraussetzen (vgl. Schulz 1979, 25; Klafki 1996, 272[4]). Teilweise werden bei der Rezeption dieser didaktischen Modelle die Bedingungen und Voraussetzungen der am Unterricht beteiligten Personen auf die Lernvoraussetzungen der Schülerinnen und Schüler verkürzt (z.B. Seifried 2009, 126), und einige der vorliegenden empirischen Studien zum Planungshandeln von Lehrerinnen und Lehrern fokussieren ihre Erhebung ebenfalls, die anthropologischen Bedingungen betreffend, darauf, welche Bedeutung Lehrerinnen und Lehrer der Berücksichtigung der Lernvoraussetzungen im Rahmen der Unterrichtsplanung beimessen, ohne die Lehrvoraussetzungen in ähnlicher Weise zu bedenken (Tebrügge 2001, Seifried 2009, Heran-Dörr & Kahlert 2009). Ähnlich begrenzt stellen sich fachdidaktische Ansätze zur Planung sachunterrichtlicher Unterrichtseinheiten dar (vgl. Kap. 5).Während die Analyse der Lernvoraussetzungen der Schülerinnen und Schüler eine bedeutende Rolle spielt, findet die Analyse der Bedingungen und Voraussetzungen des Lehrers bzw. der Lehrerin als explizite Planungsanforderung allein im Prozessmodell didaktischer Handlungsplanung im Sachunterricht von Roland Lauterbach Berücksichtigung.[5] Dieses Modell enthält als sechsten Planungsschritt eine Kontextanalyse und -reflexion, in der die planenden Lehrer und Lehrerinnen aufgefordert werden, „Bedingungen (Kontrollen)" zu analysieren und zu reflektieren, die „begünstigen bzw. behindern, dass das Thema bildungswirk-

---

[4] In der schematischen Darstellung des „(Vorläufigen) Perspektivenschemas zur Unterrichtsplanung" von Wolfgang Klafki wird dieser Bedeutungszusammenhang an den Doppelpfeilen deutlich.
[5] Dabei heben Hilde Köster (vgl. Kap. 5.5), Joachim Kahlert (Kap. 5.6) sowie Ilona K. Schneider & Franz Oberländer (vgl. Kap. 5.3) die Bedeutung der Lehrperson für die Umsetzung ihre jeweiligen Planungsansätze durchaus hervor, aber die Analyse der Voraussetzungen in der Lehrperson wird nicht systematisch in die Planungsprozesse eingebunden.

sam unterrichtet wird" (Lauterbach et al. 2003, 228). Hier nennt Lauterbach neben schulischen, zeitlich-räumlichen und soziokulturellen Bedingungen auch „die personalen, sozialen und professionellen Voraussetzungen der Lehrperson" (ebd.). Offen bleibt dabei, wie diese systematisch in den Planungsprozess eingebracht werden können, d.h. welche Konsequenzen aus dieser Analyse für die bereits getroffenen bzw. nachfolgenden Planungsentscheidungen erwachsen.

In Anlehnung an das Verständnis der Bedingungsanalyse in den oben genannten allgemeindidaktischen Modellen zur Planung von Unterricht ist es sinnvoll, die Analyse der Bedingungen und Voraussetzungen der Lehrperson konkret auf entscheidungsrelevante Strukturelemente der Planung von Unterrichtseinheiten des Sachunterrichts (vgl. Kap. 4) zu beziehen. Um diese Analyse zielgerichtet durchführen zu können, bedarf es angesichts der Vielfalt und Komplexität der einen Lehrer bzw. eine Lehrerin auszeichnenden persönlichen Bedingungen und vor dem Hintergrund begrenzt zur Verfügung stehender Planungszeit zum einen der Klärung, nach welchen Bedingungen und Voraussetzungen – aufgrund deren Bedeutung für die im Einzelnen zu treffenden Planungsentscheidungen – geschaut werden sollte. Des Weiteren ist zu konkretisieren, wann eine Auswirkung persönlicher Bedingungen auf Planungsentscheidungen didaktisch gerechtfertigt bzw. nicht gerechtfertigt ist. Beide Aspekte werden in den nachfolgenden Abschnitten diskutiert.

3.3.3 Welche Bedingungen und Voraussetzungen in der Lehrperson beeinflussen die Planung von Unterrichtseinheiten im Sachunterricht? – Ein Vorschlag

Es ist zu Beginn des vorangegangenen Kapitels bereits darauf verwiesen worden, dass die Planung und Analyse konkreten Unterrichts nach dem Duktus des Berliner Modells kategorial-strukturell (1.Reflexionsstufe) als auch faktoriell (2.Reflexionsstufe) erfolgt: Das Ziel der Faktorenanalyse besteht darin, „die wirkliche Motivation unserer didaktischen Entscheidungen und die Gründe für die tatsächliche Verlaufsform realer Unterrichtsvorgänge aufzudecken", was „die philosophisch-anthropologische und erfahrungswissenschaftlich-psychologische Interpretation der personalen Bedingungslage" (Heimann 1962, 422) notwendig macht. Um diesem Prozess „methodische Sicherheit und Eindeutigkeit zu geben" (ebd., 423), fokussiert Heimann die Faktoren-Analyse auf drei Faktorengruppen (vgl. 1962, 423ff.):

- *Normen*, die es notwendig machen, sich seiner eigenen ideologiebestimmten Sichtweise insbesondere auf die Ziele und Inhalte des Unterrichts bewusst zu werden,
- *Sachfaktoren*, „die sich auf Grund ihres Vorhandenseins durchsetzen, ohne Rücksicht darauf, ob sie nun akzeptiert werden" (Schulz (1979,

38), und es notwendig machen, sich fachlich genau und entsprechend des aktuellen Erkenntnisstandes in den für didaktische Urteilsbildung relevanten Bezugswissenschaften (z.B. der Entwicklungs- und Lernpsychologie, der Soziologie etc.) kundig zu machen, sowie
o *formschaffende Faktoren*, die, so Heimann (1962, 425), „in uns selbst, in der Produktivität unserer entwerfenden und konstruierenden Phantasie zu suchen" sind.

Heimanns Intention der Suche nach Faktorenklassen, die in der Person des Lehrers wirken und die Planung und Durchführung des Unterrichts beeinflussen, ist ähnlich der Zielsetzung aktueller empirischer Lehrerforschung: „Man sucht heute", so Helmke (2009, 113), „nicht mehr nach allgemeinen, berufs- und unterrichtsfremden Persönlichkeitseigenschaften von Lehrpersonen, sondern lenkt den Blick auf Kompetenzen und Orientierungen, die einen inhaltlichen Bezug zum Geschäft des Unterrichtens aufweisen". Mit dem Angebots-Nutzungs-Modell der Wirkungsweise des Unterrichts legt Andreas Helmke (2009) einen Ansatz vor, der aufgrund seiner expliziten Bezugnahme auf die Didaktik der Unterrichtssituation gut geeignet ist, lehrerrelevante Bedingungsfaktoren der Planung sachunterrichtlicher Unterrichtseinheiten differenziert zu benennen. Folgt man Helmke, wird der Unterricht (einschließlich seiner Planung) von folgenden Merkmalen einer Lehrperson beeinflusst: „Von primärer Bedeutung ist die unterrichtsrelevante Expertise, das heißt die *fachwissenschaftliche* und *fachdidaktische Expertise*, ergänzt um die *Expertise in den Bereichen Klassenführung* und *Diagnostik*. Hinzu kommen wichtige andere Personenmerkmale: *schul- und unterrichtsrelevante Werte, Ziele und Orientierungen, subjektive und intuitive Theorien* (epistemologische Vorstellungen) zu wichtigen Konzepten des Lehrens und Lernens, die *Bereitschaft zur Selbstreflexion* sowie das *berufsbezogene Selbstvertrauen* (Selbstkonzept, Selbstwirksamkeit)" (Helmke 2009, 78f.; Hervorhebung S.T.).

Bezieht man die genannten lehrpersonrelevanten Merkmale auf die Anforderungen der Planung von Unterrichtseinheiten im Sachunterricht, so ergibt sich ein Zusammenhang, wie ihn Abbildung 1 auf der nachfolgenden Seite darstellt. Die Bereitschaft und die Fähigkeit zur Selbstreflexion nimmt dabei insofern eine Sonderstellung ein, als sie als Basiskompetenz für den Umgang mit der eigenen Person im Rahmen der Planung von Unterrichtseinheiten im Sachunterricht sensibilisiert und motiviert (vgl. 3.3.5).

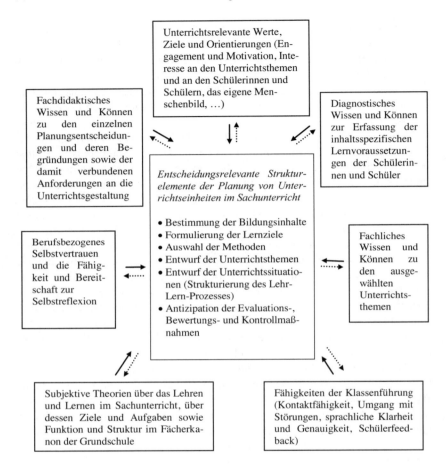

Abb.1: Bedingungen und Voraussetzungen der Lehrperson stehen in Wechselwirkung mit entscheidungsrelevanten Strukturelementen der Planung von Unterrichtseinheiten im Sachunterricht

Es sei abschließend noch einmal dezidiert betont, dass mit der Fokussierung auf diese professionellen Lehrermerkmale nicht das Insgesamt der Bedingungen und Voraussetzungen einer Lehrperson erfasst wird; dies ist meines Erachtens nicht möglich. Sicherlich spielen, wie Esslinger-Hinz et al. (2007, 51) in ihrem Praxishandbuch zur Unterrichtsplanung unter dem Stichwort „die Ausgangslage des Unterrichts gestaltend aufnehmen" betonen, „die eigenen vielfältigen Vorerfahrungen, Stärken und Grenzen" neben „Vorlieben und Abneigungen, aktuelle(n) lebensgeschichtliche(n) Hintergründe(n), Charakter, Erfahrungen im Beruf, Hobbys und Liebhabereien" ebenso eine Rolle bei der Planung und Durchführung des Unterrichts wie die individuellen langjährigen Erfahrungen als Schülerinnen und Schüler (vgl. ebd.); sie bestimmen Art und Ausmaß der genannten professionellen Lehrermerkmale wie fachliches und fachdidaktisches Wissen und Können, unterrichtsbezogene Werte, Ziele und Überzeugungen oder den Grad berufsbezogenen Selbstvertrauens mit. Was der hier vorgeschlagene Ansatz zu leisten vermag, ist eine zielgerichtete und begrenzte – damit aber auch praktikable – Analyse und Reflexion der persönlichen Bedingungen, bezogen auf die Anforderungen der Planung von Unterrichtseinheiten im Sachunterricht.

Nachfolgende Interviewauszüge aus einer noch unveröffentlichten Studie der Verfasserin veranschaulichen die Relevanz einiger der genannten Bedingungsfaktoren in der Lehrperson für einzelne Planungsentscheidungen:

Beispiel 1: Subjektive Theorien über den Stellenwert des Sachunterrichts im Fächerkanon der Grundschule beeinflussen die Planung von Unterrichtseinheiten
So begründet eine Referendarin Planungsentscheidungen ihrer Mentorin wie folgt: „Das ist, glaub ich, aus DDR-Zeiten noch übriggeblieben, dass der Sachunterricht zum Deutschunterricht gehört, und das kriegt man aus den Köpfen ... einfach nicht mehr raus. Dazu sind sie einfach zu lange Lehrer; das ist einfach so... Und wie gesagt: Dadurch, dass sie... zum Beispiel einen Text übers Feuer liest, hat sie das ja dann auch indirekt bearbeitet. Und ich denke aber, ich glaube aber auch im Hinblick auf das Studium, ... dass wir schon so dieses Augenmerk auch auf den Sachunterricht legen ... Gibt´s ja dieses Nachrangmodell usw., und das ist bei ihr eher so der Fall. Also erst Deutsch ..., und der Sachunterricht kommt dann, wird dann mit eingegliedert und wird auch ein bisschen behandelt, also es wird auch behandelt."

Beispiel 2: Klassenführungskompetenz beeinflussen die Auswahl von Methoden
Eine Referendarin begründet ihre Zweifel an der Richtigkeit der getroffenen methodischen Entscheidung mit ihrer „große(n) Angst" vor Unterrichtsgesprächen: „Dann hatte ich das Problem mit den zwei Kreisgesprächen. Dass ich da so aufgeregt bin. Ich bin nicht ... gut im Strukturieren und Zusammenfassen ... Was spontan, also was ich nicht im Vorfeld durchplanen kann, da hab ich Schwierigkeiten damit." In einem weiteren Planungsgespräch begründete sie die Vorgabe eines Beobachtungsprotokolls wie folgt: „Also ...ich geb das jetzt vor. Es gibt ja auch die Möglichkeit, dass man zusammen überlegt, wie man so was dokumentieren kann, aber dafür hab ich nicht die Zeit. Oder das war mir auch zu unsicher, weil ich nicht weiß, was kommt. Das trau ich mir auch nicht zu."

Beispiel 3: Diagnostische Kompetenz beeinflusst den Entwurf von Unterrichtssituationen
Auf die Frage, was sie, die Referendarin, macht, während die Kinder experimentieren, antwortet sie: „Ich geh rum, und natürlich guck ich auch, wie das also dieses Anzünden der Kerze nacheinander, dass das wirklich nur geschieht, wenn ich dabei bin ... Ich weiß nicht, ob das in der 4.Klasse unbedingt so angebracht ist. Da ich aber keine Erfahrungen habe mit Viertklässlern und Feuerzeugen oder Streichhölzern, will ich erst mal gucken, muss ich mir morgen erst mal 'n Bild machen."

Beispiel 4: Subjektive Theorien über das Lehren und Lernen im Sachunterricht beeinflussen die Auswahl von Methoden
Auf die Frage, warum sich die Referendarin für die gewählte Unterrichtsmethode – das Experimentieren – entschied, antwortet diese: „Also ich versuche ja, im Sachunterricht, dass die sowieso viel ausprobieren und viel selber machen." Später betont sie: „Mir ist immer wichtig, dass die im Sachunterricht viele Dinge auch ausprobieren können bzw. selber machen. Das ist eigentlich für mich so typisch Sachunterricht."

Beispiel 5: Unterrichtsrelevante Werte, Ziele und Orientierungen – hier: persönliche Interessen – beeinflussen die Bestimmung von Bildungsinhalten
Auf die Frage, warum die Referendarin bestimmte Bildungsinhalte zur Unterrichtseinheit „Wiesenpflanzen" ausgewählt und andere ausgeklammert hat, antwortet sie: „Na, ich denk da jetzt an mich. Also interessiert mich das, wo die Kuhblume herkommt?"

3.3.4 Die didaktische Relevanz der Bedingungen und Voraussetzungen in der Lehrperson für Planungsentscheidungen im Sachunterricht

Ziel der Bedingungsanalyse ist die Reflexion von Bedingungen und Voraussetzungen, die eine begünstigende oder hemmende Wirkung auf einen bildungswirksamen Unterricht haben (vgl. Lauterbach et al. 2003, 228); Peterßen (vgl. 2000, 448) spricht von der lernförderlichen oder lernhemmenden Wirkung der Bedingungen in der Lehrperson, Glöckel schlicht vom Einfluss auf den Unterrichtserfolg (vgl. 2003, 173). Die von Helmke genannten Lehrermerkmale gelten als Bedingungen, die Unterrichtsplanung und -gestaltung positiv beeinflussen. Fehlen fachliches, fachdidaktisches und diagnostisches Wissen und Können sowie Fähigkeiten in der Klassenführung, wirkt sich dies beispielsweise hemmend auf die Planung und Gestaltung eines verständnisfördernden, naturwissenschaftlichen Sachunterrichts aus (vgl. Möller 2004, 74). Gleichsam sind Art und Ausmaß jener in der Lehrperson wirksamen Bedingungsfaktoren in ihrem Wechselverhältnis zu den ausgewiesenen Planungsentscheidungen differenziert zu betrachten – eine Aufgabe, die im Rahmen dieses Beitrags nicht zu leisten ist und weiterführender theoretisch-systematischer als auch empirischer Analyse bedarf.
An einem zentralen Moment soll verdeutlicht werden, was mit einer differenzierten Betrachtung gemeint ist: Ist es beispielsweise legitim, wie im oben skizzierten Beispiel 5, die Herkunft des Löwenzahns als Bildungsinhalt auszuklammern, weil es die Lehrerin nicht interessiert? Ist es legitim, Methoden auszuwählen, die – wie im eingangs skizzierten Fahrrad-Beispiel – den persönlichen Interessen und damit verbundenen fachlichen Kenntnissen und Fähigkeiten in besonderer Weise entsprechen? Nein und ja, würde die Verfasserin hier antworten: Während der erste Fall (Löwenzahn-Beispiel) eine ungerechtfertigte Einflussnahme auf eine didaktische Entscheidung ist, lässt sich der zweite Fall (Fahrrad-Beispiel) durchaus didaktisch vertreten. Warum? Nach Glöckel (vgl. 2003, 168ff.) konstituiert sich Unterricht durch die

Verschränkung der drei „Bedingungsbereiche" Lernender, Sache und Zielsetzung des Unterrichts. Die Voraussetzungen der Lernenden sind gegebene Bedingungen und vom Lehrer ebenso sorgsam zu erschließen wie die Sache, die sich im Hinblick auf ihre (fachwissenschaftlich und erkenntnistheoretisch bedingte) Sachstruktur wie auch hinsichtlich ihrer historisch-gesellschaftlichen Deutung in der ihr eigenen Dignität darstellt. Die Zielsetzung erwächst aus dem Spannungsverhältnis zwischen Kind und Sache. Sie zu bestimmen, bedarf der Erfassung der Bedeutung der Sache für die Kinder, deren sachspezifischer Lernvoraussetzungen als auch den Ansprüchen der Sache selbst. Die Lehrperson in ihrer „Eigenart" (Glöckel 2003, 173) ordnet sich den Ansprüchen und Anforderungen dieser drei konstitutiven Bedingungsbereiche unter: „Die persönliche Eigenart", so Glöckel, „muss zu dem generell zu Fordernden hinzukommen, sie darf nicht darunter bleiben – weil der Unterricht um der Schüler, nicht um des Lehrers willen geschieht, weil dieser *im Dienst* ist. So gehören die berechtigten Eigenarten, die speziellen Fähigkeiten und Neigungen nicht zu den konstitutiven Bedingungen. Ihr Platz ist auf der Ebene der konkreten Umsetzung. Dort haben sie ihr Recht. Ein weitergehender Anspruch wäre »didaktischer Subjektivismus«. Was sich allgemein begründen läßt, darf nicht persönlicher Willkür erliegen" (ebd.; Hervorhebung im Original).[6] Das heißt: Bei inhaltlich-intentionalen Entscheidungen (Bestimmung von Bildungsinhalten, Festlegung von Lernzielen)

o orientieren sich Lehrerinnen und Lehrer an den Vorgaben von Bildungs- und Lehrplänen,
o treffen sie ihre Entscheidungen kriteriengeleitet (vgl. Kap. 4.1 und 4.2) und nicht nach Maßgabe persönlicher Interessen, Neigungen und Überzeugungen,
o spüren sie der Bedeutung der Thematik in sich selbst, ihrer eigenen Haltung, ihren „Voreinstellungen, Vorurteile(n), Interessen" (Klafki 1996, 274) nach und
o hinterfragen sie die Stimmigkeit ihrer persönlichen Haltung mit den angestrebten Zielen des Unterrichts, um nicht durch die Art der Lehrer-Schüler-Interaktion (bewusst oder unbewusst) zu zeigen, dass sie selbst

---

[6] So betont auch Weniger (1956, 14f.): „Die wichtigste Beschränkung seiner Freiheit vor aller Praxis besteht darin, daß der Lehrer Amtsträger ist, das heißt im Dienste und Auftrag irgendwelcher geistigen Mächte steht, die bestimmte Lehraufträge geben und bestimmte Verhaltensweisen fordern. Aber innerhalb dieser Gebundenheit ist dann ... auf mannigfache Weise geistige Freiheit und eigene Entscheidung vom Lehrer gefordert und ihm ermöglicht ... Eigenart und Ort der nun letztlich gemeinten „pädagogischen" Freiheit, die eben immer nur eine relative Autonomie sein kann, müssen in sehr komplizierten Erwägungen herausgearbeitet und bewußt gemacht werden, damit diese nicht unter Umständen durch falsche Handhabung und mißverstandene Erfahrung gefährdet oder um ihren Sinn gebracht wird."

anderen Werten, Überzeugungen und Orientierungen als den intendierten folgen.[7]

Der Entwurf von Unterrichtsthemen, die Auswahl von Methoden, die Strukturierung der Unterrichtsprozesse als auch die Wahl von Evaluations- und Bewertungsmaßnahmen gestatten dem Lehrer bzw. der Lehrerin mehr Freiraum, eigene Fähigkeiten, Orientierungen und Überzeugungen in den Unterricht einzubringen, ohne unprofessionell zu handeln. Im Gegenteil – und damit wird abschließend noch einmal das eingangs genannte Fahrradbeispiel aufgegriffen: Sich gegen eine Methode zu entscheiden, weil fehlendes fachliches Können beim sicheren und zügigen Demontieren und Montieren eines Fahrrades den zielgerichteten Verlauf des Lehr-Lern-Prozesses eher behindern würde, ist eine professionelle Entscheidung. Sie verlangt von der Lehrperson, die eigenen themenbezogenen Fähigkeiten und Fertigkeiten, Werte und Überzeugungen zu reflektieren und in ihrer didaktischen Relevanz („Nützlichkeit") für die Gestaltung eines bildungswirksamen Sachunterrichts zu beurteilen.

3.3.5 Möglichkeiten der Analyse und Reflexion persönlicher Bedingungen und Voraussetzungen

Eine Möglichkeit, sich als Lehrperson seiner eigenen Bedingungen und Voraussetzungen bewusst zu werden, ist die *Selbstreflexion*. Sie verlangt von Lehrerinnen und Lehrern, sich selbst in Bezug auf die eigene Unterrichtsplanung kritisch zu hinterfragen und zu beurteilen, ob und in welchem Ausmaß entscheidungsrelevante Strukturelemente der Planung einer thematischen Einheit im Sachunterricht begründet (vgl. dazu Kap. 4) und verantwortungs-

---

[7] Auch in bildungspolitische Programme, Lehrpläne und aktuelle Kompetenzmodelle fließen Normen ein – Ausdruck des „jeweiligen Wertkonsens bzw. der Wertauseinandersetzung der Epoche" (Glöckel 2003, 170). Sie stellen an den Lehrer die Anforderung normenkritischer Prüfung und persönlicher Stellungnahme (vgl. ebd., vgl. auch Heimann 1962, 423f.), doch verbindet sich damit nicht die Freiheit, nach persönlicher Willkür mit diesen Vorgaben umzugehen und seiner persönlichen Perspektive auf einen ausgewählten Sachverhalt uneingeschränkt Raum zu geben. Prange (1986, 45ff.) diskutiert an einem Beispiel sehr anschaulich die unterrichtlichen Konsequenzen, wenn ein Lehrer „durch sein Auftreten und durch die Art, wie er sich gibt, wie er mit den Schülern über Themen spricht" (ebd., 45) eine andere Haltung zum Unterrichtsthema erkennbar werden lässt als die intendierte. Er hebt hervor, dass Lehrerinnen und Lehrer nicht nur Verantwortung gegenüber der Sache haben, sondern auch gegenüber den Schülerinnen und Schülern in der Weise, dass diese selbst „ihren eigenen Standort (zur Sache; S.T.) bestimmen" können sollten (ebd., 47). Prange fordert von Lehrern und Lehrerinnen eine Haltung, die er als „didaktische Ironie" (ebd., 76) bezeichnet: „Die didaktische Ironie verstellt sich in mäeutischer Absicht, um aus der Lage des Lernenden den Zusammenhang zu rekonstruieren, den die Lernenden sehen sollen; sie besteht nicht darin, sich preiszugeben und sich tatsächlich mit dem kindlichen oder jugendlichen Bewußtsein zu identifizieren" (ebd., 77).

bewusst unter Beachtung der von Helmke genannten lehrpersonrelevanten Bedingungen getroffen werden und wo diese Bedingungen und Voraussetzungen die begründete und bewusste Planung der thematischen Einheit begünstigen oder behindern. Anregungen dazu bieten z.B. Hagemann & Rottmann (2000) mit ihrer praxisorientierten Beschreibung von Übungen, um persönliche Werte und Überzeugungen sowie Fähigkeiten zu erkennen und *bezogen auf die konkrete Themenplanung* zu reflektieren. Eine weitere – nicht nur im Hinblick auf die Analyse und Reflexion persönlicher Bedingungen – bedeutsame Möglichkeit ist die *gemeinsame Unterrichtsplanung mit Fachkolleginnen und -kollegen*. Sie unterstützt die Wahrnehmung und Kontrolle der eigenen Subjektivität, fördert Ideenreichtum und ermöglicht Arbeitsaufteilung. Auch der Sachunterrichtsplanung vorangehende *Diskussionen im Fachkollegium* sowie *lehrpersonbezogene Rückmeldungen nach kollegialer Hospitation* (vgl. Helmke 2009, 322ff.) oder *seitens der Schülerinnen und Schülern* nach erfolgtem Unterricht (vgl. Esslinger-Hinz et al. 2007, 196ff.) dienen der Analyse und Reflexion der eigenen personalen Bedingungen. Esslinger-Hinz et al. (vgl. 2007, 53) schlagen darüber hinaus eine *Stärken-Schwächen-Analyse* vor: Lehrerinnen und Lehrer notieren innerhalb einer Gruppe Stärken und Schwächen, die sie im Hinblick auf den Lehrerberuf – im hier erörterten Kontext liegt der Fokus konkret auf der Planung einer bestimmten thematischen Einheit – wahrnehmen, ordnen diese nach selbst festgelegten Kriterien und diskutieren, wie die persönlichen Stärken ausgebaut, die individuellen Schwächen verbessert werden können.

Literatur

Bromme, R. (1981): Das Denken von Lehrern bei der Unterrichtsvorbereitung: eine empirische Untersuchung zu kognitiven Prozessen von Mathematiklehrern. Weinheim, Basel: Beltz

Esslinger-Hinz, I.; Unseld, G.; Reinhardt-Hauck, P.; Röbe, E.; Fischer, H.-J.; Kust, T. & Däschler-Seiler, S. (2007): Guter Unterricht als Planungsaufgabe. Ein Studien- und Arbeitsbuch zur Grundlegung unterrichtlicher Basiskompetenzen. Bad Heilbrunn: Klinkhardt

Haas, Anton (2005): Unterrichtsplanung im Alltag von Lehrerinnen und Lehrern. In: Huber, A. (Hrsg.): Vom Wissen zum Handeln. Ansätze zur Überwindung der Theorie-Praxis-Kluft in Schule und Erwachsenenbildung. Tübingen: Verlag Ingeborg Huber, 5–19

Hagemann, M. & Rottmann, C. (^{2}2000): Selbstsupervision für Lehrende: Konzept und Praxisleitfaden zur Selbstorganisation beruflicher Reflexion. Weinheim, München: Juventa

Hartmann-Kurz, C.; Donestkaja, O. & Becker, G. E. (2001): Woran orientieren sich Lehrerinnen und Lehrer. Untersuchungsergebnisse zur situationsübergreifenden Orientierung bei der Berufsausübung. In: Pädagogik, 6, 41–45

Heimann, P. (1962): Didaktik als Theorie und Lehre. In: Die Deutsche Schule, 9, 407–427

Heran-Dörr, E. & Kahlert, J. (2009): Welche Medien nutzen Sachunterrichtslehrkräfte bei der Vorbereitung auf naturwissenschaftlichen Sachunterricht? In: Lauterbach, R.; Giest, H. & Marquardt-Mau, B.(Hrsg.): Lernen und kindliche Entwicklung. Bad Heilbrunn: Klinkhardt, 157–164

Helmke, A. (2009): Unterrichtsqualität und Lehrerprofessionalität: Diagnose, Evaluation und Verbesserung des Unterrichts. Seelze-Velber: Klett/Kallmeyer

Glöckel, H.; Rabenstein, R.; Drescher, R. & Kreiselmeyer, H. (^{2}1992): Vorbereitung des Unterrichts. Teil 1: Grundlegung. In: Glöckel, H.; Rabenstein, R.; Drescher, R. & Kreiselmeyer, H. (Hrsg.): Vorbereitung des Unterrichts. Bad Heilbrunn: Klinkhardt, 11–52

Glöckel, H. (^{4}2003): Vom Unterricht. Bad Heilbrunn: Klinkhardt

Gonschorek, G. & Schneider, S. (^{4}2005): Einführung in die Schulpädagogik und die Unterrichtsplanung. Donauwörth: Auer

Klafki, W. (^{5}1996): Neue Studien zur Bildungstheorie und Didaktik: zeitgemäße Allgemeinbildung und kritisch-konstruktive Didaktik. Weinheim, Basel: Beltz

Lauterbach, R.; Tänzer, S. & Zierfuß, M. (2003): Das Lernen im Sachunterricht lehren lernen. In: Cech, D. & Schwier, H.-J. (Hrsg.): Lernwege und Aneignungsformen im Sachunterricht. Bad Heilbrunn, 217–236

Möller, K. (2004): Naturwissenschaftliches Lernen in der Grundschule – welche Kompetenzen brauchen Grundschullehrkräfte. In: Merkens, H. (Hrsg.): Lehrerbildung: IGLU und die Folgen. Opladen: Leske und Budrich, 65–84

Peterßen, W. H. (^{9}2000): Handbuch Unterrichtsplanung: Grundfragen, Modelle, Stufen, Dimensionen. München, Düsseldorf, Stuttgart: Oldenbourg

Prange, K. (^{2}1986): Bauformen des Unterrichts: eine Didaktik für Lehrer. Bad Heilbrunn: Klinkhardt

Schulz, W. (^{10}1979): Unterricht – Analyse und Planung. In: Heimann, P.; Otto, G. & Schulz, W.: Unterricht: Analyse und Planung. Hannover: Schroedel, 13–47

Schulz, W. (1981): Unterrichtsplanung: mit Materialien aus Unterrichtsfächern. München, Wien, Baltimore: Urban & Schwarzenberg

Seifried, J. (2009): Unterricht aus der Sicht von Handelslehrern. Frankfurt am M., Berlin, Bern, Bruxelles, New York, Oxford, Wien: Peter Lang

Tebrügge, A. (2001): Unterrichtsplanung zwischen didaktischen Ansprüchen und alltäglichen Berufsanforderungen. Frankfurt a. M., Berlin, Bern, Bruxelles, New York, Oxford, Wien: Lang

Terhart, E. (1993): Lehrerwissen: Aufbau, Genese, Funktion. In: Forum Lehrerfortbildung, 24-25, 94–101

Vollstädt, W. (1996): Unterrichtsplanung im Schulalltag: Ergebnisse einer empirischen Untersuchung. In: Pädagogik, 4, 17–22

Weniger, E. (^{2}1956): Didaktik als Bildungslehre I: Die Theorie der Bildungsinhalte und des Lehrplans. Weinheim: Beltz

Wiater, W. (1993): Unterrichten und lernen in der Schule: eine Einführung in die Didaktik. Donauwörth: Auer

3.4 Die Bedeutung der schulischen Bedingungen

von Bernd Thomas

3.4.1 Einleitung
Nachdem die ersten Schulvergleichsuntersuchungen (TIMSS, PISA) in den 1990er Jahren für 15jährige Jugendliche schlechte Ergebnisse für das deutsche Bildungswesen zu Tage förderten, war mit der Grundschule schnell die vermeintlich schuldige Institution ausgemacht. Untersuchungen zur Grundschule (IGLU) konnten diese wohlfeile Schuldzuweisung jedoch nicht bestätigen. Im Gegenteil: für den naturwissenschaftlichen und damit sachunterrichtsrelevanten Bereich wurden gute bis mindestens durchschnittliche Ergebnisse erzielt. Noch erfreulicher waren die Befunde auf motivationaler Ebene. Auch bei realistischer Selbsteinschätzung der Grundschülerinnen und Grundschüler war die Begeisterung für naturwissenschaftliche Zusammenhänge durchweg hoch, eben auch bei den nicht so leistungsstarken Kindern. Leistungs- und Motivationseinbrüche erfolgen demnach erst im späteren Bildungsgang, wobei nicht übersehen wird, dass auch schon in der Grundschule die soziale Herkunft und außerschulische Lerneinflüsse wirksam sind (vgl. Lankes 2007). Gleichwohl scheinen die schulischen Bedingungen für das naturwissenschaftliche Lernen – und nur dieses ist bisher untersucht worden und muss daher hier für den Sachunterrichtsbezug genommen werden – deutlich günstiger zu sein als in späteren Schulstufen (vgl. Voss u.a. 2004, 301-310). Mindestens stehen sie ihnen nicht entgegen. Zu den schulischen Bedingungen gehören neben den personalen auch die materiellen Voraussetzungen. Letztere werden im Folgenden näherhin betrachtet.

3.4.2 Geschichtliche Zusammenhänge
Der flächendeckende materielle Ausbau des Schulwesens erfolgte hierzulande erst recht spät in der Epoche der deutschen Kaiserzeit (1871-1918) des 19. und 20. Jahrhunderts. In jener Zeit kam die industrielle Revolution auch in Deutschland zu ihrem vollen Durchbruch, und es kam zu einem wirtschaftlichen Aufblühen von bis dahin unbekanntem Ausmaß. Besonders in den 1870er und 1890er Jahren erfolgte ein rasches Wirtschaftswachstum. Diese Jahre werden demgemäß oft als Gründerjahre bezeichnet. Natürlich war die wirtschaftliche Prosperität kein geradliniger Prozess und soziale Fragen wur-

den immer drängender. Damit ist der Hintergrund gekennzeichnet, vor dem sich der materielle Ausbau des Schulwesens in Deutschland vollzog, der nunmehr auch die unteren Bevölkerungsschichten erfasste. Der Ausbau der Volksschule war die Folge. Bis heute zeugen vielerorts die typischen roten Backsteinbauten aus jenen Jahren von dieser Entwicklung. Oftmals werden sie immer noch als Schulen genutzt. Kinder und Lehrerinnen und Lehrer bekamen mit ihnen endlich Gebäude, in denen unter hygienisch zuträglichen Bedingungen (Licht, Wärme, Belüftung, Wasserver- und -entsorgung) gelernt und gearbeitet werden konnte. Insgesamt war der materielle Ausbau des Schulwesens ein lang andauernder und mühsamer Prozess gewesen, der auch noch heute nicht den Standard erlangt hat, den er angesichts der wirtschaftlichen Leistungsfähigkeit hierzulande erreicht haben müsste (vgl. Grzesik 2002, 350).

Zu einer zweiten Phase eines verstärkten Schulausbaus kam es notgedrungen in den Jahren nach 1945, um die Schulgebäudeverluste durch den Zweiten Weltkrieg zu beheben, die in vielen Ballungsgebieten bei weit mehr als 50% lagen und mitunter nahezu 100% erreichten. Bis in die Mitte der 1950er Jahre waren die Verluste größtenteils wieder wettgemacht und der bis dahin oftmals übliche Schichtunterricht – die jüngeren Kinder wurden vormittags und die älteren Schülerinnen und Schüler wurden nachmittags unterrichtet – konnte überwunden werden (vgl. Herrlitz, Hopf & Titze 2001, 159). Im Rahmen der Konzentration der Schulstandorte kam es im Laufe der 1960er und 1970er Jahre zum Bau von schulischen Großanlagen. Auch in der DDR wurde der materielle Schulausbau mit der Einführung der zehnjährigen polytechnischen Oberschule (POS 1959/1965) intensiv vorangetrieben. Beim Bau neuer Schulgebäude waren sowohl im Osten als auch im Westen selten pädagogische Erwägungen maßgebend. Stattdessen folgte man meist einer zweckrationalen Architektur und im Westen in Zeiten gut gefüllter öffentlicher Kassen des Öfteren auch repräsentativen Lokalbedürfnissen. Die Vor-Ort-Heimatkunde der dörflichen Kleinschule verschwand zugunsten eines wissenschaftsorientierten Sachunterrichts in den neuen Schulzentren. Den Schülerinnen und Schülern wurde durch die Konzentration der Schulstandorte eine höhere Mobilität abverlangt, die eine bis heute andauernde „Schulbuspädagogik" auch für eine Vielzahl von Grundschulkindern zur Folge hat.

3.4.3 Räumliche und materielle schulische Voraussetzungen

Die räumlichen Gegebenheiten können für das Gelingen von Sachunterricht von erheblicher Bedeutung sein. Der Klassenraum als schulische Bedingung für sachunterrichtliches Lernen muss nicht als schicksalhaft genommen werden. Vielmehr sollte er unter sachunterrichtlicher Prämisse als lohnende und herausfordernde Planungs- und Gestaltungsaufgabe verstanden werden (vgl.

Feige jetzt Thomas 2009). Auf diese Art kann es im Sachunterricht gelingen, den Bedingungen schulischen Lernens nicht nur folgen zu müssen, sondern über diese selbst nachzudenken und diese dann auch ein Stück weit selbst zu gestalten. Damit wäre der metakognitive Kompetenzbereich angesprochen, durch dessen Bearbeitung Sachunterricht überhaupt erst zu einem Sachunterricht in einem weiterführenden kritisch-reflexiven Verständnis wird (vgl. GDSU 2002, 4f.). Erst dadurch löst er sich von überkommenen heimatkundlichen Denk- und Nachfolgemustern und kann zu einem anspruchsvollen vielperspektivischen Sachunterricht (vgl. Thomas 2009b, 112) weiterentwickelt werden. Ein mit der Klasse im Sachunterricht geplantes und durchgeführtes projektorientiertes Ausgestalten des Klassenraumes zielt auf verschiedene pädagogisch bedeutsame Zusammenhänge. Zur Herstellung, zum Erhalt und zur dauerhaften Weiterentwicklung eines erziehungswirksam gestalteten Klassenraumes ist die Kooperation der Kinder notwendig, so dass intensives soziales Lernen gar nicht ausbleiben kann, womit ein wichtiger Bereich des Sachunterrichts angesprochen wird. Ein pädagogisch reflektiert gestalteter Klassenraum bedarf einer dauerhaften und längerfristigen Orientierung. Die Gestaltung der schulischen Bedingungen stellt unter dieser Rücksicht eine anspruchsvolle und überdauernde Planungsaufgabe dar. Ein vielfältig gestalteter Klassenraum braucht zuverlässige Pflege, die nachstehende Aktivitäten erfordern kann:

o   aufräumen,
o   Arbeitsmaterialien bereithalten,
o   Bilder erneuern,
o   präsentierte Arbeitsdokumentationen aktualisieren,
o   Ausstellungen herrichten und in Ordnung halten,
o   Pflanzen halten und pflegen,
o   vielleicht sogar Tiere halten und pflegen, was nochmals zusätzlicher Verantwortung und Fürsorge bedarf.

Die im angesprochenen Zusammenhang übernommenen Dienste müssen funktionieren. Hier sind dann Verlässlichkeit, Eigenverantwortung und Selbstständigkeit in hohem Maße gefordert. Damit sind anspruchsvolle pädagogische Erfordernisse gekennzeichnet, die sich ihrerseits auch auf den Sachunterricht auswirken. Für den Grundschulkontext sei hier auf ein Themenheft der Zeitschrift „Grundschule" hingewiesen, das sich eingehend mit der Raum- und Bauproblematik befasst (vgl. 2007). In der konkreten Gestaltung der schulischen Bedingung Klassenraum können darüber hinaus ureigenste Anliegen des Sachunterrichts in Planung und Ausführung zur Geltung kommen. Beispiele für sachunterrichtlich betonte und anregungsreich eingerichtete Klassenräume können folgende Ausstattungen sein:

- Sitz- und Leseecken mit einem reichhaltigen Angebot an kindgerechten Sachbüchern,
- Ausstellungstische,
- Materialschränke und Regale,
- Sammlungen,
- Bau- und Verkehrsteppiche,
- Experimentierecken (vgl. Lück & Köster 2006 sowie Grygier & Hartinger 2009),
- Rollenspielkisten mit verschiedenen Kleidungsstücken,
- Computerarbeitsplätze.

Steht noch ein Gruppenraum zur Verfügung, kann dieser in die bewusste Raumgestaltung mit einbezogen werden. Ebenfalls können die Nahbereiche des Schulflurs zur erweiterten Gestaltung genutzt werden. Eine sachunterrichtlich zuträgliche und pädagogisch sinnvoll geplante und umgesetzte Ausformung des Raumes kann dazu beitragen, dass sich die Schülerinnen und Schüler in der Schule wohlfühlen. Die schulische Bedingung Raum kann auf diese Weise eine als angenehm empfundene „dritte Haut" werden, womit auch ein Beitrag zur gesunden Schule geleistet werden kann (vgl. Lenzen u.a. 1996). Damit wäre auch ein wichtiger interdisziplinärer Bereich des Sachunterrichts angesprochen.

Durch den aktiven Einbezug der Kinder in den Gestaltungsprozess kann außerdem angestrebt werden, dass sie eine positive Beziehung zu ihrer Lernumgebung aufbauen, weil sie selbst an der Herstellung der Voraussetzung maßgeblich beteiligt waren. Durch diesen Aufbau einer positiven Objektbeziehung (vgl. Mitscherlich 1965) kann Unachtsamkeit, Nachlässigkeit oder gar Vandalismus im Ansatz verhindert und sorgfältiger, achtsamer und pfleglicher Umgang mit den Dingen entwickelt werden (vgl. Grzesik 2002, 354).

Die Planung und Ausgestaltung von Arbeits- und Lernumgebungen steht in einer langen Traditionslinie pädagogischer Reformentwürfe. Genannt seien etwa die ersten Gaben an das Kind nach Fröbel, Montessoris vorbereitete Umgebungen, Kerschensteiners Fachräume für naturwissenschaftlichen Unterricht oder Freinets Lernateliers. Damit sind immer auch schon sachunterrichtliche Gesichtspunkte angesprochen. Der Sachunterricht bedarf einer reichhaltigen Ausstattung. Damit ist jedoch nicht gemeint, dass er zu seinem Gelingen der Erzeugnisse der Lehrmittelindustrie oder der Schulbuchverlage bedarf. Oftmals reichen Alltags- und Haushaltsmaterialien wie Schüsseln, Becher, Scheren, Bindfäden, Büroklammern, Nägel, Waagen, Messbänder etc. völlig aus, um einen gehaltvollen Sachunterricht zu gestalten. Mit Alltagsmaterialien kann das Experimentieren im Sinne eines freien Explorierens unterstützt werden (vgl. Köster 2006), während standardisierte bzw. nach bestimmen Problemkreisen (z.B. Schwimmen und Sinken, bzw. Auftrieb in

Flüssigkeiten) zusammengestellte Experimentiermaterialien eher das methodisch-systematische Experimentieren unterstützen (vgl. Möller 2005). Beide Ansätze haben in einem zeitgemäßen Sachunterricht ihre Berechtigung. Einem missverstandenen didaktischen Materialismus soll hier jedoch in keinem Fall das Wort geredet werden.
Andererseits findet Sachunterricht von heute in einer Zeit statt, die wie keine Epoche zuvor von Medien bestimmt ist. Namentlich der Computer als Multimedium gehört mit erheblicher Präsenz zur Lebenswelt heutiger Kinder. Daher ist er auf alle Fälle als Medium und Werkzeug zur Recherche, zum Darstellen, zur Kommunikation, zur Präsentation und zur eigenen Gestaltung als schulische Lernbedingung im Sachunterricht einzubeziehen. Die Schule hat angemessene Computerarbeitsplätze zur Verfügung zu stellen. Für den Sachunterricht hat schon in den 1990er Jahren Soostmeyer mit Blick auf Hypermedia-Arbeitsumgebungen auf diese Notwendigkeit hingewiesen (vgl. 1998, 334). Unter besonderer Berücksichtigung eigener Gestaltungsmöglichkeiten verweist heutzutage beispielsweise Peschel auf den Einsatz von Computern in einem zeitgemäßen Sachunterricht (vgl. 2008). Ob weitere digitale Medien wie etwa Smartboards für den Sachunterricht sinnvoll sind, müssen kommende Entwicklungen zeigen. Der Zuschnitt der schulischen Bedingungen wird diese gegebenenfalls berücksichtigen müssen.

3.4.4 Schule als Lernort
Die Gegebenheiten der jeweiligen Schule nehmen sodann Einfluss auf Planung und Durchführung von Sachunterricht. Dabei ist zu klären, ob neben dem Klassenzimmer weitere Räumlichkeiten etwa in Form von Fachräumen zur Verfügung stehen. Nicht selten sind heutige Grundschulstandorte vormals Standorte von Grund- und Hauptschulen gewesen, so dass gelegentlich noch Fachräume für Naturwissenschaften, Schulküchen oder auch Werkräume vorhanden sind (vgl. Thomas 2009a). Hier böten sich für den Sachunterricht zusätzliche Realisierungsmöglichkeiten an. So könnte der naturwissenschaftliche Sachunterricht auch mal labororientiert durchgeführt werden, beim Thema „Gesunde Ernährung" wäre das Zubereiten entsprechender Speisen leichter möglich und im technikbezogenen Sachunterricht könnte z.B. die Arbeitsweise des Bauens umstandsloser zum Einsatz kommen. Darüber hinaus bietet das Schulgelände Potentiale für sachunterrichtliches Lernen. Ein mit verkehrserzieherischen Bemalungen und Markierungen versehener Schulhof etwa könnte im Rahmen der Mobilitätserziehung entsprechend genutzt werden. Desgleichen könnte das Schulgelände zur Bearbeitung naturbezogener Themen dienen, etwa wenn – ein entsprechender Gestaltungs- und Arbeitswille der Beteiligten vorausgesetzt – ein Schulgarten, ein Schul-

teich, eine Trockenmauer oder im Winterhalbjahr eine Vogelfütterung angelegt werden (vgl. SWZ 2009). Die jeweiligen schulischen Bedingungen wären daraufhin zu prüfen und in die Planungen von Sachunterricht mit einzubeziehen.

3.4.5 Die Erweiterung der schulischen Bedingungen für den Sachunterricht

Durch die Verknüpfung des Lernorts Schule mit anderen Lernorten der Umgebung können die schulischen Bedingungen eine erhebliche Erweiterung erfahren. Für die Planung und Durchführung des Sachunterrichts bieten sich hier gute Chancen, denn das außerschulische Lernen spielt im didaktischen Programm des Sachunterrichts eine große Rolle. Setzt man als generelles Leitziel des Sachunterrichts die Erschließung der Umwelt für Kinder im Grundschulalter an (vgl. Kahlert 2009), liegt die Öffnung des Sachunterrichts für außerschulisches Lernen auf der Hand. Schon mit der Lernorttheorie von Mitchell in den 1970er Jahren wurde klar, dass sich Schule als ein Lernort neben anderen begreifen kann. Familie und Arbeitswelt, Natur und Kultur, soziales und öffentliches Leben treten hinzu (vgl. Mitchell 1974 und Jürgens 1993) und können das Spektrum der schulischen Bedingungen bereichern und dem Sachunterricht erweiterte Möglichkeiten bieten. In der Planung und Durchführung des Sachunterrichts sind daher die örtlichen Gegebenheiten zu berücksichtigen (vgl. Grzesik 2002, 353). Der durch eine Druckknopfampel gesicherte Übergangsweg über eine Straße kann ebenso zum Lernort im Sachunterricht werden wie etwa der ortsansässige Handwerksbetrieb oder das fußläufig zu erreichende Waldgebiet. Vorstellbar wäre, dass die Sachunterrichtslehrerinnen und -lehrer vor Ort für den Sachunterricht in Frage kommende Lernorte erkunden, beschreiben und Möglichkeiten für die unterrichtliche Umsetzung entwickeln, so dass Handreichungen für das außerschulische Lernen im Sachunterricht entstehen könnten. Planung und Durchführung des Sachunterrichts würde durch diese oder ähnliche gelagerte Vorgehensweisen nachhaltig in seinen Kernanliegen gestützt.

3.4.6 Schluss

Die Förderung von Schule und Bildung ist immer auch Ausdruck gesellschaftlich-politischer Interessen und Entscheidungen. Tagespolitisch wird zwar landauf und landab quer durch alle politischen Lager versichert, dass der Bildung gesellschaftliche Priorität zukomme. Tatsächlich jedoch rangiert die Bundesrepublik, was das materielle Aufkommen für das Bildungswesen angeht, international mit Staaten vergleichbarer volkswirtschaftlicher Standards im unteren Drittel der Rangfolge (vgl. OECD 2009). Mag es in der

Grundschule, wie Vergleichsuntersuchungen ergaben, aufgrund des Lerneifers der Kinder und des Einsatzes der Lehrerinnen und Lehrer noch gelingen, international ganz gut mitzuhalten, so nimmt doch die Leistungsfähigkeit des bundesdeutschen Bildungssystems in den späteren Schuljahren deutlich ab. Die Leistungsfähigkeit der in Schule arbeitenden Menschen lässt sich eben nicht unbedingt verbessern, wenn gleichzeitig der Putz von den Wänden fällt.

Literatur

Feige jetzt Thomas, B. (2009): Raum als pädagogisch-didaktische Herausforderung in der Heimatkunde und im Sachunterricht. In: Gaedtke-Eckardt, D.-B. u.a. (Hrsg.): Raum-Bildung: Perspektiven. München: kopaed, 11–126

Gesellschaft für Didaktik des Sachunterrichts (GDSU) (2002): Perspektivrahmen Sachunterricht. Bad Heilbrunn: Klinkhardt

Grundschule (2007): Heft 10: Themenschwerpunkt Schularchitektur. Braunschweig: Westermann

Grygier, P. & Hartinger, A. (2009): Gute Aufgaben Sachunterricht. Naturwissenschaftliche Phänomene begreifen. 48 gute Aufgaben. Für die Klassen 1 bis 4. Berlin: Cornelsen Scriptor

Grzesik, J. (2002): Effektiv lernen durch guten Unterricht. Bad Heilbrunn: Klinkhardt

Herrlitz, H.-G.; Hopf, W. & Titze, H. (^{3}2001): Deutsche Schulgeschichte von 1800 bis zur Gegenwart. Weinheim, München: Juventa

Jürgens, E. (1993): Außerschulische Lernorte. Erfahrungs- und handlungsorientiertes Lernen außerhalb der Schule. In: Grundschulmagazin, 7-8, 4–6

Kahlert, J. (^{3}2009): Der Sachunterricht und seine Didaktik. Bad Heilbrunn: Klinkhardt

Köster, H. (2006): Freies Explorieren und Experimentieren – eine Untersuchung zur selbstbestimmten Gewinnung von Erfahrung mit physikalischen Phänomenen. Berlin: Logos

Lankes, E.-M. (2007): Internationale Schulvergleichsuntersuchungen. In: Kahlert, J.; Fölling-Albers, M.; Götz, M.; Hartinger, A.; v. Reeken, D. & Wittkowske, St. (2007) (Hrsg.): Handbuch Didaktik des Sachunterrichts. Bad Heilbrunn: Klinkhardt, 528–532

Lenzen, K.-D.; Lintzen, B. & Schulz, G. (1996): Gesundheit lernen. Weinheim, Basel: Beltz

Lück, G. & Köster, H. (2006): Physik und Chemie im Sachunterricht. Bad Heilbrunn, Braunschweig: Klinkhardt, Westermann

Mitchell, P. D. (1974): Verschiedene Lernorte im Zusammenhang der Éducation Permanente. In: Unterrichtswissenschaft, 1, 43–51

Mitscherlich, A. (1965): Die Unwirtlichkeit unserer Städte. Frankfurt am Main: Suhrkamp

Möller, K. (Hrsg.) (2005): Klasse(n)kisten für den Sachunterricht. Lehrerhandreichung zum Thema: Schwimmen und Sinken. Essen: Spectra-Verlag

OECD (2009) (Hrsg.): Bildung auf einen Blick. Bielefeld: wbv

Peschel, M. (2008): „kidipedia – Ein Wikipedia für Kids". In: Pitton, A. (Hrsg.): Fachdidaktische Forschung – Empirische Lehr-Lern-Forschung. Essen: ZLB

Sache-Wort-Zahl (SWZ) (2009): Heft 103: Themenheft: Landschaft. Hallbergmoos: Aulis

Thomas, B. (^{2}2009a): Lernorte außerhalb der Schule. In: Arnold, K.-H.; Sandfuchs, U. & Wiechmann, J.(Hrsg.): Handbuch Unterricht. Bad Heilbrunn: Klinkhardt, 283–287

Thomas, B. (^{3}2009b): Der Sachunterricht und seine Konzeptionen. Bad Heilbrunn: Klinkhardt

Voss, A.; Schwippert, K. & Carstensen, C.H. (2004): IGLU und PISA: Überlegungen zur Vergleichbarkeit der deutschen IGLU- und PISA-Ergebnisse. In: Bos, Winfried u.a. (Hrsg.): Heterogenität – Eine Herausforderung für die empirische Bildungsforschung. Münster: Waxmann, 301–310

Kapitel 4

Entscheidungsrelevante Strukturelemente der Planung von Unterrichtseinheiten

4.1 Bildungsinhalte bestimmen

von Eva Heran-Dörr

„Mehr Inhalt, weniger Kunst." Damit bringt Königin Gertrud, Prinz Hamlets Mutter, in wenigen Worten zu Beginn des zweiten Aktes[1] dem Polonius, ihrem obersten Staatsrat gegenüber – durchaus etwas ungehalten – zum Ausdruck, er möge doch bitte weniger auf die Kunstfertigkeit seines sprachlichen Ausdrucks und den Einsatz rhetorischer Mittel achten, als sich vielmehr darauf besinnen, was er denn Inhaltliches zu sagen habe und dies möge er bitte auch klar zum Ausdruck bringen.
„Mehr Inhalt, weniger Kunst" steht im Sinne eines Leitmotivs zu Beginn dieses Beitrags über die Bestimmung von Bildungsinhalten als grundlegendes Element der begründeten Planung von Sachunterricht. Es lädt dazu ein, die kritische Reflexion über Auswahl und Begründung von Unterrichtsinhalten als Kern didaktischen Denkens und als grundlegende Aufgabe der Didaktik des Sachunterrichts zu betrachten sowie die Bestimmung von Inhalten als Kern der Professionalität der Sachunterrichtslehrkraft anzusehen.
Sachunterricht konstituiert sich zunächst und vor allem an seinen Inhalten. Der Methodik, hier im Sinne einer ‚Kunst-Fertigkeit' verstanden, die es dazu braucht, Inhalte gleichermaßen sachgerecht wie in Bezug auf die Vorstellungen der Kinder lernförderlich und variativ zu planen und zu realisieren, wird in diesem Beitrag eine nachgeordnete Funktion zugeschrieben. Zwar kommt methodischen Überlegungen gerade im Sachunterricht eine bedeutsame Rolle zu, da sich Überlegungen zum Inhalt nicht von der Frage trennen lassen, wie dieser methodisch zu gestalten sei und die gewählten Methoden wiederum

---

[1] Shakespeare, W. (2007/1982) in der Übersetzung von Günther, F. in der zweiten Szene des zweiten Aktes.

auf den Inhalt rückwirken (vgl. Kap. 4.3). An dieser Stelle liegt der Fokus jedoch auf der Untersuchung der Frage nach der Bestimmung von Bildungs*inhalten* für Unterrichtsplanungsprozesse und deren Bedeutung für die Bildungsarbeit. Die Reflexion der Bildungs*inhalte* ist damit als Grundlage und Grundlegung aller weiteren Überlegungen anzusehen (vgl. Kron 1994, 38). Gemäß dieser Standortbestimmung erfolgt zunächst eine Annäherung an den Inhaltsbegriff und dessen Verwendung in der Didaktik. Ziel dieser Bemühungen ist es, den Inhaltsbegriff in seinen Bezügen für die Sachunterrichtsdidaktik zu bestimmten sowie ‚gute Gründe' für die Bestimmung von Bildungsinhalten anzubieten. Anschließend werden aktuelle Suchraster für die begründete Auswahl von Bildungsinhalten im Hinblick auf die konkrete Unterrichtsplanungsarbeit vorgestellt. Abschließend wird an einem Beispiel skizziert, wie die Lehrkraft bei der Sammlung und Bestimmung möglicher Bildungsinhalte vorgehen kann. Die nachfolgenden Beiträge dieses Kapitels werden auf das von der Autorengruppe gewählte Beispiel Bezug nehmen.

4.1.1 Annäherung an den Inhaltsbegriff

In der Didaktik ist der Inhaltsbegriff einer der Begriffe, der in vielfältigen Zusammenhängen verwendet wird. Im Sinne eines ‚Containerbegriffs' löst er eine Reihe von Assoziationen aus und enthält eine Menge an Attributen. Angesichts seines assoziativ generierten Bedeutungsfeldes entzieht er sich weitgehend einer präzisen begrifflichen Fassung, bleibt ungenau und unscharf an den Rändern ebenso wie im Kern. Dabei ist der Inhaltsbegriff grundlegend für das Verhältnis zwischen Fachwissenschaften und Fachdidaktiken sowie für das Verhältnis zwischen Didaktik und Methodik. Fragen nach Zugehörigkeit versus Ausschluss begrifflicher und inhaltlicher Teilaspekte spielen ebenso eine Rolle wie Fragen der Gliederung, der Systematisierung und der begründeten Auswahl von Inhalten.

Kennzeichnend für die Verwendung des Inhaltsbegriffs in der deutschen Erziehungswissenschaft und Didaktik der letzten beiden Jahrhunderte ist, dass er meist gemeinsam mit dem Bildungsbegriff erscheint. Der Bildungs*inhalt* wird dabei auch in unmittelbarer Nähe der Begriffe Bildungs*gehalt*, Bildungs*gegenstand*, Bildungs*gut,* bisweilen auch Bildungs*ziel*, verwendet. Die in der erziehungswissenschaftlichen und bildungstheoretischen Diskussion akzentuierten Bedeutungsfacetten des Inhaltsbegriffes stehen damit in einem engen Zusammenhang mit normativen Vorstellungen darüber, was in Erziehungs- und Bildungsprozessen zur Sprache kommen, was gelernt werden *soll*, was die Ziele der Bildungsbestrebungen sind. Wird der Begriff ‚Inhalt' in Bezug auf Unterricht verwendet, so wird damit meist zum Ausdruck gebracht, was innerhalb des Rahmens schulisch inszenierten Lernens thematisiert wird, also ‚Thema' des Unterrichts ist. Fragen nach den Inhalten schulischer Lernprozesse stoßen gleichermaßen Überlegungen zu allgemeinen Erziehungs- und Bildungszielen wie auch zu fachlich akzentuierten Reflexionen an, damit ist der Inhaltsbegriff von zentraler Bedeutung für die Erziehungswissenschaft und die (Fach-)Didaktiken.

Hohe Relevanz erhält der Inhaltsbegriff über seine zentrale Bedeutung für jede Art von Lehr-Lernprozess: „Es gibt aber kein Lernen ohne Inhalte. Die Forderung nach dem Lernen des Lernens ähnelt dem Vorschlag, ohne Zutaten zu kochen. Der Begriff des Lernens setzt aber ein Etwas schon voraus" (Liessmann 2008, 35). Ebenfalls auf die zentrale Bedeutung des Inhalts für Wissenserwerbsprozesse rekurriert Weinert: „Intelligentes Wissen zu erwerben, ist und bleibt die wichtigste Aufgabe des Bildungssystems, des Ausbildungssystems und des lebenslangen Lernens. Es gibt keine herausragende Kompetenz auf anspruchsvollen Gebieten ohne ausreichendes *inhaltliches* Wissen. Voraussetzung und Resultat ist ein sachlogisch aufgebautes, systematisches, *inhaltsbezogenes* Lernen, das Kenntnislücken, Verständnisdefizite und falsche Wissenselemente vermeidet" (Weinert 2000, 5; Kursivsetzung durch die Verfasserin).

Aus der Perspektive der entwicklungs- und kognitionspsychologischen Forschung, der Lehr-Lernforschung und der Unterrichtsforschung kann der Inhaltsbegriff in den vergangenen Jahren auch mit den Begriffen ‚Konzept' oder ‚Theorie' in Verbindung gebracht werden. Versteht man Konzepte als bedeutungshaltige Strukturen im Langzeitgedächtnis im Sinne mentaler Repräsentationen von Klassen oder Kategorien (vgl. Zimbardo & Gerrig 2004, 326) und Schemata als „[...] organisierten Wissenskomplex, in dem typische Zusammenhänge eines Realitätsbereiches repräsentiert sind [...]" (Hasselhorn & Mähler 1998, 78) und Theorien als „[...] geordnete Menge von Konzepten oder Aussagen, die ein Phänomen oder eine Gruppe von Phänomenen erklären [...]" (Zimbardo & Gerrig 2004, 27), so liegt es nahe, entsprechende mentale Strukturen bezogen auf spezifische Inhalte zu konzeptualisieren. Damit sind bedeutungshaltige, begrifflich akzentuierte Wissenserwerbsprozesse hinsichtlich inhaltsbezogener Kategorien zu beschreiben, mithin inhaltsspezifisch. Für die besondere Bedeutung inhaltsbezogener Lernprozesse sprechen auch Ergebnisse der Lerntransferforschung und der Forschungen zur Bedeutung bereichsspezifischen Wissens. In diesem Zusammenhang resümieren Stern & Schumacher: „Angesichts der Situiertheit der menschlichen Kognition und der damit verbundenen Bedeutung des bereichsspezifischen Wissens für das Lernen müssen die in der Schule und anderen institutionellen Lerngelegenheiten behandelten Inhaltsbereiche sehr sorgfältig ausgewählt werden" (Stern & Schuhmacher 2004, 125).

Stern & Schumacher spitzen damit aus entwicklungs- und kognitionspsychologischer Perspektive die Diskussion sowohl um den Inhaltsbegriff (implizit) wie auch um die Auswahl von Inhalten (explizit) zu. Sie formulieren mit der Forderung nach einer ‚sorgfältigen Auswahl' eine in der Bildungs- und Erziehungswissenschaft seit langem intensiv diskutierte Frage, deren Beantwortung allerdings nicht in Sicht scheint: „Ungelöst – und wahrscheinlich nie abschließend lösbar – sind aber zwei Fragen. Welches sind die entscheidenden Inhalte und wie werden sie in einen Lehrplan eingebaut" (Dubs 2008, 15)? Der Inhaltsbegriff hat demnach sowohl normativ-präskriptive (Was soll gelernt und gelehrt werden?) wie auch empirische Bedeutung (Was wird gelernt und gelehrt?), womit er für empirische, historische und konzeptuell orientierte Fragestellungen der sachunterrichtsdidaktischen Forschung gleichermaßen Relevanz entfaltet.

4.1.2 Inhalte bestimmen und auswählen – Eine Aufgabe im Spannungsfeld wandelbarer Ansprüche

„Unter den zahlreichen Entscheidungen, die im Erziehungsprozess zu treffen sind, ist keine wichtiger als die über das Was, über die Inhalte, durch die gebildet wird" (Robinsohn 1972, 44).

Mollenhauer bezeichnet das Problem des Auswählens dessen, was vermittelt werden solle, als bis heute nicht gelöst und gleichsam als ‚pädagogische Bürde der Neuzeit'. Diese zeige sich bereits im 1658 erschienenen ‚Orbis sensualium pictus' des Johann Amos Comenius, indem ‚Nützliches' und ‚Nothwendiges' ‚wohlunterschieden und abgetheilet' gelehrt werden solle. Die Pädagogik habe sich seitdem die Frage zu stellen, was nützlich sei und in welcher Ordnung dieses Nützliche zu präsentieren sei (vgl. Mollenhauer 2008/1983, 52ff). Dies ist eine im Kern pädagogische Frage, der lange Zeit intensiv in den Diskussionen zum Bildungsbegriff und zum Begriff der Bildsamkeit nachgegangen wurde (vgl. hierzu in Bezug auf didaktische Fragestellungen z.B. Kron 1994).

Konsens der bildungstheoretischen Diskussion ist heute die Vorstellung, dass im Prozess der Bildung die individuelle Lebendigkeit des Einzelnen auf kulturell geprägte Vorstellungen und Wissensbestände, damit auf *kulturelle Inhalte* trifft, die der Mensch sinnverstehend auslegt. Ob im Bildungsprozess nun eher eine *inhaltsbezogene* Vermittlung der Kulturgüter erfolgen solle oder *allgemeine* Kräfte und Fertigkeiten der einzelnen Schüler auszubilden seien, wurde unter den Begriffen und Programmen der *materialen* und der *formalen* Bildung lange Zeit kontrovers diskutiert. In der kritischen Auseinandersetzung mit diesen beiden Traditionen entwickelte Wolfgang Klafki den Neuansatz der *‚kategorialen Bildung'*, womit der Entwurf eines neuzeitlichen Bildungsbegriffes markiert wird und die Trennung zwischen materialer und formaler Bildung als aufgehoben betrachtet wird. „Kategoriale Bildung meint dem Worte nach, dass Menschen in der Lage sind, von der Welt begründete, d.h. durch Erkenntnis, geprüfte Aussagen zu machen. Diese Fähigkeit ist stets an Inhalte gebunden, die zur Aussage stehen" (Kron 1994, 123). In Klafkis Konzeptualisierung des Bildungsbegriffs als Allgemeinbildung mit zwei grundlegenden Dimensionen finden sich eine Reihe von übergeordneten Kriterien für die Auswahl und Bestimmung von Inhalten (Klafki 2005/1992). Auf einer *ersten Dimension* muss Allgemeinbildung als Zusammenhang von *Selbstbestimmungs-, Mitbestimmungs- und Solidaritätsfähigkeit* ausgelegt werden. Auf einer *zweiten Dimension* ergibt sich eine Bedeutungsdifferenzierung gemäß den folgenden Aspekten:

o Allgemeinbildung muss als Bildung in allen Grunddimensionen menschlicher Interessen und Fähigkeiten verstanden werden, also als Bildung der kognitiven Möglichkeiten, der handwerklich-technischen Produktivität, der Ausbildung zwischenmenschlicher Beziehungsmöglichkeiten, der Sozialität des Menschen, der ästhetischen Wahrnehmungs-, Gestaltungs- und Urteilsfähigkeit und der ethischen und politischen Entscheidungs- und Handlungsfähigkeit.

o In der Bestimmung von Bildung für alle liegt die Forderung nach einem inhaltlich übereinstimmenden bzw. gleichwertigen Unterricht in allen Schulformen (Klafki 2007/1985, 55).

o Im Begriff der Bildung im Medium des Allgemeinen (Bildung als „[...] ein geschichtlich vermitteltes Bewusstsein von zentralen Problemen der Gegenwart und – sowie voraussehbar – der Zukunft zu gewinnen, Einsicht in die Mitverantwortlichkeit aller angesichts solcher Probleme und Bereitschaft, an der Bewältigung mitzuwirken [...]" (a.a.O. 56)) soll das ‚Kanonproblem', also das Problem der Bestimmung eines verbindlichen Kanons von Kulturinhalten, die den substanziellen Kern der Allgemeinbildung ausmachen über die ‚Konzentration auf epochaltypische Schlüsselprobleme unserer Gegenwart und der vermutlichen Zukunft' bewältigt werden. Die Auswahl von Inhalten lässt sich damit gemäß der von Klafki formulierten Schlüsselprobleme begründen.

Der Inhaltsbegriff nimmt bei Klafki eine zentrale Bedeutung in der theoretischen Konzeption ein, wobei er an verschiedenen Stellen aufgegriffen, allerdings kaum expliziert wird. Grundlegend ist Klafkis Verständnis, wonach Inhalte in der historisch-gesellschaftlichen Wirklichkeit immer schon mit Interessen, Wertungen – oft auch kontroversen – besetzt sind (a.a.O., 260). Die „wertungsmäßige ‚Vorweg-Bestimmtheit' vieler Inhalte" (a.a.O., 261) sei demnach immer hinsichtlich didaktischer Zielbestimmungen kritisch zu reflektieren. Damit akzentuiert Klafki, dass Inhalte nicht im Sinne stabiler, primär fachlich systematisierter und nicht-hinterfragbarer Strukturmomente zu verstehen sind und damit immer auch hinsichtlich ihrer gesellschaftlichbedingten Bedeutungssetzungen kritisch zu analysieren seien.

4.1.3 Zum Inhaltsbegriff in der Sachunterrichtsdidaktik

Für die Sachunterrichtsdidaktik wurden in den vergangenen Jahren insbesondere folgende Begriffsverwendungen vorgeschlagen: Joachim Kahlert unterscheidet ‚Inhalt' von ‚Thema': „Inhalte (Gegenstände) des Unterrichts werden zu Themen durch bestimmte Hinsichten, Perspektiven etc. [...] Die Inhalte sprechen nicht für sich selbst, sie sind bloße Gegebenheit. Erst der Blick auf die Gegebenheiten aus einer Perspektive offenbart etwas, von dem man aus guten Gründen annehmen kann, dass es für die Gegenwart und/oder für die Zukunft der Schüler bedeutsam ist" (Kahlert 2005, 210f).

Nach Dagmar Richter wird ein Inhalt in ein Unterrichtsthema ‚übersetzt', indem er im Umfang begrenzt „unter einem bestimmten Aspekt bzw. Blickwinkel betrachtet, als Problem, Konflikt oder Fragestellung formuliert oder in Form eines Fallbeispiels, einer Geschichte, eines Bildes u.ä. zur Anregung für eine gezielte Auseinandersetzung mit einem bestimmten Gegenstand in den Unterricht eingebracht wird" (Richter 2009, 127).

Sandra Tänzer rekurriert hinsichtlich terminologischer Unterscheidungen auf Klafki und ordnet ihre Unterscheidung zwischen ‚Bildungs*inhalt*' und ‚Unterrichts*thema*' damit in dessen kritisch-konstruktive Didaktik ein. Sie verweist darauf, dass Klafki den Begriff ‚Bildungsinhalt' synonym zum Begriff ‚Thema' verwendet. So bringt Klafki „zum Ausdruck, dass ein Inhalt zum Bildungsinhalt und damit zum Thema in seinem Sinne wird, wenn an diesem Gegenstand allgemeine Strukturen, Zusammenhänge, Gesetzmäßigkeiten deutlich gemacht werden können. Oder anders formuliert: Ein Thema konstituiert sich durch die Analyse des Inhalts [...] Dieses Thema bleibt aber eine inhaltliche Angabe, wenngleich auf einem anderen Niveau: es ist ein für Bildungszwecke ausgewählter Bildungsinhalt" (Tänzer 2007, 23). Entscheidend für die Konstituierung von Inhalten als Bildungsinhalte sei demnach ein analytischer Vorgang, der in eine inhaltliche Aussage münde. Demgegenüber sei das Ergebnis eines synthetischen Vorgangs, indem Ziel- und Inhaltsentscheidung miteinander verbunden werden, eine inhaltlich-intentionale oder thematische Aussage, für die Tänzer den Begriff ‚(Unterrichts-)thema' wählt (vgl. Kap. 4.4). Für die Sachunterrichtsdidaktik lassen sich die Begriffe ‚Inhalt' und ‚Thema' demnach voneinander abgrenzen, wobei das Unterrichts*thema* aus der Verbindung des Bildungsinhaltes mit dessen Lernzielen entsteht.

Die *Bestimmung* von Inhalten als *Bildungsinhalte* ist als grundlegendes und konstituierendes Element der konkreten Unterrichtsplanungsarbeit zu verstehen. Zu *Bildungsinhalten* werden Gegenstände des Wahrnehmungsfeldes, die gemäß der nachfolgend skizzierten, nachvollziehbaren und gut begründeten

Kriterien (von einer Lehrkraft) ausgewählt, im kritischen Diskurs überprüft und schließlich bestimmt werden.[2]

4.1.4 Zur Bestimmung von Bildungsinhalten im Sachunterricht

Betrachtet man Lernen und Wissenserwerb als Akt der subjektiven Sinnkonstruktion und Unterricht als intentionalen Prozess mit dem Ziel der intersubjektiven Sinnkonstruktion, so ist die Frage nach der Konzeptualisierung und der Auswahl von Inhalten insbesondere eine Frage nach den Zielen gemeinsamer Sinnkonstruktion unter Bedingungen institutionalisierter Lehr-Lernprozesse. Die Frage nach der Auswahl von Inhalten und der Bestimmung von Bildungsinhalten ist demnach nicht zu trennen von der Frage nach den Aufgaben und Zielen des Sachunterrichts. Mit der Orientierung am Bildungsbegriff (vgl. Kap. 2) geht die Konzeption des Sachunterrichts als Unterrichtsfach in einem mehrperspektivischen Zuschnitt einher, womit sich durch die damit verbundene inhaltliche und thematische Vielfalt in besonderer Weise das Kanonproblem stellt. Der Sachunterricht steht dabei in einem vielfältigen Spannungsfeld:

Zu gewährleisten sind zum einen die Orientierung an Vorstellungen und Denkweisen der Schülerinnen und Schüler wie auch die Orientierung an fachlichen Perspektiven. Zu berücksichtigen sind sowohl die (Einzel-) Fachlichkeit und Fachorientierung im Sinne von fachimmanenten Systematiken und Strukturen (insbesondere auch im Hinblick auf Anschlussfähigkeit) wie auch eine vielperspektivische Orientierung im inhaltlichen und methodischen Zuschnitt.

Als Reflexionsgrundlage zur Annäherung an das skizzierte Spannungsfeld wird in der Sachunterrichtsdidaktik derzeit mehrheitlich Klafkis allgemeindidaktischer Entwurf betrachtet (vgl. Kahlert 2005, Tänzer 2007, Köhnlein 2007, Richter 2009). Nach Klafki können insbesondere diejenigen Inhalte, Gegenstände, Sachen und Sachverhalte unseres umfassenden Bestandes an kulturell geteiltem Wissen zu Bildungsinhalten werden, an denen „Grundprobleme, Grundverhältnisse, allgemeine Prinzipien, Gesetze, Werte, Methoden sichtbar" werden (Klafki 1970, 134). Kriterien für die Bestimmung von Inhalten im Rahmen der didaktischen Analyse sind nach Klafki

---

[2] Vor dem Hintergrund der mit dieser Entscheidung verbundenen Verantwortung einer Lehrkraft schlägt Lauterbach im „Prozessmodell didaktische Handlungsplanung" die Durchführung einer so genannten „*Realitäts- und Wirklichkeitsanalyse*" vor (vgl. Kap. 5.4). Diese zielt darauf ab, sich aus der eigenen Perspektive als Lehrkraft „über die Weltbeschaffenheit der Anforderungen [an Sachunterricht] zu vergewissern". Die Lehrkraft kann damit vor dem Hintergrund einer Prüfung der „Rechtmäßigkeit", „Tatsächlichkeit" und „Richtigkeit" der Anforderungen sowie einer selbstkritischen Überprüfung des eigenen Wissens im Prozess der Unterrichtsplanung eine verantwortete Entscheidung für die Auswahl von Inhalten treffen.

o die exemplarische Bedeutung,
o die Gegenwartsbedeutung,
o die Zukunftsbedeutung,
o die Struktur des Inhaltes und
o die (Möglichkeit der) angemessene(n) Veranschaulichung dieser Struktur.

Als zentral für die Auswahl von Inhalten gelten die drei Erstgenannten und darin in besonderer Weise das Kriterium des „Exemplarischen", das in einem engen Zusammenhang mit dem Begriff des „Elementaren" steht. „Welche Bedingung (aber) muß ein besonderer Inhalt erfüllen, um ‚exemplarisch' einen allgemeinen Gehalt erschließen zu können? ... Hier hat der Begriff des Elementaren – als Sach- und Sinnelementares – seine Stelle. Er soll die verschiedenen Bestimmungsmomente integrieren, die einen Inhalt zum Bildungsinhalt machen, indem sie Kriterien dafür angeben, daß eben dieser Inhalt einen wie auch immer genauer zu bestimmenden ‚allgemeinen' Gehalt exemplarisch zugänglich macht" (Klafki 1970, zit. nach Tänzer 2007, 33).

Um eine begründete und verhandelbare Entscheidung für oder gegen einen Unterrichtsinhalt zu treffen, schlägt Klafki die Orientierung an *epochaltypischen Schlüsselproblemen unserer Gegenwart und der vermutlichen Zukunft* vor. Als epochaltypische Schlüsselprobleme identifizierte er im Wesentlichen (Klafki 2007/1985):

o die Frage von Krieg und Frieden,
o die ökologische Frage,
o das Bevölkerungswachstum,
o gesellschaftlich produzierte Ungleichheit,
o Gefahren und die Möglichkeiten der neuen technischen Steuerungs-, Informations- und Kommunikationsmedien,
o die Subjektivität des einzelnen und das Phänomen der Ich-Du-Beziehungen.

Diese Probleme können als „ein Angebot zur Verständigung über die Grundlagen für didaktische Begründungen" (Kahlert 2005, 209) betrachtet werden und dabei helfen, eine Entscheidung für einen Unterrichtsinhalt zu treffen und zu begründen.

4.1.5 Bildungsinhalte im Sachunterricht – Aktuelle Suchraster im Hinblick auf die konkrete Unterrichtsplanungsarbeit

Im Folgenden werden einige Ansätze der aktuellen Sachunterrichtsdidaktik vorgestellt, die Vielzahl möglicher Inhalte des Sachunterrichts unter didaktisch reflektierten und systematischen Gesichtspunkten zu sammeln und zu ordnen. Diese Zusammenstellungen bieten sich als Suchraster für die begründete Auswahl von Bildungsinhalten an. Sie können die Planungsarbeit der

Lehrkraft unterstützen, entsprechen jedoch – mit Ausnahme der Lehrpläne – nicht einer verbindlichen Kanonisierung von Inhalten.

Perspektiven des Sachunterrichts (GDSU): Die Gesellschaft für die Didaktik des Sachunterrichts macht mit dem im Jahr 2002 erstmals erschienenen *Perspektivrahmen Sachunterricht* einen Vorschlag für die Inhaltsauswahl. „Der Perspektivrahmen will eine Antwort darauf geben, was Kinder nach der Grundschulzeit im Sachunterricht gelernt haben sollten und worauf entsprechende Lehrkräfte vorzubereiten sind. Dazu werden weitere wissenschaftliche Disziplinen daraufhin befragt, welche Grundeinsichten mit Hilfe ihrer jeweiligen Wissensbestände, Methoden und Arbeitsweisen gewonnen werden können, die Kindern ein Verständnis von sich selbst, vom gesellschaftlichen Zusammenleben und vom Leben mit der natürlichen und kulturellen Umwelt ermöglichen" (Stoltenberg 2007, 75). Die Zusammenfassung und Systematisierung von potentiellen Bildungsinhalten erfolgt dabei entlang fünf fachlich orientierter *Perspektiven*, der *sozial- und kulturwissenschaftlichen*, der *raumbezogenen*, der *naturwissenschaftlichen*, der *technischen* und die *historischen Perspektive*, wobei der Schwerpunkt dabei nicht in einer fachlich akzentuierten Inhaltszusammenstellung liegt. Vielmehr soll mit der Verwendung des Begriffs *Perspektive* verdeutlicht werden, dass Themenfelder an Hand ausgewählter Frage- und Problemstellungen mit Hilfe von Methoden und Denkweisen aus verschiedenen fachlichen Disziplinen bearbeitet werden können. Dabei wird davon ausgegangen, dass domänenspezifische Kompetenzen eher ausgebildet werden, wenn fachliche Denkweisen betont anstatt Inhaltsfelder ‚abgearbeitet' werden (vgl. Stoltenberg 2007, 76).

Grundlegend für die didaktische Konzeption des Sachunterrichts ist es, dass ausgewählte Inhalte jeweils unter verschiedenen fachlichen Perspektiven bearbeitet werden. Sachunterricht ist demnach als Unterrichtsfach zu begreifen, das hinsichtlich seines didaktischen Zuschnittes grundlegend vielperspektivisch ausgerichtet ist.

Dimensionen des Weltzugriffs (Walter Köhnlein): Nach Köhnlein (1999; vgl. auch Kap. 5.1) *ergeben* sich *bereichsspezifische Dimensionen*[3] bei der Entscheidung über Auswahl und Darstellung von Gegenständen und konkreten Lebenssituationen, wobei sich in ihnen „nur unterscheidbare Sichtweisen auf ein Ganzes, Zusammengehöriges" zeigen (a.a.O., 17). Als Dimensionen betrachtet Walter Köhnlein „Denkrichtungen", die grundlegend sind für den Aufbau von Vorstellungen und Begriffen, wobei die Vorstellungen und Interessen der Kinder die „Bezugspunkte" sind, in denen sich die Dimensionen

---

[3] Der Begriff der Dimension entspricht in dieser Beziehung im Wesentlichen dem im Perspektivrahmen verwendeten Begriff der Perspektive.

treffen (a.a.O.) Acht der neun von Köhnlein formulierten *Dimensionen* des Sachunterrichts verweisen auf mögliche *fachliche Bezüge*, zusätzlich wird mit der ersten Dimension der Fokus deutlich auf die Betrachtung der *lebensweltlichen Umstände* der Kinder gelenkt. Diese ‚lebensweltliche Dimension' liegt nach Feige „gewissermaßen quer" zu den fachlich akzentuierten Dimensionen (Feige 2007, 268); mit einer Orientierung daran soll „ein abgehobener Fachegoismus" (a.a.O.) verhindert werden. Als fachlich orientierte Dimensionen gibt Köhnlein die *historische, geographische, ökonomische, gesellschaftliche und politische, physikalische und chemische, technische, biologische und ökologische* Dimension an, wobei er gleichzeitig hervorhebt, dass Sachunterricht in der Vielfalt seiner Bezüge darauf gerichtet ist, gleichermaßen Unterscheidungen zwischen diesen vorzunehmen wie auch Zusammenhänge zu erkennen. Demnach gehören die Dimensionen in der Konzeption des Sachunterrichts eng zusammen, haben dabei allerdings „für die Analyse der Inhalte eine fokussierende Funktion" (Köhnlein 2007, 93) und helfen in der Unterrichtsplanung, das Bildungspotential eines Inhalts umfassend zu analysieren. „Als curriculare Akzentuierungen im Rahmen der Einheit des Sachunterrichts ermöglichen es diese Dimensionen des Weltzugriffs, die Welterfahrungen der Kinder im Hinblick auf kulturell bedeutsame Aspekte auszudifferenzieren" (a.a.O., 93). Ein Beispiel für die Entfaltung des Themenbereiches ‚stammesgeschichtliche Entwicklung des Menschen' im Sachunterricht entlang des hier skizzierten Dimensionenmodells und damit für potentielle Bildungsinhalte behandelt Feige (2007) genauer.

Polare Paare und Didaktische Netze (Joachim Kahlert): Einen weiteren Vorschlag für die didaktische Ausgestaltung des Sachunterrichts und damit für Möglichkeiten der Bestimmung von Bildungsinhalten sowie der Generierung von Themen legt Kahlert (2005/2002) vor. Er unterscheidet ‚lebensweltliche Dimensionen' von ‚fachlichen Perspektiven' und stellt diese in ‚polaren Paaren' einander gegenüber (vgl. Kahlert 2005, 231ff.). An den ‚polaren Paaren' kann sich das didaktische Potential sowohl hinsichtlich der Erfahrungen der Kinder als auch der Gegenstände und Verfahrensweisen der Fachkulturen entfalten und damit die inhaltlichen Möglichkeiten eines Unterrichtsgegenstandes aufzeigen. „Die polaren Paare dienen der *didaktischen Auslegung von Inhalten*. Im Vorfeld der konkreten Unterrichtsplanung sollen die didaktischen Potentiale, also die *inhaltlichen Möglichkeiten des Unterrichtsgegenstandes*, weitgehend entfaltet werden. Auf dieser Grundlage kann dann ein Unterricht entworfen werden, der fachlich gehaltvoll und den jeweiligen Lernvoraussetzungen gemäß ist" (a.a.O., 236, Kursivsetzung durch die Verf.). Mit Hilfe der polaren Paare können so genannte ‚Didaktische Netze' entwickelt werden, aus denen konkrete Vorschläge für Unterrichtsthemen hervorgehen. Die Arbeit mit didaktischen Netzen bietet nach Kahlert die Möglichkeit „die für einen Themenbereich sachlich ergiebigen und für die Schülerinnen und Schüler potenziell bildungswirksamen Unterrichtsinhalte zu erfassen" (a.a.O., 243). Mit der Erstellung eines didaktischen Netzes kann sich die Lehrkraft ebenso einen Überblick über die Einbettung von Inhalten in verschiedene Fachbezüge verschaffen wie auch die möglichen lebensweltlichen Bezüge reflektieren. Die Arbeit mit didaktischen Netzen lässt Spielraum für spezifische Kenntnisse und Sichtweisen von Lehrkräften ebenso wie für Voraussetzungen und Möglichkeiten verschiedener Lerngruppen. Die Erstellung eines didaktischen Netzes lässt sich als Prozess des Generierens von Ideen verstehen und als Akt der Vergewisserung über das didaktische Potential von Realitätsausschnitten. Es ist damit ein wesentliches Instrument für eine didaktisch reflektierte Unterrichtsplanung, die im Vorfeld der ziel- und methodenorientierten Planung einer konkreten Lehr-Lerneinheit stattfindet. Mit einem didaktischen Netz liegt in aller Regel auch ein Überschuss an Ideen für Unterricht vor, die Lehrkraft steht also vor der Aufgabe, Inhalte begründet auszuwählen, mithin Bildungsinhalte – für ihre Lerngruppe – zu bestimmen.

Das unter 4.1.6. ausgearbeitete Beispiel zum Themenschwerpunkt ‚Mobiltelefon' entspricht der Idee, ein didaktisches Netz zur Planung von Unterricht zu generieren. Für eine umfassendere Einordnung der Gesamtkonzeption in der Sachunterrichtsdidaktik wird auf Kahlert (2005/2002) verwiesen.

Bildungs- und Lehrpläne: Grundlegend für die Auswahl und Bestimmung von Inhalten als Bildungsinhalte und damit von hoher Bedeutung für die konkrete Planungsarbeit der Lehrkraft ist eine Orientierung am Lehrplan des jeweiligen Bundeslandes. In nahezu allen Bundesländern wurden in den vergangenen Jahren neue Lehrpläne für die Grundschulen erarbeitet, wobei die mit dem Perspektivrahmen, dem Dimensionenmodell oder den didaktischen Netzen beschriebenen Konzeptionen für den Sachunterricht sich in einigen der Bildungs- und Lehrpläne mehr oder weniger deutlich wieder finden. So greift beispielsweise der bayerische Lehrplan aus dem Jahr 2000 den polaren Zugriff auf, in dem eine zweidimensionale Themenmatrix für die Inhalte des Heimat- und Sachunterrichts[4] entwickelt wurde. In der einen Dimension bildet sich ein lebensweltlich orientierter Zugang ab, dieser wird mit ‚Themenbereiche' benannt; in der anderen Dimension bildet sich der fachlich orientierte Zugang in so genannten ‚Lernfeldern' ab. Einzelne Inhalte werden in dieser Matrix sowohl einem Themenbereich wie auch einem Lernfeld

---

[4] In Bayern heißt das Schulfach Heimat- und Sachunterricht.

zugeordnet, womit eine differenzierte Systematik möglicher Bildungsinhalte vorliegt.

Lehrpläne haben im Vergleich mit den oben genannten Zusammenstellungen im Zusammenhang mit der Unterrichtsplanung einen besonderen Status. So haben sie auf Grund ihrer formalen Stellung und ihrer legitimatorischen Funktion für die Auswahl und Bestimmung von Inhalten verbindlichen Charakter. „Der Lehrplan hat als Verwaltungsvorschrift Rechtsstatus" (Reinhoffer 2007, 66), er macht den Lehrkräften unter anderem Vorgaben über Ziele, Umfang und Anordnung von Inhalten. Die Kanonisierung von Inhalten in Lehrplänen verweist dabei auf die Lenkungsfunktion des Staates in Bildungs- und Erziehungsprozessen.[5] Im Kontext der konkreten Unterrichtsplanungsarbeit erfordert das Wissen um die Bedingungen in der spezifischen Lerngruppe immer auch eine subjektive Interpretation der Lehrplanangaben und deren Anpassung an die Situation der Lehrkraft und der Klasse.

4.1.6 Ein Beispiel: Das Handy in der Lebenswelt von Kindern

Am Beispiel eines ‚didaktischen Netzes' wird im Folgenden verdeutlicht, wie vielfältig der perspektivische Zugriff zur Generierung möglicher Bildungsinhalte erfolgen kann und welche potentiellen Bildungsinhalte sich demgemäß bestimmen lassen. Der Themenschwerpunkt ‚Handy' wurde von der Autorengruppe sowohl gemäß der von Köhnlein genannten Auswahlkriterien *Zugänglichkeit, Bedeutsamkeit und Ergiebigkeit* wie auch vor dem Hintergrund der unter 4.1.4 genannten Auswahlkriterien zur Bestimmung von Bildungsinhalten ausgewählt.

Mobiltelefone sind aus dem Alltag von Grundschulkindern nicht mehr wegzudenken, deren kompetente Nutzung ebenso wie die kritische Reflexion von Chancen und Risiken der Möglichkeiten sowie der potentiellen Auswirkun-

---

[5] Die Diskussion um Auswahl und Bestimmung von Bildungsinhalten erhält vor dem Hintergrund der aktuellen Debatte über Bildungsstandards eine interessante Konnotation. So stoßen die traditionell inhaltsbezogenen Zusammenstellungen in Lehrplänen in der aktuellen Diskussion auf Kritik. Bemängelt wird die damit einhergehende so genannte ‚Input-Orientierung', wonach Bildungsprozesse bisher (ausschließlich) über die Kanonisierung von Inhalten in Lehrplänen gesteuert worden seien. Damit, so die Kritik, seien zwar Erwartungen formuliert, deren Erfüllung jedoch, wenn überhaupt, nur unzureichend überprüft wurden. Mit der Einführung von Bildungsstandards soll ein Paradigmenwechsel im Sinne einer so genannten ‚Output-Orientierung' erfolgen, wonach „empirisch untersucht werden soll, inwieweit die Leistungserwartungen tatsächlich eingelöst werden" (KMK 2005, 18). Damit einher geht eine Orientierung auf zu erwerbende Kompetenzen, die fach- bzw. lernbereichsspezifisch ausformuliert werden. Da allerdings auch Kompetenzen als „Dispositionen zur Bewältigung bestimmter Anforderungen [...] an bestimmten Inhalten erworben [und erhoben, Anmerkung der Verf.] werden müssen" (a.a.O., 16), dürfte die Diskussion um deren Auswahl keineswegs an Brisanz verlieren.

gen sind gleichermaßen bedeutsam für die Gegenwart und vermutete Zukunft der Kinder und stehen in einem engen Zusammenhang mit der Bereitschaft und Fähigkeit zur Selbst- und Mitbestimmung. Im Sinne einer Orientierung an epochaltypischen Schlüsselproblemen lässt sich der Themenschwerpunkt ‚Handy' im Bereich der ‚Gefahren und die Möglichkeiten der neuen technischen Steuerungs-, Informations- und Kommunikationsmedien' ebenso wie im Bereich der ‚Subjektivität des einzelnen und des Phänomens der Ich-Du-Beziehungen' verorten.

Vor dem Hintergrund des Wissens um die Lernvoraussetzungen der Schülerinnen und Schüler werden die im ‚didaktischen Netz' gesammelten Inhalte in einem Prozess der kritischen (Selbst-)Vergewisserung zu Bildungsinhalten bestimmt. Da beispielsweise der Inhalt ‚Auswirkungen elektromagnetischer Strahlung auf Mensch und Natur' aus fachlicher und fachdidaktischer Hinsicht komplexe Reflexionen erfordert, für die eine Reihe domänenspezifischer Vorkenntnisse erforderlich sind, erschiene eine kompetenz- und verstehensorientierte Auseinandersetzung mit diesem Inhalt für den Sachunterricht zumindest äußerst ambitioniert, wenn nicht inadäquat. Daher werden die Inhalte zum Themenschwerpunkt ‚Handy', die sich einer fachlichen Klärung aus naturwissenschaftlicher und (zum Teil) technischer Perspektive widmen, hier nicht zu Bildungsinhalten für Grundschulkinder bestimmt.[6] Es ist allerdings gut begründbar, einfache Inhalte aus der Elektrizitätslehre und dem Magnetismus zu bearbeiten, die vor dem Hintergrund einer fachlichen und fachdidaktischen Analyse, als grundlegend – auch im Sinne von Lernvoraussetzungen – für ein Verständnis von ‚elektromagnetsicher Strahlung' betrachtet werden können. Die dabei erworbenen Kompetenzen können dabei im Sinne anschlussfähigen Wissens einen Beitrag zu weiterführenden Lernprozessen zum Inhalt ‚Auswirkungen elektromagnetischer Strahlung' leisten.

Ob und inwieweit eine *kritische Diskussion* der vermuteten Auswirkungen elektromagnetischer Strahlung auf Mensch und Natur mit nur geringer Kenntnis der fachlichen Grundlagen zum Bildungsinhalt Bildungswirksamkeit entfalten würde, bleibt derzeit eine offene Frage der sachunterrichtsdidaktischen Diskussion. Ob und inwieweit die aktuelle ‚Unsicherheit' des Wissens zu den Auswirkungen elektromagnetischer Strahlung auf Mensch und Natur, die diesbezüglichen Ängste der Menschen sowie die öffentliche Debatte zu diesen Fragen zu Bildungsinhalten des Sachunterrichts bestimmt werden, bleibt derzeit im Wesentlichen eine Entscheidung der Lehrkraft.

---

[6] Die von der Autorengruppe zum Beispiel Handy ausgewählten Bildungsinhalte werden im vorliegenden didaktischen Netz durch Kursivsetzung zum Ausdruck gebracht.

Natürliche Phänomene und Gegebenheiten ↔ naturwissenschaftliche Perspektive
- Elektromagnetische Strahlung
- Auswirkungen elektromagnetischer Strahlung auf Mensch und Natur

Kaufen, tauschen, herstellen ↔ wirtschaftliche Perspektive
- *Handys als Gegenstand und Empfänger von Werbung*
- *Kosten eines Handys (Anschaffung, Anbieter, Tarife, Downloads, Zubehör)*

Bebaute und technisch gestaltete Umwelt ↔ technische Perspektive
- *Nutzungsmöglichkeiten des Handys*
- *Verbindungsmöglichkeiten von Handys zu anderen Geräten*
- Technischer Aufbau
- *Funktionsweise des Handys (Stromversorgung, Funknetze, ...)*

Mit anderen zusammenleben ↔ soziologische Perspektive
- *Gesetze und Verordnungen zur Handynutzung*
- *Normen der Handynutzung*
- *Gesellschaftliche Funktionen eines Handys (Sicherheit, Organisation, Identität/Status, Unterhaltung, Information, Kontrolle)*
- *Vor- und Nachteile ständiger Erreichbarkeit*
- *Kulturspezifische Unterschiede der Handynutzung*
- *Handy und Geschlecht*

Wahrnehmen und empfinden, darstellen und gestalten ↔ ästhetische Perspektive
- *Gestaltungselemente (Logos, Display, Klingeltöne, Zubehör) und deren Bedeutung*
- Handyarten/Design von Handys

Das Handy in der Lebenswelt von Kindern

Was ist erlaubt? Was ist gut und richtig? ↔ ethische Perspektive
- *Regeln der Handynutzung*
- *Missbrauch von Handys (Downloads jugendgefährdender Inhalte, Mobbing, Spicken)*
- *Individuelle Motive der Handynutzung*

Wandel im Zusammenleben ↔ geschichtliche Perspektive
- *Geschichte des Telefonierens – Telefonieren früher und heute*
- *Entwicklung des Handys*

Räume hier und anderswo ↔ geographische Perspektive
- *Telefonieren ohne räumliche Bindung*
- Mobiltelefone als Ortungsinstrumente
- *Funklöcher*

Sich mit anderen verständigen ↔ sprachliche Perspektive
- *SMS-Kommunikation (Handysprache, Abkürzungen, Emoticons)*
- *Bezeichnung „Handy" und andere Bezeichnungen für das Mobiltelefon*

4.1.7 Inhalte als Bildungsinhalte bestimmen – Eine Anforderung an professionelles Lehrerhandeln

Deutlich wird, dass Lehrkräfte selbst, sowohl trotz als auch wegen der vorgenommenen Auswahl in Lehrplänen, immer wieder vor die Aufgabe gestellt sind, Inhalte gut begründet auszuwählen und damit zu Bildungsinhalten zu bestimmen. Dies geschieht vor dem Hintergrund ihrer besonderen Kenntnisse um die Voraussetzungen und Rahmenbedingungen ihrer spezifischen Lerngruppe und erfordert die Bereitschaft, Entscheidungen zu treffen und zu verantworten. Eine begründete Auswahl treffen Lehrkräfte dabei gemäß des bisher Dargestellten hinsichtlich der aktuellen und vermuteten zukünftigen Bedeutsamkeit sowie der Exemplarizität. Dabei ist ebenso die Adäquanz des Bildungsinhaltes für die Lerngruppe wie die Anschlussfähigkeit und damit auch ein spiralcurricularer Aufbau von Inhalten im Auge zu behalten. Dies gilt umso mehr, wenn gemäß lehr-lerntheoretischer Überlegungen die Bedeutung der Inhaltsbezogenheit und Domänenspezifität von Lernprozessen reflektiert wird. In der konkreten Unterrichtsplanungsarbeit ist darüber hinaus auch ein gewisses Maß an Pragmatismus hilfreich: Die Verfügbarkeit über die für einen ausgewählten Inhalt erforderlichen Ressourcen – seien sie zeitlicher, materialer Art oder persönlicher Art – kann je nach Inhalt sowohl unterstützend wie auch begrenzend wirken. Die aus der Verantwortung für den Prozess der Auswahl von Inhalten und der Planung von Unterricht oft auch entstehende Handlungsunsicherheit kann als konstituierend für die Rolle einer Lehrkraft verstanden werden. Diese als grundlegend zu akzeptieren, ist eine der großen Herausforderungen im Umgang mit der eigenen Profession. Der fortwährende Diskurs über die Bestimmung von Inhalten bleibt angesichts der grundlegenden Einbindung bildungswissenschaftlicher Reflexionen in gesellschaftlich-historische Kontexte eine zentrale Aufgabenstellung, die Entwicklung diesbezüglicher Ambiguitätstoleranz unerlässlich.

Literatur

Dubs, R. (2008): Lehrerbildung zwischen Theorie und Praxis. In: Lankes, E.-M. (Hrsg.): Pädagogische Professionalität als Gegenstand empirischer Forschung. Münster: Waxmann, 11–28

Feige, B. (2007): Vielperspektivischer Sachunterricht. In: Kahlert, J.; Fölling-Albers, M.; Götz, M.; Hartinger, A.; von Reeken, D. & Wittkowske, St. (Hrsg.): Handbuch Didaktik des Sachunterrichts. Bad Heilbrunn: Klinkhardt, 266–274

Gesellschaft für Didaktik des Sachunterrichts (GDSU) (2002): Perspektivrahmen Sachunterricht. Bad Heilbrunn: Klinkhardt

Hasselhorn, M. & Mähler, C. (1998): Wissen, das auf Wissen baut: Entwicklungspsychologische Erkenntnisse zum Wissenserwerb und zum Erschließen von Wirklichkeit im Grundschulalter. In: Kahlert, J. (Hrsg.): Wissenserwerb in der Grundschule. Bad Heilbrunn: Klinkhardt, 73–89

Kahlert, J. (^{2}2005/2002): Der Sachunterricht und seine Didaktik. Bad Heilbrunn. Klinkhardt

Klafki, W. (^{6}2007/1985): Neue Studien zur Bildungstheorie und Didaktik. Zeitgemäße Allgemeinbildung und kritisch-konstruktive Didaktik. Weinheim und Basel: Beltz

Klafki, Wolfgang (2005/1992): Allgemeinbildung in der Grundschule und der Bildungsauftrag des Sachunterrichts. In: Lauterbach, R.; Köhnlein, W.; Spreckelsen, K. & Klewitz, E. (Hrsg.) (1992): Brennpunkte des Sachunterrichts. (Probleme und Perspektiven des Sachunterrichts, 3). Kiel: IPN, Gesellschaft für Didaktik des Sachunterrichts e.V., 11–31, wiederabgedruckt in: www.widerstreit-sachunterricht.de/Ausgabe 4/ März 2005

Sekretariat der Ständigen Konferenz der Kultusminister der Länder in der Bundesrepublik Deutschland Kultusministerkonferenz (KMK) (Hrsg.) (2005): Bildungsstandards der Kultusministerkonferenz. Erläuterungen zur Konzeption und Entwicklung. München: Luchterhand

Kron, F. W. (1994): Grundwissen Didaktik. München, Basel: Ernst Reinhardt Verlag

Köhnlein, W. (1999): Vielperspektivisches Denken – Eine Einleitung. In: Köhnlein, W.; Marquardt-Mau, B. & Schreier, H. (Hrsg.): Vielperspektivisches Denken im Sachunterricht. Bad Heilbrunn: Klinkhardt, 9–23

Köhnlein, W. (2007): Aufgaben und Ziele des Sachunterrichts. In: Kahlert, J.; Fölling-Albers, M.; Götz, M.;Hartinger, A.; von Reeken, D. & Wittkowske, St. (Hrsg.): Handbuch Didaktik des Sachunterrichts. Bad Heilbrunn: Klinkhardt, 89–99

Liessmann, K. P. (2008): Theorie der Unbildung. Die Irrtümer der Wissensgesellschaft. München: Piper

Mollenhauer, K. ([7]2008/1983): Vergessene Zusammenhänge. Über Kultur und Erziehung. Weinheim und München: Juventa

Reinhoffer, B. (2007): Sachunterricht in den Lehrplänen. In: Kahlert, J.; Fölling-Albers, M.; Götz, M.: Hartinger, A.; von Reeken, D. & Wittkowske, St. (Hrsg.): Handbuch Didaktik des Sachunterrichts. Bad Heilbrunn: Klinkhardt, 65–74

Richter, D. ([3]2009): Sachunterricht – Ziele und Inhalte. Baltmannsweiler: Schneider

Robinsohn, S. B. (1972): Bildungsreform als Revision des Curriculum und ein Strukturkonzept für Curriculumentwicklung. Neuwied am Rhein, Berlin: Luchterhand

Shakespeare, W. ([7]2007/1982): Hamlet – Zweisprachige Ausgabe. In der Übersetzung von Günther, F. München: Deutscher Taschenbuch Verlag

Stern, E. & Schumacher, R. (2004): Lernziel: Intelligentes Wissen. In: Universitas, 59.Jg., 692, Sonderdruck 2/2004, 121–134

Stoltenberg, U. (2007): Perspektivrahmen Sachunterricht. In: Kahlert, J.; Fölling-Albers, M.; Götz, M.; Hartinger, A.; von Reeken, D.& Wittkowske, St. (Hrsg.): Handbuch Didaktik des Sachunterrichts. Bad Heilbrunn: Klinkhardt, 75–79

Tänzer, S. (2007): Die Thematisierung im Sachunterricht der Grundschule. Leipzig: Universitätsverlag

Weinert, F. E. (2000): Lehren und Lernen für die Zukunft – Ansprüche an das Lernen in der Schule. In: Pädagogische Nachrichten Rheinland-Pfalz, 2, 1–16

Zimbardo, Ph. & Gerrig, R. ([16]2004): Psychologie. München, Boston: Pearson

4.2 Ziele festlegen und formulieren

von Eva Blumberg

„Man muss erst überlegen, was man schon weiß und dann Ziele überlegen, die man noch erreichen will." – Diese Aussage ist die Antwort eines Schülers am Ende des vierten Schuljahres auf die Frage, wie am Anfang eines neuen Themas im Sachunterricht vorzugehen sei. Das Vorgehen, das der Schüler hier auf diese einfache Formel bringt, wirft für Sachunterrichtslehrkräfte zumeist eine ganze Reihe von Fragen und Entscheidungen auf, die es zur Zielfestlegung und -formulierung zu berücksichtigen gilt. Um damit verbundene Entscheidungsfelder, die die Festlegung und Formulierung von Zielen im Sachunterricht betreffen, soll es in diesem Kapitel gehen. Dazu wird zunächst der Zielbegriff auf unterschiedlichen Ebenen und verschiedenen Dimensionen in den Blick genommen und definiert. Anschließend werden aktuell vorherrschende normative Zielvorgaben für den Sachunterricht aufgezeigt und auf die Herausforderung und Realisierung einer multikriterialen Zielerreichung im Sachunterricht eingegangen. Vor diesem Hintergrund wird auf die Planungsebene übergegangen, und anhand eines konkreten Beispiels werden Ziele für eine Unterrichtseinheit „Das Handy in der Lebenswelt von Kindern" formuliert.

4.2.1 Definitorische Betrachtung und Klärung des Zielbegriffs

Ein Blick in die Literatur macht die Diversität des Zielbegriffs deutlich, da es im Kontext von Schule und Unterricht verschiedene Arten von Zielen gibt, die aus verschiedenen Perspektiven festgelegt und formuliert werden können (vgl. Grunder, Ruthemann, Scherer, Singer & Vettiger 2007, 76). Hinzu kommt, dass die verwendeten Zielbegriffe häufig weder eindeutig noch einheitlich definiert sind und unter unterschiedlichem Verständnis verwendet werden, was die Orientierung für Lehrkräfte, die in der Verantwortung stehen, Ziele für ihren Unterricht festzulegen und zu formulieren, nicht gerade einfach macht. Und das, obwohl die „Entscheidung über Lern- und Lehrziele […] die wohl bedeutsamste von allen Unterrichtsentscheidungen" (Peterßen 2000, 363) ist, wenn nicht sogar die entscheidende Aufgabe im Prozess der Unterrichtsplanung und für die Sicherung der Qualität des Unterrichts. Denn Aussagen über die Qualität der Lern(prozess)erfolge, der Angemessenheit der Methoden und der dramaturgischen Unterrichtsgestaltung lassen sich nur im Hinblick auf spezifische Ziele machen (vgl. Helmke 2009, 35f.). Schon in der Herbart-Pädagogik und in der Rezeption durch die Herbartianer kam der Bestimmung von Zielen eine zentrale Stellung zu (vgl. Keck 2004, 275). Gemäß Peterßen bestimmt „die Zielentscheidung die gesamte Struktur des Unterrichts. Von ihr hängen alle übrigen Entscheidungen maßgeblich ab" (2000, 363). Zwischen Zielen und den übrigen zu entscheidenden Unterrichtsmomenten, wie Inhalte und Methoden, bestehe zwar ein „Implikationszusammenhang" (Blankertz 1975, 94) oder eine „Interdependenz" (Schulz 1965, 45), d. h. Wechselwirkungsprozesse, die reflexiv wirken, jedoch aus der Richtung der Zielentscheidung die größere Wirkung aufweisen (vgl. Peterßen 2000, 363). Denn Zielentscheidungen sind immer Werteentscheidungen und damit intentional und normativ.

„Allgemein sind Ziele angestrebte bzw. erstrebenswerte Ergebnisse einer Handlung" (Tarnai 2001, 146). Ziele sind präskriptiver Art und klar zu unterscheiden von Ergebnissen (vgl. Jank & Meyer 2002, 51). So sind zum Beispiel Erziehungsziele, die sich aus den Erziehungswissenschaften und vor allem der Pädagogik begründen und sich neben dem schulischen auch auf den vorschulischen und familiären Bereich beziehen können, „die durch erzieherische Handlungen angestrebten Ergebnisse" (Tarnai 2001, 146).

Neben bzw. im Zusammenhang mit Erziehungszielen stellen Bildungsziele die entscheidenden Leitlinien im Kontext von Schule und Unterricht dar. Dabei versteht man unter Bildungszielen „diejenigen fachlichen und überfachlichen Ziele, die auf dem Bildungs- und Erziehungsauftrag der Schule basieren" (Helmke 2003, 25). Vor allem im Zuge der viel diskutierten Ergebnisse bei TIMSS und PISA sind die Bildungsziele der Schule neu formuliert worden. Gemäß Helmke stammt die „bekannteste und einflussreichste Klassifikation" (ebd.) von Weinert, „der sechs fundamentale Bildungsziele propagiert" (ebd.): den Erwerb (1) intelligenten Wissens und (2) anwendungsbezogenen Wissens, den Erwerb von (3) variabel nutzbaren Schlüsselqualifikationen, von (4) Lernkompetenzen und (5) sozialen Kompetenzen sowie den Erwerb von (6) Wertorientierungen (vgl. Helmke 2003, 2009), wobei Weinert (2000) als zentrales Zielkriterium des schulischen Unterrichts die Entwicklung fachlicher Kompetenzen mit dem Erwerb intelligenten Wissens zugrunde legt. Gemäß Weinert ist intelligentes Wissen, das entscheidend für lebenslanges Lernen ist, verstandenes bedeutungshaltiges Wissen, das sich durch Lebendigkeit und Sinnhaftigkeit auszeichnet, flexibel nutzbar ist und auf ausreichendem inhaltlichem Wissen aufbaut (vgl. Weinert 2000, 5; zum Inhaltsaspekt vgl. Kap. 4.1).

Da Bildungs- und Erziehungsziele auf einer übergeordneten und sehr abstrakten Ebene als Leitlinien für Schule und Unterricht fungieren und aus ihnen somit unmittelbar noch keine Handlungsanweisungen für ihr Erreichen ab-

leitbar sind, benötigen sie eine Interpretation und Umsetzung durch konkrete Ziele, deren Erreichen evaluierbar ist (vgl. Kap. 4.6).
Ziele im Kontext von Schule und Unterricht sind Strukturelemente didaktischer Handlungsplanung. „Sie orientieren didaktisches Handeln. Sie sind zu rechtfertigen. Sie kennzeichnen und orientieren:

o als *Lern-, Erkenntnis- und Bildungsziele* der Kinder die Qualität und Quantität
  - der angestrebten Entwicklung im Wissen, Verstehen, Können, Empfinden, Wollen, Urteilen und Handeln.
  - der geforderten Selbstbestimmung, Mitbestimmung und Solidarität.
  - der zu übernehmenden Verantwortung für sich selbst, für andere Menschen, für Natur und Kultur.
o als *Lehrziele* die Qualität und Quantität der Lehrtätigkeit,
o als *Unterrichtsziele* die Qualität und den Umfang wie die Reichweite des Unterrichtsgeschehens" (Lauterbach, Tänzer & Zierfuß 2003, 225f.).

Demnach sind zu den Bildungs- und Erziehungszielen als Leitziele auf einer übergeordneten Zielebene von Schule und Unterricht auf einer nächsten Ebene Lernziele, Lehrziele und Unterrichtsziele inhaltlich und definitorisch abzugrenzen, auch wenn oder gerade weil dies in der Literatur häufig nicht der Fall ist.

Die auf die Qualität und Quantität der Lehrtätigkeit gerichteten *Lehrziele* sind von außen gesetzte Ziele der Lehrperson (vgl. Kiper 2006, 186) und dienen als „möglichst konkrete Beschreibung der Absichten, die der Lehrer im Unterricht verfolgt" (Meyer 1996, 348). *Lernziele* beziehen sich hingegen direkt auf die Schülerebene und sind grundsätzlich definiert als eine „sprachlich artikulierte Vorstellung über die durch Unterricht […] zu bewirkende gewünschte Verhaltens*disposition* eines Lernenden" (Meyer 1996, 138), wobei mit der Bezeichnung „Disposition" zum Ausdruck kommen soll, dass die in Lernzielformulierungen verbalisierten Verhaltensänderungen, die damit gemeint sind, nicht zwangsläufig beobachtbar sind. Der Begriff der *Handlungsziele,* der in diesem Zusammenhang zur Zielformulierung auch verwendet wird, steht dabei für Ziele der am Unterricht beteiligten Schülerinnen und Schüler, die ihr Handeln im Unterrichtsprozess leiten (vgl. Jank & Meyer 2002, 51). Im Idealfall korrespondieren Lern- und Handlungsziele, so dass es zu den Hauptaufgaben der Lehrperson gehört, die Lernziele zu immanenten Handlungszielen der Schülerinnen und Schüler werden zu lassen. Im Zuge der Unterrichtsplanung sollte sich dabei zunächst die Lehrperson über die anzustrebenden Verhaltensänderungen im Sinne der angeführten Lernzieldefinition im Klaren sein, was jedoch nicht ausschließt, „dass das ursprünglich formulierte Ziel im Laufe des Unterrichts [gemeinsam mit den Schülerinnen und Schülern] verlassen und durch ein situativ bedingtes neues Ziel ersetzt wird" (Wiechmann 2003, 76f.). So sind auch die *Unterrichtsziele* als Orientierungs-, Leistungs-, und Vollzugskriterien für die Klasse nicht als starr anzusehen, sondern unter Einbeziehung der Schülerinnen und Schüler als veränderbar, wobei jedoch die Gesamtverantwortung für die Ziele immer bei der unterrichtenden Lehrperson liegt.

So verstanden wird der Begriff der „Lernziele", der am häufigsten in der didaktischen sowie in der pädagogisch-psychologischen Literatur anzutreffen ist, im Folgenden näher betrachtet und als Leitbegriff in diesem (Gesamt-) Kapitel fungieren.[1] Dieses Lernziel-Verständnis greift vor dem Hintergrund eines aktuellen Lehr-Lernverständnisses, das auf den Aufbau bzw. den Erwerb eines verstandenen, anwendungsbezogenen, intelligenten Wissens abzielt, grundsätzliche Ansätze zur Unterscheidung von Lernzielen auf.

Diese Ansätze zur Lernzieldifferenzierung, die zur Ordnung, nicht aber zur Legitimation oder Begründung von Lernzielen geeignet sind (vgl. Glöckel 1996, Terhart 2000), beziehen sich zum einen auf den Abstraktionsgrad und zum anderen auf die Dimensionierung von Lernzielen. Die Kategorisierung von Christine Möller (1973) unterscheidet je nach der *Konkretheit* ihrer Formulierung drei Lernziel-Ebenen: Auf dem höchsten Abstraktionsniveau *Richtziele*, die äußert abstrakt und vieldeutig sind und sehr viele alternative Interpretationen zulassen, auf einem mittleren Abstraktionsniveau *Grobziele,* die konkreter formuliert sind als Richtziele, aber noch viele Interpretationen offen lassen, und auf dem niedrigsten Abstraktionsniveau mit dem höchsten Präzisionsgrad *Feinziele,* die so eindeutig zu halten sind, dass nur eine Interpretation möglich ist (vgl. Meyer 1996, 140).

Eine weitere Differenzierung von Lernzielen betrifft ihre *Dimensionierung,* womit ursprünglich die Unterscheidung in kognitive, affektive und psychomotorische Lernziele gemeint ist, die auf die in den 1960er Jahren im englischsprachigen Raum entwickelten Taxonomien von Lernzielen, klassischerweise auf die Lernziel-Taxonomie von Bloom, zurückgeht (vgl. Meyer 1996, 143 ff.). Diese Taxonomien, d. h. Ordnungsschemata, geben Hilfen, nach denen Lernziele in den drei Bereichen in hierarchischer Ordnung erfasst werden können: im kognitiven Bereich nach dem Grad ihrer Komplexität, im affektiven Bereich nach dem Grad der Internalisierung und im psychomotorischen Bereich nach dem Grad der Koordination bzw. der Komplexität (vgl. Peterßen 2000, 365).

---

[1] Dieses Lernzielverständnis distanziert sich von der lernzielorientierten Didaktik der 1970er Jahre, in deren Zusammenhang der Lernzielbegriff häufig gebracht wird und die in ihrer radikalen Ausprägung stark kritisiert wurde. Die folgenden Differenzierungen sind als Orientierung zur Unterscheidung bzw. Ordnung bestehender Lernzielbegriffe, nicht aber als technisches Verfahren im Sinne stringenter Deduktion zu verstehen (weiterführend zur Kritik am lernzielorientierten Ansatz z.B. Kiper 2006, Peterßen 2000 und Terhart 2000).

Lernziele sind weder identisch mit dem Unterrichtsthema noch mit dem Unterrichtsinhalt. Als notwendige Voraussetzung für eine verantwortungsbewusste Unterrichtsplanung zwingen die Festlegung und Formulierung von Lernzielen die Lehrperson dazu, den Inhalt präziser einzugrenzen und zu bestimmen, was mit dem jeweiligen Thema bei den Schülerinnen und Schülern erreicht werden soll (vgl. Grunder et al. 2007, 76). Lernziele haben vielfältige Funktionen: sie helfen, Inhalte einzugrenzen und das Thema zu präzisieren, sie bieten eine Verständigungsgrundlage und (Ziel-)Transparenz für alle am Unterricht Beteiligten, sie sind Lern- und Orientierungshilfen, z.B. im Hinblick auf Evaluation, sie sind methodisch-didaktische Planungshilfen für die Lehrperson, können als Kriterien für die Selbst- und Fremdbeurteilung von Unterricht dienen und nicht zuletzt die Motivation und den Lernerfolg erhöhen. Denn eine durch Schülerbeteiligung erzeugte Zieltransparenz fördert eine ausgeprägte und stabile Aufgabenorientierung, die nachweislich zu besseren Lernergebnissen führt (vgl. Wild, Hofer & Pekrun 2006). Dabei sollen sich Lernziele nicht nur auf inhaltliche oder sachbezogene, sondern auch auf methodenorientierte und instrumentelle (verhaltensorientierte) Ziele beziehen (vgl. Scholz 1978, 11 ff.). Sie können sich auf den Aufbau von Sach-, Methoden-, Personal- und Sozialkompetenz und – wie Grittner in ihrem Beitrag (Kap. 4.6) ergänzt – auf Urteils- und Partizipationskompetenz beziehen.

Der Begriff *Kompetenz* spielt eine besondere Rolle seit der oben bereits angesprochenen Diskussion und bei der Neuformulierung um das, „was Schülerinnen und Schüler im Laufe ihrer Schullaufbahn an Bildung erfahren, welche Fertigkeiten, Fähigkeiten, Kenntnisse und Qualifikationen sie erwerben sollen bzw. über welches Wissen sie verfügen sollen" (Ministerium für Schule und Weiterbildung des Landes Nordrhein-Westfalen 2008, 9). Der Kompetenzbegriff, der die Anwendbarkeit von Kenntnissen und Fertigkeiten betont, steht seitdem im Fokus pädagogischer und didaktischer Überlegungen – auch für den Sachunterricht der Grundschule (vgl. Kap 4.2.2) – und findet zunehmend Eingang in schulische Steuerungsinstrumente wie Richtlinien und Lehrpläne. Nach Weinert (2002), auf den die meistzitierte Definitionsgrundlage des Kompetenzbegriffs zur Abgrenzung von deskriptivem Wissen und Bildungsinhalten mit der Zielrichtung des Handelns zurückgeht, sind „Kompetenzen [...] die bei Individuen verfügbaren oder von ihnen erlernbaren Fähigkeiten und Fertigkeiten, bestimmte Probleme zu lösen, sowie die damit verbundenen motivationalen, volitionalen und sozialen Bereitschaften und Fähigkeiten, die Problemlösungen in variablen Situationen nutzen zu können" (Weinert 2002, 27f.). „Nach Weinert umfassen Kompetenzen Fähigkeiten, Fertigkeiten und Kenntnisse, aber auch Bereitschaften, Haltungen und Einstellungen, über die Schülerinnen und Schüler verfügen müssen, um neu-

en Anforderungssituationen gewachsen zu sein. Eine Schülerin oder ein Schüler ist z.B. in einem Fach kompetent, wenn sie oder er
o über Fähigkeiten und Fertigkeiten zum Lösen von Problemen verfügt
o auf vorhandenes Wissen zurückgreift bzw. sich das notwendige Wissen beschafft
o zentrale fachliche Zusammenhänge versteht
o angemessene Handlungsentscheidungen trifft
o Lerngelegenheiten nutzt
o motiviert ist, ihre bzw. seine Kompetenzen auch in Zusammenarbeit mit anderen einzusetzen" (Ministerium für Schule und Weiterbildung des Landes Nordrhein-Westfalen 2008, 9).

Auch die Bestrebungen von Seiten der Sachunterrichtsdidaktik orientieren sich an diesem Verständnis des Kompetenzbegriffs, um die Ziele des Sachunterrichts nicht zuletzt im Hinblick auf „die Anschlussfähigkeit an eine breite erziehungswissenschaftliche Debatte" (GDSU 2002, 4) neu zu formulieren.

4.2.2 Ziele im Sachunterricht

Auf dem Hintergrund der bereits angesprochenen Bildungsdebatte in Deutschland findet seit Ende der 1990er Jahre auch für den Sachunterricht eine Trendwende statt. In diesem Zuge entwickelte die Gesellschaft für die Didaktik des Sachunterrichts den Perspektivrahmen Sachunterricht (GDSU 2002), der Sachunterrichtslehrkräfte unterstützen soll, „ihre inhaltlichen und methodischen Entscheidungen auf hohem didaktischen Niveau zu treffen, zu reflektieren und zu kommunizieren" (GDSU 2002, 5). Darin formuliert die GDSU einen hohen Bildungsanspruch für den Sachunterricht und fordert eine inhaltlich und methodisch anspruchsvolle und zudem an den Fragen, Interessen und Lernbedürfnissen der Kinder orientierte Unterrichtsgestaltung, um so das vorhandene Lernpotential auf Seiten von Grundschulkindern optimal zu nutzen und sie mit dem Aufbau anschlussfähigen Wissens auf die Sachfächer der weiterführenden Schulen vorzubereiten. Die fünf Perspektiven, die sozial- und kulturwissenschaftliche, die raumbezogene, die historische sowie die naturbezogene und technische Perspektive, sind der Aufgabe des Sachunterrichts, einen Beitrag zu grundlegender Bildung zu leisten, und dem *zentralen Bildungsziel des Sachunterrichts*, den Schülerinnen und Schülern Hilfen bei der Erschließung ihrer Lebenswelt zu geben, gleichberechtigt unterstellt und in inhaltlicher und verfahrensbezogener Vernetzung mit anderen Perspektiven umzusetzen. Als *Zielkategorien* führt der Perspektivrahmen für alle fünf Perspektiven Kompetenzen an, die auf die Verbindung von Wissen und Erfahrungen in komplexen Themenfeldern und „damit, über den bloßen Erwerb von Kenntnissen und Fertigkeiten hinaus, auf die Förderung des Verstehens" (GDSU 2002, 4) abzielen. Mit diesem Verständnis umfassen Kompetenzen

„neben Sach- und Faktenwissen (deklaratives Wissen) auch Orientierungswissen, verfahrensbezogene Fähigkeiten und Fertigkeiten (prozedurales Wissen) sowie Wissen, das der Kontrolle und Steuerung von Lern- und Denkprozessen zugrunde liegt (metakognitives Wissen). Die Formulierung von Kompetenzen präzisiert die Anforderungen an die Kinder *als Könnensziele*. Daraus folgt für den Unterricht, dass Wissen, Inhalte und Methoden nicht unabhängig voneinander gesehen werden können. Lernfortschritte erweisen sich mit Hilfe von Anwendungs- und Gestaltungsaufgaben. Sie können durch bloßes Abfragen deklarativen Wissens nicht angemessen ermittelt werden" (ebd.).
Fast zeitgleich zur Konzeption des Perspektivrahmens wurden in vielen Bundesländern neue Sachunterrichtslehrpläne entwickelt – teilweise unabhängig von den Vorschlägen des Perspektivrahmens (z.B. Bayern 2000, vgl. Einsiedler 2003) – teilweise orientiert daran (z.B. in NRW 2008) und unter expliziter Bezugnahme auf den Kompetenzbegriff. So haben beispielsweise die Bundesländer Berlin, Brandenburg, Bremen und Mecklenburg-Vorpommern (2004) ihre gemeinsamen Rahmenlehrpläne konsequent am Kompetenzansatz ausgerichtet, wobei sich in Orientierung an ausgewiesenen Standards die Förderung von Sachkompetenz, Methodenkompetenz, personaler und sozialer Kompetenz als komplexes und nicht trennbares Anliegen durch alle Curricula ziehen und Richtgröße für Anforderungen und Ziele, Unterrichtsinhalte, Unterrichtsgestaltung bis hin zur Leistungsfeststellung und Leistungsbewertung sind. Auch von Seiten der Sachunterrichtsdidaktik bestehen konkrete Bestrebungen, „in die Diskussion um Bildungsstandards und in die normative und empirische Fassung von Kompetenzmodellen" (Giest, Hartinger & Kahlert 2008, 175) unter Berücksichtigung des bildungstheoretischen Hintergrunds des Fachs Sachunterricht verstärkt einzutreten. Besondere (nicht nur sachunterrichtsexklusive) Herausforderungen stellen dabei zu der Komplexität des Faches Sachunterricht und dem generell aufwendigen Prozess der Kompetenzmodellentwicklung die Berücksichtigung heterogener Lernvoraussetzungen und die Entwicklung angemessener Regel-, Minimal- und Optimalstandards dar (vgl. Köller 2009).
Eine weitere Herausforderung für den Sachunterricht stellt das gleichzeitige Erreichen mehrerer verschiedener – zumeist kognitiver und motivational-affektiver – Lernziele dar, auch *multikriteriale Zielerreichung* genannt (vgl. Einsiedler 2003, Möller 2006), der vor allem im Hinblick auf ein weiterführendes und lebenslanges Lernen eine besondere Bedeutung zugemessen wird. Für den naturwissenschaftsbezogenen Sachunterricht hat sich in einer empirischen Schulstudie zu dem für Grundschulkinder anspruchsvollen Thema „Schwimmen und Sinken" gezeigt, dass eine multikriteriale Zielerreichung mit einem tieferen Verständnis und einem stärkeren Empfinden von Kompetenz und Engagement sowie besseren Ergebnissen im motivationalen und

selbstbezogenen Bereich in einem konstruktivistisch orientierten Unterricht mit Strukturierungsanteilen erreicht werden kann. Das heißt, dass die Kinder ihr Wissen weitgehend eigenständig in aktiven und kooperativen Aushandlungsprozessen konstruieren, dabei jedoch Unterstützung durch eine Sequenzierung des Unterrichts und durch eine strukturierende Gesprächsführung durch die Lehrperson erhalten. Ein solcher Unterricht, in dem die Kinder sich ihren Lernweg nicht vollkommen selbstständig suchen müssen, sondern strukturierende Unterstützungsmaßnahmen zur Erreichung von Teillernzielen auf dem Weg zur Beantwortung der komplexen Frage, wieso ein großes Schiff im Wasser nicht untergeht, bekommen, führt zu kognitiven und motivational-affektiven Erfolgen sowohl bei Jungen als auch bei Mädchen und insbesondere bei leistungsschwachen Kindern (vgl. Blumberg 2008; Blumberg, Hardy & Möller 2008).

4.2.3 Zur Formulierung von Lernzielen im Sachunterricht
Wie gelangt man aber nun als Sachunterrichtslehrkraft zu begründeten Lernzielen? Für den Sachunterricht soll an dieser Stelle auf zwei Ansätze eingegangen werden, zum einen auf das von Lauterbach entwickelte Prozessmodell didaktischer Handlungsplanung (vgl. Lauterbach et al. 2003 sowie Kap. 5.4) und zum anderen auf den Ansatz der didaktischen Netze (vgl. Kahlert 2002).

Gemäß des Prozessmodells sind von der Anforderungsanalyse bis hin zur Unterrichtsvorbereitung zehn didaktische Planungselemente iterativ, aber immer wieder rekursiv zu durchlaufen (vgl. Lauterbach et al. 2003, 223 ff.). Eingebunden in diesen Prozess sind die Festlegung und Formulierung von Lernzielen, die wesentlich die Konstituierung von Unterrichtsthemen (vgl. Kap. 4.4) bestimmen, indem sie mit einem ausgewählten Bildungsinhalt (vgl. Kap. 4.1) verbunden werden, ihren unmittelbaren Bezug in der konkreten Unterrichtssituation (vgl. Kap. 4.5) haben und damit den Unterrichtsverlauf wesentlich prägen (vgl. Tänzer 2007, Peterßen 2000).

Die Erstellung eines didaktischen Netzes kann dabei zur Erschließung des didaktischen Reichtums bzw. des Gehalts eines Inhalts ein Denk- und Strukturierungswerkzeug sein (vgl. Kahlert 2002). Dabei ist zu berücksichtigen, dass bereits die „Auswahl und Aufbereitung von Inhalten des Sachunterrichts immer auch von grundlegenden Vorstellungen begleitet [ist], mit welchen Zielen unterrichtet und erzogen werden soll" (Kahlert 2002, 29). In die Festlegung und Formulierung der Ziele fließen mehr oder weniger bewusst folgende Aspekte mit ein: „Fachliche Anforderungen der Sach- und Wissensgebiete, die die Inhalte des Sachunterrichts berühren; Auffassungen über die Gesellschaft, mit der die Kinder heute und in Zukunft zurechtkommen müssen; Vorstellungen über erwünschte gesellschaftliche Entwicklungen" (ebd.).

Neben der Klärung der Ziele ist die Beurteilung der Lernvoraussetzungen der Schülerinnen und Schüler ein wesentliches Aufgabenfeld im Hinblick auf die Unterrichtsgestaltung. Beide Aufgabenfelder beeinflussen die methodischen und didaktischen Konsequenzen, die für die Gestaltung von Unterricht gezogen werden müssen (vgl. Kahlert 2002, 30).
Ausgehend von den Anforderungen, d. h. unter Berücksichtigung des Bildungsanspruches/Bildungsziels des Sachunterrichts, der Lehrplanvorgaben sowie der Voraussetzungen der Kinder ist es nach Auswahl der Bildungsinhalte (aus dem didaktischen Netz) Aufgabe der Lehrperson, in Anbindung an die Konkretisierung der Lernziele der inhaltlichen Auswahlentscheidung ein thematisches Profil zu geben (vgl. Kahlert 2002, 241 und Kap. 4.4). „Die Konkretisierung in Form erweisbarer Lernziele erfordert es zu klären, was realistisch im Unterricht erreicht werden kann" (Kahlert 2002, 241).
Bei der Formulierung von Lernzielen ist zu berücksichtigen, dass sowohl die angestrebte Verhaltensdisposition als auch der zu lernende Inhalt, auf den sich das Verhalten bezieht, erkennbar sind (vgl. z.B. Tänzer 2007, 4; Grunder et al. 2007, 78). Ein Lernziel umfasst demnach eine möglichst klare Beschreibung des Inhalts und die Festlegung, was die Schülerinnen und Schüler mit diesem Inhalt *können* sollen, wobei es entscheidend darauf ankommt, die angestrebte Verhaltensdisposition tatsächlich als *Könnens*ziele (vgl. Kap. 4.2.2) und nicht als bloße Handlungen zu formulieren. Hilfen bei der Formulierung von Lernzielen bieten Verben, die zum Ausdruck bringen, was Schülerinnen und Schüler können sollen, z.B. was sie erfahren, erklären, erkennen, ordnen, verstehen, begreifen, vergleichen, erschließen, entdecken, entwickeln, etc. sollen (vgl. Grunder et al. 2007, 78). Hilfen zur konkreten Formulierung von Lernzielen im Sachunterricht bietet auch der Perspektivrahmen (GDSU 2002, 10 ff.). Nicht als Lernziele gelten hingegen Formulierungen, die lediglich das Unterrichtshandeln beschreiben, wie z.B. „Die Schülerinnen und Schüler führen einen Versuch durch und besprechen ihn."
Wie im Kap. 4.2.2 dargestellt, können sich Lernziele im Abstraktionsniveau sowie in ihrer Dimensionierung unterscheiden. Im Hinblick auf die Lernzieldimensionierung liefert das bereits angeführte Prozessmodell didaktischer Handlungsplanung eine sachangemessene und handhabbare Orientierung zur Klassifikation und Kennzeichnung „der angestrebten Entwicklung im Wissen, Verstehen, Können, Empfinden, Wollen, Urteilen und Handeln" (Lauterbach, Tänzer & Zierfuß 2003, 225), die Lauterbach (2001, zit. n. Tänzer 2007, 44) mit folgenden Verhaltenskomponenten konkretisiert:

o „Wissen: zielt auf Information, Kenntnis,
o Verstehen: zielt auf Erkenntnis, Einsicht in Zusammenhänge,
o Können: zielt auf Fertigkeit, Gestaltung, Verfahren,
o Empfinden: zielt auf Empathie, Wertgefühl,

- Wollen: zielt auf Bereitschaft, Interesse, Einstellung,
- Urteilen: zielt auf Bewertung,
- Handeln: zielt auf erkenntnisgeleitetes, Folgen bedenkendes Verhalten."

Im Folgenden wird nun anhand dieser Verhaltenskomponenten ein Beispiel begründeter Zielformulierungen zur Unterrichtseinheit „Das Handy in der Lebenswelt von Kindern" entwickelt.

4.2.4 Beispiel begründeter Zielformulierungen zur Unterrichtseinheit „Das Handy in der Lebenswelt von Kindern"

Aus den acht Perspektiven (vgl. Kap. 4.1) sind zur Verdeutlichung als Beispiele begründeter Zielformulierungen die *Nutzungsmöglichkeiten des Handys* als relevanter Bildungsinhalt aus der technischen Perspektive sowie die *Normen der Handynutzung* als bedeutsamer Bildungsinhalt der soziologischen Perspektive ausgewählt.

Die jeweiligen Lernziele sind auf dem zuvor dargestellten Hintergrund inhaltlich aus dem Sachzusammenhang heraus und mit Bezug zur kindlichen Lebenswelt und den Voraussetzungen der Kinder auszuwählen, zu begründen und dementsprechend zu formulieren. Dabei ist zu berücksichtigen, dass nicht jede Verhaltenskomponente automatisch mit einem sinnvollen Lernziel für jeden relevanten Bildungsinhalt verbunden ist.

Entscheidende Lernziele zum technischen Bildungsinhalt der *Nutzungsmöglichkeiten eines Handys* betreffen in erster Linie die Verhaltenskomponenten „Wissen, Können, Urteilen und Handeln", wozu folgende Lernziele formuliert werden können:

Die Schülerinnen und Schüler

- *kennen* wesentliche Nutzungsmöglichkeiten (Telefonie, SMS, Kamera, Spiele),
- *können* Nutzungsmöglichkeiten eines Handys *herausfinden,*
- *können bewerten und gezielt auswählen,* wann bestimmte Nutzungsmöglichkeiten notwendig sind,
- *nutzen* ein Handy sachgemäß und verantwortungsbewusst gegenüber sich selbst und anderen.

Im Hinblick auf den soziologischen Bildungsinhalt der *Normen der Handynutzung* sind hingegen die Verhaltenskomponenten „Wissen, Verstehen, Wollen, Urteilen und Handeln" bedeutsam und mit folgenden Lernzielen zu formulieren:

Die Schülerinnen und Schüler

- *kennen* Regeln der Handynutzung (Höflichkeit gegenüber räumlich anwesenden Personen und räumlich abwesenden Empfängern, Intimität, Wahrung spezifischer Funktionen öffentlicher Räume),

o *verstehen* die Sinnhaftigkeit gesellschaftlicher Normen der Handynutzung,
o *wollen* Normen der Handynutzung einhalten,
o *beurteilen* Lebenssituationen selbstständig und kontextspezifisch dahingehend, ob Handynutzung angebracht ist,
o *handeln* verantwortungsbewusst entsprechend eigener Bedürfnisse und sozialer Verträglichkeit.

Literatur

Blankertz, H. (^{9}1975): Theorien und Modelle der Didaktik. München: Juventa

Blumberg, E. (2008): Multikriteriale Zielerreichung im naturwissenschaftsbezogenen Sachunterricht der Grundschule – Eine Studie zum Einfluss von Strukturierung in schülerorientierten Lehr-Lernumgebungen auf das Erreichen kognitiver, motivationaler und selbstbezogener Zielsetzungen. Münster

Blumberg, E.; Hardy, I. & Möller, K. (2008): Anspruchsvolles naturwissenschaftsbezogenes Lernen im Sachunterricht der Grundschule – auch für Mädchen? In: Zeitschrift für Grundschulforschung. Bildung im Elementar- und Primarbereich, 2, 59–72

Einsiedler, W. (2003): Unterricht in der Grundschule. In: Cortina, K. S.; Baumert, J.; Leschinsky, A.: Meyer, K. U. & Trommer, L. (Hrsg.): Das Bildungswesen in der Bundesrepublik Deutschland. Strukturen und Entwicklungen im Überblick. Reinbek bei Hamburg: Rowohlt, 285–341

GDSU (Gesellschaft für Didaktik des Sachunterrichts) (2002): Perspektivrahmen Sachunterricht. Bad Heilbrunn: Klinkhardt

Giest, H.; Hartinger, A. & Kahlert, J. (2008): Auf dem Weg zu einem sachunterrichtlichen Kompetenzmodell. In: Giest, H.; Hartinger, A. & Kahlert, J. (Hrsg.): Kompetenzniveaus im Sachunterricht. Bad Heilbrunn: Klinkhardt, 155–180

Glöckel, H. (^{3}1996): Vom Unterricht. Bad Heilbrunn: Klinkhardt

Grunder, H.-U.; Ruthemann, U.; Scherer, S.; Singer, P. & Vettiger, H. (2007): Unterricht verstehen – planen – gestalten – auswerten. Baltmannsweiler: Schneider

Helmke, A. (2003): Unterrichtsqualität erfassen, bewerten, verbessern. Seelze: Kallmeyer

Helmke, A. (2009): Unterrichtsqualität und Lehrerprofessionalität: Diagnose, Evaluation und Verbesserung des Unterrichts. Seelze-Velber: Kallmeyer – Klett

Jank, W. & Meyer, H. (^{5}2002): Didaktische Modelle. Berlin: Cornelsen Scriptor

Kahlert, J. (2002): Der Sachunterricht und seine Didaktik. Bad Heilbrunn: Klinkhardt

Keck, R. W. (^{2}2004): Lehrziele – Lernziele. In: Keck, R. W.; Sandfuchs, U. & Feige, B. (Hrsg.): Wörterbuch Schulpädagogik. Bad Heilbrunn: Klinkhardt, 275–278

Kiper, H. (2006): Lehrziele/Lernziele. In: Arnold, K.-H.; Sandfuchs, U. & Wiechmann, J. (Hrsg.): Handbuch Unterricht. Bad Heilbrunn: Klinkhardt, 186–192

Köller, Olaf (2009): Bildungsstandards und Sachunterricht. Vortrag auf der 18. Jahrestagung der GDSU vom 12.-14.3.2009 in Berlin. Folien unter http://www.gdsu.de/wb/media/PDF/pp_120309a.pdf

Lauterbach, R. (2001): Zielanalyse. Erläuterungen zum Modell didaktischer Handlungsplanung. Unveröffentlichtes Manuskript. Leipzig

Lauterbach, R.; Tänzer, S. & Zierfuß, M. (2003): Das Lernen im Sachunterricht lehren lernen. In: Cech, D. & Schwier, H.-J. (Hrsg.): Lernwege und Aneignungsformen im Sachunterricht. Bad Heilbrunn: Klinkhardt, 217–236

Meyer, H. (^{12}1996): Leitfaden Unterrichtsvorbereitung. Berlin: Cornelsen Scriptor

Möller, C. (^{4}1973): Technik der Lernplanung. Weinheim: Beltz

Möller, K. (2006): Naturwissenschaftliches Lernen – eine (neue) Herausforderung für den Sachunterricht? Herausforderungen und Perspektiven für die Grundschule heute. In: Hanke, P. (Hrsg.): Grundschule in Entwicklung. Münster: Waxmann, 107–127
Peterßen, W. H. (^{9}2000): Handbuch Unterrichtsplanung: Grundfragen, Modelle, Stufen, Dimensionen. München, Düsseldorf, Stuttgart: Oldenbourg
Scholz, G. (Hrsg.) (1978): Instrumentelle Lernziele im naturwissenschaftlichen Sachunterricht der Grundschule. Bochum: Kamp
Schulz, W. (1965): Unterricht – Analyse und Planung. In: Heimann, P.; Otto, G. & Schulz, W.: Unterricht – Analyse und Planung. Hannover: Schroedel, 13–47
Tänzer, S. (2007): Die Thematisierung im Sachunterricht der Grundschule: wie notwendige Bildungsinhalte zu Unterrichtsthemen einer Klasse werden. Leipzig: Leipziger Universitätsverlag
Tarnai, C. (^{2}2001): Erziehungsziele. In: Rost, D.H. (Hrsg.): Handwörterbuch Pädagogische Psychologie. Weinheim: Beltz, 146–152
Terhart, E. (^{3}2000): Lehr-Lern-Methoden. Weinheim, München: Juventa
Ministerium für Schule und Weiterbildung des Landes Nordrhein-Westfalen (2008): Kompetenzorientierung – Eine veränderte Sichtweise auf das Lehren und Lernen in der Grundschule. Düsseldorf
Weinert, F. E. (2000): Lehren und Lernen für die Zukunft – Ansprüche an das Lernen in der Schule. In: Pädagogische Nachrichten Rheinland-Pfalz, 2, 1–16
Weinert, F. E. (^{2}2002): Vergleichende Leistungsmessung in Schulen – eine umstrittene Selbstverständlichkeit. In: Weinert, F. E.: Leistungsmessungen in Schulen. Weinheim, Basel: Beltz, 17–31
Wiechmann, J. (2003): Schulpädagogik. Baltmannsweiler: Schneider
Wild, E.; Hofer, M. & Pekrun, R. (^{5}2006): Psychologie des Lernens. In: Krapp, A. & Weidenmann, B. (Hrsg.): Pädagogische Psychologie. Weinheim, Basel: Beltz, 203–267

4.3 Methoden ermitteln und auswählen

von Roland Lauterbach

4.3.1 Voraussetzungen und Aufgabe

Unterricht ist Methode, verstanden als Methodenkomplex oder als Sammlung von Werkzeugen (umgangssprachlich Soft- und Hardware), mit denen (tatsächlich) erreicht werden kann, was erreicht werden soll. Schon deshalb betreffen Fragen der Unterrichtsplanung allgemein wie spezifisch immer auch Fragen der Methodenwahl. Für den Sachunterricht sind gerade diese außergewöhnlich schwierig zu beantworten: Der Methodenfundus des Sachunterrichts ist immens, dennoch wird erwartet, dass Lehrerinnen und Lehrern, die das Fach unterrichten, die benötigten Methoden beherrschen. Über die tatsächliche Eignung der verwendeten und in der Unterrichtsliteratur genannten Methoden ist im Einzelnen wenig und hinsichtlich ihrer Wechselwirkung fast gar nichts bekannt. Hinzu kommt, dass die allgemein- wie fachdidaktische und unterrichtspraktische Literatur den Methodenbegriff weitläufig, unterschiedlich, unsystematisch, gelegentlich auch unzutreffend verwendet. Wolfgang Einsiedler (2007, 389) spricht euphemistisch von „unglücklicher Vermengung". Allgemeine Didaktiker betrachten die Methodik etablierter Unterrichtspraxis denn auch skeptisch, sie beanstanden Theoriemangel und Begriffsverwirrung, Trivialisierung statt Grundlegende Bildung. Ihnen werden die Fakten der heutigen Schule entgegengehalten und die Notwendigkeit, täglich unmissverständlich und verbindlich im Unterricht handeln zu müssen. Sie verwerfen die Theorieforderung als akademisch und praxisfern.

Hilbert Meyer (1991/1987) theoretisiert das Methodische auf vier Ebenen: der historisch-systematischen Reflexion der erziehungswissenschaftlichen Theorieproduktion, der allgemeinen erziehungs- und sozialwissenschaftlichen Positionen zum Erziehungsprozess, der allgemeindidaktischen Theorien und Modelle des Unterrichts und der konkreten und praxisnah gestalteten Unterrichtskonzepte. Quer dazu entfalte sich eine fünfte, „die Frage nach dem Verhältnis von Allgemeindidaktik, Unterrichtsmethodik und Fachdidaktiken" (ebd., 27), mit der er sich aber nicht befasse. Dieser Beitrag hingegen bewegt sich in der Ebene fünf für die Fachdidaktik Sachunterricht mit

Vertiefung in die Schichten der Didaktischen Analyse (vgl. Kap. 2.2). Er beleuchtet zunächst das Methodische in der Allgemeinen Didaktik und diskutiert es im Hinblick auf die Leistung und die Probleme, die für die Unterrichtsplanung des Sachunterrichts relevant sind. Anschließend präzisiert er das Methodische begrifflich und diskutiert das Vorgehen bei der Methodenermittlung. Es folgen die Methodenerfordernisse für den Sachunterricht, konkretisiert am Beispiel einer Methodenermittlung zum Thema „Das Handy in der Lebenswelt von Kindern".

4.3.2 Das Methodische in der Allgemeine Didaktik

Geschichtliche Quellen

Die Methodendiskussion hat in der Didaktik und den Unterrichtslehren eine lange theoretisch wie praktisch farbenreiche Tradition. Der „Magna Didactica" des J.A. Comenius (1657) war sie ebenso konstitutiv wie seinem „Orbis sensalium pictus" (1658), der für den Sachunterricht als historisches Geburtsdokument gelten darf und sich bis heute im Unterricht, mehr noch in der Lehrerbildung, produktiv verwenden lässt. Gelehrt und gelernt werden sollte am Gegenstand.

Im 17. Jahrhundert galten die traditionalen methodischen Formen den führenden Pädagogen als überholt[1]: Verkündigung (im tradierten Wortlaut) ohne Diskussion und Vorleben (Haltung, Gesinnung, Lebenstechniken und Arbeitsmethoden) seitens des Lehrers und unverkürzte und unveränderte Übernahme (Wiederholung – Übung – Auswendiglernen bis zur vollständigen und fehlerfreien Beherrschung) ohne Widerspruch seitens der Schüler.

Die Lebenstechniken (Kulturtechniken) lösten sich vom konkreten Tun und wurden auf andere Bereiche des Lebens und Arbeitens übertragen, sie ließen sich wie das Lesen, Schreiben und Rechnen gesondert lehren und lernen. Und doch blieben die Grundformen des Lehrens und Lernens wirksam: Darstellung und Wiederholung, „als ob es keine Unterschiede des Begreifens und keine Stufen intellektueller Aneignung gäbe" (Weniger 1959, 15), Auswendiglernen und Lagerung im Gedächtnis, vom Leichten zum Schweren, vom Einfachen zum Zusammengesetzten, erst das Eine, dann das Andere, deutlich beschreiben und klar unterscheiden.

Jean Jaques Rousseau erkannte die Notwendigkeit der Übersetzung des zu Lernenden in die geistige Welt des Kindes und in dessen Erleben. Seit dem

---

[1] Die historische Rekonstruktion folgt aus systematischen Gründen Erich Wenigers „Didaktik als Bildungslehre. Teil 2. Didaktische Voraussetzungen der Methode in der Schule".

sei außer Zweifel, „daß jeder Lehre im ausdrücklichen Sinne erst das freie Spiel der vorgreifenden Beschäftigung mit den Dingen vorausgehen müsse, daß die Lehre nicht auftreten kann, wenn nicht eine solche freie, wie absichtslose, irgendwie spielerische Begegnung im Raum der Kindheit vorausgegangen ist" (ebd. 21). Hinzukamen dann die Erkenntnis, dass produktive Aneignung, spontane Mitarbeit, aktive Verarbeitung seitens der Schüler erfolgen musste, damit das Gelernte wirksam werden konnte, und die Einsicht, dass neues Wissen entstand und das, was zu lehren und zu lernen nötig war, sich geschichtlich wandelte.

Neue Methoden gewannen Anerkennung wie das Sokratische Gespräch, die entwickelnd-darstellende und die experimentelle Methode. Was blieb, war die Aufgabe des schulischen Tradierens: „Erkenntnisse und Mittel zur Lebensbewältigung weitergeben, die die Menschheit bisher gefunden hat, mit der Welt und Leben verstanden und beherrscht werden können" (ebd., 21). Methodisch geeignet erschien die „Rückübertragung der wissenschaftlichen Erkenntnisse und Arbeitsmittel in elementare Formen des unmittelbaren Lebens" (ebd., 22).

Die methodologische Diskussion des Unterrichtens und Erziehens erfuhr mit Johann Friedrich Herbart (1776-1841) und den Herbartianern einen ersten Höhepunkt. Im Zuge der Reformpädagogik mit deren Aversion gegen Reglementierung wurde sie zur Frage und Forderung nach methodischer Phantasie, ohne allerdings empirische Belege für die Bildungswirkung eingefordert zu haben (Menk & Thoma 1972). Die errungene Methodenfreiheit der Lehrer und die daraus resultierende Vielfalt der Methoden entschärfte zudem die methodologischen Ansprüche.

Erich Weniger brachte dann die didaktischen *Voraussetzungen* für wirksames methodisches Handeln in der Schule ins Spiel: Die eingesetzte Methode, so Weniger (1959, 8ff.), müsse im Sinne Wilhelm Flitners *Begegnung* mit der Sache auf „gemeinsamer Ebene" mit dem Lehrer sein. Das setze voraus, dass
a) der Lehrer sich in die Form und auf die Ebene „des Kindes" bringt – sich „transponiert", um es nach und nach „emporzuheben",
b) der Lehrer verhindert, dass eine „chaotische, ungeordnete„ ungestaltete, eine zerfahrene und kranke Welt dem Kinde begegnet", stattdessen hat er sie „wählend, gliedernd" in eine dem Kind „nahe" (und auch „heile") Welt „einzuverwandeln", um sie dann in „Sprache und Dichtung oder Bild und Gestalt unmittelbar wirken" zu lassen (Ziel sei das „Erlebnis" als

„unmittelbarer Bezug zwischen Welt und Kind"[2], zu dem allerdings ein durch den Lehrer vermitteltes Verhältnis zur Welt hinzukommen müsse, damit sich ein eigenes Verhältnis zur Sache bilden könne),
c) der Schüler frei ist, das Bildungsangebot anzunehmen oder abzulehnen, um sich selber „aus der jeweils vorhandenen biologischen und soziologischen Unfreiheit" zu befreien.[3] Durch „Ansprechen der Spontaneität" soll das jeweils mögliche Maß an Freiheit entwickelt werden.

Methodische Formen wären das *freie Gespräch*, das Wechselspiel von *Lehrerfrage – Schülerantworten, Schülerfragen – Lehrerantworten*, beim Üben und Wiederholen die ständige Variation, die Anwendung des Verstandenen auf immer neue Situationen und Aufgaben (ebd., 23).

Geltende Modelle
Mitte des 20. Jahrhunderts übernehmen zwei didaktische Konzeptionen die Führung in der westdeutschen Lehrerausbildung: das bildungstheoretische Modell von Wolfgang Klafki und das lerntheoretische Modell von Paul Heimann, Gunter Otto und Wolfgang Schulz. Beide Modelle haben sich wechselseitig angenähert und sind heute noch in der Lehrerbildung virulent (vgl. Kap. 2.2).

Wolfgang Schulz zählt die Methodik und die Medienwahl zu den vier zentralen Momenten seines Strukturschemas von Unterricht (vgl. 1970, 30ff.). Für das Methodische bevorzugt er die Bezeichnung „Verfahrensweisen". Diese strukturieren den Unterrichtsprozess, damit gemäß der Intentionen und Themen (seine anderen beiden Strukturmomente) gelehrt und gelernt werden können. Zwischen den Strukturen herrsche prinzipiell Interdependenz. Auf der darunter liegenden Begriffsebene unterscheidet er (1) Methodenkonzeptionen, die von einem Gesamtentwurf des Unterrichtsverlaufs her die einzelnen Unterrichtsschritte determinieren, (2) Artikulationsschemata, die den Unterrichts nach den vermuteten Lernphasen der Schüler strukturieren, (3) Sozialformen, die das Verhältnis zwischen dem Lernen von etwas und dem Lernen mit anderen variieren, (4) Aktionsformen des Lehrens, in denen der Lehrende

---

[2] Bei Martin Wagenschein wird strukturanalog die Begegnung mit dem Phänomen herbeigeführt, die das Kind ins Staunen versetzen und die Erkenntnissuche in Gang bringen soll.

[3] Die hier durchscheinende Auffassung von einer anthropologisch bedingten Unfreiheit des Menschen darf mit der optimistischen Gegenposition kritisiert werden, dass es sich dabei (lediglich) um eine historische Vorteilsnahme handelt, die bei demokratischen Lebensverhältnissen durch emanzipatorische Pädagogik und demokratisches Selbstbewusstsein prinzipiell aufgehoben werden könnte. Die empirische Last der Tatsachen drückt allerdings gewaltig dagegen an.

agiert, und (5) Urteilsformen, die das wertende Verhältnis von Lehrendem und Lernenden ausdrücken. Der Medienwahl weist er mit Bezug auf Paul Heimann Eigenständigkeit zu, weil die Entwicklung der Medien (Fernsehen, Sprachlabor) zu völlig neuartigen Unterrichtsverläufen geführt habe (vgl. ebd., 34).[4]

Wolfgang Klafki ordnet das Methodische bei der Unterrichtsplanung grundsätzlich den Entscheidungen über Ziele und Inhalte unter. Er argumentiert für das „Primat der Zielentscheidungen im Verhältnis zu allen anderen, den Unterricht konstituierenden Faktoren" (1991, 259). Dabei hält auch er die These von der Interdependenz der Faktoren aufrecht und erinnert daran, dass kein Ableitungsverhältnis zwischen ihnen bestehe. Die Unterrichtsmethode versteht er als „Inbegriff der Organisations- und Vollzugsformen zielorientierten unterrichtlichen Lehrens und Lernens", in denen „einerseits unterrichtliche *Lehr*prozesse, andererseits *Lern*prozesse wechselseitig aufeinander bezogen werden." Diese „sollen auf zielorientierte Themen"[5] gerichtet sein und die „ihnen immanente methodische Struktur" an „elementarisierten Beispielen", also „die in diesem Sinn ‚sachadäquate' Entwicklung bestimmter Einsichten, Kenntnisse, Fähigkeiten, Fertigkeiten", deutlich machen (vgl. ebd., 262). Unterrichtsmethoden hätten ihr Kriterium daher nicht nur darin, dass sie ziel- und sachgemäß seien, sondern „zugleich darin, dass sie ziel- und sachorientierte Lernprozesse herausfordern, ermöglichen, fördern" (ebd. 263). Methodenforschung bedürfe daher der Zusammenarbeit mit einer ziel- und themenorientierten Lernpsychologie und einer entsprechenden Sozialisationstheorie. Auf die Unterscheidung von sachlogischer und pädagogischer Methode und die Beziehungen zueinander hatte bereits Weniger mit Blick auf die Bildungswirkung hingewiesen. Klafki macht darauf aufmerksam, dass neben den kritisch-emanzipatorischen Zielsetzungen auch allgemein instrumentelle erforderlich seien, die ziel- und wertambivalent nicht nur für Bildungsaufgaben und verantwortungsvolle Lebensbewältigung benötigt werden, sondern kontradiktorisch Bildung behindern und Leben vernichten können. Daher sollten instrumentelle Themen unter übergreifenden Fragestellungen und im Zusammenhang mit potentiell emanzipatorischen Themen erarbeitet und von diesen aus gerechtfertigt werden und alle *Methoden*, die Organisations- und Vollzugsformen des Lehrens und Lernens, *grundsätzlich direkt an emanzipa-*

---

[4] Planungstechnisch lässt sich eine solche Unterscheidung durchaus rechtfertigen und mit der Entwicklung informationstechnischer Medien sogar bekräftigen. Gleichwohl zählen Medien zu den Methoden, wie andere Werkzeuge und technische Gerät auch, und unterliegen bei der Auswahl und dem Einsatz den gleichen didaktischen Kriterien.

[5] Vgl. zum Themenbegriff Kap. 4.4

torischen Zielsetzungen, also an der zu entwickelnden Selbstbestimmungs- und Solidaritätsfähigkeit der Schüler *orientiert werden*" (ebd., 265). So könne beispielsweise über verstehendes und entdeckendes Lernen, Selbststeuerung und Selbstkontrolle des Schülers und soziale Kooperation der instrumentelle Charakter der Themen ausgeglichen werden (vgl. ebd.).

Kritik

Das Methodische war stets ein bedeutsames Thema der Didaktik, insbesondere bei den Reformpädagogen (nicht genannt wurden Georg Kerschensteiner, Maria Montessori, Hugo Gaudig, Peter Petersen), doch führte das nicht zur wissenschaftlichen Erforschung methodisch bedingter Bildungswirkungen und einer methodologischen Weiterentwicklung. Allgemeine Didaktiker urteilen denn auch kritisch. Erich Geißler leitet seine Rekonstruktion der Herbartschen Unterrichtstheorie mit der Feststellung ein, dass eines der „wichtigsten Probleme [der Erziehungswissenschaft], korrekte Analysen der Lehr- und Erziehungsmethoden in einer wissenschaftlich fundierten Unterrichts- und Erziehungslehre, bislang allenfalls am Rande Gegenstand pädagogischer Forschung ist" und das Gefälle zwischen „Bildung als Theorie und Bildung als Faktizität stellenweise geradezu erschreckend" sei (Geißler 1970, 7). Überdies beklagt er, man habe die Unterrichts- und Erziehungsmethodenforschung weitgehend den Psychologen und Soziologen überlassen.
Ein Vierteljahrhundert später urteilt Hilbert Meyer immer noch ähnlich. So zitiert er Herwig Blankertz (1969, 18), der sich über die „didaktischer Hintertreppenliteratur" und die „haltlosen Behauptungen" von Unterrichtsmethodikern aufregte, um dann selbst festzuhalten, dass in „kaum einem anderen Problembereich der erziehungswissenschaftlichen Literatur, trotz umfangreicher empirischer Forschungen und trotz einer Hülle und Fülle von Ratgeber- und Rezeptliteratur ein ähnlich großes Durcheinander in der Begriffs- und Theoriebildung herrscht wie in der Unterrichtsmethodik" (Meyer 1991, 39). Und er bemängelt ebenfalls die konzeptuelle und methodische Dominanz der Psychologie in der Unterrichtsforschung.
Als Mitglieder der Kommission Schulpädagogik und Didaktik der Deutschen Gesellschaft für Erziehungswissenschaft 1990 eine Arbeitsgruppe zur „Theorie und Erforschung der Unterrichtsmethoden – Bilanz und zukünftige Entwicklung" veranstalteten, mussten sie feststellen, dass ein geeigneter theoretischer Rahmen fehlte und in Definition und Gebrauch des Begriffs „Unterrichtsmethode" große Unsicherheit bestand (Adl-Amini, Schulze & Terhart 1993, 7). So müsse man sich zunächst mit einer vielschichtigen oder pluralistischen Theorie der Unterrichtsmethoden zufrieden geben und die Hoffnung

auf die Entwicklung geeigneter Grundlagen bei den Theorien des Handelns, des Lernens und der Schulentwicklung richten (ebd., 8). Diese aber seien noch nicht gelegt.

Für den Sachunterricht und seine Didaktik sind das doppelt problematische Vorgaben: Die Kritik impliziert zum einen, dass das sachunterrichtsrelevante Repertoire der allgemeinen Unterrichtsmethoden Marktware ohne Prüfsiegel ist. Das sagt freilich noch nichts über die Qualität der Angebote aus.

Zum anderen fehlen verlässliche, theoretisch begründete Vorgaben der Allgemeinen Pädagogik für die Fachdidaktik und die unterrichtliche Praxis. In ihren Veröffentlichungen, ihrer Forschung und Theoriebildung bevorzugen Sachunterrichtsdidaktiker nicht selten wie andere Fachdidaktiker denn auch psychologische Terminologie, Konzeptualisierungen und Vorgehensweisen. Und „Praktiker" werfen den „Theoretikern" vor, Studierende mit Methodenvorstellungen zu entlassen, die entweder nicht übersetzbar oder nicht einzuhalten seien. Hiernach hat offensichtlich die Fachdidaktik die Aufgabe, ein eigenständiges Programm der theoriegeleiteten Methodenentwicklung aufzulegen und ein nachhaltiges Theorie-Praxis-System zu etablieren.

Der didaktische Ort für methodische Entscheidungen ist die spezifische Unterrichtsplanung. Hier wird darauf zu achten sein, dass die Methodenfrage neben der sachbezogenen Entscheidung stets systematische Aufmerksamkeit im Anliegen grundlegender Bildung erhält und die Gültigkeit der gewählten Methoden geklärt ist, statt auf ihre Geltung zu vertrauen.

4.3.3 Das Methodische: Begriff und Gegenstand

Methoden
Methoden sind das systematische Instrumentarium wirksamen Handelns, die Mittel, um Zwecke planmäßig zu erreichen: Aufgaben zu erfüllen, Probleme zu lösen, Erkenntnisse zu gewinnen und weiter zu geben, erfolgreich zu lernen, effektiv zu lehren, produktiv zu arbeiten u.v.m. Methoden sind im Idealfall theoriegeleitet und auf Ausführbarkeit und Wirksamkeit *erprobt*. Letztlich aber wird die Wahl einer Methode pragmatisch begründet: Die gewählte Methode bewirke in der Verwendungssituation das, was sie bewirken soll. Insofern sind Methoden weder zufällig noch beliebig, sie sind intentional und funktional. Methodologisch betrachtet bestimmen sie nicht nur die Ausführung, sondern auch die Resultate ihrer Anwendung.

Unterrichtsmethoden

Die *geläufige Deutung* von Unterrichtsmethode als Art und Weise des Vorgehens, um ein Unterrichtsziel zu erreichen, verzichtet auf weitergehende begriffliche Präzision und Differenzierung. Die wissenschaftstheoretische Forderung nach theoriekonsistenten und empirisch gesicherten Durchführungsbestimmungen lässt sich mit Blick auf die didaktische Literatur allerdings auch nicht durchhalten. Wer – theoretisch und methodisch geschult – praxisnah beschreiben will, wie unterrichtet, wie gelehrt und gelernt wird, bevorzugt eine andere Terminologie als die der wissenschaftstheoretischen Methodenlehre. Wolfgang Klafki spricht von Vollzugsformen des Unterrichts, Wolfgang Schulz von Verfahrensweisen, Hans Glöckel (1992) spricht von Unterrichtstechniken, darunter fasst er Lehrakte, die sowohl Lehrtechniken als auch Lehrgriffe umfassen, und Lernakte seitens der Schülerinnen und Schüler. Gerhardt Steindorf (1995, 75) nennt diese und weitere, wie Unterrichtsstufen, Unterrichtsweisen, Unterrichtsverfahren, Lehrgang (auch Lehr-Gang), Verlaufsgestaltung, Regelung von Lehr-Lernprozessen, Weg zu dem gewünschten Ziel. Übergreifend spricht er von Unterrichtsformen, spezifischer vom Lehren und Lernen. Auf den umfassenden methodologischen Ansatz von Hilbert Meyer wurde bereits eingangs hingewiesen. Auf dem geschichtlichen Hintergrund und den gerade angezeigten Differenzierungen sollte der Methodenbegriff möglichst präzise gebraucht werden.

Unter *Unterrichtsmethoden* werden *generisch* alle im Unterricht verwendeten systematischen Vorgehensweisen subsumiert, die Lehren und Lernen erfolgreich und bildungswirksam formen sowie den Unterricht insgesamt intentionsgerecht voranbringen. Eine *terminologisch präzisierte* Fachbegrifflichkeit wird indes für theoriegestützte, hinsichtlich Ausführbarkeit und Wirksamkeit erprobte Maßnahmen und Mittel, mit denen konkrete Zwecke wie geplant grundsätzlich erreicht werden können, begrifflich konsistent zwischen Lehr-, Lern- und anderen Unterrichtsprozessmethoden differenzieren. Das jeweils Gemeinte sollte sich aus dem Verwendungskontext und vorliegenden fachdidaktischen Wirksamkeitsnachweisen leicht erschließen lassen.

Neben den Lehr- und Lernmethoden zählen auch Methoden des Medieneinsatzes, des Managements und der Organisation im weiten Sinne zu den Unterrichtsmethoden, nicht aber ungeprüft alle Vollzugsformen, z.B. Sozial- und Arbeitsformen oder der Unterrichtsstil eines Lehrers. Unterrichtsmethoden schließen auch Maßnahmen ein, die Lern*angebote* zielbezogen bereitstellen und begünstigende Bedingungen arrangieren, damit Kinder sie bildungswirksam nutzen können. Unterrichtssituationen sind dagegen aus der thema-

tischen Struktur bestimmte soziale Episoden enthalten in der Regel Methoden des Lehrens, Lernens und Unterrichtens, sind demgegenüber
Lehr- und Lern*mittel* sowie sonstige Unterrichts*medien* sind als Unterrichtsmittel systematisch betrachtet eine methodische Kategorie, da sie ausgewählt und eingesetzt werden, um bestimmte Unterrichtsziele zu erreichen.
Umgangsformen und unvermittelte Tätigkeiten sowie intuitives und spontanes Verhalten werden hier mangels bestimmbarer Formmerkmale *nicht* berücksichtigt, obgleich passgenaue Intuition und treffsichere Spontaneität beim Umgang mit Methoden Zeichen von Methodenkompetenz sein können.

Methodik
Methodik bezeichnet in umgangssprachlicher Praxis die im Unterricht angewendeten Methoden, mit theoretischem Anspruch die Lehre von den im Unterricht anzuwendenden Methoden, fachdidaktisch die im engeren Sinne domainspezifischen Methodenrepertoire.
Die klassische Unterscheidung zwischen Didaktik im engeren Sinne, dem Ziel-Inhalts-Komplex oder „Was" des Unterrichts, und Methodik, dem methodischen Repertoire eines Faches oder Ansatzes oder „Wie", gilt in der heutigen Didaktik als dialektisch aufgehoben. Die Ziel- und Inhaltsentscheidungen implizieren zweckdienliche Methoden, die gewählten Methoden wiederum formen und fertigen die Inhalte und Ziele. Theoretisch liegt der Primat bei den Zielen und Inhalten, in der Praxis des Unterrichts übernimmt dagegen das Methodische (und das bisher Erfahrene) die Führung und formt das Didaktische i.e.S. Bei der Unterrichtsplanung klärt die Unterscheidung daher die Voraussetzungen und möglichen Folgen einer Methodenentscheidung, so dass gegebenenfalls Sicherheitsoptionen bedacht werden können.

4.3.4 Methoden ermitteln
Für den konkreten Unterricht müssen aus der Vielzahl von Methoden und Formen geeignete ermittelt und daraus letztlich eine oder wenige ausgewählt und umgesetzt werden.

Pragmatisch vorgehen
Eine prinzipielle Strategie lässt sich aus dem Pragmatismus entwickeln (vgl. Kap. 5.4). Dieser verzichtet nicht auf theoretische und spekulative Vorleistungen. Im Gegenteil, sie sollen erbracht und genutzt werden. Der problematische Moment folgt der kritischen Analyse und spekulativen Projektion in der Entscheidung, was zu tun sei, was getan werden wird: Während die Analyse auf empirische, theoretische und historische Bestände, auf Erfahrung,

Theorie und Erzählung zurückgreift und diese kritisch durchleuchtet, die Projektion Zukunft und Möglichkeiten prüft, wird mit der Entscheidung zum Handeln, der einzuschlagende Gang festgelegt. Dieser, und nur dieser, unterliegt der Pragmatik: Er muss gegangen werden können und soll das erreichen können, was erreicht werden soll. Diese Forderung bleibt während des Vollzugs erhalten und ermöglicht durch iteratives Vorgehen und rekursive Anwendung die Korrektur und Anpassung an Unvorhergesehenes.

Man lasse sich auf das Problem, das Vorhaben ein und schreite voran, entscheide nach Aufgabe, Zeitpunkt, Standort und Vermögen, ohne Parteigänger nur einer der vielen Richtungen zu werden, z.B. des Lernens, des Arbeitens oder des Erlebens, der Sach-, Wissenschafts- oder Kindorientierung; der Lernpsychologie, Entwicklungspädagogik oder Erkenntnislogik.

Diese Klassifikationen sind unverbindlich. Ebenso sind es die Unterscheidungen von rationalen und irrationalen, kognitiven und emotionalen, aktiv tätigen und betrachtend kontemplativen, entwickelnden und darbietenden, lehrenden und fragend-sokratischen, induktiven und deduktiven, normativen und empirischen, direkten und indirekten oder auch anderen polaren Methoden. Wie sind diese Entgegensetzungen zu verstehen, inwiefern kommen sie tatsächlich vor, in welcher Dimensionierung, mit welchen Ausprägungen, mit welchen Wirkungen? Auf den empirischen Teil der Frage gibt es keine statistisch befriedigende Antwort, für den theoretischen Teil wird auf die methodische Fachliteratur verwiesen. Für die Unterrichtsplanung kann dennoch festgehalten werden, dass im Unterricht in der Regel Mischformen vorkommen, negativ als unklarer Wirrwarr, positiv als von der Sache, den Kindern und der Unterrichtssituation geforderten dialektischen Komplexität und ihrer praktischen, d.h. methodischen Konsequenz.

In einer Unterrichtsmethode steckt mehr als ihre Zweckmäßigkeit für das Erreichen eines Zieles. Insofern wird mit der Wahl einer Methode über mehr entschieden als nur vordergründig über ihre zweckbezogene Eignung. Die theoretischen, weltanschaulichen, metaphysischen, politischen, wissenschaftlichen, technischen Hintergründe und Bestimmungsmomente werden mitgenommen und wirken unbedacht und meist unkontrolliert mit.[6]

---

[6] „Jede Methode steht in einem übergreifenden Sinnzusammenhang, in dem objektiven Strukturzusammenhang der Erziehungswirklichkeit, ohne den sie nicht zu verstehen und also wieder nicht in Freiheit und Verantwortlichkeit, im Wissen um Voraussetzungen und Möglichkeiten, zu gebrauchen ist" (Weniger 1952, 57).

Kriterien und Merkzeichen berücksichtigen
Vielfalt und Reichhaltigkeit der methodischen Überlegungen, Vorschläge, Konzeption und Modelle sind groß, ihre Qualität ist teils hoch, wenn auch nicht in jedem Fall geprüft.[7] Bei der Ermittlung geeigneter Methoden sind folgende Kriterien und Merkzeichen zweckdienlich:
o Die gewählte Unterrichtsmethode soll möglichst funktional sein und Erfolg versprechen, um ein bestimmtes Ziel oder einen definierten Zielkomplex zu erreichen. Sie ist diesbezüglich zu begründen. *Lehr*methoden finden Anwendung in Lehrakten und Lehrarrangements, *Lern*methoden in Lernakten und Lernarrangements – beide sind typische, im Idealfall aufeinander bezogene, Handlungen in Unterrichtssituationen. Unterrichtsmethoden sind zielbestimmt, Unterrichtssituationen themenorientiert.
o Methodenentscheidungen folgen den Zielentscheidungen unter dem Primat der entworfenen Themen, Unterrichtssituationen und Stundenverläufe moderieren sie.
o Es besteht eine Interdependenz der Strukturelemente des Unterrichts ohne Ableitungsverhältnis. Die Entscheidung über Gültigkeit und Geltung einer Methode bedarf des Nachweises in der Praxis.
o Methodenentscheidungen für den konkreten Unterricht werden von den daran Teilnehmenden getroffen. Vorbereitende Ermittlungen liefern dafür Angebote, die theoretisch fundiert und durch vorgängige Erprobung empirisch geprüft wurden.
o Methoden werden möglichst so ausgewählt und konstruiert, dass sie die bildungstheoretische Unbestimmtheit und Unvollständigkeit von Zielformulierungen (z.B. Selbst- und Mitbestimmung) ausgleichen können.
o Bei Methodenentscheidungen muss darauf geachtet werden, dass
  - zwischen *Lehr*prozessen und *Lern*prozessen im Rahmen des ganzen allgemeinen umfassenden Unterrichtsprozesses wechselseitige Bezüge bestehen,
  - Methoden eine sachlogische und eine pädagogische Seite aufweisen, die beide aufeinander bezogen und im Vollzug aufzuheben sind,
  - Lehr- und Lernakte grundsätzlich methodisch zu bestücken sind,
  - auch methodische Sachverhalte begrifflich präzise benannt und konsistent unterschieden werden,

---

[7] Eine bildungstheoretische Auslegung fachdidaktischer Methodenentscheidungen ermöglicht die unter 4.3.1 angeführte Modellierung Klafkis.

- für den Unterrichtsprozess jeweils die beste der realisierbaren Methoden/Möglichkeiten auf der Grundlage theoretischer Einsicht bei der zurzeit überzeugendsten Pragmatik gewählt wird.

4.3.5 Methoden im Sachunterricht

Sachunterricht unterscheidet sich von anderen Fächern vor allem in der Artenvielfalt und der Anzahl seiner Methoden sowie der Komplexität und Funktionalität ihrer Verknüpfungen (vgl. Einsiedler 2007, 1986; v. Reeken 2003; Kahlert u.a. 2007, darin insb. Kap. 4; Lauterbach 2007, 2004; Hempel & Lüpkes 2009). Insofern kommt deren Analyse, Bestimmung und Anordnung sowie begrifflichen Differenzierung und Präzisierung weitaus größere Bedeutung zu, als der Fachliteratur und der Unterrichtspraxis gemeinhin zu entnehmen ist.

Methodenkategorien des Sachunterrichts

Besondere Aufmerksamkeit erfordern die methodischen Inhalte des Sachunterrichts, kurz *Sachmethoden*. Das sind jene Verfahren, Techniken, Prozeduren, Arbeitsweisen, Fertigkeiten und verschiedenen Fähigkeiten, die vom Bildungsauftrag des Sachunterrichts gefordert sind, und die Kinder für die Bewältigung von Lebenssituationen benötigen, unter anderem die im Perspektivrahmen (GDSU 2002) unter den fünf fachlichen Perspektiven genannten, aber auch Umgangsweisen (Pech & Rauterberg 2009), diverse Kulturtechniken (vgl. Lauterbach 2004). Schülerinnen und Schülern sind gehalten diese zu erlernen, zu praktizieren, zu verstehen und nach und nach differenzierend weiter zu entwickeln. In der Didaktik des Sachunterrichts ist diese Aufgabe seit Einführung des Faches bekannt (vgl. Kap. 2.1).

Kategorial verschieden davon sind die *Unterrichtsmethoden,* also all jene systematischen Vorgehensweisen, die Lehren und Lernen erfolgreich und bildungswirksam formen sowie den Unterricht insgesamt voranbringen. Hierunter gehören Methoden des Lernens, der Bildung, des Lehrens und der Unterrichtsentwicklung, -gestaltung und -organisation hinsichtlich der Methodenentscheidungen vom Lernziel zu den wirksamen Lernmethoden, vom Bildungsziel zu den möglichen Erschließungsmethoden, vom Lehrziel zu den passenden Lehrmethoden und vom Unterrichtsziel zu den geeigneten Unterrichtsmaßnahmen. Es besteht eine umfangreiche pädagogische Fachliteratur, auf die bereits verwiesen wurde. Sie wird auch für den Sachunterricht weitgehend genutzt, bedarf aber stets der fachdidaktischen Prüfung und Ausformung (Lauterbach 2002b). Denn der positiven Bewertung des Methodenfundus der Schul- und speziell der Grundschulpädagogik steht entgegen, dass die

Methoden, von der Inhaltsfrage abstrahiert, schulpädagogischen Ordnungskategorien (z.B. bei außerschulischen Lernorten) und Prinzipien methodischer Praktikabilität und Effizienz (z.B. Methodenwechsel) unterworfen werden. Die Integrität und Bedeutung der Inhalte, der sachklärenden und weltbildenden Sachverhalte (vgl. 3.1), werden tendenziell entwertet oder gar nicht erkannt.

Ein eigenes Problem wirft die eingangs erwähnte Übertragung/Übergabe der Bildungsaufgabe in die Systematik der Lernpsychologie und die Gleichsetzung von Bildung und Lernen auf mit der Folge, dass Schülerinnen und Schüler lerntheoretisch konzeptualisiert und über die jeweils als geeignet deklarierte Methodik theoriekonform modelliert und funktionalisiert werden. Bei der Unterrichtsplanung wird notwendigerweise dennoch nach Lernmethoden zu fragen sein, aber eben auch nach Methoden der Bildung. Die Ambivalenz des Problems liegt darin, dass Bildung selbstverständlich auch Lernen erfordert, darin aber nicht aufgehoben ist. Bildung transformiert das Gelernte und transzendiert es.

Eine dritte Kategorie bilden *Unterrichtsmethoden*, die fast *nur im Sachunterricht* vorkommen. Wie lernen Kinder das Experimentieren, ein Handy benutzen, einen Pflanze zu pflegen; wie lehren Lehrerinnen und Lehrer den Umgang mit Insekten, Spinnen oder Fischen, das Lesen und Verstehen der Stadtkarte; wie entstehen Erkenntnis und Akzeptanz von kulturellen Unterschieden im Verlauf eines gemeinsamen Unterrichtsprozesses? Zu den fachspezifischen Unterrichtsmethoden des Sachunterrichts gehören insbesondere jene, die die methodischen Inhalte zum Gegenstand haben (vgl. Lauterbach 2001, 2002a). Hierbei verbindet sich zwangsläufig der methodische Inhalt mit der unterrichtsmethodischen Frage, wie durch Unterricht diese Methode bildungswirksam zu lehren und zu lernen ist. Und sie soll wie selbstverständlich auch als Mittel alltäglicher Problembearbeitung und weitere Erkenntnisgewinnung verfügbar sein und sachadäquat genutzt werden.

Bei der Methodenermittlung ist demgemäß darauf zu achten, welche Methodenart benötigt wird. Folgende kategorialen Methodenkomplexe sind auseinander zu halten:

Sachmethoden der Inhaltsbereiche des Sachunterrichts

Das sind vor allem gegenstands- und domainspezifische Methoden mit fachlichen Perspektiven, Kulturtechniken, aber auch Umgangsweisen, mit denen sich Menschen in der Welt orientieren und miteinander kommunizieren. Der Aufbau der methodischen Kompetenz erfolgt beispielsweise über die Entwicklung vom Nachfragen zum Interview, vom Kaufen zur Qualitätsprüfung, vom Probieren zum Experimentieren.

Fachunspezifische Unterrichtsmethoden
Der Sachunterricht ist für alle methodischen Spielarten und Varianten des Grundschulunterrichts und der Allgemeinen Didaktik offen. Fachunspezifische Unterrichtsmethoden sind jene des Lehrens und Lernens, der Bildungsförderung, der Gestaltung und Sequenzierung von Unterrichtsereignissen, des Managements, der Organisation, der Kommunikation und Interaktion, des Arbeitens, Zusammenlebens, Spielens u.a.m., deren Grundform auch in anderen Unterrichtsfächern verwendet wird, die im Sachunterricht aber inhalts-, ziel- und themenspezifisch ausgewählt und fachtypisch interpretiert und differenziert werden.[8] Zum Beispiel vom Gespräch zur kontradiktorischen Diskussion, vom Besuch außerschulischer Lernorte zur systematischen Erkundung in Raum und Zeit, von der Fantasiereise zur Simulation und virtuellen Erfahrung.

Fachspezifische Unterrichtsmethoden
Hierunter fallen alle Unterrichtsmethoden, die die Inhaltsbereiche des Sachunterrichts erschließen, die zu erwerbenden Kompetenzen entwickeln, Sachen und Sachverhalte klären und weltbildend zusammenführen, Lebensbewältigung. Fachspezifische Methoden sind jene, die ausschließlich oder originär dem Sachunterricht zugehören.

4.3.6 Methoden des Sachunterrichts am Beispiel der Unterrichtseinheit „Das Handy in der Lebenswelt von Kindern"
Das folgende Beispiel ist zwangsläufig zweifach begrenzt. So werden erstens nur für den technischen Bildungsinhalt der *Nutzungsmöglichkeiten eines Handys* Methoden ermittelt und zweitens nur für die ausgewiesenen Lernziele (vgl. Kap. 4.2), die im Hinblick auf Verhaltensdispositionen Kennen, Können, Bewerten, Auswählen und Verwenden bedeutsam sind. In der Regel werden Methodenkomplexe benötigt, hier beschränkt sich die Darstellung auf lineare Aktionsketten für die direkte Zielerreichung.
Lernziel 1: Damit die Schülerinnen und Schüler die wesentlichen Nutzungsmöglichkeiten (Telefonie, SMS, Kamera, Spiele) *kennen lernen,* führt *jedes*

---

[8] Wolfgang Einsiedler (2000, 121) subsumiert denn auch im Lexikon Sachunterricht (Kaiser 2000) unter dem Oberbegriff der Lehrmethoden Verfahrensweisen, Gesamtentwürfe, Makromethoden, Artikulationsstufen, Sozialformen, direkte und indirekte Aktionsformen, die als Kombination von Lehr-Lern-Aktivitäten im Sachunterricht eingesetzt werden.

Kind *jede* der Anwendungen mindestens einmal mit einem Handy aus (telefoniert, verfasst und empfängt eine SMS, fotografiert und versendet/empfängt ein Bild, spielt ein Spiel), erhält dabei Hilfen und Gelegenheit zum Nachfragen. Varianten: z.b. individualisiert, paarweise im Wechselspiel, in Gruppen mit Kontrollregeln, klassengemeinsam mit Anweisung und Rückmeldung.

Alle drei sachunterrichtlichen *Methodenkategorien* kommen in dieser methodischen Aktionskette vor: Sachmethoden der Handynutzung (telefonieren, verfassen und empfangen einer SMS, fotografieren und versenden, spielen), deren unterrichtsmethodische Umsetzung im Vollzug (mit noch näher spezifizierbaren Hilfen je Anwendung) und mit Varianten fachunspezifischer Unterrichtsmethoden in fachspezifischer Funktion (allein spielen, paarweise telefonieren, an eine Gruppe verschicken).

Die *strenge methodische Auflage* scheint unter dem Anspruch der Zielformulierung für die meisten Grundschulkinder erforderlich, um „kennen" mit einem erfahrenen Geschehen zu verbinden, sie ist praktikabel, kann leicht in diversen Unterrichtssituationen erfüllt werden und genügt bei Vollzug den Anforderungen von „Kennen". In *offenen Unterrichtssituationen* ohne diese Auflage würde eine nachgängige Vergewisserung, dass das Lernziel (von jedem Kind) erfüllt wird, erforderlich (vgl. Kap. 4.6).

Die *bildungstheoretisch adäquate Form* verspricht eine Unterrichtssituation, in der die Lehrperson den Kindern die Aufgabe (das Thema – vgl. Kap. 4.4) anbietet (und rechtfertigt), mit ihnen Lernziele berät, klärt und vereinbart (wobei sie die geforderten einbringt und vertritt), anschließend das Vorgehen (die relevanten Vollzugsformen) bespricht und beim Vollzug methodische Angebote verstärkt und weitere (vorbreitete und vorgeprüfte) bedarfsbedingt hinzufügt.

Im Folgenden wird zu jedem Lernziel jeweils nur eine methodische Aktionskette angeboten mit der Empfehlung, sie wie oben beschrieben zu situieren.
Lernziel 2: Damit die Schülerinnen und Schüler Nutzungsmöglichkeiten eines Handys selber *herausfinden können,* vereinbaren sie 1. gemeinsam Kriterien für die korrekte Nutzung einer Anwendung (z.B. Übereinstimmung mit den Angaben in der Bedienungsanleitung, Anschalten, Verbindung herstellen, Kommunizieren, Beenden, Ausschalten), lernen 2. *eine* Modellermittlung (Bedienungsanleitung lesen, am Handy nachvollziehen, nachfragen) gemeinsam kennen, führen 3. weitere Ermittlungen selber so oft oder so lange durch, bis sie 4. (allein) gemäß der vereinbarten Kriterien und nach eigenem „Gefühl" erfolgreich waren.

Lernziel 3: Damit die Schülerinnen und Schüler *bewerten und gezielt auswählen können*, wann bestimmte Nutzungsmöglichkeiten notwendig sind, nennen sie 1. verschiedene Situationen (z.B. Brainstorming), in denen eine bestimmte Anwendung nötig werden könnte (wobei sich jedes Kind äußert), und halten die Vorschläge fest, besprechen 2. jeden Vorschlag darauf hin, ob er nötig ist (mit Angabe von Gründen) und wie er durchgeführt werden kann, und halten die Argumente ebenfalls fest, stellen 3. eine Reihenfolge der Wichtigkeit der Argumente für sich und 4. (mit Hilfe einer Abstimmung) für die Klasse her, wählen 5. individuell jeweils drei besonders wichtige Situationen aus und nennen ihre Gründe für die Wahl, diskutieren 6. die Güte der genannten Gründe, wobei sich jedes Kind äußert, durchlaufen 7. die Schritte 1 bis 6 an einer zweiten Anwendung und vergleichen abschließend ihre Überlegungen mit dem ersten Durchgang, durchlaufen 8. die dritte Anwendung und besprechen abschließend, worin und wodurch sich die jeweils genannten Gründe hinsichtlich der Verschiedenheit der Anwendungen unterscheiden, ermitteln 9. selbständig die vierte Anwendung und stellen sie anderen vor. Die Lehrperson achtet auf faire Kommunikation.

Lernziel 4: Damit die Schülerinnen und Schüler ein Handy sachgemäß und verantwortungsbewusst gegenüber sich selbst und anderen *nutzen*, identifizieren sie 1. diesbezüglich problematische Situationen für die verschiedenen Anwendungen (z.B. anhand von Bildern) und beschreiben sie, übernehmen 2. Rollen der Personen in problematischen Szenen, besprechen diese hinsichtlich der technischen und sozial wie ethisch verantwortbaren Darstellung, lesen/spielen sie und diskutieren die Durchführung, entwerfen 3. selbst problematische Szenen mit den Rollenbeschreibungen, erläutern und diskutieren sie, spielen selbst mit und führen Regie, bewerten 4. die Spielszenen, beobachten 5. wie Personen außerhalb des Klassenraums Handys benutzen, berichten darüber und diskutieren ihre Beobachtungen bezüglich Sachgemäßheit und Verantwortungsbewusstsein, überlegen 6. Regeln sachgemäßer und verantwortungsbewusster Anwendung, diskutieren sie und einigen sich auf drei bis fünf Regeln je Anwendung, die jeder in der Klasse einhalten solle, entwerfen 7. einen Plan für die mehrwöchige Beobachtung, Berichterstattung und Verstärkung.

Die Wirksamkeit der vorgeschlagenen methodischen Schritte muss empirisch durch Unterricht und dessen Evaluation belegt werden. Die Inspektion durch die Lehrperson genügt nicht. Die Komplexität des Sachunterrichts erfordert die nachhaltige Zusammenarbeit von Schule und Fachdidaktik.

Literatur

Adl-Amini, B.; Schulze, T. & Terhart, E. (Hrsg.) (1993): Unterrichtsmethode in Theorie und Forschung. Weinheim und Basel: Beltz

Blankertz, H. (1969): Theorien und Modelle der Didaktik. München: Juventa

Comenius, J.A. (1658, [4]1991): Orbis sensalium pictus. Dortmund: Harenberg Kommunikation

Comenius, J.A. (1657, 1959): Große Didaktik. Klett-Cotta, Stuttgart

Einsiedler, W (1986): Arbeitsformen im modernen Sachunterricht der Grundschule. Begründung, Beschreibung, Unterrichtsgestaltung. Donauwörth: Auer

Einsiedler, W. (2000): Stichwort: Lehrmethoden. In: Kaiser, A. (Hrsg.): Lexikon Sachunterricht. Baltmannsweiler: Schneider, 121

Einsiedler, W. (2007): Methoden und Prinzipien des Sachunterrichts. In: Kahlert, J. u.a. (Hrsg.) (2007): Handbuch Didaktik des Sachunterrichts. Bad Heilbrunn: Klinkhardt, 389–400

GDSU (2002): Perspektivrahmen Sachunterricht. Bad Heilbrunn: Klinkhardt

Geißler, E. (1970): Herbarts Lehre vom erziehenden Unterricht. Heidelberg: Quelle & Meyer

Glöckel, H. (1992): Vom Unterricht. Bad Heilbrunn: Klinkhardt

Kahlert, J. u.a. (Hrsg.) (2007): Handbuch Didaktik des Sachunterrichts. Bad Heilbrunn: Klinkhardt

Hempel, M & Lüpkes, J. (2009): Lernen im Sachunterricht: Lernplanung – Lernaufgaben – Lernwege. Baltmannsweiler: Schneider

Klafki, W. (1991): Neue Studien zur Bildungstheorie und Didaktik. 2. erw. Auflage. Weinheim und Basel: Beltz

Lauterbach, R. (2001): „Science A Process Approach" revisited – Erinnerungen an einen „Weg in die Naturwissenschaft". In: Köhnlein, W. & Schreier, H. (Hrsg.): Innovation Sachunterricht – Befragung der Anfänge nach zukunftsfähigen Beständen. Bad Heilbrunn: Klinkhardt, 103–132

Lauterbach, R. (2002a): Welt erkenntnismethodisch erschließen. Studienmaterialien des Instituts für Grundschuldidaktik und Sachunterricht. Dok. 01/02. Hildesheim: Universität Hildesheim

Lauterbach, R. (2002b): Didaktische Methodenmodelle für den Sachunterricht. Studienmaterialien des Instituts für Grundschuldidaktik und Sachunterricht. Do. 02/02. Hildesheim: Universität Hildesheim

Lauterbach, R. (2004): Kulturtechniken im Sachunterricht. In: Hempel, M. (Hrsg.): Sich bilden im Sachunterricht. Bad Heilbrunn: Klinkhardt, 163–186

Lauterbach, R. (2007): Die Sachen erschließen. In: Kahlert, J. u.a.: Handbuch Didaktik des Sachunterrichts. Bad Heilbrunn: Klinkhardt, 448–460

Menk, P. & Thoma, G. (Hrsg.) (1972): Unterrichtsmethode. Intuition, Reflexion, Organisation. München: Kösel

Meyer, H. ([4]1991/1987): Unterrichtsmethoden I & II. Frankfurt/M.: Cornelsen Scriptor

Pech, D. & Rauterberg, M. (2009): Umgangsweisen von „früh bis spät" – Skizze eines „Bildungsrahmens Sachlernen". In: Lauterbach, R.; Giest, H. & Marquardt-Mau, B. (Hrsg.): Lernen und kindliche Entwicklung. Elementarbildung und Sachunterricht. Probleme und Perspektiven des Sachunterrichts, 19. Bad Heilbrunn: Klinkhardt, 93–100

Schulz, W. ([5]1970): Unterricht – Analyse und Planung. In: Heimann, P.; Otto, G. & Schulz, W.: Unterricht. Analyse und Planung. Hannover: Schroedel

Steindorf, G. (1991): Grundbegriffe des Lehrens und Lernens. Bad Heilbrunn: Klinkhardt

v. Reeken, D. (Hrsg.) (2003): Handbuch Methoden im Sachunterricht. Baltmannsweiler: Schneider

Weniger, E. (1952, 1959): Didaktik als Bildungslehre. Teil 1 und 2. Weinheim: Beltz

4. 4 Unterrichtsthemen entwerfen

von Sandra Tänzer

Freitagnachmittag nach der letzten Unterrichtsstunde: Christina, Studentin im 1. Studienjahr und gerade im Schulpraktikum, beginnt, ihrer Mentorin die Planung der Sachunterrichtsstunde für den kommenden Montag zu erläutern. „Das Unterrichtsthema", so Christina, „wird »Die Hauskatze« sein." „Die Hauskatze?", reagiert die Mentorin zu Christinas Überraschung verwundert. „Das ist doch der Inhalt deiner Stunde, aber als Unterrichtsthema sollte dir etwas Besseres einfallen. Hast du nicht vor, mit den Kindern den Körperbau der Katze zu erarbeiten? Wie wäre es zum Beispiel mit der Frage, warum die Katze eine gute Mäusefängerin ist?" Christina ist verwirrt. Über die Formulierung des Unterrichtsthemas hat sie überhaupt nicht nachgedacht ...
Unterrichtsthemen werden häufig, wie in dem hier skizzierten Beispiel, ganz selbstverständlich formuliert, dabei ist der Entwurf eines geeigneten Unterrichtsthemas für Sachunterrichtslehrerinnen und Sachunterrichtslehrer keine einfache Planungsaufgabe. Im folgenden Beitrag soll diese Planungsanforderung differenziert erörtert werden. Dazu ist es notwendig, anknüpfend an den Themenbegriff in der Didaktik (Kap. 4.4.1) eine für die Unterrichtsplanung im Sachunterricht zweckmäßige und sinnvolle begrifflich-semantische Festlegung des Terminus „Unterrichtsthema" zu geben (Kap. 4.4.2), bevor nachfolgend die Planung einzelner Unterrichtsthemen (Kap. 4.4.3) und die Entwicklung der thematischen Struktur einer Unterrichtseinheit (Kap. 4.4.4) erläutert werden. Ein Planungsbeispiel (Kap. 4.4.5) veranschaulicht die theoretischen Aussagen und beschließt diesen Beitrag.

4.4.1 Der Themabegriff in der Didaktik
Der Themabegriff wird in der didaktischen Literatur vielfältig verwendet: Wolfgang Schulz weckt die Assoziation, Gegenstand, Inhalt und Thema wären synonyme Begriffe (vgl. 1979, 23) und spricht später von Themen als „bestimmten Unterrichtsgegenständen" (1981, 29). Hilbert Meyer (2002, 83) bezeichnet das Thema als „Lernaufgabe". Hans Glöckel (2003, 237) charakterisiert das Thema im fächerübergreifenden Unterricht als eine Art „Leitidee" und Gerhardt Steindorf (1995, 75) beschreibt es als „einen Ausschnitt aus dem Insgesamt der Lehrmaterie", welches „eine große Rolle bei der Unterrichtsplanung und Stundengestaltung" spielt. Eine terminologische Präzi-

sierung des Themabegriffs nahm erstmals Wolfgang Klafki vor. In seinem 1976 erschienenen Aufsatz „Zum Verhältnis von Didaktik und Methodik" grenzt er die Begriffe „Inhalt" und „Thema" wie folgt voneinander ab: „Mit ‚Inhalten' (nicht ‚Bildungsinhalten'!) bzw. ‚Gegenständen' sollte man Sachverhalte bezeichnen, die noch nicht im Sinne pädagogischer Zielvorstellungen ausgewählt und präzisiert worden sind, die sich also in einem Prüfstadium befinden unter dem Gesichtspunkt, ob ihnen pädagogische Bedeutung abgewonnen bzw. zugesprochen werden kann. Indem ein ‚Inhalt' oder ‚Gegenstand' (diese Begriffe werden hier auch weiterhin synonym verwendet) unter einer pädagogischen Zielvorstellung, einer als pädagogisch relevant erachteten Fragestellung für die Behandlung im Unterricht ausgewählt wird, wird er zum Thema: Indien *als* Beispiel für Ernährungs- und Bevölkerungsprobleme eines Entwicklungslandes, die industrielle Entwicklung Englands *als* Beispiel für frühkapitalistische Produktionsverhältnisse usw. ‚Inhalte' bzw. ‚Gegenstände' sind dieser Terminologie entsprechend immer nur ‚möglicherweise pädagogisch relevant', sind ‚nur' potentielle Unterrichtsthemen. Das bedeutet: Im Begriff ‚Thema' wird die vollzogene Verbindung der Ziel- mit der Inhalts-Entscheidungsebene zum Ausdruck gebracht. Damit entspricht der so verstandene Begriff ‚Thema' dem Terminus ‚Bildungsinhalt' in der Sprache der frühen Geisteswissenschaftlichen bzw. Bildungstheoretischen Didaktik" (Klafki 1976, 83; vgl. auch 1996, 118f.).

In diesem Zitat fallen zwei Aussagen auf, die nicht ohne Weiteres miteinander korrespondieren: Die von Klafki beispielhaft genannten Themen erwecken den Eindruck, als entspreche die Bestimmung eines Themas der Analyse des jeweiligen Inhalts im Hinblick auf seine exemplarische Bedeutung, auf darin enthaltene allgemeine Grundprobleme, Grundverhältnisse, Grundwerte. Es soll um Indien als Beispiel für Ernährungs- und Bevölkerungsprobleme eines Entwicklungslandes gehen, nicht um Indien als Beispiel eines Naturraums mit einer ungeheuren Landschaftsvielfalt, die von Hochgebirgsvegetation im Himalaya bis zu tropischen Regenwäldern im Süden reicht. Andererseits spricht Klafki von Themen als „vollzogene(r) Verbindung der Ziel- mit der Inhalts-Entscheidungsebene" (ebd.). Die Ziele im Sinne von intendierten Verhaltensänderungen bei den Schülerinnen und Schülern sind aber damit noch nicht klar: Sollen sie Ernährungs- und Bevölkerungsprobleme kennen? Sollen sie diese (in ihren Ursachen und Folgen) verstehen? Sollen sie sich für deren Bearbeitung erkenntnisgeleitet einsetzen wollen und können?

Die hier angesprochene Differenz wird bereits in Klafkis „Studien zur Bildungstheorie und Didaktik" deutlich (vgl. dazu ausführlicher Tänzer 2007a, 22f.); sie fordert dazu auf, zwei Betrachtungsweisen der didaktischen Kategorie „Thema" voneinander zu unterscheiden:

1. Das Thema als Ergebnis eines analytischen Vorgangs (hinsichtlich der exemplarischen Bedeutung eines Inhalts) bleibt eine inhaltliche Aussage; sie soll im Weiteren als Bildungsinhalt bezeichnet werden.
2. Das Thema als Ergebnis eines synthetischen Vorgangs der Verbindung von Ziel- und Inhaltsentscheidung erhält demgegenüber eine neue Qualität. Es ist eine *inhaltlich-intentionale oder thematische Aussage*; sie soll als *Unterrichtsthema* bezeichnet werden.

Themen als Bildungsinhalte und Themen als Unterrichtsthemen unterscheiden sich in ihrer Art, in ihrer Funktion und im didaktischen Kontext ihrer Konstituierung, so dass auch und gerade deren begriffliche Unterscheidung sinnvoll und sachdienlich ist. Während Eva Heran-Dörr im Kapitel 4.1 ausführlich die Bestimmung von Themen im Sinne von Bildungsinhalten erläutert, liegt der Fokus der folgenden Ausführungen auf dem Entwurf von Themen im Sinne von Unterrichtsthemen. Diese Planungsaufgabe ist ebenfalls Teil der vorunterrichtlichen Planungstätigkeit von Lehrerinnen und Lehrern. Sie erfolgt, anknüpfend an die von Menck (1975) genannten Ebenen didaktischen Handelns (vgl. Kap. 2.2), im Rahmen der Didaktischen Analyse; ihr unmittelbarer Bezug ist jedoch die konkrete Unterrichtssituation, in der eine Lehrerin bzw. ein Lehrer und die Schülerinnen und Schüler miteinander interagieren – nach Menck die vierte Ebene didaktischer Reflexion.

4.4.2 Das Unterrichtsthema im Sachunterricht

Äußerungen über das Unterrichtsthema in der allgemein- und sachunterrichtsdidaktischen Fachliteratur lassen zumeist den Bezug zu Klafkis Themenbegriff im Sinne der „vollzogene(n) Verbindung der Ziel- mit der Inhalts-Entscheidungsebene" (1976, 83; 1996, 119) erkennen. Rainer Kokemohr & Reinhardt Uhle charakterisieren beispielsweise die Konstituierung eines Unterrichtsthemas als einen Vorgang, bei dem ein Inhalt als „mannigfach Geordnete(s) ... durch das Lehrziel oder die didaktische Intentionalität zu einem in bestimmter Weise Geordnete(n)" (Kokemohr & Uhle 1976, 859f.) wird. Joachim Kahlert beschreibt diese Aufgabe in seiner Konzeption zur Planung von Sachunterricht wie folgt: Nachdem eine Lehrerin bzw. ein Lehrer aus dem didaktischen Netz Bildungsinhalte ausgewählt hat, ist es ihre bzw. seine Aufgabe, „der inhaltlichen Auswahlentscheidung ein thematisches Profil zu geben" (Kahlert 2005, 243): „Faktisch geschieht das in enger Anbindung an die Konkretisierung der Lernziele ... Nach und nach entsteht so aus dem Unterrichtsinhalt das Thema, das sowohl der didaktisch-methodischen Analyse als auch den angestrebten Lernzielen gerecht wird" (ebd.). Ein beispielhaft von ihm genanntes Unterrichtsthema heißt »Die Unterscheidung von Wünschen und Brauchen«.

Geeigneter wäre nach Auffassung der Verfasserin die Formulierung »Was sind Wünsche, was sind Bedürfnisse – oder: Worauf kann ich gut, weniger gut, gar nicht verzichten?«. Warum? Im Anschluss an den allgemeindidaktischen Ansatz Wolfgang Sünkels (1996), der das Unterrichtsthema als problematisierten Unterrichtsgegenstand charakterisiert, das den Schülerinnen und Schülern im Unterricht dann als „Aneignungsaufgabe" präsentiert wird (Sünkel 1996, 74; vgl. ausführlich Tänzer 2007a, 40ff.), ist es sinnvoll und zweckmäßig, das Unterrichtsthema im Sachunterricht als „Problemstellung" zu verstehen und zu entwerfen. Formalsprachlich entspricht dem Wesen einer Problemstellung vor allem – doch nicht ausschließlich – die Form der Frage (vgl. Hellwig 1984a, 64f.; 1984b, 3); der französische Sprachwissenschaftler und Fachdidaktiker Jean-Paul Confais charakterisiert sie als Ausdrucksform, um „einen Sachverhalt in einer bestimmten Situation zu *problematisieren* – als Problem zu formulieren" (1995, 6; Hervorhebung im Original). Vergleicht man beide Formulierungen – »Die Unterscheidung von Wünschen und Brauchen?« bzw. »Worauf kann ich gut, weniger gut, gar nicht verzichten?« –fällt der Vorteil einer Fragestellung auf:

o   Eine Frage vermag es, wie ein roter Faden zu wirken, der dem Unterrichtsprozess Geschlossenheit verleiht. Die Orientierung am Unterrichtsthema als Frage fördert die Planung eines „fließenden", geschlossenen Unterrichtsprozesses, in dem einzelne Unterrichtssituationen in einem thematischen Sinnzusammenhang stehen, der mit der Beantwortung der Frage seinen vorläufigen Abschluss findet (vgl. zur Planung von Unterrichtsprozessen Kap. 4.5).

o   Eine Frage suggeriert ein Verständnis des Unterrichtsprozesses als gemeinsamer Lösungssuche und könnte damit bei der Lehrperson ein höheres Maß an Sensibilität erzeugen, den Unterricht weniger als Vermittlung von Informationen denn als schülerunterstützende Suche nach Antworten auf bildungsrelevante Fragen aufzufassen und entsprechend zu planen.

o   Eine Frage besitzt Aufforderungscharakter und verlangt nach Klärung; sie ist erkenntnistheoretisch jenes Gebilde, das die logische Funktion des Suchens impliziert (vgl. Hartkopf 1958, 22) und damit Bildungsprozesse stimuliert, ausrichtet und als sinngebend und sinnerschließend erleben lässt.[1]

---

[1] Den hier genannten Zusammenhang zwischen Sinnfindung als Spurensuche und Bildung legt Biller (1994) ausführlich dar. Bildungsprozesse werden von ihm als Sinnfindungs- und Sinnverwirklichungsprozesse gekennzeichnet und u.a., anknüpfend an die etymologische Bedeutung des Wortes „Sinn", in den Kontext der Spurensuche gestellt: „Wer demnach ‚sinnt', begibt sich auf die Reise, sucht eine Fährte, verfolgt eine Spur oder strebt nach etwas" (Biller 1994, 27).

Es ließe sich einwenden, dass jene drittgenannte stimulierende, orientierend-ausrichtende und sinnkonstituierende Funktion eines Unterrichtsthemas erst im konkreten Unterrichtsprozess zur Geltung kommt, ja im Falle der Sinnkonstituierung erst mit dessen Beendigung seine volle Entfaltung erfährt.[2] Demnach bestünde die Aufgabe einer Lehrerin bzw. eines Lehrers eher darin, eine Unterrichtssituation – die Verfasserin bezeichnet sie begründet als Thematisierung (vgl. dazu Tänzer 2007a) – zu planen, in der jener von der Lehrerin bzw. dem Lehrer (wie auch immer formulierte) Unterrichtsthemenentwurf zum Unterrichtsthema der Klasse wird – einem gemeinsamen Unterrichtsthema aller am Unterricht Beteiligten, das jene Fragwürdigkeit und Gerichtetheit enthält, die antreibt und ausrichtet. Diese Unterrichtssituation jedoch zielgerichtet auf die Erzeugung thematischen Bewusstseins der Klasse hin zu planen, setzt voraus, dass die Lehrerin bzw. der Lehrer das von ihr oder ihm intendierte gemeinsame „Klassenthema" bereits als solches entworfen hat, auch wenn sich dieser Entwurf in und durch die Gestaltung der Thematisierung inhaltlich-intentional und/oder sprachlich-formal verändern kann (vgl. Tänzer 2007a; 2007b). Hier zeigt sich der Angebotscharakter des geplanten Unterrichtsthemas.

Die bisherigen Ausführungen zusammenfassend, ist ein Unterrichtsthema durch folgende Merkmale gekennzeichnet:

1. Ein Unterrichtsthema wird vorunterrichtlich mit Bezug auf den konkreten Unterricht als Interaktionszusammenhang zwischen Lehrenden und Lernenden – beispielsweise auf eine konkrete Unterrichtsstunde hin[3] – formuliert.
2. Der Entwurf eines Unterrichtsthemas im Verlauf der Planung einer Unterrichtseinheit setzt die Bestimmung von Bildungsinhalten und zugehörigen Lernzielen voraus.
3. Die Formulierung eines Unterrichtsthemas entsteht aus der Verbindung eines Bildungsinhaltes mit dessen zugehörigen Lernzielen. Die Lernziele übernehmen dabei die Aufgabe, dem ausgewählten Bildungsinhalt eine bestimmte Ordnung zu geben, ihn in bestimmter Weise zu problematisieren.

---

[2] Unter diesem Blickwinkel setzt das Unterrichtsthema Anfangs- und Endpunkt eines sinnerschließenden und sinnkonstituierenden Unterrichtsprozesses, insofern der Anfang dem Bewusstsein der Schülerinnen und Schüler für das jeweilige Unterrichtsthema entspricht und das Ende erreicht ist, wenn die im Unterrichtsthema implizierte Fragestellung gelöst wurde.

[3] Der Entwurf eines Unterrichtsthemas sagt zunächst noch nichts über die zeitliche Dimension der Bearbeitung dieses Themas aus, allein über die zeitliche Strukturierung des Unterrichts als „Zeitdifferenz zwischen Problemstellung und Problemlösung" (Sünkel 1996, 74). Ein Unterrichtsthema muss nicht für eine Unterrichtsstunde gelten, wenn es auch in der Praxis des Sachunterrichts mehrheitlich auf eine Unterrichtsstunde bezogen ist.

4. Das Ergebnis dieser Verbindung zwischen Bildungsinhalt und zugehörigen Lernzielen, das vorunterrichtliche Unterrichtsthema, trägt den Charakter einer Problemstellung. Dafür bietet sich die sprachliche Form der Frage an, aber auch Ausrufe und metaphorische Äußerungen können geeignete Formen der Formulierung eines Unterrichtsthemas sein (siehe Kap. 4.4.5). Soll beispielsweise im Rahmen der Unterrichtseinheit „Die Hauskatze" als ausgewählter Bildungsinhalt auch der Körper einer Katze unter der Zielstellung erarbeitet werden, dass die Schülerinnen und Schüler die Körperteile der Katze mit ihren spezifischen Merkmalen kennen und deren Funktion für das (Über-)Leben der Katze verstehen, dann bietet sich, wie im eingangs skizzierten Beispiel bereits erwähnt, als Unterrichtsthema die Frage an: Warum ist die Katze eine gute Mäusefängerin?

Ein so verstandenes Unterrichtsthema enthält, wie in diesem Abschnitt gezeigt wurde, eine eigene didaktische Funktionalität. Es erfüllt Funktionen, die keines der im Unterrichtsthema „aufgehenden" didaktischen Planungselemente Bildungsinhalt(e) und Lernziele sowohl im Einzelnen als auch in ihrem didaktischen Bezug zueinander zu leisten vermögen. Sie sind vom Unterrichtsthema in der ihm eigenen Qualität einzulösen.

4.4.3 Von der Bestimmung von Bildungsinhalten und der Formulierung von Lernzielen zum Entwurf von Unterrichtsthemen

Der Entwurf von Unterrichtsthemen ist eine alltägliche Planungsaufgabe von Lehrerinnen und Lehrern, die bei der Bestimmung der Bildungsinhalte und der Formulierung von Lernzielen zu diesen Bildungsinhalten ihren Ausgangspunkt nimmt und durch diese vorab getroffenen und kriteriengeleitet begründeten Planungsentscheidungen (vgl. dazu Kap. 4.1 und Kap. 4.2) auch inhaltlich legitimiert wird. Unterrichtsthemen lassen sich dabei nicht aus Bildungsinhalten und Lernzielen technisch ableiten; eine rezeptartige Anleitung für deren Formulierung gibt es nicht. So wie Glöckel, Rabenstein, Drescher & Kreiselmeyer (1992) den Prozess der Unterrichtsplanung im Allgemeinen charakterisieren, gilt auch für die Planung des Unterrichtsthemas: „Gefordert sind ... nicht nur rationale Ableitung und Kombination, sondern auch spontaner Einfall, produktive Phantasie, wagender Entwurf, Entscheidung" (ebd., 20). Der Entwurf von Unterrichtsthemen ist immer auch ein kreativer Akt, ein Akt der Suche nach *Ideen*, nach treffenden Fragestellungen, die sowohl den ausgewählten Bildungsinhalten und deren zugehörigen Lernzielen gerecht werden als auch für Kinder interessant formuliert sind. Förderlich wirken sich auf diesen Prozess die Reflexion der Bedeutung jener Bildungsinhalte und Ziele für die Lernenden in Gegenwart und Zukunft sowie die genaue Sachkenntnis seitens der Lehrperson aus.

Die Didaktische Eignung („Qualität") eines entworfenen Unterrichtsthemas lässt sich daran prüfen, inwieweit es als *kommunikative Einheit* in Sprache, Form und Semantik die Funktionen der Ausrichtung und Anregung (Stimulierung zur thematischen Bearbeitung) erfüllt sowie *inhaltlich-intentional* dem ausgewählten Bildungsinhalt und dessen zugehörigen Lernzielen entspricht, diese assoziativ am Thema erkennbar werden lässt. Das zweite Kriterium betreffend, sei abschließend auf folgendes Kennzeichen von Sachunterrichtsthemen im hier verstandenen Sinne hingewiesen: Angenommen, eine Lehrerin entscheidet sich, im Rahmen jener bereits erwähnten Unterrichtseinheit „Die Hauskatze" die Haltung einer Katze (als Bildungsinhalt) mit den Schülerinnen und Schülern zu erschließen. Als Lernziele formuliert sie:

o   Die Schülerinnen und Schüler wissen, was sie, um eine Katze als Heimtier zu halten, benötigen und beachten müssen.
o   Sie beurteilen ihre Lebenssituation dahingehend, ob sie diesen Anforderungen entsprechen können.
o   Sie verstehen, dass sie Verantwortung für das Wohlergehen und das Leben ihres Heimtieres übernehmen.
o   Sie können zielgerichtet eine Expertenbefragung durchführen.

Als Unterrichtsthema entwirft sie die Frage „Könnte ich einer Katze ein gutes Heim geben?".
Es fällt auf, dass jenes letztgenannte methodische Lernziel nicht anhand des Themenentwurfs assoziierbar ist. Dieses Lernziel basiert auf der Überlegung, dass anhand des ausgewählten Bildungsinhaltes auch die methodische Kompetenz des zielgerichteten Befragens eines Experten – in diesem Fall eines Verkäufers in einer Tierhandlung – angewandt, geübt und in ihrer kompetenten Ausführung gefestigt werden sollte. Im Sachunterricht werden, geknüpft an die Auseinandersetzung mit einem Bildungsinhalt (der „Sache"), immer auch der Aufbau von Methodenkompetenz, Sozialkompetenz und Personalkompetenz – Frauke Grittner plädiert zudem für eine Erweiterung dieser Kompetenzbereiche um Urteils- und Partizipationskompetenz (vgl. Kap. 4.6) – gefördert und – etwa durch die Auswahl bestimmter Sozialformen oder spezifischer Handlungsmuster – bewusst intendiert. So sind beispielsweise die Entwicklung der Fähigkeit zur kooperativen Zusammenarbeit in Gruppen, die Förderung der Fähigkeit des Gespräche-Führens oder der Anstrengungsbereitschaft nicht unwichtiger als die Erschließung der Sache selbst, doch spielen solcherart Lernziele beim Entwurf des Unterrichtsthemas nur dann eine Rolle, wenn sie in unmittelbarem Zusammenhang mit der Erschließung der Sache stehen und deshalb nicht austauschbar sind. Lernziele mit indirektem, sekundärem Sachbezug müssen nicht am Unterrichtsthema offenbar werden, da sie am Prozess der Sinnkonstituierung durch die Orientierung am Unterrichtsthema nicht unmittelbar beteiligt sind.

4.4.4 Die Entwicklung der thematischen Struktur einer Unterrichtseinheit

Die Gesamtheit und die Anordnung aller Unterrichtsthemen einer Unterrichtseinheit bildet deren thematische Struktur. Der Strukturbegriff wird in diesem Zusammenhang bewusst gewählt,[4] verdeutlicht er doch, dass die Anordnung der einzelnen Unterrichtsthemen vor dem Hintergrund ihrer Beziehungen zueinander erfolgt und damit eine wohlüberlegte Entscheidung ist. Peterßen spricht im Rahmen der Erstellung sog. Arbeitspläne (Stoffverteilungspläne) für ein Schuljahr von der „diachronen Ordnung", in der „die Lernziele und Lerninhalte ... im Verlaufe des Schuljahres gelehrt und gelernt werden sollen" (2000, 241); seine Hinweise lassen sich durch ihren Bezug auf Lernziele und Lerninhalte auch auf die Entwicklung der thematischen Struktur einer Unterrichtseinheit anwenden. Als ordnungsgebende Aspekte verweist Peterßen auf sachlich-logische als auch didaktisch-logische Gründe, beeinflusst vom „sachstrukturelle(n) Entwicklungsstand der Schüler, der möglicherweise nur ganz bestimmte Folgen zuläßt und andere ausschließt" (Peterßen 2000, 241), und auf die real zur Verfügung stehende Unterrichtszeit (vgl. ebd., 242).

4.4.5 Beispiel eines Ausschnitts der thematischen Struktur zur Unterrichtseinheit „Das Handy in der Lebenswelt von Kindern"

Das nachfolgende Beispiel berücksichtigt aus Platzgründen nicht alle der im Beitrag von Eva Heran-Dörr ausgewählten Bildungsinhalte zur Unterrichtseinheit „Das Handy in der Lebenswelt von Kindern" (vgl. Kap. 4.1.6). Es beschränkt sich auf je einen Bildungsinhalt aus jedem Bereich des didaktischen Netzes, um unter Berücksichtigung der zugehörigen Lernziele Unterrichtsthemenentwürfe und eine mögliche Anordnung dieser Themen im Gesamtzusammenhang einer thematischen Einheit zu veranschaulichen. Woraus ergibt sich dieser Gesamtzusammenhang? Jedes der im Folgenden genannten Unterrichtsthemen leistet seinen ganz spezifischen Beitrag zur Entwicklung der übergeordneten Kompetenz einer Schülerin und eines Schülers, fähig und bereit zu sein, ein Handy verantwortungsbewusst entsprechend eigener Bedürfnisse, sozialer Verträglichkeit und ohne Schaden für sich selbst und für andere zu nutzen. Diese Zielperspektive hält die thematische Einheit zusammen und verleiht ihr Geschlossenheit und Zielgerichtetheit.

---

[4] Hartkopf kennzeichnet eine Struktur unter anderem als „Gebilde, das aus einer Menge von wohlunterschiedenen Teilen oder Elementen besteht, die durch Beziehungen zusammenhängen" (1958, 120).

1. Wie hat sich das Handy entwickelt? (Entwicklung des Handys)
Die Schülerinnen und Schüler
o   kennen Schwerpunkte der historischen Entwicklung des Handys vom „Luxusmedium", das vorrangig zu geschäftlichen und militärischen Zwecken genutzt wurde, zum Massenmedium,
o   verstehen anhand der Geschichte des Handys die Veränderbarkeit bestehender Verhältnisse und entwerfen Visionen zukünftiger ortsunabhängiger und zeitflexibler Telekommunikation („Handy der Zukunft").

2. Wozu kann ich mein Handy nutzen? (Nutzungsmöglichkeiten des Handys)
Die Schülerinnen und Schüler
o   kennen wesentliche Nutzungsmöglichkeiten (v.a. Telefonie, SMS, Kamera, Spiele),
o   können Nutzungsmöglichkeiten eines Handys herausfinden,
o   können bewerten und gezielt auswählen, wann bestimmte Nutzungsmöglichkeiten notwendig sind,
o   nutzen ein Handy sachgemäß und verantwortungsbewusst gegenüber sich selbst und anderen.

3. Ich schick dir einfach 'ne SMS ... (SMS-Kommunikation)
Die Schülerinnen und Schüler
o   kennen Merkmale des „Short Message Service" (SMS),
o   kennen verschiedene Verwendungszwecke von SMS (schriftliche Kommunikation zwischen zwei Personen, Informationsservice, Downloadservice, Voice Message, ...),
o   kennen gebräuchliche Abkürzungen und Emoticons und verstehen deren Bedeutung,
o   können SMS schreiben,
o   beurteilen konkrete Situationen dahingehend, ob eine SMS die angemessene Kommunikationsform ist.

4. Kostenfalle Handy!? (Kosten eines Handys)
Die Schülerinnen und Schüler
o   wissen, dass die Nutzung eines Handys mit Kosten verbunden ist,
o   kennen Arten von Handykosten (Anschaffungskosten, Tarife unterschiedlicher Anbieter, Downloads, Zubehör),
o   kennen Möglichkeiten, die Kosten eines Handys zu ermitteln,
o   können die Kosten einer Handynutzung in einer konkreten Situation bestimmen,
o   beurteilen die Angemessenheit anfallender Handykosten,

o wollen sich im Umgang mit einem Handy auch an den Kosten der Nutzung orientieren.

5. Mein Handy passt zu mir (Gestaltungselemente)
Die Schülerinnen und Schüler
o kennen Möglichkeiten der persönlichen Gestaltung eines Handys (individuelle Auswahl von Klingeltönen, Logos, Begrüßungstext und Zubehör, wie Handytaschen, -socken, Anhänger etc.),
o kennen die Gefahren entsprechender Downloads von Klingeltönen und Logos (technische Probleme, Kosten),
o verstehen, dass ein Handy zugleich ein Modeaccessoire ist, welches persönliche Vorlieben einer Person (den persönlichen Stil) widerspiegelt und zugleich der Abgrenzung von anderen dienen kann,
o reflektieren Art und Ausmaß ihrer eigenen persönlichen Beziehung zu ihrem Handy und machen sich bewusst, was ihr Handy über sie „verrät"[5].

6. „... Ihr gewünschter Gesprächspartner ist vorübergehend nicht erreichbar ..." (Telefonieren ohne räumliche Bindung)
Die Schülerinnen und Schüler
o wissen, dass ein Handy das Telefonieren an jedem Ort möglich macht,
o wissen, dass bei bestimmten räumlichen Bedingungen (Bergtäler, Tunnel, Neubauten mit massiven Stahlbetonkonstruktionen, ICE-Waggons ohne gekennzeichneten Handyempfang) die Nutzung eines Handys als Kommunikationsmedium nicht oder nur eingeschränkt möglich ist,
o verstehen, dass unter bestimmten räumlichen Bedingungen die Nutzung eines Handys nicht geeignet ist (als Radfahrer im Straßenverkehr, in der Kirche, im Krankenhaus, im Kino oder Theater etc.),
o wollen sich bei der Nutzung eines Handys auch an den Merkmalen des sie umgebenden Raumes orientieren.

7. Vorsicht Handy! (Missbrauch von Handys)
Die Schülerinnen und Schüler
o wissen, dass ein Handy zum Missbrauch genutzt werden kann und kennen Formen des Handymissbrauchs (Bedrohung/Belästigung einer Person (Mobbing) durch Sprach-, Text- oder Bildnachrichten; heimliche Kameraaufnahmen (u.a. handy slapping); Downloads und Versenden pornographischer, gewaltverherrlichender, brutaler Bilder und Videos,...),

---

[5] vorausgesetzt, alle Schülerinnen und Schüler haben ein Handy

o wissen, welche Formen des Missbrauchs Straftaten sind und kennen rechtliche Folgen für die Täter,
o kennen die sozialen und psychischen Folgen der jeweiligen Formen des Handymissbrauchs für die Betroffenen (Opfer und auch Täter),
o kennen Handlungsmöglichkeiten, wenn sie selbst bedroht oder belästigt werden oder Formen des Handymissbrauchs in ihrem Umfeld wahrnehmen und wollen in entsprechenden Situationen angemessen reagieren.

8. *Wie sollte ich mein Handy nutzen? (Normen der Handynutzung)*
Die Schülerinnen und Schüler
o kennen Regeln der Handynutzung (Höflichkeit gegenüber räumlich anwesenden Personen und räumlich abwesenden Empfängern, Intimität, Wahrung spezifischer Funktionen öffentlicher Räume),
o verstehen die Sinnhaftigkeit gesellschaftlicher Normen der Handynutzung,
o wollen Normen der Handynutzung einhalten,
o beurteilen Lebenssituationen selbstständig und kontextspezifisch dahingehend, ob Handynutzung angebracht ist,
o handeln verantwortungsbewusst entsprechend eigener Bedürfnisse und sozialer Verträglichkeit.

Literatur
Biller, K. (1994): Bildung – integrierender Faktor in Theorie und Praxis: ein Gesamtkonzept auf sinntheoretischer Grundlage als Antwort auf aktuelle Herausforderungen. Weinheim, Basel: Deutscher Studien-Verlag
Confais, J.-P. (1995): Frage, Fragesatz, Fraglichkeit. In: Schecker, M. (Hrsg.): Fragen und Fragesätze im Deutschen. Tübingen: Stauffenburg-Verlag, 1–12
Glöckel, H. (^{4}2003): Vom Unterricht. Bad Heilbrunn: Klinkhardt
Glöckel, H.; Rabenstein, R.; Drescher, R. & Kreiselmeyer, H. (^{2}1992): Vorbereitung des Unterrichts. Teil 1: Grundlegung. In: Glöckel, H.; Rabenstein, R.; Drescher, R. & Kreiselmeyer, H. (Hrsg.): Vorbereitung des Unterrichts. Bad Heilbrunn: Klinkhardt, 11–52
Hartkopf, W. (1958): Die Strukturformen der Probleme: zur Grundlegung einer allgemeinen Methodentheorie der Problembearbeitungen. Berlin: Freie Universität
Hellwig, P. (1984a): Grundzüge einer Theorie des Textzusammenhangs. In: Rothkegel, A. & Sandig, B. (Hrsg.): Text – Textsorten – Semantik: linguistische Modelle und maschinelle Verfahren. Hamburg: Buske, 51–79
Hellwig, P. (1984b): Titulus oder Über den Zusammenhang von Titeln und Texten. Titel sind ein Schlüssel zur Textkonstitution. In: Zeitschrift für Germanistische Linguistik, 12.1, 1–26
Kahlert, J. (^{2}2005): Der Sachunterricht und seine Didaktik. Bad Heilbrunn: Klinkhardt
Klafki, W. (1976): Zum Verhältnis von Didaktik und Methodik. In: Zeitschrift für Pädagogik, 1, 77–94
Klafki, W. (^{5}1996): Neue Studien zur Bildungstheorie und Didaktik: zeitgemäße Allgemeinbildung und kritisch-konstruktive Didaktik. Weinheim, Basel: Beltz
Kokemohr, R. & Uhle, R. (1976): Themenkonstitution und reflexive Legitimation in Lehr-Lern-Prozessen. In: Zeitschrift für Pädagogik, 6, 857–879

Menck, P. (1975): Unterrichtsanalyse und didaktische Konstruktion: Studien zu einer Theorie des Lehrplans und des Unterrichts. Frankfurt a. Main: Fischer-Athenäum-Taschenbuch-Verlag

Meyer, H. (^{9}2002): Unterrichtsmethoden 1: Theorieband. Frankfurt a. Main: Cornelsen Scriptor

Peterßen, W. H. (^{9}2000): Handbuch Unterrichtsplanung: Grundfragen, Modelle, Stufen, Dimensionen. München, Düsseldorf, Stuttgart: Oldenbourg

Schulz, W. (^{10}1979): Unterricht – Analyse und Planung. In: Heimann, P.; Otto, G. & Schulz, W.: Unterricht: Analyse und Planung. Hannover: Schroedel, 13–47

Schulz, W. (^{3}1981): Unterrichtsplanung: mit Materialien aus Unterrichtsfächern. München, Wien, Baltimore: Urban & Schwarzenberg

Steindorf, G. (^{4}1995): Grundbegriffe des Lehrens und Lernens. Bad Heilbrunn: Klinkhardt

Sünkel, W. (1996): Phänomenologie des Unterrichts: Grundriß der theoretischen Didaktik. Weinheim, München: Juventa

Tänzer, S. (2007a): Die Thematisierung im Sachunterricht der Grundschule: Wie notwendige Bildungsinhalte zu Unterrichtsthemen einer Klasse werden. Leipzig: Leipziger Universitätsverlag

Tänzer, S. (2007b): Kinderfragen zum (Sach-)Unterrichtsthema für die gesamte Klasse machen!? – Fragen aus didaktischer Sicht. In: Grundschulunterricht, 12, 6–11

4.5 Unterrichtssituationen antizipieren und gestalten

von Claudia Schomaker

„46. Siebter Grundsatz: Die Natur macht keinen Sprung, sie geht schrittweise vor. Auch die Bildung des Vögelchens hat ihre Stufen, die weder übersprungen noch untereinander vertauscht werden können, bis das Junge aus dem zerbrochenen Ei ausschlüpft. Wenn dies geschehen ist, so lässt es die Vogelmutter nicht gleich fliegen und sein Futter suchen (weil es dazu noch nicht imstande wäre), sondern sie füttert es selbst und wärmt es mit der eigenen Wärme und hilft so der Befiederung […] Nun erfordert jedoch jeder dieser Schritte seine gehörige Zeit, und nicht nur Zeit, sondern auch Abstufung, und auch nicht bloß Abstufung, sondern eine unabänderliche Stufenfolge […]
Es ist also offensichtlich Unfug, wenn die Lehrer die Studien nicht für sich und die Schüler so verteilen, dass ständig eins dem andern folgt und jedes innerhalb einer bestimmten Zeit unbedingt erledigt wird. Wenn nämlich das Ziel und die Mittel, es zu erreichen, und eine Ordnung in diesen Mitteln nicht festgesetzt werden, so wird leicht etwas übersprungen, die Reihenfolge verkehrt, die Sache verwirrt" (Comenius 1675/1960, 94f.).

Der Erfolg von Unterricht wird u. a. daran bemessen, ob es gelungen ist, Unterrichtssituationen so zu gestalten, dass „der Unterrichtsgegenstand vom Schüler vollständig angeeignet worden ist" (Sünkel 1996, 167). Dabei hat die schon von Comenius eingeforderte klare Strukturierung des Unterrichts bzw. des Unterrichtsinhalts einen maßgeblichen, positiven Einfluss auf den Lernerfolg, der in zahlreichen Studien nachgewiesen werden konnte (vgl. Helmke 2003, 60f.). Für das naturwissenschaftliche Lernen im Sachunterricht haben Möller u. a. gezeigt, dass ein Unterricht erfolgreicher ist, wenn der zu vermittelnde Inhalt klar gegliedert und die Gesprächsführung gut strukturiert werden. Ein so gestalteter Sachunterricht übertrifft offene Unterrichtsprozesse im Hinblick auf kognitives und motivationales Lernen (vgl. Möller u. a. 2002).
Wodurch zeichnet sich die klare Gliederung eines Inhalts im Rahmen eines Unterrichtsprozesses aus? Können individuelle Lernprozesse im Hinblick auf gemeinsamen Unterricht im Vorfeld geplant werden? Welche Momente und Aspekte fließen in die Antizipation und Gestaltung von Unterrichtssituationen ein, um einen ‚fruchtbaren Moment im Bildungsprozess' (vgl. Copei 1960) auszulösen? Ausgehend von allgemeindidaktischen Überlegungen zur Strukturierung von Unterrichtsprozessen werden im Folgenden zunächst Grundrhythmen von Sachbildungsprozessen entwickelt. Hieran anknüpfend fokussiert der Beitrag wesentliche Strukturmomente zur Gestaltung und Pla-

nung von Sach-Unterrichtssituationen, die anhand des Beispiels ‚Das Handy in der Lebenswelt von Kindern' zu konkretisieren sind.

4.5.1 ‚Die Artikulation des Unterrichts' als allgemeindidaktische Fragestellung – Begriffliche Annäherungen

Didaktische Überlegungen zur Planung erfolgreichen Unterrichts setzen auch in den frühen Konzeptionen von u. a. Comenius oder Herbart bei einzelnen Unterrichtssequenzen und ihrer zeitlichen Reihung an. Einzelne Phasen bzw. Sequenzen des Unterrichts werden hier als *Unterrichtssituationen* gekennzeichnet, die „*zeitlich begrenzte, strukturierte*, vom Lehrer und den Schülern mit Sinn und Bedeutung belegte Interaktionseinheiten" (Meyer 1987a, 116, Hervorhebung im Original) beinhalten. Eine Unterrichtssituation ist somit ein komplexes Gefüge, denn „so spielt in sie zuerst die seelische Lage (momentane Stimmung, Grundveranlagung) jedes einzelnen der an der Situation Beteiligten eine wichtige Rolle, weiter sind wichtig die Stellung der Schüler zum Lehrer (Befehlsempfänger oder Partner) und damit die des Lehrers zu den Schülern und vor allem ihre gemeinsame Stellung gegenüber dem Unterrichtsgegenstand. […] Schließlich ist von ebenso großer Bedeutung der Stand oder Zustand, in dem man sich in der gegebenen Situation befindet: ist man im Zustand des Zuhörers, des Betrachters oder im Zustand des Aktiven, des Ausführenden oder im Zustand des unbeschwert Spielenden usw." (Bönsch 1965, 84). Das Zusammenspiel dieser einzelnen Faktoren im Hinblick auf die zu erreichenden Bildungsziele und die zu erarbeitenden Inhalte mit ihrer je eigenen Sachstruktur gilt es, in ein stimmiges Verhältnis zu bringen, damit individuelle Lernprozesse entwickelt werden können. Ziel einer Unterrichtssituation im Rahmen einer Unterrichtseinheit ist es, „dass die Kinder die Situation als ernst und echt empfinden, dass sie sich selbst als ernstgenommen in diesen Situationen fühlen und außerdem sie den Ernst des Lehrers spüren, mit ihnen gemeinsam die aufgegebene Situation zu meistern" (ebd., 85). Obgleich Unterrichtssituationen durch zahlreiche Faktoren bestimmt werden, die erst in der Situation selbst wirksam werden, müssen sie in der Planung eines Unterrichtsprozesses antizipiert und gestaltet werden, um Schülerinnen und Schülern eine fruchtbare Sachbegegnung ermöglichen zu können. „Dabei ist zu klären, welchen inhaltlichen und lerntheoretischen Stellenwert einzelne Unterrichtsphasen einnehmen" (Kahlert 2005, 212).

Mit Hilfe von Stufen- bzw. Phasenschemata soll die Artikulation des Unterrichts unterstützt werden. „Die Unterrichtsplanung antizipiert das zielführende *Management* der Unterrichtsprozesse und der Unterrichtsorganisation im Sinne der gültigen thematisch orientierten didaktischen Entscheidungen. […] Dafür entwirft die Lehrerin bzw. der Lehrer Aktivitäten, in und durch die unter den bestehenden Kontextbedingungen im Einzelnen wie in der Abfolge und Anordnung methodisch optimiert das Thema bearbeitet, die Inhalte erschlossen und die Ziele verfolgt werden können" (Lauterbach, Tänzer & Zierfuß 2003, 226f., Hervorhebung im Original). Damit leisten sie „durch die Variation und Akzentuierung der Unterrichtsschritte eine je spezifische Vermittlung der subjektiven Bedürfnisse und Lernvoraussetzungen der Schüler mit den objektiven Ansprüchen der gestellten Lernaufgabe und den Handlungsmöglichkeiten des Lehrers" (Meyer 1987a, 156).

Planungs- und Strukturierungshilfen für die Gestaltung von Unterrichtssituationen werden dem komplexen Gefüge einer sinnvollen thematischen Reihung von Unterrichtsschritten bzw. -phasen, die sich durch Lern- und Bildungsziele begründen, oftmals nur unzureichend gerecht. Es gilt dabei einen Weg zu entwerfen, der den Unterricht als „gemeinsame Lösungssuche", als „schülerunterstützende Suche nach Antworten auf bildungsrelevante Fragen" (vgl. Tänzer in diesem Band) beschreiben lässt. „Im Zentrum steht also die Festlegung der für eine Unterrichtsstunde vorgesehenen Unterrichtsschritte. […] Wie lang ein Unterrichtsschritt andauern kann, lässt sich theoretisch nicht bestimmen. Es ist aber immer möglich, einen großen Schritt in mehrere Teilschritte aufzugliedern, sodass Handlungsketten entstehen, die mehr oder weniger zwingend aufeinander aufbauen. […] Die Kunst der Stundenplanung besteht darin, die ‚richtigen' Einzelschritte vorzusehen und dann eine geschickte Abfolge der Einzelschritte hinzubekommen" (Meyer 2007, 34f.). Die unterschiedlichen Problem- und Aufgabenstellungen sind unter Berücksichtigung der jeweiligen Handlungsmuster und Sozialformen in eine zeitliche Ordnung zu bringen, um die je individuellen Lernprozesse der Schülerinnen und Schüler zu strukturieren. Dabei zeigen jedoch die o. g. Ausführungen, dass sich aus dem Schwierigkeitsgrad einer Aufgabe oder der Aneignungsweise eines Kindes noch nicht die Strukturierung des Unterrichts ableiten lässt. Die Festlegung der methodischen Grundstruktur, der Gestaltung der Unterrichtssituationen, geschieht immer vor dem Hintergrund zu formulierender Ziele (vgl. Kap. 4.2), der auszuwählenden Inhalte (vgl. Kap. 4.1) und Themensetzungen (vgl. Kap. 4.4) sowie der Auswahl der jeweiligen Vermittlungsmethoden (vgl. Kap. 4.3) und Evaluationsschritte (vgl. Kap. 4.6). Diese Überlegungen manifestieren sich in „unterschiedliche(n) Fragestellungen gegenüber dem Unterrichtsgegenstand, [so] dass unterschiedliche Lernakte vollzogen werden müssen, wenn der Lernprozess einen (relativen) Abschluss erreichen soll. Immer wenn die Fragestellung wechselt, ist eine andere Stufe erreicht. Jede Stufe hat eine eigene *didaktische Funktion* bzw. verfolgt eine eigene *didaktische Absicht*" (Glöckel u. a. 1992, 39f., Hervorhebungen im Original).

Die Planung und Durchführung von Unterricht folgt dabei jedoch Meyer zufolge immer einem Grundrhythmus, der in jedem Unterrichtsverlauf und in jeder Unterrichtsform als Dreischritt von *Einstieg, Erarbeitung* und *Ergebnissicherung* gekennzeichnet werden könnte (vgl. Meyer 2007, 70). Inhaltlich kennzeichnen sich die einzelnen Phasen in der Regel grob dadurch (vgl. Paradies 1998), dass zu Beginn die Vorkenntnisse von Schülerinnen und Schülern zu einem Inhalt erhoben werden, das Thema gemeinsam festgelegt wird und eine Fragehaltung hervorgerufen wird, um in der Erarbeitungsphase die jeweilige Aufgabe oder Problemstellung über je individuelle Zugänge zu bearbeiten und eine Lösung zu entwickeln, die im letzten Schritt allen präsentiert und gemeinsam diskutiert wird sowie eine Überprüfung des Lernerfolgs ermöglicht (Ergebnissicherung). Jede einzelne Unterrichtsphase, die letztlich auf den Grundrhythmus des Unterrichts zurückgeführt werden kann, weist Grzesik zufolge verschiedene strukturelle Merkmale auf, durch die sie in ihrer Zwecksetzung voneinander unterschieden werden können: Jede Unterrichtsphase ist durch ein spezifisches Ziel gekennzeichnet (Methoden- und/oder Inhaltsziel), die die Unterrichtsphase bestimmenden Faktoren werden nicht geändert, der Fokus liegt auf einer Handlungsart und die jeweiligen Phase beinhaltet mindestens einmal die ‚Grundform des Unterrichtsverlaufs'. „Er besteht aus Unterrichts- und/oder Methodenzielen, durch Lehrhandlungen erstellte externe Bedingungen für den Lernenden und auf diese Bedingungen reagierende Handlungen des Lernenden" (Grzesik 1979, 193). Den Prozessverlauf dieser Grundform kennzeichnet Grzesik als eine Abfolge von Handlungen, an der zu Beginn die Lehrkraft eine den Schülerinnen und Schülern notwendige fehlende Qualifikation als Mangel erkennt und daraufhin eine Aufgabe formuliert, die von diesen angenommen und versucht wird zu lösen. Die Lehrkraft beurteilt im Hinblick auf die zu erwerbende Qualifikation das Ergebnis der Schülerinnen und Schüler, die dieses Urteil zur Kenntnis nehmen und in Übereinstimmung mit der Lehrkraft das Ergebnis gemeinsam evaluieren. Auf diese Struktur lassen sich demzufolge alle Formen von (Sach-)Unterricht zurückführen, wenn dieser klar gegliedert ist und über sinnstiftende Problem- und Aufgabenstellungen gelenkt wird.

4.5.2 ‚Die Artikulation des Unterrichts' als allgemeindidaktische Fragestellung – Historische Bezüge

Als einer der ersten Pädagogen, der nachdrücklich die Stufung des Unterrichtsprozesses einforderte (siehe Eingangszitat) und durch sein Werk ‚Orbis pictus' auch einen großen Stellenwert in der Didaktik des Sachunterrichts hat, gilt *Johann Amos Comenius*. An zahlreichen Beispielen aus der Natur verdeutlichte er sein Anliegen, die Gestaltung von Unterrichtsprozessen diesen natürlichen Abläufen anzugleichen. Da die Natur immer wieder schrittweise vom Kleinen zum Großen, vom Einfachen zum Komplexen voranschreite, müsse auch die Darbietung des Unterrichtsstoffes diesem Muster folgen, um *allen* Kindern das Erlernen dieser Inhalte zu ermöglichen. Die Stufung des Unterrichts orientiert sich damit in erster Linie an der (natürlichen) Struktur der zu vermittelnden Inhalte und berücksichtigt dabei nicht lern- und entwicklungstheoretische Erkenntnisse.

Johann Friedrich Herbart vertrat dagegen das Anliegen, die Gestaltung von Unterricht aus wissenschaftstheoretischer Sicht systematisch zu begründen, um die Institution Schule zu stabilisieren und den Lehrkräften handlungsleitende Muster aufzuzeigen, die ihrem Unterricht eine begründete Struktur geben konnten. Er baute seine Ausführungen auf den beiden Annahmen auf, dass eine ethische Haltung das Ziel von Erziehung sei und die Psychologie darüber Auskunft gebe, wie der Lernweg von Kindern zu gestalten sei. Diese Struktur von Lernprozessen gestalte den Unterrichtsprozess, „nach dem man die Vorstellungen und damit das Seelenleben und den Willen formen kann" (Prange 1983, 98). Die Grundstruktur des Lernens besteht Herbart zufolge aus einem Wechsel von *Vertiefung* und *Besinnung*. Die Aufgabe der Lehrkraft ist es, diese Prozesse des Lernens im Unterricht deutlich voneinander abzugrenzen, zu ‚artikulieren' und so die Schülerinnen und Schüler in ihrem Lernprozess zu unterstützen. Dieser Konzeption von Unterricht liegt das Verständnis zugrunde, dass die Leistungen von Kindern schrittweise, auf einem sich kontinuierlich steigernden Niveau, voran gebracht werden. Die Gestaltung von Unterrichtssituationen im Sinne Herbarts fokussiert einseitig die lerntheoretische Durchdringung eines Inhalts. Die jeweilige Sachstruktur spielt für die Gestaltung dieses Unterrichts eine untergeordnete Rolle.

In ähnlicher Weise orientiert sich auch die Planungsstruktur von *Heinrich Roth* viele Jahre später an der Logik der Lernenden, mit der sie Gegenständen ihrer Umwelt begegnen. Ausgangspunkt für die Planung von Unterrichtsprozessen ist demzufolge die Frage: „Wie bringe ich den Gegenstand in den natürlichen Lebensumgang des Kindes, so dass sich dieses Interesse verfestigt? Wie mache ich den Gegenstand zu einem inneren Bedürfnis des Kindes, so dass es den Umgang mit ihm sucht?" (Roth 1965, 125). Zunächst ist also die Sachstruktur des zu erlernenden Inhalts dahingehend zu untersuchen, inwiefern dieser einen Anknüpfungspunkt für die Lebenswelt des Kindes bietet, um daran anschließend diesen als menschliches Kulturgut begreifbar zu machen, das erlernt werden soll. In dem Bemühen, in der Vielfalt von individuellen Lernwegen das Gemeinsame eines Lernprozesses zu bestimmen, entfaltet Roth unter Berücksichtigung, dass Lernen auf drei verschiedenen Wegen erfolgen kann (1. unbewusste Lernprozesse, in denen in Realsituationen Probleme gelöst werden, ohne diese weiter zu reflektieren; 2. bewusste Lernprozesse, in denen sich der Lernende bewusst mit einem Problem auseinandersetzt und 3. Lehrsituationen, in denen eine Lehrkraft einen Ler-

nenden mit dem Ziel der Belehrung vor ein zu lösendes Problem stellt), folgende Planungsstruktur:
1. Phase: ‚Stufe der Motivation'
2. Phase: ‚Stufe der Schwierigkeit'
3. Phase: ‚Stufe der Lösung'
4. Phase: ‚Bewährung der Lösung'
5. Phase: ‚Stufe des Behaltens und Einübens'
6. Phase: ‚Stufe des Bereitstellens, der Übertragung und der Integration des Gelernten'.
Ähnlich wie die Formalstufentheorie der Herbartianer findet auch diese Planungsstruktur Eingang in die Ausbildung von Lehrkräften und wird in den 1960er und 70er Jahren stark rezipiert. Obgleich sich Roth auch mit der Struktur der zu erlernenden Inhalte auseinandersetzt und insbesondere der originalen Begegnung mit Gegenständen eine große Bedeutung beimisst, liegt der Fokus seiner Planungsstruktur auf einer „Deduktion der Lehr-Logik aus der Lern-Logik" (Meyer 1987a, 184), in der die von den Schülerinnen und Schülern zu lösenden Probleme im Mittelpunkt des Unterrichts stehen. Auch diesem Modell liegt der Fortschrittsgedanke zugrunde, demzufolge der Lernprozess von Schülerinnen und Schülern auf ein immer höheres Niveau der Leistung zu führen ist.
Die aufgezeigten Modelle spiegeln die Bemühungen wider, allgemeine Richtlinien zu formulieren, die eine Antizipation und Gestaltung von Unterrichtssituationen erleichtern und eine Durchdringung dieses komplexen Gefüges für den Alltag der Lehrkraft handhabbar machen.

4.5.3 Unterrichtssituationen im Sachunterricht
Die Diskussionen und Überlegungen der allgemeinen Didaktik um die Gestaltung von Unterrichtssituationen finden sich parallel in der Didaktik des Sachunterrichts wieder. Bei Comenius beginnend, steht zunächst die Natur der Sachen als handlungsleitende Maxime im Fokus, die in der originalen Auseinandersetzung mit den Sachen zum Ausgangspunkt des Unterrichts zu machen ist.
Die Gestaltung von Unterrichtssituationen in den Konzeptionen der Heimatkunde hingegen folgt sachstrukturellen und lerntheoretischen Prinzipien wie u. a. den konzentrischen Kreisen vom Nahen zum Fernen. In diese Zeit fällt aber auch die Konzeption Ilse Lichtenstein-Rothers zum Sachunterricht im Anfangsunterricht, der in drei Stufen zu erfolgen hat: *Sachbegegnung*, *Sachdurchdringung* und *Sachverarbeitung*. In Anlehnung an Roth steht die originale Begegnung mit den Gegenständen im Vordergrund, deren Erkundung insbesondere durch kindgemäße Erfahrungsformen geleitet wird. Somit erfolgt die Gestaltung von Unterrichtssituationen in erster Linie nach lerntheo-

retischen Erkenntnissen, orientiert an den subjektiven Bedürfnissen der Lernenden. Die Betonung des Heimatgedankens als wesentlicher Bildungsinhalt und strukturierendes Unterrichtselement tritt hier zurück.

In den 1970er Jahren werden in Folge der Ausführungen des Strukturplans des Deutschen Bildungsrates Konzeptionen für den Sachunterricht entwickelt, die sich in der Gestaltung von Unterrichtssituationen an den Wissenschaften (insbesondere den Naturwissenschaften) orientierten. „Die Wissenschaftsorientiertheit von Lerngegenstand und Lernmethode gilt für den Unterricht auf jeder Altersstufe. Es wird eine vordringliche Aufgabe der didaktischen Forschung sein, den für das jeweilige Lebensalter und den geistigen Entwicklungsstand förderlichsten Grad aufzufinden und einen entsprechenden Modus der Vermittlung zu entwickeln" (Deutscher Bildungsrat 1970, 33).

Der Grundrhythmus von *Einstieg – Erarbeitung – Ergebnissicherung* wird, wie eingangs gezeigt, durch die stimmige Gestaltung von Unterrichtssituationen in einen ‚Spannungsbogen' überführt mit dem Ziel, dass „der *gedankliche Fortgang* auch vom Schüler überschaubar, folgerichtig, ohne Sprünge, Lücken und Brüche empfunden [wird], so dass jeder Teilschritt den nächsten ‚motiviert', d. h. sinnvoll und notwendig macht und erst dadurch verständnisvolle und aktive Mitarbeit ermöglicht" (Glöckel u. a. 1992, 46, Hervorhebung im Original). Ähnlich wie Hausmann (vgl. 1959) bezeichnet Kahlert diese Strukturierung des Unterrichts als ‚Dramaturgie der Sachbegegnung', die dazu beiträgt, „die Einzelaktivitäten der Akteure (Schüler, Lehrer) im Rahmen eines notwendigerweise begrenzten Zeitraums sinnvoll aufeinander zu beziehen" und die Frage zu beantworten, „was, wann und warum geschehen soll" (Kahlert 2005, 212). Die jeweiligen Schritte zur Gestaltung der einzelnen Unterrichtssituationen und ihr Arrangement in ein komplexes, stimmiges Gefüge seien dabei auch als Gütekriterien für die Beurteilung des Unterrichts zu sehen (vgl. ebd., 214).

Die Gliederung einer Unterrichtsstunde in Einstieg, Erarbeitung und Ergebnissicherung sagt demzufolge aber noch nichts darüber aus, „*welche* Handlungsmuster im Unterricht ausgewählt werden sollen und *wann* die Gliederung sinnvoll bzw. richtig und wann sie ungeschickt bzw. falsch ist. Die Antwort auf diese Frage kann nur dann gegeben werden, wenn es gelungen ist, Ziele, Inhalte und Methoden des Unterrichts ‚auf einen Nenner zur bringen', wenn also eine *innere Folgerichtigkeit* der vielen Einzelschritte hergestellt worden ist" (Meyer 1987b, 109, Hervorhebungen im Original).

4.5.4 Zur Antizipation und Gestaltung des ‚methodischen Ganges' in Sachlernprozessen

Das Arrangement einzelner Unterrichtssituationen zu einem stimmigen Gesamtgefüge setzt sich Meyer zufolge aus einer gelungenen Übereinstimmung des ‚äußerlich beobachtbaren Stundenverlaufs', der in ‚Sekunden, Minuten, Stunden, Tagen oder Wochen gemessen werden kann' (vgl. Meyer 1987a, 130, Meyer 1987b, 109) mit der inneren Struktur des Unterrichts zusammen, die „sich aus der Folgerichtigkeit der miteinander verknüpften Unterrichtsschritte" (Meyer 1987a, 130) ergibt. Diese ‚innere Folgerichtigkeit' eines Unterrichtsverlaufs wird bestimmt durch die Sachstruktur des jeweiligen Themas und den angenommenen bzw. empirisch erhobenen Lerngesetzmäßigkeiten der Schülerinnen und Schüler allgemein und zum jeweiligen Sachverhalt sowie den jede Phase bestimmenden Lernzielen der Lehrkräfte und Handlungszielen der Schülerinnen und Schüler.

Zunächst gilt es, den Unterrichtsinhalt so aufzubereiten, dass Schülerinnen und Schüler ihn sich aneignen können. „Sein sinnvoll geordnetes, gegenständliches Gefüge [muss] in eine zeitliche Abfolge seiner Momente" (Sünkel 1996, 72) umgeformt werden. Forschungen über Lerngesetzmäßigkeiten und Vorstellungen von Schülerinnen und Schülern zu Unterrichtsinhalten und -themen können die Strukturierung einer Sache für die Gestaltung von Unterrichtssituationen erleichtern, da sie Einblicke geben, in welcher Weise komplexe Sachverhalte angeeignet werden, welche Aspekte eines Inhalts möglichen Unterrichtszielen entgegenstehen können (vgl. Kap. 4.1 sowie Schomaker 2007). In ähnlicher Weise formulieren auch Kompetenzmodelle die schrittweise Entwicklung von Lernleistungen in Bezug auf die jeweiligen fachlichen Ziele eines Unterrichtsfaches (vgl. für den Sachunterricht Giest, Hartinger & Kahlert 2008). Die Auseinandersetzung mit der Komplexität einer Sachstruktur und Modellen, die die Kompetenzen von Schülerinnen und Schülern als hierarchisch geordneten Erwerbsprozess ordnen, fördern die Planung und Gestaltung von Unterrichtssituationen dahingehend, „den Schwierigkeitsgrad [der] Stundenplanung einzuschätzen und die Lernziele realistisch zu planen [sowie] während des Unterrichtens flexibel auf unerwartete Lernbarrieren einzugehen" (Meyer 2007, 160). Der so dargelegten Lernlogik, die der Aneignung einer Sache zu Eigen ist, folgt Unterricht jedoch nicht: „Die Kompetenzentwicklung ist also niemals identisch mit dem Unterrichtsverlauf. Sie wird im Unterrichtsprozess angeregt, aber sie kann sprunghaft ablaufen, sie kann auch über längere Zeit auf einem Plateau verweilen, Umwege und manchmal auch Irrwege gehen und dennoch zum Ziel kommen" (ebd., 161). Es gilt also, „eine optimale Strukturierung des Lehrstoffs vorzunehmen und gleichzeitig Fragen, Aufgaben und Problemstellungen vorzusehen sowie widersprüchliche und konflikthaltige Sachverhalte deutlich zu machen, die das selbständige Entdecken stimulieren" (Einsiedler 1996, 175). Die hier aufgeführten, für die Gestaltung der Unterrichtssituationen notwendigen Aspekte werden unter dem zentralen ‚Gestaltungsgedanken' des Unterrichts zusammengeführt. Dieser folgt verschiedenen Linienführungen, die sich durch die Zusammenführung der Ziel-, Inhalts-, Sozial- und Handlungsstrukturen einer Stunde in der Dramaturgie der Sachbegegnung ergeben. Meyer differenziert hier zwischen einer *Inhalts-*, *Prozess-* und *sozialkommunikativen Linie*, die das Unterrichtsgeschehen ineinander verwoben bestimmen:

„Inhaltslinien:
o *Konkret-abstrakt:* Die Linienführung kann vom Abstrakten zum Konkreten oder umgekehrt vom Konkreten zum Abstrakten führen.
o *Komplexitätslinie:* Die Linienführung kann vom Einfachen zum Komplizierten oder umgekehrt verlaufen (wobei das logisch Einfache nicht unbedingt das psychologisch Einfache ist).
o *Klarheitslinie:* Sie kann vom Eindeutigen zum Zweideutigen, von der Gewissheit zur Ungewissheit führen oder umgekehrt.

Sozial-kommunikative Linien:
o *Lenkungslinie*: Der Unterricht kann mit einer hohen Lehrerdominanz beginnen und mit einer entsprechend hohen Schüleraktivität enden; er kann umgekehrt von der Selbsttätigkeit der Schüler zur lehrerzentrierten Ergebnissicherung führen.
o *Vertrautheitslinie:* Die Linienführung kann vom Vertrauten zum Fremden verlaufen und umgekehrt.
o *Provokation/Versöhnung:* Sie kann mit einer Konfrontation beginnen und mit einer Versöhnung enden. […]

Prozesslinien:
o *Deduktiv-induktiv-abduktiv:* Die Linienführung kann deduktiv sein (von einer grundsätzlichen Klärung des Unterrichtsthemas zu vielfältigen Beispielen und Anwendungen fortschreitend). Sie kann induktiv sein (aus Einzelheiten und konkreten Anwendungen zu den zugrunde liegenden allgemeinen Gesetzmäßigkeiten vordringend). Und die Linienführung kann abduktiv sein (aus vorliegenden deduktiv-induktiven Schlüssen schöpferische Schlussfolgerungen ziehen).
o *Linear oder zyklisch:* Die Linienführung kann linear oder kreisend (zyklisch) sein; sie kann spiralförmig angelegt sein, also immer wieder gleiche Themenstellungen auf jeweils höheren Kompetenzniveaus aufarbeiten.

o *Zerlegen – Konstruieren:* Die Linienführung kann synthetisierend (also viele Teile zu einem Ganzen zusammensetzend) oder analysierend (also das Ganze in seine Teile zergliedernd) sein. [...]" (Meyer 2007, 208f.). Abhängig von der Ziel- und Inhalts- bzw. Themenfestlegung für die Unterrichtsstunde oder -einheit sei die methodische Linienführung zu bestimmen und mit Hilfe ‚didaktischer Phantasie' auszugestalten.

4.5.5 Beispiel einer Gestaltung von Unterrichtssituationen der Einheit „Das Handy in der Lebenswelt von Kindern"

Unter Berücksichtigung der in den vorangegangenen Beiträgen formulierten Bildungsinhalte und Unterrichtsthemen sowie der zu verfolgenden Lernziele für die Unterrichtseinheit ‚Das Handy in der Lebenswelt von Kindern' wird nachstehend beispielhaft eine mögliche Gestaltung von Unterrichtssituationen dargestellt. Um den Prozess der Antizipation eines ‚methodischen Ganges' in Sachlernprozessen zu verdeutlichen, werden im Folgenden die Struktur einer möglichen Linienführung des Unterrichtsgeschehens und beispielhafter Unterrichtssituationen nachgezeichnet. Bezogen auf die von Meyer formulierten Linienführungen des Unterrichts ergibt sich in Bezug auf die technische und soziologische Perspektive unter Berücksichtigung der formulierten Lernziele eine inhaltliche Struktur, die zunächst darauf abzielt, dass die Schülerinnen und Schüler die Nutzungsmöglichkeiten des Handys kennen lernen und hiervon ausgehend eine gezielte Auswahl treffen zu können, um das Handy in ihrem Alltag sinnvoll einzusetzen

Beispiele für Unterrichtssituationen zum Thema: Wie sollte ich mein Handy nutzen?' – Gesellschaftliche Normen im Umgang mit dem Handy kennen und verstehen lernen

Einstiegssituation: Die Lehrkraft schildert folgende Begebenheit: In einem Zugabteil sitzen mehrere Personen. Auf einmal klingelt bei einer Frau das Handy. Sie nimmt das Gespräch an und bespricht mit dem Menschen am anderen Ende der Leitung den Arbeitsplan für die nächste Woche. Schließlich unterhalten sie sich über eine andere Kollegin. Die anderen Mitreisenden im Zugabteil können dem Gespräch folgen, einige scheinen interessiert zuzuhören. Plötzlich springt ein Mann auf und ruft: „Mich interessiert überhaupt nicht, warum Sie die Bluse Ihrer Kollegin nicht mögen! Hören Sie sofort auf zu telefonieren!"
Es folgt ein Gespräch im Klassenverband über die Verhaltensweise von Mann und Frau (Warum verhalten sich die beiden so? Wer hat mit seinem Verhalten Recht?)
Erarbeitungssituation/Vertiefungsphase: Die Lehrkraft zeigt den Schülerinnen und Schülern ein Schild, das wie ein Verkehrsschild die Nutzung von

Handys verbietet: Wo, in welcher Situation könnte ein solches Schild hängen? Die Schülerinnen und Schüler formulieren in Partnerarbeit verschiedene (Lebens-)Situationen, kennzeichnen Räume, in denen die Nutzung eines Handys verboten ist.

Mögliche Linienführungen des Unterrichts
Inhaltslinie: Sie führt von einer *konkreten* Situation (Gespräch im Zug) zu der Formulierung von *allgemeinen* Regeln zur Nutzung des Handys im öffentlichen Raum.
Sozial-kommunikative Linie: Die Lenkung des Unterrichtsgeschehens beginnt mit einem Demonstrationsbeispiel durch die Lehrkraft und schließt mit der Formulierung und Umsetzung im Rollenspiel von allgemein anerkannten Regeln zur Handynutzung durch die Schülerinnen und Schüler.
Prozesslinie: Das Unterrichtsgeschehen verläuft induktiv (von einem konkreten Beispiel einer Situation zur Handynutzung im Alltag zur Formulierung allgemein verbindlicher Regeln); die Umsetzung der individuellen Lösungsvorschläge der Schülerinnen und Schüler im Rollenspiel zeigt auch abduktive Züge.

4.5.6 Schluss
Um Situationen in Sachlernprozessen zu antizipieren und zu gestalten, damit Lernprozesse angeregt und strukturiert werden können, gilt es demzufolge, Phasen der Aneignungstätigkeit von Schülerinnen und Schülern und der Lenkung durch die Lehrkraft in ein stimmiges Verhältnis zu bringen.
Dieses ist der Vorbereitung und Planung von Unterricht nicht bis zum Schluss zugänglich, denn individuelle Lernprozesse sind nicht planbar und werden von auch von unvorhergesehenen Ereignissen und Umständen beeinflusst. Dennoch ist der Unterrichtsverlauf in Bezug auf seine innere und äußere Stimmigkeit zu durchdringen, um begründet Unterrichtssituationen einzurichten.

Literatur
Bönsch, M. (1965): Situationen im Unterricht. Ihre Gestalt und ihre Gestaltungsfaktoren. Ratingen: A. Henn Verlag
Comenius, J. A. (1657/1960): Große Didaktik, hrsg. von A. Flitner. Düsseldorf, München: Helmut Küpper
Copei, F. (1960): Der fruchtbare Moment im Bildungsprozess. Heidelberg: Quelle & Meyer
Deutscher Bildungsrat – Empfehlungen der Bildungskommission (1970): Strukturplan für das Bildungswesen. Verabschiedet auf der 27. Sitzung der Bildungskommission am 13. Februar 1970. Bonn: Bundesdruck
Einsiedler, W. (1996): Wissensstrukturierung im Unterricht. Neuere Forschung zur Wissensrepräsentation und ihre Anwendung in der Didaktik. In: Zeitschrift für Pädagogik, 2, 167–192

Giest, H.; Hartinger, A. & Kahlert, J. (2008): Kompetenzmodelle im Sachunterricht. Forschungen zur Didaktik. Band VII. Bad Heilbrunn: Klinkhardt

Glöckel, H.; Dreschner, R.; Rabenstein, R. & Kreiselmeyer, H. (1992): Vorbereitung des Unterrichts. Bad Heilbrunn: Klinkhardt

Grzesik, J. (1979): Unterrichtsplanung. Eine Einführung in ihre Theorie und Praxis. Heidelberg: Quelle & Meyer

Hausmann, G. (1959): Didaktik als Dramaturgie des Unterrichts. Heidelberg: Quelle & Meyer

Helmke, A. (2003): Unterrichtsqualität erfassen, bewerten, verbessern. Seelze: Kallmeyer

Kahlert, J. (2005): Der Sachunterricht und seine Didaktik. Bad Heilbrunn: Klinkhardt

Lauterbach, R.; Tänzer, S. & Zierfuß, M. (2003): Das Lernen im Sachunterricht lehren lernen. In: Cech, D. & Schwier, H.-J. (Hrsg.): Lernwege und Aneignungsformen im Sachunterricht. Bad Heilbrunn: Klinkhardt, 217–236

Meyer, H. (1987a): Unterrichtsmethoden I: Theorieband. Frankfurt/Main: Cornelsen Scriptor

Meyer, H. (1987b): Unterrichtsmethoden II: Praxisband. Frankfurt/Main: Cornelsen Scriptor

Meyer, H. (2007): Leitfaden Unterrichtsvorbereitung. Berlin: Cornelsen Scriptor

Möller, K.; Jonen, A.; Hardy, I. & Stern, E. (2002): Die Förderung von naturwissenschaftlichem Verständnis bei Grundschulkindern durch Strukturierung der Lernumgebung. In: Zeitschrift für Pädagogik. 45. Beiheft: Bildungsqualität von Schule, 176–191

Paradies, L. (1998): Die Herstellung von Unterrichtssituationen. In: Schulmagazin 5 bis 10, 5, 4–7

Prange, K. (1983): Bauformen des Unterrichts. Eine Didaktik für Lehrer. Bad Heilbrunn: Klinkhardt

Roth, H. (1965): Pädagogische Psychologie des Lehrens und Lernens. Hannover: Schroedel

Schomaker, C. (2007): Der Faszination begegnen. Didaktische Relevanz ästhetischer Zugangsweisen im Sachunterricht für alle Kinder. Oldenburg: DIZ

Sünkel, W. (1996): Phänomenologie des Unterrichts. Grundriss der theoretischen Didaktik. Weinheim, München: Juventa

4.6 Sachunterricht evaluieren und Ergebnisse beurteilen

von Frauke Grittner

„*Das Ergebnis der Kontrolle [gemeint ist hier die Lernzielkontrolle, FG] muß als Diagnose und Prognose von Lernleistungen in das Bewusstsein des Lernenden zur Verbesserung seines Lernverhaltens und in das Bewusstsein des Lehrenden zur Verbesserung seines Lehrverhaltens zurückfließen*" (Deutscher Bildungsrat, 1970, 87f.).

Wäre der Begriff der Evaluation bereits 1970 in dem Maße in der pädagogischen Diskussion eingeführt gewesen, wie dies seit etwa den 1990er Jahren der Fall ist, hätten die Autorinnen und Autoren der Bildungsempfehlungen ihn sicher an dieser Stelle benutzt. Die Erläuterung, was unter dem Begriff Evaluation in pädagogischen und damit auch sachunterrichtsdidaktischen Kontexten zu verstehen ist, macht dies zu Beginn des folgenden Beitrages deutlich. Es folgen Überlegungen zur Durchführung der Evaluation durch Lehrkräfte und Lernende. Abschließend werden Vorschläge für Evaluationsverfahren im Sachunterricht anhand eines ausgewählten Unterrichtsbeispiels gemacht.

4.6.1 Was heißt „evaluieren" und was kann im Sachunterricht evaluiert werden?

Der Begriff „Evaluation" wird in pädagogischen Zusammenhängen oft als Synonym für Bewertung verwendet. Dem folgenden Beitrag liegt jedoch ein umfassenderes Verständnis von Evaluation zugrunde, bei dem neben dem Feststellen von Sachverhalten die wertende Interpretation der erhobenen Fakten besonders betont wird und als Ziel der Evaluation angesehen wird, zukünftige Entscheidungen aufgrund dieser Bewertung zu optimieren (vgl. Wottawa 2006).

Wie das Zitat eingangs schon aufzeigt, kann Evaluation von Unterricht zwei Schwerpunkte haben, die jedoch miteinander verzahnt sind: Zum einen kann die Feststellung, Bewertung und Verbesserung der Lernprozesse und -produkte der Schülerinnen und Schüler im Blickpunkt stehen, zum anderen kann sich die Evaluation auf den Lehrerfolg der Lehrkraft beziehen. Diese Verzahnung zeigt sich bei der Unterrichtsplanung: Eine sinnvolle Unterrichtsplanung erfordert, dass die Lehrkraft die Lernvoraussetzungen (vgl. Kap. 3.2), den Könnensstand und mögliche Defizite der Kinder kennt. Darauf aufbauend kann sie didaktische Entscheidungen wie z.B. die Auswahl der Inhalte (vgl. Kap. 4.1), der Ziele (vgl. Kap. 4.2), der Methoden (vgl. Kap. 4.3) sowie der Medien und Differenzierungsmaßnahmen, besonderer Hilfestellungen und zusätzlicher Anregungen (vgl. Kap. 4.5) treffen (Klafki 1994; Jürgens 2005). Diese haben wiederum Auswirkungen auf die Tätigkeiten, Lernprozesse und -produkte der Schülerinnen und Schüler, welche mit der Evaluation überprüft werden können. Die didaktischen Entscheidungen selbst sollten aber auch Gegenstand der Evaluation sein, um feststellen zu können, ob sie richtig getroffen wurden. Dies geschieht durch einen kriteriengeleiteten Abgleich zwischen den didaktischen Entscheidungen, die vor dem Unterricht getroffen wurden und dem daraus folgenden tatsächlichen Ablauf des Unterrichts.

Die Ziele der Evaluation gehen einher mit den Zielen der pädagogischen Funktion von Leistungsbewertung, die – im Gegensatz zur gesellschaftlichen, auf Selektion abzielenden Funktion – ebenfalls die Verbesserung des Lernens in den Blick nimmt. Dabei wird Schulleistung im Sinne von Heid (1992) als Abstraktum verstanden. Das heißt, eine Tätigkeit oder das Ergebnis einer Tätigkeit wird erst zu einer Leistung, wenn entschieden wird, sie unter leistungsthematischen Aspekten zu betrachten. In diesem Schritt wird die Leistung ermittelt. Nach dieser Entscheidung wird ein Maßstab angelegt, mit dem die Quantität bzw. Qualität der Aktivitäten und ihre Ergebnisse bzw. auch Prozesse und Produkte bewertet werden können: Die Leistung wird bewertet (vgl. Heid 1992; Jürgens 2005).[1]

Die Entscheidungen, welche Prozesse und Produkte als Leistung in der Schule betrachtet werden und welche Maßstäbe für die Bewertung angelegt werden, sind normativen Kriterien unterstellt, d.h. sie sind veränderbar (vgl. ausführlicher hierzu Grittner 2009). Aktuell werden sie zumeist durch die Zielsetzungen der Fächer und administrative Papiere (z.B. Lehrpläne) bestimmt. Auf dieser Grundlage trifft die einzelne Lehrkraft die Entscheidung, welche Tätigkeiten und Ergebnisse sie als Leistung in ihrem Unterricht ansehen will. Dies ist eng verknüpft mit der Auswahl der Ziele (vgl. Kap. 4.2).

Auf das Fach Sachunterricht bezogen stellt sich die Frage, was denn evaluiert werden soll bzw. was als zu bewertende Leistung im Sachunterricht angesehen werden kann. Dies macht es erforderlich, einen Blick auf die derzeitige Diskussion um Kompetenzen, die die Schülerinnen und Schüler erwerben bzw. ausdifferenzieren sollen, zu richten, da aus dieser Diskussion Konse-

---

[1] Leistungsermittlung und Leistungsbewertung können also voneinander getrennt erfolgen. Zeitweise fallen die Schritte Ermittlung und Bewertung eng zusammen, z.B. bei der spontan bewertenden Reaktion einer Lehrperson auf die Äußerung einer Schülerin oder eines Schülers (vgl. Jachmann 2003).

quenzen für die Evaluation der Lehr- und Lernprozesse sowie Unterrichtsprozesse und -ergebnisse erwachsen. Kompetenzen werden zumeist in die Bereiche Sach-, Methoden-, Personal- und Sozialkompetenz unterteilt, wobei die Sach- und die Methodenkompetenz im Sachunterricht eng verzahnt sind. Da diese vier Bereiche die Aufgaben von Erziehung und Schule aus bildungstheoretischer Sicht nicht umfassend genug abbilden, wird von Benner (2007) vorgeschlagen, sie um die Urteilskompetenz und Partizipationskompetenz zu ergänzen. Mit Blick auf die Zielsetzung des Sachunterrichts, Schülerinnen und Schüler dabei zu unterstützen, ihre Umwelt zu erschließen und zu verstehen und dabei zunehmend eigenverantwortlich handeln zu können (vgl. Köhnlein 2007), ist diese Ergänzung durchaus sinnvoll, denn „Urteilskompetenz meint [...] die Fähigkeit, alltägliche Welterfahrungen mit Hilfe von im Unterricht erworbenem Wissen klären und interpretieren zu können, Partizipationskompetenz die Fähigkeit, solche Deutungen in außerunterrichtliche Diskurse und Verständigungsprozesse einbringen zu können" (Benner 2007, 135).

Wenngleich diese vier bzw. sechs Kompetenzbereiche als Ziele sachunterrichtlichen Handelns weitgehend akzeptiert werden (vgl. dazu auch Faust & Dürr 2007 sowie Pech & Rauterberg 2007), ist ihre Übernahme als Gegenstand der Evaluation in der Praxis nicht so leicht umsetzbar. Die Beschreibung der Kompetenzniveaus für die verschiedenen Domänen des Sachunterrichts (z.B. historisches Lernen, technisches Lernen) steht noch am Anfang, und die Erlangung der Kompetenzen in den sechs Bereichen ist zum Teil schwer zu operationalisieren. Dadurch wird es für Lehrkräfte schwierig zu bestimmen, inwieweit bestimmte Kompetenzen bei den Schülerinnen und Schülern ausgeprägt sind, und dementsprechende Fördermaßnahmen einzuleiten. Am besten greifbar erscheinen hier die Bereiche der Sach- und der Methodenkompetenz. Wird hierauf bei der Unterrichtsplanung und -evaluation der Schwerpunkt verlagert, werden aber möglicherweise wichtige Zielbereiche des Sachunterrichts ausgeblendet und ggf. vernachlässigt (vgl. Giest, Hartinger & Kahlert 2008, 172).

Beschreibungen für Ausprägungen der Personal- und Sozialkompetenz fehlen zurzeit weitgehend in der sachunterrichtsspezifischen Literatur. Es gibt jedoch Bemühungen engagierter Kollegien, die eigene Stufenmodelle für diese Kompetenzbereiche entwerfen, wie z.B. die Schweizer Tagesschule Brünigen[2] (vgl. www.tagesschulebruenigen.ch).

---

[2] Entsprechend den Anforderungen vor Ort sind die Begriffsschwerpunkte anders gesetzt. So findet man Aspekte der Personalkompetenz (im Verständnis dieses Beitrages) in dem Raster unter dem Begriff Sozialkompetenz.

Weiterhin gilt es bei der Evaluation von Lehr- und Lernprozessen sowie Unterrichtsergebnissen zu bedenken, dass wichtige Lernziele wie z.B. die Ausprägung von Haltungen und Einstellungen erst außerhalb der Schule wirksam werden und evtl. auch erst langfristig zum Tragen kommen (z.B. Ziele der Medien- oder Verkehrserziehung). Sie sind daher für eine Evaluation im Unterricht nur schwer greifbar. Auch ist kritisch zu reflektieren, inwieweit Bereiche der angestrebten Kompetenzen überhaupt durch schulischen Unterricht initiiert bzw. maßgeblich verändert werden können und nicht schon durch Vorerfahrungen der Kinder im außerschulischen Bereich determiniert sind (z.B. Aspekte der Personalkompetenz wie Zuversicht in eigene Fähigkeiten). Sind diese Bereiche jedoch Ziel des Unterrichts und damit Evaluationsgegenstand, sollte ihnen auch von den Lehrkräften entsprechende Bedeutung zugemessen und so möglicherweise Fehlentwicklungen entgegengewirkt werden (vgl. Grittner 2007; Faust 1997).

4.6.2 Wer evaluiert?
Im Hinblick auf die Evaluation von Lehr- und Lernprozessen sowie Unterrichtsverläufen und -ergebnissen scheint es naheliegend, dass die Lehrkräfte selbst Informationen über die Auswirkungen unterrichtlichen Handelns erheben, auswerten, beurteilen und daraus anschließende Konsequenzen zur Verbesserung des weiteren Vorgehens im Unterricht ziehen. Diese Aufgabe kann jedoch, zumindest in Teilen, auch von den Schülerinnen und Schülern selbst übernommen werden. Denkbar ist auch eine externe Evaluation, z.B. im Rahmen von Vergleichsstudien (vgl. dazu Lankes 2007), die aber für die tägliche Unterrichtsplanung weniger Bedeutung haben (außer in ihrer eher unerwünschten Auswirkung „teaching to the test") und deshalb hier nicht thematisiert werden.
Die Evaluation von Unterricht ist eine komplexe Aufgabe, die vielfältige Anforderungen an die Lehrkräfte stellt und verschiedenen Problemfeldern unterworfen ist. Zunächst einmal ist es wichtig, dass Lehrerinnen und Lehrer einer Evaluation gegenüber offen sind. Hierzu gehört die Überzeugung, dass die Gestaltung des Unterrichts sich auf die Leistungen der Lernenden auswirkt und nicht auf mehr oder minder unveränderbare Eigenschaften der Lernenden (z.B. Intelligenz oder Migrationshintergrund) zurückgeführt wird. Eng damit verknüpft ist die Bereitschaft, als Lehrkraft die Verantwortung für das Gelingen oder Misslingen einer Unterrichtsplanung zu übernehmen und die Ursachen für Erfolg oder Misserfolg bei sich und seinen Entscheidungen und weniger bei den Schülerinnen und Schülern zu suchen (Klafki 1994; Jürgens 2005; Sacher 2001). Ebenso ist die Überzeugung der Lehrkraft wichtig, dass die Feststellung und Bewertung von Leistungen und Unterrichtsergebnissen für die Schülerinnen und Schüler als konstruktiver und produktiver

Akt wahrgenommen wird und nicht allein als angstbesetzte Stresssituation, die ggf. sogar zu einem Leistungsabfall führt. Dass diese Einstellungen in der Praxis nicht vorausgesetzt werden können, zeigt die Studie von Hochstetter (2009). Daher ist es wichtig, dass Lehrkräfte sich ihrer Einstellung gegenüber Leistungsbewertung und Evaluation klar werden und diese im günstigen Fall als einen konstruktiv-positiven Teil des Unterrichtsprozesses erkennen und nutzen.

Eine ebenfalls wichtige Anforderung an Lehrkräfte ist die Kenntnis der hinlänglich bekannten Probleme, die in Beobachtungs- und Bewertungssituationen auftreten können (vgl. z.B. Jürgens 2005; Sacher 2001), sowie die Handhabung von Maßnahmen, mit denen diese Probleme abgemildert werden können. Die Problemfelder entstehen zum Teil dadurch, dass sich die Bewertenden von ihren Vorannahmen leiten lassen und nicht das beobachtete Verhalten an sich beurteilen. So muss z.B. die routinierte Nutzung eines Mobiltelefons nicht zwingend mit dem Verständnis seiner Funktion verbunden sein, und bislang fehlendes Interesse an zuvor behandelten technischen Themen muss sich nicht bei allen Themen dieser Domäne wiederholen. Hier ist die bewusste Trennung zwischen wertfreier Beobachtung und erst anschließender Bewertung wichtig (vgl. dazu auch die Trennung von Leistungsfeststellung und Leistungsbewertung in Abschnitt 4.6.1). Gezielte Dokumentationsmethoden wie z.B. kriteriengeleitete Beobachtungsbögen können die Beeinflussung der Wahrnehmung auffangen; grundlegend ist jedoch ein entsprechendes Problembewusstsein der Lehrkräfte (vgl. Hochstetter 2009).

Auch gilt es für Lehrkräfte, sich bewusst zu machen, ob sie mit ihrem Unterricht vielfältige Zielsetzungen anstreben und ihnen die Feststellung verschiedener Zielbereiche wichtig ist, oder ob es persönliche Tendenzen gibt, denen gegenzusteuern wäre. Die Studie von Wagener (2003) zeigt, dass bestimmte Lehrkräfte dazu tendieren, mehr Rückmeldungen zum kognitiven Bereich als zum Bereich des Arbeits- und Sozialverhaltens zu geben.

Wenn feststeht, welche Aspekte des Lehr-Lern-Prozesses evaluiert werden sollen, stehen die Lehrkräfte vor der Anforderung zu entscheiden, welche Ausprägungen des Prozesses bzw. welche Leistungen der Lernenden wünschenswerter sind als andere. Für einige Lernbereiche des Grundschulunterrichts sind solche Entscheidungen relativ einfach zu treffen. So liegen z.B. für den Schriftspracherwerb Entwicklungsstufen vor, deren Phasen mit ausgewählten Aufgabenstellungen festgestellt werden können (vgl. Landesinstitut für Schule und Medien in Brandenburg 2004). Solche expliziten Maßstäbe sind jedoch für den Sachunterricht in der Literatur kaum zu finden.

Dennoch gibt es Hilfestellungen zur Entwicklung solcher Maßstäbe in unterschiedlichen Ausdifferenzierungen: Eine Form bietet die Beschreibung von

Verhaltensweisen, die Schülerinnen und Schüler zeigen, wenn sie eine bestimmte Kompetenz erreicht haben. Jedoch fehlen hier die Beschreibungen von Verhaltensweisen auf dem Weg zu dieser zu erreichenden Kompetenz. So beschreibt z.B. der Perspektivrahmen der Gesellschaft für Didaktik des Sachunterrichts (GDSU 2002) die Verhaltensweisen, „einen Versuch (nach einem Vorbild, einer Anleitung) aufbauen, in Gang setzen, verbessern" zu können, als ein Zeichen für Kompetenzerwerb. Mögliche Verhaltensweisen von Kindern, die gerade im Begriff sind, es zu lernen, Versuche aufzubauen und durchzuführen, werden jedoch nicht angeführt. Um für die Evaluation nutzbar zu sein, erfordert diese Art der Hilfestellung fundierte Kenntnisse der Lehrerinnen und Lehrer hinsichtlich der fachlichen Zusammenhänge (z.B. Entwurf von Experimenten zur Überprüfung von Eigenschaften der Luft) und hinsichtlich entwicklungs- und lernpsychologischer Zusammenhänge, um die Entwicklung von Denkstrukturen und Konzepten (z.B. Entwicklung von physikalischen Konzepten, Kartenverständnis, moralischen Urteilens) einschätzen zu können. Nach der Feststellung und Bewertung des jeweiligen Lernstandes würden dann weitere Lernschritte mit den einzelnen Schülerinnen und Schülern entwickelt werden.

Eine andere, differenziertere Form stellt die Beschreibungen von Kompetenzstufen dar. Soostmeyer (1998, 296) führt fünf Leistungsebenen an, mit denen die Aktivitäten der Schülerinnen und Schüler diagnostiziert werden können: Reproduktion, Reorganisation, Übertragungsleistung, Problemlösendes Denken und Selbstorganisation. Die Ebenen bauen aufeinander auf und werden kognitiv zunehmend anspruchsvoller. Unklar bleibt hier jedoch, ob die Reihenfolge im Lernprozess eingehalten werden muss oder ob anspruchsvollere Ebenen auch beherrscht werden können, ohne die vorhergehenden ‚absolviert' zu haben. Weiterhin ist zu bedenken, dass diese Ebenen für alle Inhaltsdomänen des Sachunterrichts einzeln angewendet werden müssen. So kann es sein, dass Kinder z.B. bei physikalischen Themen noch auf der Ebene der Reproduktion sind, während sie bei historischen Sachverhalten bereits Übertragungen leisten können.

Eine sehr ausdifferenzierte Form liegt mit der Beschreibung von Kompetenzstufen für naturwissenschaftliches Lernen im Rahmen der IGLU-Studie vor (vgl. Bos, Lankes, Prenzel, Schwippert, Walther & Valtin 2003). Wenngleich die Vorschläge differenziert ausformuliert sind, beziehen sie sich doch vornehmlich auf die Ebene der Sach- und Methodenkompetenz.

Sowohl aus bildungstheoretischer als auch lernpsychologischer Sicht ist es sinnvoll, Schülerinnen und Schüler in die Leistungsbewertung bzw. Evaluation der Lehr- und Lernprozesse mit einzubeziehen (vgl. ausführlicher dazu Grittner 2009). Je nach Öffnungsgrad des Unterrichts für die Mit- oder Selbstbestimmung der Schülerinnen und Schüler kann diese Einbeziehung partiell erfolgen oder den gesamten Unterricht tragen. In einem Unterricht, in dem die didaktischen Entscheidungen vornehmlich allein die Lehrkraft trifft, können z.b. die Fragen der Lernenden für die inhaltliche Gestaltung mitberücksichtigt werden und es kann am Ende der Unterrichtssequenz mit ihnen abgeglichen werden, ob und inwieweit diese Fragen beantwortet werden konnten. In einem Unterricht, bei dem die Lernenden umfangreicher Gelegenheit erhalten, an ihren eigenen Themen zu arbeiten, läge – im Sinne eines selbstregulierten bzw. selbstbestimmten Lernens – auch die Evaluation des Lernens stärker in ihren Händen. In Absprache mit der Lehrkraft können sie ihre Lernziele formulieren und in regelmäßigen Abständen überprüfen, ob sie diese Ziele erreichen oder ob es Verbesserungs- bzw. Veränderungsbedarf gibt. In einer abschließenden Reflexion findet ein Abgleich mit den zu Beginn formulierten Zielen und dem Erreichten statt. Hieraus können Konsequenzen für nächste Vorhaben abgeleitet werden, z.B. in Bezug auf Informationssuche, Wahl des Arbeitsplatzes oder -partners.

Im Hinblick auf den schulischen Kontext ist jedoch kritisch zu hinterfragen, ob die Schülerinnen und Schüler in der Lage sind, aufgrund der Ergebnisse ihrer Selbstevaluation Änderungsmaßnahmen durchzuführen, da sie z.B. nur begrenzten Einfluss auf materielle Lernbedingungen wie bspw. die Ausstattung der Schule haben und sie ggf. alternative Vorgehensweisen noch nicht kennen. Hier ist die Unterstützung durch die Lehrkraft erforderlich.

4.6.3 Wie kann evaluiert werden?

Im Folgenden werden verschiedene Verfahren vorgestellt, mit denen die Tätigkeiten, Lernprozesse und -produkte der Schülerinnen und Schüler im Bezug auf die verschiedenen Kompetenzbereiche festgestellt werden können und die somit als Grundlage der Evaluation dienen. Sie werden anhand des Unterrichtsbeispiels „Das Handy in der Lebenswelt von Kindern" konkretisiert.

Lernzielkontrollen, informelle Tests
Lernzielkontrollen und informelle Tests werden zumeist von der Lehrkraft selbst erstellt. Diese methodisch vereinfachten Verfahren können somit gut auf den jeweiligen Unterricht ausgerichtet werden und unterscheiden sich dadurch von standardisierten Tests (vgl. Nuding 2004, hier auch sachunterrichtsspezifische Hinweise zur Konzipierung). Die Verfahren eignen sich besonders zur Feststellung verschiedener Aspekte der Sachkompetenz, bedingt auch für Aspekte der Methodenkompetenz. Prozessentwicklungen können ermittelt werden, wenn an verschiedenen Zeitpunkten der Themenbearbeitung Tests durchgeführt werden. Ein Einbezug der Schülerinnen und Schüler wäre denkbar, wenn diese an der Auswahl oder Formulierung der Aufgaben beteiligt würden.

Mit Blick auf das Unterrichtsbeispiel kann mit Testverfahren überprüft werden, ob die Schülerinnen und Schüler im Unterricht vermitteltes Wissen erworben haben und wiedergeben können (z.b. Benennung von Handyteilen, Nutzungsmöglichkeiten, festgelegte Regeln im Umgang mit Handys). Denkbar wären auch Aufgaben, bei denen die Schülerinnen und Schüler Situationen der Handynutzung beurteilen oder Regeln erklären sollen.

Zertifikate, Pässe, „Führerscheine"
Diese Formen eignen sich besonders, um inhaltlich klar beschriebene Fertigkeiten und Fähigkeiten aus dem Bereich der Sach- und Methodenkompetenz zu erheben. Auch soziale Fähigkeiten können Gegenstand dieser Verfahren sein, z.B. bei Streitschlichter-Zertifikaten. Ein Einbezug der Lernenden ist möglich, wenn sie sich frei für das Zertifikat, die Dauer der Vorbereitung und den Termin der Prüfung entscheiden dürfen oder auch Teile der Aufgaben selbst vorschlagen können. Beispiele für verschiedene Sachunterrichtsthemen finden sich bei Schönknecht, Ederer und Klenk (2006).
Für das Unterrichtsbeispiel zur Handynutzung wären Zertifikate z.B. für den Umgang mit dem Handy, das Herausfinden von Nutzungsmöglichkeiten an einem unbekannten Handy oder das Schreiben von SMS denkbar. Vorgefertigte Führerscheine sind kritisch daraufhin zu prüfen, ob sie die Evaluationsmöglichkeiten voll ausschöpfen. Oft beschränken sie sich auf reine Wissensabfragen (z.B. das Schulprojekt Mobilfunk[3]).

Beobachtungen
Beobachtungen sind Wahrnehmungen visueller und auditiver Art, die zumeist geplant sind. Sie eignen sich zur Feststellung von Unterrichts- und Lernprozessen sowie den entsprechenden Produkten im Bezug auf alle Kompetenzbereiche. Jedoch kann ihre Aussagekraft schnell durch Beobachtungsfehler verringert oder gar verfälscht werden (siehe Abschnitt 4.6.2). Um dies so weit wie möglich zu vermeiden, ist eine klare Festlegung v.a. von Beobachtungszweck, -ziel und -methode wichtig. Beobachtungsraster können dieses Vorgehen unterstützen, aber auch einengen (sachunterrichtsbezogene Beispiele vgl. Nuding 2004). Ein Einbezug der Schülerinnen und Schüler in dieses Evaluationsverfahren ist möglich, wenn die Beobachtungsergebnisse mit ihnen besprochen werden oder wenn sie zu Selbstbeobachtungen angehalten werden.
Beobachtungen im Rahmen des Unterrichtsbeispiels bieten sich z.B. an, um den sachgemäßen Umgang mit technischen Geräten (Handys, Headsets u.ä.)

---

[3] http://www.schulprojekt-mobilfunk.de/mat_grund/Projekt_Handyfuehrerschein.pdf

oder die Beteiligung und das Verhalten in Diskussionen und Rollenspielen festzustellen.

Präsentationen
Präsentationen können der Rechenschaftslegung, der Leistungsbewertung oder der Information und Unterhaltung dienen. Sie können im Rahmen des Klassenverbandes oder darüber hinaus stattfinden, allein oder in Zusammenarbeit mit anderen durchgeführt werden (vgl. Winter 2004). Je nach Gegenstand und Ziel werden alle Kompetenzbereiche und sowohl Produkte als auch Prozesse angesprochen werden (für Beispiele aus dem Sachunterricht vgl. Gläser & Grittner 2004). Der Einbezug der Schülerinnen und Schüler wird verstärkt, wenn die Gestaltung individuell erfolgen kann. Dennoch sollte es, wie bei den anderen Verfahren auch, Kriterien geben, die für die Schülerinnen und Schüler transparent sind und möglichst mit ihnen gemeinsam erarbeitet wurden.
Mit Blick auf das Unterrichtsbeispiel sind Präsentationen z.B. in Form von Rollenspielen denkbar, in denen Konfliktsituationen und deren mögliche Lösungen dargestellt werden (Nutzung von Handys in bestimmten Situationen, Konfrontation mit Missbrauch). Die Simulation bzw. Nachgestaltung solcher Konfliktsituationen bietet Gelegenheit, Aspekte der von Benner (2007) vorgeschlagenen Urteils- und Partizipationskompetenz zu evaluieren. Darüber hinaus sind auch die Präsentationen von Produkten (das Handy der Zukunft) oder Tätigkeiten und Prozessen (Erstellen eines eigenen Handylogos oder Klingeltons[4], Vorstellen von Nutzungsmöglichkeiten) denkbar.

Lerntagebücher
In Lerntagebüchern halten Schülerinnen und Schüler Beobachtungen, Gedanken und Gefühle über ihre Arbeit fest. Diese individuelle Form des Berichtens ermöglicht ein Bewusstwerden und Reflektieren des eigenen Lernens (vgl. Winter 2004). Sie spricht somit besonders die Personalkompetenz an. Prozesse und Produkte können berücksichtigt werden. Durch das Lerntagebuch können für Lehrkräfte die individuellen Zugänge der Schülerinnen und Schüler deutlich werden und der Dialog über das Lernen kann unterstützt werden. Als Evaluationsverfahren ermöglicht es je nach Ausführung sehr unmittelbare und persönliche Rückmeldungen dazu, wie die Lernenden den Verlauf und den Erfolg des Unterrichts wahrnehmen. Es muss daher von der Lehrkraft mit der nötigen Sensibilität gehandhabt werden. So sollten Lerntagebücher nicht Bestandteil der Benotung sein.

---

[4] Anleitung dazu unter http://www.netzcheckers.de

Im Rahmen des Unterrichtsbeispiels zur Handynutzung könnten die Lernenden anhand von Lerntagebüchern z.B. ihr Nutzungsverhalten und die Beziehung zu ihrem Handy sowie ggf. deren Veränderung durch den Unterricht reflektieren. Auch bieten sich Überlegungen dazu an, was ihnen im Unterricht besonders gut gefallen hat oder bei selbstständigen Arbeitsphasen gut gelungen ist oder ggf. verbessert werden sollte.

Portfolios

Ein Portfolio ist eine Zusammenstellung von Arbeiten, die die Leistung(sentwicklung) der Schülerinnen und Schüler dokumentiert. In der Literatur finden sich viele verschiedene Formen. Sie unterscheiden sich vornehmlich dadurch, inwieweit die Lernenden mitbestimmen, was in das Portfolio aufgenommen wird, wie viel aufgenommen wird und ob das Portfolio eher prozessbegleitend oder als Abschluss des (Lern-) Prozesses eingesetzt wird (vgl. Häcker 2007). Von anderen Sammlungen unterscheidet sich ein Portfolio durch seine reflexiven Anteile: die Schülerinnen und Schüler begründen, warum sie welche Arbeiten auswählen; es werden Kommentare zu den Arbeiten von anderen Kindern, Lehrkräften oder Eltern beigefügt und die Lernenden oder die Lehrkräfte nehmen wertend Stellung zu den Arbeiten (vgl. Winter 2004). So kann neben Sach- und Methodenkompetenz auch Personalkompetenz widergespiegelt werden. Durch die Auswahl werden die Schülerinnen und Schüler unmittelbar einbezogen und können ihre individuellen Zugänge darlegen. Beispiele aus dem Sachunterricht finden sich bei Franz und Kammermeyer (2004) sowie bei Grittner (2005).

Im Bezug auf das Unterrichtsbeispiel zur Handynutzung gibt es zahlreiche Strukturmöglichkeiten für Portfolioarbeit. Werden die Einlagen stärker durch die Lehrkraft bestimmt und soll das Portfolio mehr die Unterrichtsprodukte abbilden, wäre denkbar, aus den acht Themenbereichen (vgl. Kap. 4.4) vier auszuwählen, aus denen eine Arbeit eingelegt werden muss (z.B. Entwurf für ein Handy der Zukunft, eine selbstverfasste SMS, eine Kostenberechnung für die Handyanschaffung und -nutzung, Text eines Rollenspiels, in dem ein Nutzungskonflikt gelöst wird), und zwei Bereiche freizustellen, aus denen die Schülerinnen und Schüler selbst Arbeiten auswählen können. Wird die Auswahl stärker den Lernenden überlassen und sollen die Prozesse mehr betont werden, wäre es denkbar, dass die Schülerinnen und Schüler sich einen Themenbereich aussuchen, eine selbstgewählte Themenstellung dazu bearbeiten und mit den Einlagen des Portfolios zeigen, wie sie bei der Bearbeitung der Fragestellung vorgegangen sind (z.B. eine Recherche zur Entwicklung des Handys oder eine Meinungsumfrage zur Nutzung von Handys in öffentlichen Räumen).

Bereits diese knappe Übersicht zeigt, dass die Verfahren unterschiedliche Stärken haben. Damit ein umfassendes Bild des Unterrichtserfolges sowie der Lernprozesse und -produkte der Schülerinnen und Schüler entstehen kann, ist eine Kombination der Verfahren für die Evaluation des Unterrichts sinnvoll. Wenngleich die Ausführungen zeigen, dass vielfältige Aspekte des Sachunterrichts evaluiert werden können, werden gerade an dem ausgewählten Unterrichtsbeispiel zur Handynutzung die Grenzen der Evaluation deutlich. So zielt die Unterrichtseinheit auf verschiedene Verhaltensdispositionen, die erst außerhalb der Schule und des Unterrichts zum Tragen kommen. Eine Nachverfolgung dessen, ob die Schülerinnen und Schüler z.B. in ihrer Freizeit das Handy angemessen nutzen, kostenbewusst telefonieren oder sich dem Druck von Werbeeinflüssen widersetzen können, ist mit schulischen Mitteln der Evaluation schwer möglich.

Literatur

Benner, D. (2007): Unterricht – Wissen – Kompetenz. Zur Differenz zwischen didaktischen Aufgaben und Testaufgaben. In: Benner, D. (Hrsg.): Bildungsstandards. Instrumente zur Qualitätssicherung im Bildungswesen. Chancen und Grenzen – Beispiele und Perspektiven. Paderborn: Ferdinand Schöningh Verlag

Bos, W; Lankes, E.; Prenzel, M.; Schwippert, K.; Walther, G. & Valtin, R. (Hrsg.) (2003): Erste Ergebnisse aus IGLU. Schülerleistungen am Ende der vierten Jahrgangsstufe im internationalen Vergleich. Münster, New York, München, Berlin: Waxmann

Deutscher Bildungsrat (1970): Empfehlungen der Bildungskommission. Strukturplan für das Bildungswesen. Bonn: Bundesdruckerei

Faust-Siehl, G. (1997): Leistung und Leistungsbeurteilung im Sachunterricht. In: Meier, R.; Unglaube, H. & Faust-Siehl, G. (Hrsg.): Sachunterricht in der Grundschule. Frankfurt am Main: Grundschulverband, 149–157

Faust, G. & Dürr, C. (2007): Bildungsstandards als Leistungsnorm. In: Kahlert, J.; Fölling-Albers, M.; Götz, M.; Hartinger, A.; v. Reeken, D. & Wittkowske, St. (2007) (Hrsg.): Handbuch Didaktik des Sachunterrichts. Bad Heilbrunn: Klinkhardt, 523–528

Franz, U. & Kammermeyer, G. (2004): Das Portfolio im Sachunterricht. In: Grundschulmagazin, 5, 37–40

Gesellschaft für Didaktik des Sachunterrichts (GDSU) (2002): Perspektivrahmen Sachunterricht. Bad Heilbrunn: Klinkhardt

Giest, H.; Hartinger, A. & Kahlert, J. (2008) (Hrsg.): Kompetenzniveaus im Sachunterricht., Bad Heilbrunn: Klinkhardt

Gläser, E. & Grittner, F. (2004): Neue Perspektiven zur Leistungsbewertung im Sachunterricht. In: Bartnitzky, H. & Speck-Hamdan, A. (Hrsg.): Leistungen der Kinder wahrnehmen – würdigen – fördern. Frankfurt am Main: Grundschulverband, 282–296

Grittner, F. (2005): Portfolio als interessenförderliche Leistungsbewertung. In: Grundschulunterricht, 10, 28–30

Grittner, F. (2007): Leistung im Anfangsunterricht Sachunterricht. In: Gläser, E. (Hrsg.): Sachunterricht im Anfangsunterricht. Baltmannsweiler: Schneider, 208–221

Grittner, F. (2009): Leistungsbewertung mit Portfolio in der Grundschule. Eine mehrperspektivische Fallstudie aus einer notenfreien sechsjährigen Grundschule. Bad Heilbrunn: Klinkhardt

Häcker, T. (²2007): Portfolio: ein Entwicklungsinstrument für selbstbestimmtes Lernen. Eine explorative Studie zur Arbeit mit Portfolios in der Sekundarstufe I. Baltmannsweiler: Schneider
Heid, H. (1992): Was „leistet" das Leistungsprinzip? In: Zeitschrift für Berufs- und Wirtschaftspädagogik, 2, 91–108
Hochstetter, J. (2009): Diagnostische Kompetenz im Englischunterricht der Grundschule: eine empirische Studie zum Einsatz von Beobachtungsbögen. noch unveröffentlichte Dissertationsschrift. Freie Universität Berlin
Jachmann, M. (2003): Noten oder Berichte? Die schulische Beurteilungspraxis aus der Sicht von Schülern, Lehrern und Eltern. Opladen: Leske + Budrich
Jürgens, E. (⁶2005): Leistung und Beurteilung in der Schule. Sankt Augustin: Academia
Klafki, W. (⁴1994): Sinn und Unsinn des Leistungsprinzips in der Erziehung. In: Klafki, W.: Neue Studien zur Bildungstheorie und Didaktik: zeitgemässe Allgemeinbildung und kritischkonstruktive Didaktik. Weinheim, Basel: Beltz, 209–247
Köhnlein, W. (2007): Aufgaben und Ziele des Sachunterricht. In: Kahlert, J.; Fölling-Albers, M.; Götz, M.; Hartinger, A.; v. Reeken, D. & Wittkowske, St. (2007) (Hrsg.): Handbuch Didaktik des Sachunterrichts. Bad Heilbrunn: Klinkhardt, 89–99
Landesinstitut für Schule und Medien in Brandenburg (LISUM) (Hrsg.) (2004): Lernstandsanalyse im Anfangsunterricht. Ein Leitfaden für die ersten sechs Schulwochen. Ludwigsfelde-Struveshof: o.V
Lankes, E.-M. (2007): Internationale Vergleichsuntersuchungen. In: Kahlert, J.; Fölling-Albers, M.; Götz, M.; Hartinger, A.; v. Reeken, D. & Wittkowske, St. (2007) (Hrsg.): Handbuch Didaktik des Sachunterrichts. Bad Heilbrunn: Klinkhardt,528–532
Nuding, A. (2004): Leistungsbeurteilung im Sachunterricht. Baltmannsweiler: Schneider.
Pech, D. & Rauterberg, M. (2007): Sollen wird Können (oder soll Können werden) – Sachunterrichtliche Kompetenzen und ihre gesellschaftliche Bedeutung. In: Lauterbach, R.; Hartinger, A.; Feige, B. & Cech, D. (Hrsg.): Kompetenzerwerb im Sachunterricht fördern und erfassen. Bad Heilbrunn: Klinkhardt, 47–58
Sacher, W. (2001): Leistungen entwickeln, überprüfen und beurteilen. Bad Heilbrunn: Klinkhardt.
Schönknecht, G.; Ederer, B. & Klenk, G. (2006): Pädagogische Leistungskultur Sachunterricht 3/4. In: Bartnitzky, H.; Brügelmann, H.; Hecker, U. & Schönknecht, G. (2006) (Hrsg.): Pädagogische Leistungskultur: Materialien für Klasse 3 und 4.Frankfurt a. M.: Grundschulverband
Soostmeyer, M. (³1998): Zur Sache Sachunterricht. Frankfurt am Main: Lang
Wagener, M. (2003): Ziffernzensuren oder verbale Beurteilung. Eine empirische Untersuchung zum Zusammenhang von Beurteilungsform und der Unterrichtsorganisation, Leistungsrückmeldung und Klassenraumgestaltung von Grundschullehrerinnen aus östlichen und westlichen Bezirken Berlins. Weinheim, Basel: Beltz
Winter, F. (2004): Leistungsbewertung. Eine neue Lernkultur braucht einen anderen Umgang mit Schülerleistungen. Baltmannsweiler: Schneider
Wottawa, H. (2006): Evaluation. In: Rost, D. H. (Hrsg.): Handwörterbuch Pädagogische Psychologie. 3. überarb. Aufl., Weinheim: Psychologie Verlags Union, 162–168
http://www.tagesschulebruenigen.ch (download 30.11.2009)
http://www.netzcheckers.de (download 30.11.2009)
http://www.schulprojekt-mobilfunk.de/mat_grund/Projekt_Handyfuehrerschein.pdf (download 30.11.2009)

Kapitel 5

Konzeptionelle Planungsansätze für Unterrichtseinheiten des Sachunterrichts

5.1 Planung von Sachunterricht aus dem didaktischen Primat der Sache

von Walter Köhnlein

Konstitutiv für die Unterrichtsplanung – das sei hier einleitend betont – sind die *Sachen* nach Maßgabe ihrer lebensweltlichen Bedeutung und unserer durch die Wissenschaften angeleiteten Wahrnehmung, die *Kinder* als Individuen in einer konkreten Lerngruppe und als Subjekte eines sozial konstruierten, durch eine anthropologische, psychologische und soziologische Kindheits- und Lernforschung aufgeklärten Konzeptes von Kindheit, und schließlich die *Ziele*, die im Rahmen eines gesellschaftlichen Konsenses und didaktischer Erkenntnisse über die Grundlegung der Bildung festgelegt werden. Ausgewählte Sachen, die Lernenden mit ihren sich verändernden Voraussetzungen und Bedürfnissen sowie die gegenstandsspezifischen wie auch die übergreifenden Ziele bilden in enger Wechselwirkung das Fundament der Unterrichtsplanung. Erkenntniserschließende und vermittelnde unterrichtliche Methoden müssen zugleich kindgemäß und sachgemäß sein und didaktischen Ansprüchen genügen.
Rahmenbedingungen des Schulsystems und der Schule sowie die Ausbildung von Lehrerinnen und Lehrern sind permanent an die primären Erfordernisse des Lernens und Lehrens, also an den Zweck von Unterricht und Schule, anzupassen. Da in anderen Beiträgen der Ansatz bei den Kindern als den Subjekten des Lernens und die Formulierung von Zielen schon erörtert werden, geht es hier um den didaktischen Primat der Sachen für die Planung des Unterrichts sowie um ihre exemplarische Potenz für Wissen und Können.

5.1.1 Der Sachbezug des Sachunterrichts

Sachunterricht ist eine Lehre von den Sachen. Seine Inhalte sind auf die bildende Aufgabe bezogen, nämlich den Kindern richtunggebende Einblicke in den Bereich der Sachen zu eröffnen, „Sache" im weiten Sinn lebensweltlicher und wissenschaftlicher Kontextualität verstanden. Mit dem breiten Bedeutungsfeld von *„Sache"* ist ein umfassender Bezug auf natürliche, soziale und technische Phänomene und Potenzialitäten hergestellt. Eine Sache ist ein (zunächst) nicht näher bezeichneter Gegenstand, ein Ding; eine Erscheinung; ein Vorgang, Vorfall, Umstand, eine Bewandtnis; ein Ereignis, eine Begebenheit, eine Tatsache, eine Wirklichkeit, eine Wahrnehmung, eine Wahrheit; eine Situation, eine Episode; ein Ziel, eine Aufgabe, ein Anliegen (vgl. Köhnlein 2007).

„Sache" ist ein Ausdruck, der auf Gegenstände unseres Denkens und Sprechens verweist (ursprünglich auf den Gegenstand eines Rechtsstreites). „Sache" ist also nicht nur das konkret fassbare Ding, sondern ebenso das durch kulturelle Überlieferung und Wissenschaft eingeordnete, abstrakte und bewertete Ding, ein Element in einem Kosmos von Weltbezügen und Wissen. Damit ist auch das bloß Gedachte (Gedankending) oder eine Angelegenheit, die in der Beziehung zwischen Menschen eine Rolle spielt, eingeschlossen, ebenso die Praktiken, Institutionen und Regeln menschlichen Zusammenlebens wie Freundschaft oder Gerechtigkeit. Dabei kann Sachunterricht die Sachen zunächst nach dem Modus eines kritischen Realismus behandeln: als Dinge und Angelegenheiten, die für sich stehen und die unserem Bewusstsein als Phänomene der Wirklichkeit entgegentreten und als solche verstanden werden können. „Sache ist das Gegebensein des Wirklichen, das sich im Gegebensein immer auch entzieht." (Giel 2007, 275)

Für die Unterrichtsplanung kommt damit in den Blick, dass jede Sache in einem Netz von Zusammenhängen steht; durch einen bestimmten *Sachzusammenhang* oder eine Sachlage wird ein *Sachverhalt* charakterisiert. Über einen Sachverhalt kann man Aussagen machen, man kann ihn in unterschiedlicher Weise sprachlich fassen und ihm damit eine kommunizierbare Gestalt geben. Das verweist nicht nur auf das Verhältnis von Sache und Sprache, sondern eröffnet auch die Möglichkeit, eine Sache in verschiedene thematische Zusammenhänge zu stellen (z.B. die Sache „Wasser" in einem Thema zur kommunalen Versorgung, in meteorologischen Kreisläufen, als Beispiel für Aggregatzustände, als Notwendigkeit für Leben, als natürliche Ressource und ökologisches Gut), in denen dann der *Sachbezug* in je spezifischer Weise erarbeitet werden muss.

Sachunterricht ist das Lernfeld, in dem der Sachbezug unseres Denkens und auch der Bildung unausweichlich zur Geltung kommt, in dem wiederkehrende markante Erfahrungswerte für den Aufbau eines Weltbildes festgehalten und die Widerständigkeit der sachlichen Bezüge an Beispielen erfahren wird. Die Didaktik des Sachunterrichts rekonstruiert ausgewählte Sachen unter dem Aspekt der Bildung von Kindern und denkt sie im Hinblick auf den Vollzug der Aneignung, also genetisch. Dabei bedient sie sich der Möglichkeiten der didaktischen Reduktion, die darauf ausgerichtet ist, Sachverhalte so zu vereinfachen, dass sie Kindern ohne Verfälschung und Trivialisierung fasslich werden. In der didaktischen Rekonstruktion erhalten die Sachen ihre für den Unterricht maßgebliche Gestalt. Schule ist der dafür erforderliche Handlungsraum, Erfahrungsraum, Erkenntnisraum, Darstellungsraum; sie ist das Haus des Lernens, der Raum der Auseinandersetzung mit den Sachen und engagierter Dingwahrnehmung, in dem sich der Sinn des Erkundens, Erprobens, Bewertens und Präsentierens entdecken lässt. Im Handeln, das auf Gestaltung gerichtet ist, werden die Zwecke des Tuns und die Sachgemäßheit zu entscheidenden Kriterien seiner Begründung.

Unterricht erhält seine innere Dynamik dadurch, dass die Lernenden die Fraglichkeit der Sache mit Interesse aufnehmen. Der Einstieg kann die Sache in den Fragehorizont rücken; die Frage selbst aber oder die Aufgabe stellt sich von der Sache her. Darin liegt die didaktische Priorität von Sachen, die in Exempeln zu Unterrichtsgegenständen werden. Dabei geht es nicht allein um Information oder lexikalisches Wissen; zentral für den Bildungsprozess ist vielmehr die auf Versachlichung zielende Herausforderung im Umgang mit den Sachen: die Befragung der Sache als aktive Exploration und produktiver Zugriff, die kritische und sachgemäße Prüfung von Vorstellungen und Vermutungen, die zunächst hypothetische und dann prüfende Rekonstruktion des Sachverhaltes, die vernetzende Verarbeitung und schließlich die abstandnehmende und bewertende Betrachtung. Das Prinzip der Sachlichkeit (vgl. Soostmeyer 1998, 270f.; Kahlert 2009, 52ff. und 132ff.) realisiert sich im Modus der Auseinandersetzung mit Sachen und Sachverhalten.

Potentielle *Unterrichtsinhalte* und damit Sachbezüge auf die Lebenswelt und die Wissenschaften sind im *Perspektivrahmen Sachunterricht* (GDSU 2002) in fünf Perspektiven gegliedert, in denen die „Spannungsfelder zwischen den Erfahrungen der Kinder und fachlich gesichertem Wissen" zum Ausdruck kommen: der sozial- und kulturwissenschaftlichen, der raumbezogenen, der naturwissenschaftlichen, der technischen und der historischen Perspektive. Die Lehrpläne einiger deutscher Bundesländer haben Anregungen aus dem Perspektivrahmen aufgenommen.

Differenzierter und mit Betonung oft vernachlässigter Lernfelder (z.B. des ökonomischen Bereichs) kommt das aktuelle Lernpotential in den *Dimensionen des Sachunterrichts* zur Geltung (Köhnlein 1990; 1996). Diese gliedern das Universum der Sachen und bezeichnen Bereiche des Vertrautwerdens der Kinder mit

- der heimatlichen Lebenswelt und kulturellen Vielfalt
  (lebensweltliche Dimension),
- der Geschichte des Gewordenen
  (historische Dimension),
- der Landschaft, ihrer Gestaltung, Erschließung und Nutzung
  (geografische Dimension),
- wirtschaftlichem Handeln
  (ökonomische Dimension),
- vielfältigen sozialen Bezügen und politischen Regelungen
  (gesellschaftliche Dimension),
- Phänomenen und Strukturen der physischen Welt
  (physikalische und chemische Dimension),
- technischen Einrichtungen und Nutzungsmöglichkeiten
  (technische Dimension),
- der lebendigen Natur, der wir angehören
  (biologische Dimension),
- ökologischen Einsichten und Handlungsimperativen
  (ökologische Dimension).

Dimensionen sind Interpretationshorizonte zur Auslegung der Wirklichkeit. Für den Sachunterricht bezeichnen sie programmatisch sein inhaltliches Profil, und sie enthalten Konzepte, wie Phänomene erforscht, verstanden und als Ansatzpunkte von „Weltwissen" fruchtbar gemacht werden können. Sie sind nicht von einer vorgängigen Wissenschaftssystematik abgeleitet, sondern repräsentieren und bündeln die wesentlichen, von einem zeitgemäßen Schulsystem aufzunehmenden Erfahrungs- und Wissenschaftsfelder. Jede dieser auf Sozial- oder Naturwissenschaften bezogenen Dimensionen enthält eine bestimmte Welt- und Sinnperspektive; in dieser Perspektivität kann man ihre gemeinsame wissenschaftstheoretische Basis erkennen. Mit dem Wissenschaftsbezug, der in diesen Dimensionen zum Vorschein kommt, wird die phänomenale Wahrnehmung der Welt oder ein bloß lebensweltlicher Horizont überschritten; strukturierende Zusammenhänge werden erkennbar und symbolische Verdichtungen (z.B. im Elementaren) ermöglicht.

Darüber hinaus ist dem Sachunterricht – wie auch den anderen Lernbereichen – die in allen Dimensionen relevante *Mitwahrnehmung des Ästhetischen und des Ethischen* als übergreifende Erziehungsaufgabe aufgegeben (vgl. Köhnlein 1996). Denn verknüpft mit dem perspektivischen Sachbezug gehört zur Bildung eine persönlich verantwortete Moral und Aufgeschlossenheit. Die Ästhetik betrifft nicht nur das Schöne und die sinnliche Perzeption, sondern auch die spannungsfrei konzentrierte Zuwendung in Muße, das gelingende Gestalten und das menschliche Vermögen, Zwecke zu setzen und etwas hervorzubringen, was vorher noch nicht da war, aber nun besteht als eine Sache, in der Absicht und Tun objektiviert sind, und die nun vielleicht ihrerseits unsere Aufmerksamkeit reizt. Einer Trennung des Menschlichen von der Natur, der Moralität von der Biologie, der Kunst von der Physik, also der Zerteilung unseres Lebensgefüges in unverbundene Teile, steht die Einheit des Sachunterrichts generell entgegen.

5.1.2 Zur Befragung der Sachen als exemplarische Exploration
Die lebensweltliche Dimension ist jene der unmittelbaren Wahrnehmung der Phänomene; sie öffnet den Sachunterricht für die Vielfalt, die ihm aus den Lebensbezügen, Erfahrungen, Fragen und Problemen der Kinder zufließt. Die auf Sachfächer orientierten Dimensionen bieten Zugänge zu einem Wissen, das als nachvollziehbar und belastbar gelten kann. Im Sachunterricht sind die Dimensionen inhaltlich und in der Grundstruktur der Lehr-Lernprozesse eng miteinander verknüpft; und diese Verbindung gibt ihm die Dynamik und Fruchtbarkeit, Sachthemen aus dem lebensweltlichen Erfahrungsbereich der Kinder vielperspektivisch aufzunehmen und sachgerecht zu bearbeiten. Als curriculare Perspektiven im Rahmen der *Einheit des Sachunterrichts* ermöglichen sie es, die Welterfahrung der Kinder im Hinblick auf kulturell bedeutsame Bereiche des Wissens auszudifferenzieren (vgl. Kahlert 1998; 2009; Köhnlein 1998; 2000) und entsprechende Zugriffsweisen zu entwickeln, d.h. die Fachperspektiven sollen sich – gegen Ende der Grundschulzeit auch für die Kinder erkennbar – aus der sachgemäßen Bearbeitung geeigneter Themen ergeben. Im Unterricht müssen sie als Orientierungen für prozesshafte Annäherungen an erfolgreiche Aspekte der Bewältigung von Welt ausgelegt werden, die dem Suchen und Forschen immer neue Ziele eröffnen. Darin liegt auch ihre Bedeutung für die durch die Schule zu vermittelnde Bildung. Gleichzeitig ist freilich zu bedenken, dass wesentliche Zusammenhänge verloren gingen, wenn wir uns auf die aspekthafte Sicht der Sekundarstufenfächer beschränkten. Sachunterricht ist konzeptionell auf „Interdisziplinarität" und *Vernetzung* angelegt.

Nicht zuletzt erweist sich das didaktische Potenzial der Dimensionen bei der *Unterrichtsplanung*, denn mit ihrer Hilfe kann die sachliche Substanz von zu entwerfenden Einheiten und Themenbereichen erkannt, aufgeschlüsselt und handhabbar gemacht werden (für Beispiele vgl. Köhnlein 1996, 51ff., Kahlert 1998; 2009, 222ff.). Insbesondere „fächerübergreifende" Probleme brauchen zu ihrer Lösung das Zusammenwirken von Fachkomponenten; sie setzen also die Kompetenz für fachspezifische Zugriffe und einen breiten Überblick bei den Lehrenden voraus. Die transdisziplinäre, mehrdimensionale Durchdringung der Komplexität eines Gegenstandes ist Aufgabe im Zuge der Sachanalyse. Dabei zeigt sich, dass die Sachen nicht nur „Stoffe" sind, die für den Unterricht geformt werden müssen, sondern aus ihrer Struktur und ihren

Zusammenhängen vielfältige Anregungen für die Ausgestaltung geben. Gute Literatur zu den einzelnen Fachgebieten zeichnet sich auch dadurch aus, dass sie solche Anregungen gibt und das Elementare als den Kern von Sachverhalten formuliert. – Das alles soll aber keineswegs zu einer Überfrachtung des Unterrichts führen, sondern dient als Grundlage einer auf die jeweiligen Lernvoraussetzungen abgestimmten didaktischen Reduktion und Entscheidung über die inhaltliche Akzentuierung der Lernprozesse.

Die *Auswahl* potentieller Unterrichtsinhalte aus dem Universum der Sachen unterliegt zwar curricularen Vorgaben, die aber weitmaschig sein und Spielräume offenhalten sollten. Sie erfordert ein weitgespanntes Übersichtswissen der Lehrenden, das begründete Entscheidungen ermöglicht. Denn Sachunterricht ist der Quellbereich der fachlichen Sachbezüge im Schulcurriculum; im Sachunterricht, dem Grundlegung der Bildung aufgetragen ist, werden Fundamente für den Aufbau von Wissen und Können im Hinblick auf den Fortgang des Lernens gelegt. Lehrerinnen und Lehrer der Grundschule müssen die frühen Kristallisationskerne schaffen, an denen das Wachstum des Wissens und Verstehens ansetzen kann.

Bewährte *Kriterien* für die Auswahl von Inhalten sind bekannt. Durchgängig sind die Fragen der Kinder als der Subjekte des Lernens und die legitimen Interessen der Gesellschaft an angemessener Enkulturation der nachwachsenden Generation zu berücksichtigen. Einen Satz von Auswahlkriterien hat die KMK in ihrem Bericht „Tendenzen und Auffassungen zum Sachunterricht in der Grundschule" (1980) vorgeschlagen. Dort heißt es: Es „wird eine Auswahl exemplarischer Lerngegenstände getroffen, die für den Grundschüler zugänglich, ergiebig und bedeutsam sind und zu denen am besonderen Beispiel das Allgemeine sichtbar gemacht wird." (abgedruckt in Einsiedler/Rabenstein (1985), hier 121)

Durch einen Satz konsistenter Kriterien wie *Bedeutsamkeit, Zugänglichkeit und Ergiebigkeit* wird der Unterrichtsplanung die erforderliche Flexibilität gegeben, zugleich aber sind Barrieren für Partikularitäten und trivialisierenden Wildwuchs gesetzt. Diese Kriterien stellen also nicht nur einen Filter dar, sondern verweisen auf die Notwendigkeit, Vorstellungen und Wissen zu vernetzen, und z.B. auch darauf, dass inhaltliches Wissen immer wieder in neuen Zusammenhängen entdeckt werden muss, damit es sicher verfügbar und verallgemeinerungsfähig wird. Die Liste möglicher Gegenstände im Rahmen der Dimensionen ist prinzipiell unabschließbar; aber jedes Thema und seine Ausgestaltung können nach diesen Kriterien qualifiziert und gegenüber anderen Möglichkeiten abgewogen werden.

Die einzelnen Kriterien umfassen ihrerseits eine Reihe von Aspekten, die an dieser Stelle nicht detailliert begründet werden müssen. Zu *Bedeutsamkeit* hat Klafki in seiner Studie über „Exemplarisches Lehren und Lernen" unüberholt

Gültiges gesagt (Klafki 1985, 87ff.; vgl. Kahlert 2009, 204ff.). Bedeutsam werden Dinge und Sachverhalte durch individuelle oder gesellschaftliche Akte von Sinngebung in einem kulturellen Kontext, in dem ihre Typik, Qualität und Beispielhaftigkeit erscheint. Sie erhalten dadurch einen gewissen Anspruch auf intersubjektive Verbindlichkeit. Das „Eigenrecht" der Sachen ist also jenes, das wir ihnen auf der Grundlage erkenntnistheoretischer Positionen, bildungstheoretischer Intentionen und praktischer Notwendigkeiten zuweisen. Bedeutsamkeit meint demnach die Bedeutung eines Lehrinhaltes
o   nach Maßgabe der allgemeinen und der speziellen Ziele des Sachunterrichts im Hinblick auf grundlegende Bildung
    (normativer Aspekt),
o   für das gegenwärtige und zukünftige Leben und Lernen der Kinder
    (curricularer Aspekt),
o   für die Orientierung in der Welt und für das Verstehen bestimmter Sachverhalte mit dem Ziel einer verständigen Teilhabe an der Kultur
    (exemplarischer Aspekt),
o   für die praktische Bewältigung von Alltagssituationen, z.B. die Benutzung moderner Verkehrs- und Kommunikationsmittel
    (pragmatischer Aspekt).

Das Kriterium der *Zugänglichkeit* verlangt in curricularer Hinsicht, dass wir das Sicht-, Tast- und unmittelbar Erfahrbare an den Anfang stellen, insbesondere da, wo unser erkundendes Handeln eingreifen und eine wenigstens vordergründige Durchschaubarkeit erreicht werden kann, ohne dass Entscheidendes bereits vorausgesetzt wird. Wir fragen also nicht sogleich nach den Ursachen, sondern zuerst nach den Bedingungen, unter welchen bestimmte Phänomene erscheinen, d.h. man muss mit einfachen Beobachtungen beginnen, Fragen stellen, Vermutungen ausdenken und prüfen. Zugänglichkeit bedeutet: die Lehrinhalte
o   sind in der Lebenswirklichkeit der Kinder anzutreffen oder können ihnen in fasslicher Weise vorgestellt werden, z.B. durch Medien
    (interessenbezogener Aspekt),
o   sollen der Verstehensfähigkeit der Kinder entsprechen oder können ihr entsprechend aufbereitet werden
    (methodischer Aspekt),
o   enthalten fruchtbare Möglichkeiten für die Ausgestaltung und weiterführende Anknüpfungen
    (lehr- und lernstrategischer Aspekt).

Zugänglichkeit verweist zudem auf den Umgang mit Zeichensystemen (Sprache, Symbole, Zeichnungen, Diagramme), mit Arbeitsmethoden (Strategien des Sammelns, Verarbeitens und Darstellens von Informationen) und auf Erkenntniswege (z.B. Verfahrensschritte des Problemlösens). Das Kriterium bezieht sich aber auch auf unterrichtsmethodische Komponenten, z.B. ob das Lernarrangement interessen- und erkenntnisfördernden Bedingungen genügt und von den Kindern mitgestaltet werden kann.

Der Gesichtspunkt der *Ergiebigkeit* weist im Wesentlichen drei Aspekte auf:
o Unter mehreren möglichen Lerninhalten wird bei gleicher Bedeutsamkeit und Zugänglichkeit derjenige ausgewählt, welcher der Intention der Lernziele am besten entspricht
(intentionaler Aspekt).
o Der zeitliche und materielle Aufwand muss in einem vertretbaren Verhältnis zum erwarteten Unterrichtsergebnis stehen
(ökonomischer Aspekt).
o Der Unterrichtsgegenstand muss ergiebig sein für das Weltverstehen und für Verwendungssituationen des privaten und öffentlichen Lebens
(funktionaler Aspekt).

Damit werden Bindungen an die übergreifenden Ziele von Schule und Unterricht sowie an einen überschaubaren curricularen Aufbau hergestellt und auf die Notwendigkeit einer wohlbedachten Lernökonomie verwiesen. Wir haben nur wenig Zeit für sehr viel Welt.

Unterricht konfrontiert Kinder mit ausgewählten Phänomenen; das Sich-Einlassen auf ein Phänomen ist Anlass für die Entwicklung von Fragen und die Entdeckung von Problemen. Die Professionalität von Lehrerinnen und Lehrern zeigt sich dabei im Erkennen und Wahrnehmen von fruchtbaren und ergiebigen Momenten und Ereignissen, die sich – situativ oder geplant und vorbereitet – in der Auseinandersetzung mit Sachverhalten ergeben. So kann etwa im Rahmen einer Unterrichtseinheit über die örtliche Tapetenfabrik (Soostmeyer 1998, 221–225 und 312) der Begriff der Arbeitsteilung, das Handlungsmodell industrieller Fertigung, die Technik rationeller Arbeit in der Gruppe und (wie im zitierten Fall) die Würdigung der ästhetischen Qualität sowie das Finden einer gerechten Bewertung der Leistung in das Denken der Kinder eingeführt werden. Curricula müssen unter diesem Gesichtspunkt als Netze so konstruiert werden, dass sie aus dem Aufweis von Zusammenhängen einen zusätzlichen Gewinn an Einsicht ermöglichen.

Die Frage nach den Bildungsinhalten, nach Gegenständen und Erkenntnismethoden, kann also nicht allein von Seiten des *Stoffes* her, etwa von Beständen der Fächer aus, noch allein vom *Subjekt* her, also nach dessen gegenwärtigen Interessen oder erwünschten Kompetenzen, noch von den aktuellen gesellschaftlichen oder ökonomischen Bedürfnissen her befriedigend beantwortet werden. Vielmehr müssen solche Aspekte als legitime Komponenten in einen Begriff von grundlegender Bildung (als Vorstufe von Allgemeinbildung) in produktiver Weise aufeinander bezogen, d.h. im Bildungsbegriff „aufgehoben" werden.

5.1.3 Von der Sachanalyse zur Lehr- und Lernstruktur

Am Anfang der Unterrichtsplanung steht die Frage nach der kulturellen und lernstrategischen Bedeutsamkeit einer Sache, also die Frage danach, wie etwas beschaffen und mit anderem verbunden ist oder im Curriculum in Zusammenhang gebracht werden kann. Es geht also darum, warum die Auseinandersetzung mit dieser Sache – sei es ein historisches Ereignis, eine soziale Beziehung, ein ökologischer Imperativ, ein Naturphänomen, ein Bauwerk, eine technische Herausforderung oder eine biologische Gegebenheit – geeignet ist, den Kindern etwas Allgemeines und Wichtiges nahezubringen und Kompetenzen aufzubauen; und weiterhin, wie diese Sache mit schon bearbeiteten und noch anstehenden Lernaufgaben vernetzt werden kann. Das bedeutet auch, dass eine vorgängige, allgemeinere und übergreifende didaktische Planung nunmehr für eine aktuelle Unterrichtseinheit spezifiziert und konkretisiert wird. Aufgabe dieser *didaktischen Analyse* ist also die Untersuchung des Bildungswertes eines potentiellen Inhalts und die Reflexion von Sinn und Ziel des entsprechenden Unterrichts. Eine pädagogische Begründung greift zurück auf Leitziele wie Autonomie und kritische Rationalität, Handlungs- und Kommunikationsfähigkeit, Verantwortungsfähigkeit und Kooperationsbereitschaft. Solche allgemeinen Ziele wirken regulativ, d.h. sie haben eine normative Funktion und stehen einer nur stoffbezogenen Verengung des Curriculums entgegen. In der Planung werden sie mit den konkreten Zielen des anstehenden Unterrichts verknüpft.

Unterricht wird in der Planung antizipiert, d.h. von den genannten Ansatzpunkten aus auf den gewünschten Lernprozess hin konstruiert. Der Kern der Planungsarbeit besteht darin, in einem Dreischritt die Sachstruktur im Hinblick auf Lernprozesse zu analysieren (Sachanalyse), eine angemessene didaktische Reduktion vorzunehmen und schließlich den Aufbau des zu vermittelnden Wissens und Könnens als Skript für den Unterricht zu (re-)konstruieren. Dabei werden dann zunehmend der Blick auf die Kinder und die richtunggebende Orientierung auf die Ziele wichtig: Die Planung geht von den Sachen aus, auch wenn sie durch die Interessen und Fragen der Kinder zum Unterrichtsgegenstand werden. Der Unterricht selbst aber geht von den Kindern aus: „*Mit* dem Kinde von *der* Sache aus, die *für* das Kind die Sache *ist*" (Wagenschein 2003, 11).

In der *Sachanalyse* wird nach der Verfasstheit der Unterrichtsgegenstände in Lebenswelt, Wissenschaft und Kunst gefragt. Sie macht den Sachzusammenhang deutlich und benennt die zentralen Begriffe in ihrer gegenseitigen Beziehung. Wissen, das in Kategorien und Begriffen einer wissenschaftlichen Disziplin dargestellt und in deren Kontext erarbeitet ist, muss für den Zweck des Unterrichts für transdisziplinäre Probleme oder Zusammenhänge geöffnet und fruchtbar gemacht werden. – Der nächste Schritt ist die *didaktische Reduktion* (Grüner 1967), nämlich die Vereinfachung der wissenschaftlichen Aussagen in dem Maße und der Art, dass sie für die Lernenden fasslich werden. Dabei stehen solche Transformationen unter mehrfachen Anforderungen: Sie müssen gewährleisten, dass der Sachverhalt unverfälscht bleibt in dem Sinne, dass sich die reduzierte Aussage als tragfähige und nach Möglichkeit repräsentative Grundlage für (spätere) Erweiterungen und Verallgemeinerungen eignet. Sie sollte außerdem auf etwas Elementares gerichtet sein, d.h. auf eine Denkmöglichkeit, eine Einsicht, eine Verfahrensweise, eine bündige Aussage, die als exemplarischer Kern Gültigkeit gewinnt. Die didaktische Reduktion kann dabei in zwei Richtungen geschehen: horizontal durch Konkretisierung, durch Erläuterung an aufschlussreichen Beispielen, durch Analogien oder Modelle und Darstellung in einer für die Lernenden handhabbaren Form (enaktiv in Handlungsweisen, ikonisch in Zeichnungen, Bildern und Diagrammen, symbolisch in Zeichen und Texten); vertikal reduziert wird durch exemplarische Konzentration und vorläufige Beschränkung auf einen wichtigen Spezialfall. In der Regel wirken horizontale und vertikale Reduktion zusammen.

Die didaktische Reduktion als Transformation hebt eine erst auf höherem Niveau (d.h. für Fortgeschrittene) sinnvolle Differenzierung wissenschaftlicher Aussagen zugunsten größerer Übersichtlichkeit für die Lernenden und einer stärkeren Konkretisierung in Beispielen auf. Insofern ist sie immer auch eine Interpretation, die das heraushebt, was unter der didaktischen Zielsetzung als besonders bedeutsam erscheint, und die schwierige Zusammenhänge unter dem Aspekt der Zugänglichkeit vereinfacht. Wichtig ist, dass bei der Transformation jene Zusammenhänge und Probleme erhalten bleiben, die den Kindern erkennbar und fasslich sind, d.h. es darf nicht simplifiziert werden.

Sachanalyse und didaktische Reduktion sind Grundlage der *(Re-)Konstruktion der Sachstruktur für den Unterricht* und der methodischen Instrumentierung, d.h. für den sachgemäßen Entwurf eines Lernzusammenhanges und einer angemessenen Lernumgebung. Diese Rekonstruktion ist auf eine schülergruppenbezogene *Passung* und Differenzierung gerichtet, d.h. sie muss an die Lernvoraussetzungen der Kinder anknüpfen und einbeziehen, dass der gesellschaftliche Alltag und insbesondere die Lebenswelt der Lernenden sowie ihre Probleme und Anfragen einen anderen Zuschnitt haben als eine wissenschaftliche Systematik. Der für die Kinder nachvollziehbare Aufbau einer Sachstruktur muss also wiederum Auswahl und Integration im Hinblick auf den prozessualen Charakter des Lernens leisten. Er gibt damit für den Unterricht dem Konstrukt „Sache" überhaupt erst eine konkrete didaktische Gestalt in einer Thematik. Zum Unterrichtsthema wird eine Sache unter einer pädagogischen Zielvorstellung.

Zur Akzentuierung dessen, was – den Zielen entsprechend – inhaltlich im Zentrum des Unterrichts steht, gehört dann auch der Entwurf geeigneter Vorstellungsbilder (Denkmodelle) und Repräsentationsformen, die den Lernenden helfen, das Gelernte in flexibler Form zu bewahren und auf neue Fälle anzuwenden. Wichtig für die Planung ist außerdem, dass die geforderten Leistungen und angestrebten Kompetenzen sowie die Bedingungen ihrer Realisierung deutlich bestimmt werden. Aber immer ist die Konstruktion des Unterrichtsinhaltes ein Entwurf, der offen bleiben muss für die Denkbewegungen der Kinder und für situative Entscheidungen im Hinblick auf den jeweiligen dialogisch-genetischen Prozess der Konstitution und Bearbeitung des Unterrichtsgegenstandes (vgl. Soostmeyer 1998, dazu Köhnlein 1999).

Wirksam werden in der didaktischen Konstruktion als Planungsgerüst für den Unterricht die generelle *didaktische Konzeptionierung* und damit die vorausgesetzten theoretischen Annahmen in ihrer vielfältigen philosophischen (Bildungs- und Erkenntnistheorie), psychologischen und soziologischen Verflochtenheit. Für genetisches und exemplarisches Lehren und Lernen gilt ein unmittelbarer Sachbezug, weil der persönliche Vollzug einer Einsicht nötig ist, damit Bildung in Gang kommen kann. Die Gültigkeit einer (verallgemeinerungsfähigen) Einsicht scheint in der Regel in der Auseinandersetzung mit einem konkreten, repräsentativen Fall auf. Das ist zugleich die Möglichkeit einer vernunftgegründeten, aufklärenden Weise des Lehrens, die bei den Lernenden Eigentätigkeit, das Hervorbringen eigener Einfälle, Vorschläge und Lösungen („produktive Findigkeit") und die rationale Kontrolle der Untersuchung und ihrer Ergebnisse („kritisches Vermögen"), aber auch ein sich in der Sache verankerndes Denken („Einwurzelung") herausfordert (vgl. Wagenschein 1997, 75ff.).

Auch wenn schließlich in die Planung für eine bestimmte Lerngruppe das verfügbare Wissen über die Kinder dieser Klasse einbezogen wird, ist der auf forschend-selbstständiges Aneignen angelegte genetische Weg nie gewiss, und unsicher bleibt auch, was Umweg oder Irrweg ist. Denn Unterricht kann das Denken nur anregen und leitende Impulse geben; er kann nicht über Verstehensprozesse verfügen.

Damit sind wichtige „Transformationsregulative" als Ansatzpunkte für die Unterrichtsplanung genannt. Außerdem wird das Prinzip der *Kindgemäßheit* im Hinblick auf Bildungsziele konkretisiert und differenziert: Offenheit für Fragen und Interessen, für begründete Deutungsmuster und für Aktivitäten der Kinder (Selbstständigkeit und Selbstbestimmung); Anschaulichkeit (für den Aufbau von Vorstellungen) und Handlungsorientierung (mit Blick auf Handlungsfähigkeit); Kategorisierung als Förderung der Begriffsbildung und Diskursfähigkeit; Ästhetisierung als Sensibilisierung der Wahrnehmungsfähigkeit und des Gestaltens; Aufbau von Kompetenzen.

Bildung beginnt für Kinder mit dem Zugang zu den Sachen der Welt. Bildungsprozesse müssen sachbezogen sein und in Kulturleistungen einführen. In ihnen sind persönliche Ansprüche und gesellschaftliche Interessen verschränkt. Die Auseinandersetzung mit den Sachen und die Erfahrung ihres Widerstandes kann im Sachunterricht bildungswirksam werden, wenn es gelingt,

o mit den Kindern *Anfänge und Möglichkeiten des Weltzugriffs und Weltverstehens* zu erarbeiten und sie in methodisches Denken einzuführen,
o den Kindern *Denkräume und Interessensgebiete* zu öffnen und damit verbunden die Entwicklung des sachbezogenen Wissens und Denkens sowie des verständigen Handelns zu fördern,
o den Kindern eine *rationale und ethische Orientierungsleistung* in der Welt der Erfahrung und des Wissens zu ermöglichen und Kompetenzen zu entwickeln.

Mit solchen Bildungsprozessen verbunden ist immer eine Förderung der geistigen Entwicklung, der Anspruch des Verstehens und ein Beitrag zum Welt- und Selbstverständnis des Menschen.

Das Modell der didaktischen Analyse und Rekonstruktion der Sachen gibt einen Leitfaden für die Umwandlung wissenschaftlich-systematischer Zusammenhänge in eine Sach- und Verfahrensstruktur für den Unterricht. Die weitere Planung und methodische Vorbereitung für eine konkrete Klasse, der Entwurf des Ineinandergreifens von Lehren und Lernen für bestimmte Kinder, des Einsatzes ausgewählter Medien, der „Dramaturgie des Unterrichts" (Hausmann) kann sich an die Ergebnisse und das Verfahren dieses ersten, situative Besonderheiten noch nicht berücksichtigenden Zugriffs anschließen. Bedeutung gewinnt dann das Bemühen, mit den Kindern „die Welt neu zu sehen" und Fäden zu spinnen zu verschiedenen Aspekten, unter denen man die Welt betrachten und Handlungsoptionen entwickeln kann. Es sind die Spuren der Kulturgeschichte und vermutete künftige Herausforderungen, die in die sachbezogenen Dimensionen führen, aus denen dann, jenseits der Grundschule, fachbezogene Perspektiven bewusst werden können.

Das Modell konfiguriert zudem fachdidaktische Forschungs- und Entwicklungsaufgaben. Da es Lehrerinnen und Lehrern in der alltäglichen Praxis zumeist nicht möglich ist, für alle anstehenden Unterrichtsaufgaben umfassende Sachanalysen, sachgerechte didaktische Reduktionen und relevante Forschungsergebnisse einbeziehende Rekonstruktionen der Sachstruktur vorzunehmen, ist es eine wichtige, für die Qualität des Unterrichts entscheidende didaktische Forschungs- und Entwicklungsaufgabe, entsprechende curriculare Module für die Praxis auszuarbeiten, zu evaluieren und zu optimieren.¹ Die auf den eigenen Unterricht bezogene Planung und methodische Strukturierung aber bleibt die originäre, gestaltende Kreativität erfordernde, anspruchsvolle Aufgabe der Lehrerinnen und Lehrer.

Literatur

Arnold, K.-H. (2009): Lehr-Lernforschung ohne Allgemeine Didaktik? Über die Notwendigkeit einer integrierten Wissenschaft vom Unterricht. In: Arnold, K.-H.; Blömeke, S.; Messner, R. & Schlömerkemper, J. (Hrsg.): Allgemeine Didaktik und Lehr-Lernforschung. Kontroversen und Entwicklungsperspektiven einer Wissenschaft vom Unterricht. Bad Heilbrunn: Klinkhardt, 27–45

Einsiedler, W. & Rabenstein, R. (Hrsg.) (1985): Grundlegendes Lernen im Sachunterricht. Bad Heilbrunn: Klinkhardt

Gesellschaft für Didaktik des Sachunterrichts (GDSU) (2002): Perspektivrahmen Sachunterricht. Bad Heilbrunn: Klinkhardt

Giel, K. (2007): „Bildung" – wie der Verstand zur Vernunft kommt. In: Berendes, J. (Hrsg.): Autonomie durch Verantwortung. Impulse für die Ethik in den Wissenschaften. Paderborn: mentis, 253–283

Grüner, G. (1967): Die didaktische Reduktion als Kernstück der Didaktik. In: Die Deutsche Schule, 59. Jg., 414–430

Kahlert, J. (1998): Grundlegende Bildung im Spannungsverhältnis zwischen Lebensweltbezug und Sachanforderungen. In: Marquardt-Mau, B. & Schreier, H. (Hrsg.): Grundlegende Bildung im Sachunterricht. Bad Heilbrunn: Klinkhardt, 67–81

Kahlert, J. (³2009): Der Sachunterricht und seine Didaktik. Bad Heilbrunn: Klinkhardt

Klafki, W. (⁵ᐟ⁷1965): Die didaktische Analyse als Kern der Unterrichtsvorbereitung. In: Ders.: Studien zur Bildungstheorie und Didaktik. Weinheim: Beltz

Klafki, W. (1985): Zur Unterrichtsplanung im Sinne kritisch-konstruktiver Didaktik. In: Ders.: Neue Studien zur Bildungstheorie und Didaktik. Weinheim und Basel: Beltz

Köhnlein, W. (1990): Grundlegende Bildung und Curriculum des Sachunterrichts. In: Wittenbruch, W. & Sorger, P. (Hrsg.): Allgemeinbildung und Grundschule. Münster: Lit, 107–125

Köhnlein, W. (1996): Leitende Prinzipien und Curriculum des Sachunterrichts. In: Glumpler, E. & Wittkowske, St. (Hrsg.): Sachunterricht heute. Bad Heilbrunn: Klinkhardt, 46–76

Köhnlein, W. (1998): Grundlegende Bildung – Gestaltung und Ertrag des Sachunterrichts. In: Marquardt-Mau, B. & Schreier, H. (Hrsg.): Grundlegende Bildung im Sachunterricht. Bad Heilbrunn: Klinkhardt, 27–46

Köhnlein, W. (1999): Vielperspektivität und Ansatzpunkte naturwissenschaftlichen Denkens. Analysen von Unterrichtsbeispielen unter dem Gesichtspunkt des Verstehens. In: Köhnlein, W.; Marquardt-Mau, B. & Schreier, H. (Hrsg.): Vielperspektivisches Denken im Sachunterricht. Bad Heilbrunn: Klinkhardt, 88–124

Köhnlein, W. (2000): Vielperspektivität, Fachbezug und Integration. In: Löffler, G.; Möhle, V.; v. Reeken, D. & Schwier, V. (Hrsg.): Sachunterricht – Zwischen Fachbezug und Integration. Bad Heilbrunn: Klinkhardt, 134–146

---

[1] Für den Bereich Naturwissenschaft und Technik liegen solche forschungsbasierten Ausarbeitungen mit ausführlichen Sachanalysen und Hinweisen für den Unterricht zu den Bereichen „Schwimmen und Sinken", „Luft und Luftdruck", „Schall – was ist das" und „Brücken – und was sie stabil macht" vor: Kornelia Möller (2005) (Hrsg.): Die KiNT-Boxen – Kinder lernen Naturwissenschaft und Technik. Klassenkisten für den Sachunterricht. Essen: Spectra

Köhnlein, W. (2007): Sache als didaktische Kategorie. In: Kahlert, J.; Fölling-Albers, M.; Götz, M.; Hartinger, A.; v. Reeken, D. & Wittkowske, St. (Hrsg.): Handbuch Didaktik des Sachunterrichts. Bad Heilbrunn: Klinkhardt, 41–46

Möller, K.; Jonen, A.; Hardy, I. & Stern, E. (2002): Die Förderung von naturwissenschaftlichem Verständnis bei Grundschulkindern durch Strukturierung der Lernumgebung. In: Prenzel, M. & Doll, J. (Hrsg.): Bildungsqualität von Schule: Schulische und außerschulische Bedingungen mathematischer, naturwissenschaftlicher und überfachlicher Kompetenzen. Weinheim, Basel: Beltz, 176–191

Soostmeyer, M. (^{3}1998): Zur Sache Sachunterricht. Begründung eines situations-, handlungs- und sachorientierten Unterrichts in der Grundschule. Frankfurt a.M. u.a.: Lang

Tulodziecki, G.; Herzig, B. & Blömeke, S. (2004) (Hrsg.): Gestaltung von Unterricht. Eine Einführung in die Didaktik. Bad Heilbrunn: Klinkhardt

Wagenschein, M. (1997): Verstehen lehren. Genetisch – Sokratisch – Exemplarisch. Weinheim, Basel: Beltz

Wagenschein, M. (2003): Kinder auf dem Wege zur Physik. Weinheim, Basel, Berlin: Beltz

5.2 Sachunterrichtsplanung als Planung des Lernprozesses der Schülerinnen und Schüler

von Hartmut Giest

Warum Lernplanung? – Kurzer historischer Exkurs
Die in den letzten Jahren stattgefundenen wichtigsten Veränderungen im Bildungssystem der Bundesrepublik und in den Diskursen über Schule, Unterricht, Lernen und Lehren lassen sich mit den Begriffen Outputorientierung, Qualitätssicherung und evidenzbasierte Steuerung beschreiben (Klieme 2009). Ausgehend von den – aus deutscher Sicht – unbefriedigenden Ergebnissen der internationalen Schulleistungsvergleiche, allerdings auch weiterer Befunde und länger bekannter Kritik, wurde der Ruf nach Bildungsstandards laut und von der KMK aufgegriffen. Bildungsstandards verfolgen das Ziel, darauf zu wirken, dass gesellschaftlich und für die Lebenspraxis des Einzelnen bedeutsame Bildungsinhalte systematischer und erfolgreicher vermittelt werden (vgl. KMK 2005, Klieme et al. 2003, Klieme 2009). Über Bildungsstandards, die *Lernergebnisse* (Output) in Form im Unterricht zu erreichender Kompetenzen beschreiben, sollte der Blick auf Leistungsdispositionen gerichtet werden, die das Bewältigen von *Anforderungen*, d.h. kompetentes Handeln (nicht nur das Verfügen über Kenntnisse) der Schülerinnen und Schüler sichern. Um diese Zielsetzung erreichen zu können, müssen Unterricht und insbesondere das Lernen bzw. Lernprozesse der Schülerinnen und Schüler darauf bezogen geplant werden bzw. planbar sein. Allerdings hat die KMK bewusst darauf verzichtet anzugeben, wie die Standards erreicht werden sollen, sondern dies in die Verantwortung der Lehrkräfte und Schulen vor Ort übergeben (Klieme a.a.O.).
Hervorgehoben werden sollte, dass die aktuell diskutierten Probleme nicht ganz neu sind (vgl. Rother 1964). Daher muss sorgfältig auf die vorgeschlagenen Lösungen geachtet werden, um nicht bereits gemachte Fehler zu wiederholen. Deshalb lohnt es sich, einen kurzen Blick auf die Geschichte unseres Bildungssystems zu werfen.
Auf dem Hintergrund einer gewissen Reformfreudigkeit in den 60er und 70er Jahren wurde mit neuen Auffassungen aus Psychologie und Pädagogik ein hoher pädagogischer Optimismus begründet, der auf der angenommenen Möglichkeit beruhte, Bildungsprozesse wissenschaftlich gelenkt gestalten zu

können (Klieme 2009). Den Hintergrund dafür bildeten einerseits die Überwindung behavioristischer, statischer Lernauffassungen zu Gunsten einer Auffassung, die Lernen als einen zwar von der Aktivität des Lernenden abhängenden, aber pädagogisch steuerbaren strukturierten Informationsverarbeitungsprozess ansah sowie andererseits ein veränderter dynamischer Begabungsbegriff, der Begabung nicht vorrangig als genetisch bedingt, sondern durch pädagogische Maßnahmen beeinflussbar auffasste. Allerdings führte die Auffassung von der Möglichkeit einer wissenschaftlichen Lenkung von Bildungsprozessen zu der Idee einer Art Fernsteuerung der Akteure im Unterricht (von Lehrkräften und Schülern), die mit Hilfe von systematischen Lehrgängen, Unterrichtsmethoden, Arbeitsformen, Prüfungs- und Rückmeldeverfahren, d.h. durch eine möglichst perfekte Vorplanung des Lehr-, Lerngeschehens zu den angestrebten Zielen geführt werden sollten. Daher sollten Veränderungen im Bildungswesen vor allem auf dem Weg der Curriculumreform erreicht werden – ein Grundansatz, der in der DDR bis zuletzt praktiziert wurde (Neuner 1989). Vor allem wegen dieser Tendenz zur (zentralistischen) Fernsteuerung, der zu geringen Beachtung der Subjekte im Unterricht, konnten die hochgesteckten Ziele nicht erreicht werden.

Die Konstruktivismusdebatte in den 80er und 90er Jahren ließ Ideen von der Planbarkeit des Lernens bzw. von Bildungsprozessen obsolet erscheinen. Lernen wurde als Prozess der (autopoietischen, aus dem – abgeschlossenen – kognitiven System heraus vollzogenen) Konstruktion verstanden, der nur an die Aktivität des Lernenden gebunden und nicht – oder wenn, dann nur moderierend – pädagogisch beeinflussbar ist.

Daher wandten sich Psychologen und Pädagogen folgerichtig stärker der Individualentwicklung (Lerner, Schulen) zu. Die Psychologen untersuchten im Rahmen der Lern-Lehr-Forschung Lernstrategien, metakognitive Strategien, selbständiges bzw. selbst reguliertes Lernen und seine Bedingungen bzw. Verlaufsqualitäten.

Die Konsequenz für den „konstruktivistischen" Unterricht war die, bestimmten pädagogischen Absichten folgend, Lernenden Lernangebote in Form von lernanregend gestalteten Lernumgebungen zu unterbreiten und von diesen zu erwarten, dass sie das individuelle Lernen möglichst stark anregen. Ansonsten sollte sich die Lehrerrolle auf die Begleitung und Beratung, die Moderatorfunktion bezüglich des Lernens begrenzen.

Die Lehrkraft wurde, in Entgegensetzung zu den Maximen des traditionellen Unterrichts, aufgefordert, sich „zurückzunehmen" und von ihrer „Lehr"-Rolle bezüglich der Planung und pädagogischen Führung des Lernens der Schüler im Unterricht Abstand zu nehmen. Mit dieser Tendenz setzt sich Klafki (1993), vgl. auch Terhart 1997) auseinander, wenn er über „falsche Kontroversen und Postulate" schreibt und hier ‚Schülerorientierung' statt

‚Wissenschaftsorientierung', ‚Erfahrungsorientierung' statt ‚Verbindlichkeit objektiver Anforderungen', ‚offener Unterricht' statt ‚Strukturierung des Unterrichts durch den Lehrer als systematische Hinführung zur Fähigkeitsentwicklung' benennt. Er kennzeichnet dies als Vereinseitigungen, Übersteigerungen und Scheinalternativen und kommt zu dem Fazit: „Eine der Folgen der durch kurzlebige Schein-Modernismen erzeugten didaktischen Verwirrung besteht m.E., insbesondere bei manchen jungen Kolleginnen und Kollegen, darin, dass sie nicht mehr den Mut haben, ‚Lehrer zu sein': Unterricht vor- und durchzustrukturieren, sich selbst in den Unterricht engagiert ‚einzubringen' und begründete Anforderungen zu stellen und durchzuhalten, nicht zuletzt, um Schülern schrittweise zu größerer Selbständigkeit und Mitbestimmungsfähigkeit zu verhelfen" (Klafki 1993, 308-309).

Wenngleich konstruktivistischer Unterricht in der geschilderten Grundkonzeption in Einzelfällen durchaus funktioniert haben mag, machten im Großen und Ganzen jedoch Untersuchungen (z.B. Videostudien) eine „Diskrepanz zwischen dem hehren Anspruch eines »konstruktivistischen« Unterrichtsverständnisses und dem häufig uninspirierten Unterricht" deutlich (Klieme 2009, 45).

Die aktuell geführte Debatte um die Kompetenzorientierung bedeutet nun aber nicht, dass die Idee einer wissenschaftlich gelenkten Gestaltung von Unterricht wieder auflebt, sondern die gegenwärtigen Diskurse sind dadurch gekennzeichnet, dass sowohl die Erfahrungen der 60er/70er Jahre als auch die der 80er und 90er Jahre im Sinne einer konstruktiven Synthese aufgegriffen werden. Das bedeutet für das uns an dieser Stelle interessierende Problem der pädagogischen Planung von Lernen im Unterricht, dass weder eine Fernsteuerung von Lehrkraft und Lerner im Sinne geschlossener Unterrichtskonzepte noch das Gegenteil eines extrem geöffneten Unterrichts, sondern konstruktive Momente aus beiden Ansätzen aufgegriffen werden. Wie das geschehen kann, soll im Folgenden am Beispiel der „Kooperativen Unterrichtsplanung" dargestellt werden. Dazu soll zunächst zum Grundproblem der Planung von Lernprozessen im Unterricht argumentiert werden, um anschließend die Frage klären zu können, ob und wie individuelle und kollektive Lernprozesse konkret pädagogisch beeinflusst werden können.

5.2.1 Unterricht und Lernplanung

Unterricht ist allgemein als institutionalisierte Form pädagogischer Interaktion von Lernenden und Lehrenden anzusehen (vgl. auch Schrader & Helmke 2008). Seine Funktion besteht darin, die Aneignung der Kultur durch die Lernenden zu gewährleisten, zu ermöglichen, zu bewirken. Die Akteure/Subjekte im Unterricht sind Lehrende und Lernende. Deren Funktionen sind vor allem Lehren und Lernen.

Lernen (im Sinne der Aneignung von schulischer Bildung) bzw. Lerntätigkeit ist in erster Linie eine Funktion des Subjekts – übrigens Lehren auch. Lerntätigkeit kann daher nicht erzwungen oder von außen her erzeugt werden. Es ist unmöglich, jemanden im Sinne des Nürnberger Trichters „wissend" zu machen, obwohl dies im Wort Lehren drin steckt. (Lehren kommt von „wissen machen"; gotisch laisjan, althochdeutsch lére – vgl. Graf & Ronecker 1991, 1002). Das wussten auch die Klassiker. Sie thematisierten in ihren didaktischen Modellen keine direkte Einwirkung des Lehrens auf das Lernen: „Der Unterricht kann nicht geben, er kann nur veranlassen, zu erwerben" (Rein, Pickel & Scheller 1903, 124; vgl. auch Meyer 1994, 171). Auffällig ist, dass hier weder vom Lehrenden noch vom Lernenden gesprochen wird, sondern vom Unterricht, in dessen Rahmen ein bestimmtes Verhältnis zwischen Lehren und Lernen gestaltet wird. Daher wird auch nicht das Lernen konkret geplant, sondern – betrachtet man die Geschichte des Unterrichts (Comenius, Herbart, Gaudig, Roth u.a.) – die Bemühungen der Pädagogen bestanden darin, *Unterricht* so zu planen und zu veranstalten, dass er in seiner Phasenfolge das Lernen und Lehren erleichtern bzw. ermöglichen sollte (Meyer 1996, Terhart 1989, Gudjons 1994). Da die Orientierung auf Unterricht als Veranstaltung häufig die konkrete Interaktion zwischen Lernen und Lehren ausklammerte (nicht konkret thematisierte), war die Orientierung auf Planung des Unterrichts häufig gleichbedeutend mit der Lehrplanung. So konstatiert Meyer (1994, 177): „Die Herbartianer haben aus der Herbartschen Lern-Logik unter der Hand eine Lehr-Logik gemacht." Dies liegt natürlich nahe, weil der Lehrende die Planung des Unterrichts als seine Aufgabe ansah und andererseits Lernen nicht direkt geplant, bewirkt, sondern nur veranlasst werden konnte (siehe Zitat oben).

Daher (über)betont traditioneller Unterricht die Bedeutung der Seite des Lehrens. Hier wird wegen der Subjektfunktion des Lernenden einer Logik des Zeigens als Grundvorgang der Erziehung (Prange 2005, vgl. auch Baumert et al. 2006) gefolgt. Traditioneller Unterricht geht davon aus, dass die Aufgabe des Lehrenden und mithin jeder Erziehung darin besteht, Kultur an die nachfolgende Generation *zu vermitteln*. Dies geschieht dadurch, dass der Lehrende dem Lernenden die Bestandteile der Kultur präsentiert (vormacht, zeigt, zugänglich macht...) und der Lernende diese dann lernt, d.h. zu seinem geistigen Besitz macht. Wenngleich die Metapher des Zeigens auf einer pädagogischen Theorie- bzw. Abstraktionsebene durchaus ihre Berechtigung hat, so führt sie, angewandt auf den Unterricht, zu nicht begründbaren Annahmen. Denn wie kann der Lehrende erwarten, dass die Lernenden allein durch geschicktes – darunter wird allzu oft „sachlogisch strukturiert" verstanden – Präsentieren des Lehrstoffes diesen lernen, d.h. die entsprechenden mentalen Konstruktionen vornehmen? In der Regel (ver)führt dieses Unterrichtsmodell die Lernenden zur mentalen Übernahme (Auswendiglernen) des präsentierten Stoffes, oder es bleibt völlig offen, was sie mit ihm anfangen. Daher dominiert hier das Lehren (im Sinne der Stoffpräsentation), und Lernen (als konkrete, an Subjekte gebundene und ihre auf den Stoff bezogene Konstruktion) sowie die Interaktion von Lernen und Lehren kommen nicht vor. Überspitzt formuliert folgt traditioneller Unterricht dem *Lehren-ohne-Lernen-Modell*, was eben Klaus Holzkamp (1990) dazu veranlasste, Lehren als Lernbehinderung zu bezeichnen (vgl. auch H. Meyer 1994). Der Lehrende tendiert im traditionellen Unterricht zusätzlich dazu, von einem (abstrakten) Durchschnittslerner auszugehen und die Stoffpräsentation an ihm auszurichten.

Die andere Alternative ist, weitgehend auf Lehren im Sinne des traditionellen Unterrichts zu verzichten und sich als Lehrkraft ganz darauf zu konzentrieren, Lernbedingungen und vor allem Lernumgebungen zu gestalten und dadurch indirekten Einfluss auf das Lernen zu nehmen (Lehrer als Lernmoderator). Hierbei wird mitunter auch versucht, nach Wegen zum Erschließen der natürlichen, d.h. von der Natur dem Menschen mitgegebenen, Lernpotentiale durch den Abbau der das Lernen behindernden kulturellen Barrieren zu suchen. (Man denke nur an die Kontroverse um den Computer in der Grundschule.)

Die Begründung des entsprechenden *Lernen-ohne-Lehren-Modells* erfolgt aus konstruktivistischer Perspektive: Lernen ist stets eine Funktion des internen Konstruierens des Lernenden selbst; daher kann jeder von außen kommende Eingriff den Konstruktionsprozess nur behindern, denn diese Inputs ersetzen oder verhindern selbst vollzogene Konstruktionen. Das Ergebnis ist, so die berechtigte Kritik, ein Einlernen fertigen Wissens, welches nun nicht mehr in die eigene kognitive Struktur eingebaut, sondern mehr oder weniger zusammenhanglos mental abgespeichert, memoriert wird, und nur zum Zwecke der Reproduktion im Sinne einer verbalen Wiedergabe, nicht aber zur Anwendung bereit steht (innert knowledge – Renkl 2001). Die Aufgabe des Lehrenden ist es daher, das Lernen anregende Lernumgebungen so zu gestalten, dass erwartet werden kann, dass die Lernenden in der handelnden Auseinandersetzung mit ihnen, sich an diese anpassend, sinnstiftend mental konstruieren und solchermaßen aus sich heraus – ohne Lernen behinderndes Lehren – und also scheinbar ganz natürlich lernen (vgl. Giest 2007a).

Offenbar muss eine Alternative zum traditionellen Unterricht durch eine Hinwendung zum Lernen gekennzeichnet sein. Dabei ist jedoch zu beachten, dass keine Antinomie (statt Lehren ohne Lernen nun Lernen ohne Lehren) aufgebaut wird. Dies würde einerseits allen Erkenntnissen der Lehr-Lern-Forschung widersprechen (Klauer & Leutner 2007, Vosniadou 2008, vgl. auch Bohl 2009), aber auch gesicherte pädagogische Erkenntnisse (z.B. zum

Frontalunterricht – vgl. Schratz & Weiser 2002, Gudjons 2003, Oelkers 2000) sowie Erfahrungstatsachen negieren und zu Letaltheorien führen (Tenorth 2006).

Die genannten Modelle „Lehren ohne Lernen" und „Lernen ohne Lehren" bieten für eine zukunftsorientierte Unterrichtskultur unbefriedigende Orientierungen (vgl. auch Bohl 2002, Hascher 2005, Giest 2008). Um die Antinomie beider Modelle überwinden zu können, hat es in den letzten Jahrzehnten vermehrt Vorschläge gegeben (mastery learning – vgl. etwa Eigler & Straka 1978; anchored instruction – Bransford, Sherwood, Hasselbring, Kinzer & Williams 1990, Cognition and Technology Group at Vanderbilt 1990; cognitive apprenticeship – Collins, Brown & Newman 1989, Rogoff 1990; situated learning – Billett 1996, Schliemann 1998, Lave 1988, Klauer 2001), die sich in den Ansatz des gemäßigten Konstruktivismus (vgl. Vosniadou 2008a, Schrader & Helmke 2008) einordnen lassen.

Dieser Grundansatz ist allerdings eher pragmatischer Natur und beruht weniger auf einer konsistenten Theorie. Er wird vor allem durch empirisch-analytisch gewonnene Erkenntnisse über Merkmale guten Unterrichts gespeist. Auch die Weiterentwicklung offenen Unterrichts erfolgt aktuell maßgeblich unter Berücksichtigung dieser Forschungsergebnisse (Bohl 2009). Diese sind zwar inzwischen recht gut empirisch gesichert und in der Literatur dokumentiert (Meyer, H. 2003, 2004, Helmke 2003, 2006, 2007, Weinert & Helmke 1997, Tulodziecki, Herzig & Blömeke 2004, Klauer & Leutner 2007, Schrader & Helmke 2008), allerdings haben sie durch ihren deskriptiven Charakter kaum zur präskriptiven Theoriebildung beigetragen. Daher muss konstatiert werden, dass dieses Wissen kaum dazu geeignet ist, praktisch nutzbare Modelle von Unterricht zu entwickeln bzw. die Frage zu beantworten, wie Unterricht gut gemacht werden kann (Planung, Gestaltung, Auswertung – vgl. Meyer, M.A. 2005, Oelkers 2004 u.a.). Ursache ist einerseits die schon unter Bezug auf die Kompetenzdebatte mitgeteilte Verlagerung der (professionalen) Verantwortung für das Erreichen der Bildungsstandards auf die Seite der Lehrkräfte ohne geeignete theoretische wie praktische Unterstützung (Bremerich-Voss 2009, Giest, Kahlert & Hartinger 2008) wie auch der vorwiegend deskriptive Charakter der über empirisch-analytische Unterrichtsforschung gewonnenen Erkenntnisse, aus denen keine konkreten Handlungsanregungen für die Lern- und Lehrplanung abzuleiten sind. Dies erklärt in gewisser Weise auch die seit wenigstens 200 Jahren bestehende Kluft zwischen Theorie und Praxis, die sich durch intensive Forschungen stets zu erweitern scheint (Duit et al. 2008). Konzeptionen eines (mehr oder weniger radikal) offenen Unterrichts[1] vermögen diese Kluft auch nicht zu überwin-

---

[1] Siehe zu aktuellen Tendenzen der Weiterentwicklung offenen Unterrichts Bohl (2009).

den, da sie – vielfach allerdings weniger empirisch gesicherte – Lehrkräfte häufig lediglich mit Auffassungen von gutem Unterricht konfrontieren, ihnen aber keine konkreten Hinweise geben, wie diese praktisch umzusetzen sind (Hänsel 1980, Oelkers 2004, Klieme 2009).

Daher kann auch nicht verwundern, dass die in praxisanalytischen Arbeiten (Hansen & Klinger 1997, Giest 2002, Hascher 2005, Leuchter et al. 2006 u.a.) gefundenen Erkenntnisse als Ausdruck der beiden weiter oben diskutierten gegensätzlichen Modelle interpretiert werden können: Unterrichtsplanung ist im besten Fall Lehrplanung, fast ausnahmslos jedoch keine Planung mit Blick auf das lernende Kind (Lehren ohne Lernen) oder wird durch undifferenzierte „lernanregende" Methoden, Arbeitsblätter, Freiarbeit und die Lernaktivität mehr oder weniger herausfordernde Gestaltung von „Lernumgebungen" ersetzt (Lernen ohne Lehren).

Genau diese Alternative wird im Pädagogischen Paradox thematisiert. Deshalb sehen wir die Ursache für die oben beschriebenen antinomischen Modelle sowie die damit verbundene Divergenz zwischen Theorie und Praxis des Unterrichts, zwischen Ideal und Wirklichkeit in der fehlenden Überwindung des Pädagogischen Paradoxes, allerdings auch im Fehlen einer wissenschaftlichen Brücke zwischen Didaktik und Lernpsychologie, wie sie die psychologische Didaktik (Lompscher 1994, Aebli 1970, Oser & Sarasin 1995, Oser & Baeriswyl 2001) darstellt.

Im Folgenden soll eine besondere Alternative diskutiert werden, die versucht, eine in den oben diskutierten Modellen zum Ausdruck kommende Antinomie von Lernen und Lehren zu überwinden und eine Einheit beider Gegensätze konkret herzustellen.

5.2.2 Das „Pädagogische Paradox" und seine Überwindung

Das „Pädagogische Paradox" (Luhmann & Schorr 1982) ist nicht neu, schon Humboldt (1964) und Diesterweg (1838) thematisieren es im Zusammenhang mit dem Konzept der ‚Selbsttätigkeit'. Eigentlich besagt es, dass Lernen nicht gelehrt werden kann: Der Schüler kann nur als Subjekt lernen, nie als Objekt, der Lehrer (als Subjekt) kann auf ihn aber nur als Objekt einwirken. Die Wechselwirkung zweier Subjekte ist nicht definiert, andererseits können Subjekte nicht gleichzeitig Objekt sein. Genau das geschieht aber im Rahmen von Unterricht: Der Schüler ist Objekt pädagogischer Einwirkungen (des Subjekts Lehrer) und zugleich Subjekt seines eigenen Aneignungsprozesses im Unterricht. Damit agieren zwei Subjekte im Unterricht, aber sie agieren in gewisser Weise nebeneinander. Im Rahmen der Subjekt-Objekt-Relation ist die konkrete Interaktion zweier individueller Subjekte ausgeschlossen.

Die Auflösung des pädagogischen Paradoxes ist möglich, wenn man die Besonderheiten menschlicher Tätigkeit und Lerntätigkeit beachtet. Hierbei sind zwei Momente von Bedeutung:
(1) Tätigkeit ist stets gegenständlich, ist auf einen Gegenstand gerichtet. Die Besonderheit dieses Merkmals besteht darin, dass Dinge, Sachverhalte der Umwelt nicht per se Gegenstände der Tätigkeit sind, sondern erst zum Gegenstand der Tätigkeit – natürlich auch der Lerntätigkeit – werden müssen. Ausgehend von einer konkreten Bedürfnislage des Subjekts (hier Lernbedürfnis) wird ein Ding/Sachverhalt aus der Umwelt dadurch zum Gegenstand der Tätigkeit (des Lernens), dass er als geeignet wahrgenommen wird, das Bedürfnis zu befriedigen. Dadurch entsteht das Motiv der Tätigkeit (Lernmotiv, also der Antrieb zum Handeln, zum handelnden Lernen), und das Subjekt stellt sich auf der Basis seiner subjektiven Voraussetzungen (vorhandene Kompetenzen/Lernvoraussetzungen) Aufgaben, generiert konkrete Ziele und versucht, diese auf der Grundlage seiner Handlungsmöglichkeiten zu realisieren. Wichtig ist festzuhalten, dass der Ausgangspunkt jeder Tätigkeit ein aus dem Subjekt kommendes Bedürfnis ist: Die Aktivität kommt also zunächst aus dem Subjekt (von innen nach außen, nicht umgekehrt). Das Generieren, aber auch das Realisieren der eigenen Bedürfnisse, das Umsetzen der Motive und Ziele hängt ganz wesentlich von den Handlungsvoraussetzungen des Subjekts/Tätigen/Lernenden ab. Zum Glück ist es aber dabei nicht auf sich allein gestellt.
(2) Tätigkeit ist Ursache und Produkt der Kultur, und dies trifft auch auf die Lerntätigkeit zu, die auf die Aneignung von menschlicher Kultur (im Sinne von Bildung) gerichtet ist. Menschliche Kultur ist durch Kooperation von Menschen entstanden, die *gemeinsame Bedürfnisse* durch koordiniertes Verändern der Umwelt realisierten. Das Wesen, der Ursprung menschlicher Tätigkeit besteht in der Kooperation, der gemeinsamen, arbeitsteiligen Veränderung der Umwelt und der menschlichen Gesellschaft. Der Mensch hat seine Kultur und damit das, was ihn als Menschen auszeichnet, gewissermaßen selbst geschaffen – vermöge seiner Fähigkeit zur Kooperation und der dabei genutzten sprachbasierten Kommunikation, die der Regulation der Kooperation dient. Phylogenetisch wie auch ontogenetisch gehen daher gemeinsame Tätigkeit, Kooperation und Kommunikation der individuellen Tätigkeit voraus (Vygotskij 2002, 2003). Individuelle Tätigkeit – also auch individuelle Lerntätigkeit – ist angeeignete, interiorisierte, nach innen verlegte Kooperation, gewissermaßen die Kooperation mit sich selbst (Selbsttätigkeit).
Im Rahmen der Kooperation bilden kooperierende Subjekte ein *Gesamtsubjekt*, welches auf dem Vorhandensein einer hinreichend großen Schnittmenge gemeinsamer Bedürfnisse, eines zur Bedürfnisbefriedigung geeignet erschei-

nenden Gegenstands und darauf bezogener Ziele beruht. Die ursprüngliche und auch für die Lern-Lehr-Kooperation im Unterricht bedeutsame Ursache der Kooperation besteht darin, dass individuelle Bedürfnisse nur über die Kooperation zu befriedigen waren: der Mensch kann nicht allein als Individuum überleben; er benötigt zum Überleben die Gemeinschaft/Gesellschaft, den sozialen Verkehr. Gemeinsame Bedürfnisse sind die Voraussetzung dafür, dass ein Ding/Sachverhalt als Gegenstand der gemeinsamen Tätigkeit von den Kooperationspartnern wahrgenommen werden kann, dass entsprechende kooperative Motive entstehen, Aufgaben und Ziele abgeleitet und in Handlungen umgesetzt werden. Dies erfolgt arbeitsteilig – je nach den individuell unterschiedlichen subjektiven Voraussetzungen.

Der Vorteil der Kooperation besteht weniger in der Summierung der Aktionen der Einzelnen, sondern darin, dass ein neues Ganzes der Tätigkeit entsteht, was dann eben mehr ist als die Summe der tätigen Individuen. Erst dadurch kann gemeinsame Tätigkeit von allen Kooperationspartnern als subjektiv sinnvoll erlebt werden. Das aber ist die Voraussetzung dafür, dass die Kooperationspartner über Kommunikation gegenseitig Einfluss auf die Tätigkeit des jeweils anderen Subjekts nehmen. Der Effekt dieser gegenseitigen Beeinflussung ist, dass nicht nur die Umwelt verändert, der Lerngegenstand bearbeitet, sondern auch beide Subjekte zur Selbstveränderung, zum Lernen bzw. zur Lerntätigkeit/Aneignung des Lerngegenstandes im Sinne seiner internen Rekonstruktion veranlasst werden.

Diese kulturhistorische theoretische Position gestattet es, die Interaktion von Lernenden und Lehrenden im Sinne des Herstellens einer dialektischen Einheit von Lehren und Lernen, von Führung und Selbsttätigkeit herzustellen. In diesem Rahmen ist dann auch eine gewisse Planung von Lernprozessen seitens der Lehrenden möglich. In der Kooperation mit dem Schüler kann der Lehrer sogar „belehren", aber dem Wesen nach handelt es sich dann um eine „Lernhilfe" und nicht um „Belehrung". In gewisser Weise wird hier pädagogisch mit dem Kind nach dem Leitsatz von Montessori („Hilf mir, es selbst zu tun!") kooperiert (vgl. hierzu ausführlich Giest & Lompscher 2006).

5.2.3 Grundpositionen zur kooperativen Planung und Gestaltung von Lernen im Unterricht

Anknüpfen an Klafki
Unsere Grundpositionen einer kooperativen Lern-Lehrplanung im Unterricht knüpfen an Wolfgang Klafkis Ansatz der didaktischen Analyse an, die er als Kern der Unterrichtsvorbereitung ansieht (vgl. etwa 1963, 1964a, b, 1985):
(1) Lernende und Lehrende müssen im Unterricht ein Gesamtsubjekt bilden, in gemeinsamer Tätigkeit interagieren.

(2) Im Zentrum steht die Lerntätigkeit, ihre Entwicklung und Ausbildung, sie bildet den Ausgangs- und Endpunkt der Analyse, und die Lehrtätigkeit leitet sich daraus ab. Lehren hat selbstredend die Sachlogik (z.B. die Logik der Bezugswissenschaft) zu beachten, muss sich vor allem aber an der Lernlogik (Logik der Lerntätigkeit) orientieren.

(3) Die konkrete Interaktion von Lern- und Lehrtätigkeit muss bis auf die Handlungsebene konkret verfolgt werden.

Wir erfassen mit der didaktischen Analyse keinesfalls den gesamten Unterricht oder den Unterricht „an sich", sondern seine wesentliche Zelle: das Wechselverhältnis von Lernen und Lehren (vgl. auch Klingberg 1997).

Durch die Einführung des Gesamtsubjekts – verschiedene Subjekte (Lehrende, Lernende), bei denen sich Lehrbedürfnis und Lernbedürfnis überschneiden, die daher entsprechende gemeinsame Ziele verfolgen und dabei ihre individuellen Handlungen mit Blick auf die gemeinsamen Ziele und den gemeinsamen Gegenstand abstimmen –, lässt sich einerseits das pädagogische Paradox auflösen und gleichzeitig wird Lernen und Lehren als Funktion kooperierender Subjekte im Unterricht konkret fass-, plan- und gestaltbar.

Von besonderer Bedeutung sind hierbei zwei Aspekte:

(1) das *Zustandekommen eines wechselseitigen Bedürfnisses zur Kooperation,* das Sich-Überschneiden der Ziele der Lernenden und Lehrenden – die Lernenden wollen idealerweise dann gerade jenes lernen, was der Lehrende ihnen vermitteln will/soll – und

(2) die darauf bezogene *Analyse der Lernanforderung*, jener Kompetenzen, die mit der Aneignung des Lerngegenstands und der Erreichung des Lernziels verbunden sind.

Dazu führen wir drei Begriffe ein: A. *objektive Lernanforderungen*, B. *subjektive Lernvoraussetzungen* und C. *Zone der nächsten Entwicklung.*

A. Objektive Lernanforderung: Da jeder potenzielle Lerngegenstand in jedem Fall Bestandteil menschlicher Kultur ist – genau darauf ist Bildung ja gerichtet –, existiert er zunächst zwischen den Menschen, ist Bestandteil des sozialen Verkehrs, des gesellschaftlichen Lebens, lässt sich daher objektiv beschreiben und als Anforderung operationalisieren. Das trifft auch auf die entsprechenden Lernhandlungen zu. Beide sind Bestandteil eines tradierten Wissenskörpers, der unabhängig vom individuellen Bewusstsein, also objektiv in der Gesellschaft und ihrer Kultur existiert (z.B. medial repräsentiert in Form von Büchern). Jede Lernanforderung kann objektiv beschrieben werden, indem z.B. die erforderlichen Kompetenzbestandteile analysiert werden. Hilfreich sind in diesem Fall Kompetenzstrukturmodelle, die eine solche Analyse erleichtern. Wir (vgl. Giest, Hartinger & Kahlert 2008) schlagen mit Blick auf den Sachunterricht ein Modell vor, welches sich auf die Analyse deklarativen, prozeduralen und metakognitiven Wissens bezieht. Dabei werden Inhaltsdimension, Wissensdimension und Dimension des gedanklichen oder Lernhandelns unterschieden und in einem dreidimensionalen Modell zusammengeführt (vgl. Abbildung 1). Zwar bildet dieses Modell nicht alle Aspekte möglicher Kompetenzstrukturen ab, wegen der Komplexität sachunterrichtlicher Inhalte erscheint u.E. eine Konzentration auf diese Aspekte jedoch sinnvoll. Die Anforderungsanalyse erfolgt dann in der Weise, dass je Anforderung analysiert wird, welche Fakten, Begriffe, Zusammenhänge erinnert, verstanden, angewandt werden müssen, um diese erfolgreich bewältigen zu können. Als Bezugsdisziplinen sind zu nennen: 1. Zeit- und Geschichtswissenschaft; 2. Raumwissenschaften – Geografie, Astronomie, Ökonomie, ...; 3. Gesellschaftswissenschaften; 4. Technikwissenschaft; 5. Naturwissenschaften.

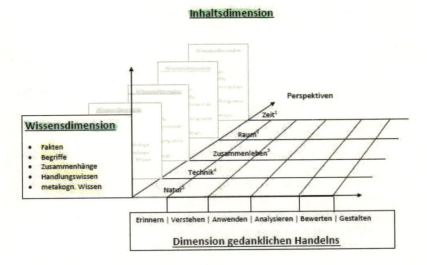

Abb. 1: Vorschlag eines Kompetenzstrukturmodells für den Sachunterricht

B. Subjektive Lernvoraussetzungen: Die Lernwege zur Aneignung der Kompetenzen, die erforderlich sind, um die objektive Lernanforderung zu bewältigen, hängen stark von den subjektiven Lernvoraussetzungen der Lernenden ab. Hierzu zählen natürlich entsprechende Lernerfahrungen, Persönlichkeitsmerkmale wie Intelligenz, grundlegende Lernmotivation, Lernwille sowie emotionale Qualitäten, auch Temperament und Charaktereigenschaften u.a. Wir konzentrieren uns zunächst aber auf die Analyse der bereits vorhandenen Kompetenzen bezogen auf die oben analysierte Lernanforderung (Vorwissen, angeeignete Lernhandlungen und auf Metakognition bezogenes Wissen und Handeln, z.B. bereits vorhandene, bewusst einsetzbare Lernstrategien). Ergebnis dieser Analyse ist in der Regel ein Spannungsfeld, eine Diskrepanz zwischen der mit einem Lerngegenstand verbundenen objektiven Lernanforderung und den subjektiven Lernvoraussetzungen. Hinzu kommen allgemeine Lernvoraussetzungen, die sich auf Schule und Klasse beziehen (z.B. Erfahrungen in der Gruppen- und/oder Projektarbeit).

C. Zone der nächsten Entwicklung: Spätestens an dieser Stelle muss nun gefragt werden, ob die Lernenden auf dem Hintergrund ihrer Lernvoraussetzungen die objektiven Lernanforderungen erfüllen können, ob das damit verbundene Lehrziel – wenn es denn gelungen ist, dies zu einem Lernziel werden zu lassen (vgl. Aspekt 1 weiter oben) – prinzipiell erreichbar ist, die Lernenden weder unter- noch überfordert. Genau dann liegt es in der Zone der nächsten Entwicklung der Lernenden. Wie weiter oben erläutert, hängt sie ab vom Sinngehalt des Lernzieles (wieder Aspekt 1) und von der Qualität der Lern-Lehr-Kooperation im Unterricht – also davon, wie es dem Lehrenden gelingt, eine adäquate Lernunterstützung zu leisten. Dieser Punkt wird ausführlich im nächsten Kapitel behandelt. Zuvor sollen die Hauptschritte unserer didaktischen Analyse knapp dargestellt werden.

Schritte einer didaktischen Analyse
Wegen der großen Bedeutung der kompatiblen Bedürfnislage als Voraussetzung für das Zustandekommen der Kooperation gehen wir zunächst grundsätzlich von der Situation aus, dass Lernende und Lehrende gemeinsam über Themenstellungen bzw. Inhalte verhandeln, wobei die Interessen und Wünsche der Lernenden konkret Berücksichtigung erfahren müssen. Unterrichts- und vor allem Lernplanung sind nicht nur Aufgabe des Lehrenden, sondern die Lernenden spielen hier eine wichtige Rolle. Denn es muss prinzipiell gegeben sein, dass ein Inhalt, der gelehrt werden soll, tatsächlich Lerngegenstand werden, d.h. von Lernenden als persönlich bedeutsam (sinnvoll) bewertet und in ihre Lerntätigkeit integriert werden kann. Wenn diese Möglichkeit nicht gegeben ist, kann nicht erwartet werden, dass ein Gesamtsubjekt mit auf den betreffenden Inhalt bezogenen gemeinsamen Zielen zustande kommt. Die Ausgangsposition ist dann, dass ein bestimmtes Thema in der Lernumwelt der Lernenden (eigene Interessen, Lehrmaterial, Curriculum u.a.) auftaucht. Der Lehrende wird in einem *ersten Schritt* den Bildungswert dieses Themas, seine Erschließungskraft analysieren (Welchen konkreten Wirklichkeitsbereich können sich Lernende auf der Grundlage des im Thema stecken-

den Bildungswertes erschließen? – vgl. Klafki 1963, 1964a, 1985). Sobald der Bildungswert gesichert ist, rückt die konkrete Lerntätigkeit der Lernenden in den Mittelpunkt der Planung und Analyse von Unterricht und hier insbesondere das Lernhandeln der Lernenden. Dazu sind in einem *zweiten Schritt* vom Lehrenden die objektiven Lernanforderungen, welche mit der Stoffaneignung verbunden sind, zu analysieren (Was muss der Lernende wissen und können, vor allem welche Handlungen und Operationen muss er in welcher Qualität als Bestandteil welcher Kompetenz beherrschen? Wie kommt die entsprechende Kompetenz zustande?). Beispielsweise müssen aus mehr oder weniger komplexen Lernhandlungen die diese konstituierenden Teilhandlungen und Operationen ausgegliedert werden. In einem *dritten Schritt* sind die subjektiven Lernvoraussetzungen der Lernenden mit Blick auf die objektiven Lernanforderungen zu ermitteln. Erst jetzt kann in einem *vierten Schritt* die Passung von objektiver Lernanforderung und subjektiven Lernvoraussetzungen analysiert werden, und es können Lehrziele als hypothetische Lernziele abgeleitet werden. Die objektiven Lernanforderungen müssen dazu in der „Zone der nächsten Entwicklung" der Lernenden liegen. Es geht nicht in erster Linie darum, Kindern zu helfen, „von außen" als Bildungsanforderung an sie herangetragene beliebige, neue, höhere Lernanforderungen zu bewältigen, denn die „Zone der nächsten Entwicklung" des Kindes ist vor allem dadurch gekennzeichnet, dass ein Kind die höhere, noch nicht allein zu bewältigende Anforderung sinnstiftend erlebt (Sinnkonstruktion). Erst dann kann sie dauerhaft Eingang in das Kompetenzreservoir der kindlichen Persönlichkeit finden. Konkrete Ziele des Unterrichts können daher nicht einfach aus dem Lehrplan abgeleitet werden, sondern sind erst im Ergebnis einer Analyse der Passung von objektiver Lernanforderung (angestrebtes, erforderliches Kompetenzniveau) und subjektiver Lernvoraussetzung (vorhandenes Kompetenzniveau und Sinnhorizont) möglichst mit Blick auf jeden Schüler und im Hinblick auf die besonderen Gestaltungsmöglichkeiten und -bedingungen der Lern-Lehr-Interaktion zu formulieren.
Das pädagogische Herstellen der Passung von objektiven Lernanforderungen und subjektiven Lernvoraussetzungen über die konkrete pädagogische Interaktion ist das Kerngeschäft der eigentlichen methodischen Analyse und Planung in einem *fünften Schritt.* Die methodische Analyse muss (neben allen bekannten Momenten – didaktische Funktionen, Sozialformen, Unterrichtsmittel usf.) vor allem die konkrete Wechselwirkung von Lernen und Lehren auf der Handlungsebene erfassen. Das Ziel besteht dabei darin, Lernenden das Gewinnen größerer Autonomie ihres Lernens (Selbsttätigkeit) zu ermöglichen. Hierzu sind u.a. folgende Fragen zu beantworten: Wie gestaltet sich das Verhältnis von Lehr- und Lernzielen, Lehr- und Lerninhalten, Lehr- und Lernmethoden? Wie kann den Lernenden konkret beim (handelnden) Lernen

geholfen werden? Wie kann durch geeignete Motivation und Lernzielorientierung das Entstehen von Lernmotiven und Lernzielen auf Seiten der Lernenden gefördert werden? Wie können die Lernenden bei der Planung, Ausführung, Kontrolle und Bewertung ihrer Lernhandlungen (z.B. durch geeignete Lernhilfen bzw. Orientierungsgrundlagen) unterstützt werden (vgl. Abb. 2, siehe hierzu ausführlich Giest & Lompscher 2006)?

Schritte didaktischer Analyse

1. *Analyse des Bildungswertes eines Inhaltes (Themas)*
   Welche Bedeutung hat das Thema für die Persönlichkeitsentwicklung des Kindes (für die Erschließung seiner Lebenswirklichkeit?)
2. *Analyse der objektiven Lernanforderung*
   Welche Kompetenzen sind für die Bearbeitung des Themas durch die Kinder erforderlich?
   Wissensdimension (deklaratives Wissen ‚WAS' und metakognitives Wissen ‚WARUM, WIE BESSER')
   Dimension und Verlaufsqualität gedanklichen Handelns (z.B. Gewohnheiten, Fertigkeiten, Fähigkeiten, Können)
3. *Analyse der subjektiven Lernvoraussetzungen* (bezogen auf die Analyseaspekte unter 2.)
   - Lernvoraussetzungen allgemeiner Art (schulisches Umfeld; Schule; Klasse)
   - Lernvoraussetzungen besonderer Art = Was können die Kinder von den objektiven Lernanforderungen bereits?
4. *Analyse der Passung zwischen objektiven Lernanforderungen und subjektiven Lernvoraussetzungen* auf dem Hintergrund gegebener oder zu schaffender pädagogischer Möglichkeiten
   → Formulierung von Lehrzielen (= hypothetische Lernziele)
5. *Methodische Analyse*

Abb. 2: Schritte der didaktischen Analyse

5.2.4 Didaktische Tiefenanalyse

Für die konkrete Lernplanung und Lernunterstützung seitens des Lehrenden spielen die Lernhandlungen eine wesentliche Rolle. Wenn wir das formale Einlernen (Memorieren) von Fakten, Begriffen und Prozeduren vermeiden wollen, dann sind die Lernenden darauf angewiesen, sich diese selbst handelnd (Lernhandlungen) anzueignen. Das Lernhandeln unterliegt – wie jedes Handeln – der mehr oder weniger bewussten psychischen Regulation. Als wesentliche Komponenten dieser Regulation lassen sich ausgliedern: die Lernzielbildung, die Lernhandlungsplanung, die Lernhandlungsausführung und die Lernhandlungskontrolle bzw. -bewertung. Bezieht man diese Komponenten auf Unterricht, auf das wechselseitige Handeln von Lehrenden und Lernenden, so ergibt sich folgende Struktur: Auf der Ebene der *Unterrichtsziele* wird die Wechselwirkung von Lehrzielen und Lernzielen analysiert (Gestaltung von Lernsituationen, die dazu geeignet sind, eine lehrzieladäquate Lernzielbildung bei den Kindern anzuregen bzw. bewusst zu initiieren oder auch Lehrziele lernzieladäquat zu modifizieren). Auf der Ebene der *Unterrichtsinhalte* muss analysiert werden, ob und wie der intendierte Lehrgegenstand zum Lerngegenstand der Lernenden wird. Und schließlich ist auf der Methodenebene die Wechselwirkung zwischen Lehrmethoden und Lernmethoden und hier insbesondere die wechselseitige Bezogenheit von Lehr- und Lernhandlungen zu untersuchen.

Lehrmethoden sind dann effizient, wenn sie eine stimulierende Wirkung auf das Lernhandeln, auf die Entwicklung von Lernmethoden bzw. das Lernen insgesamt ausüben. Auf diesen Aspekt bezieht sich besonders die Tiefenanalyse (auf der Handlungsebene). Hier ist vor allem zu analysieren, wie Lehrhandeln dazu beiträgt, Lernhandeln und seine Entwicklung zu ermöglichen bzw. zu unterstützen (lehr- und lernzieladäquate Befähigung der Kinder zum Handeln – Ausbildung von Lernhandlungen). Die Analyse bezieht sich dann auf die *Motivierung* (Wie wird gesichert, dass Handlungsmotive beim Lernenden entstehen?), die *Lernzielbildung* (Wie wird gesichert, dass Lernende eigene Handlungsziele bilden?), die *Handlungsplanung* (Wie wird gesichert, dass die Lernhandlungen antizipiert und sorgfältig geplant werden?), die *Handlungsausführung* (Wie wird gesichert, dass die Lernenden die Handlung eigenreguliert ausführen können?), die *Handlungskontrolle und -bewertung* (Wie wird gesichert, dass die Lernenden einen vollständigen Handlungsakt vollziehen und aus der Lernzielkontrolle und -bewertung neue Lernziele entstehen, die dann wieder mit Lehrzielen in Beziehung gebracht werden können?) (vgl. ausführlich dazu Giest 1997, Giest 2002, 2006, 2006a, 2007, 2008, 2009a, b).

Wegen ihrer grundsätzlichen Bedeutung, allerdings auch wegen der prinzipiellen Schwierigkeiten, die damit verbunden sind, wollen wir kurz auf zwei für die Lernplanung im Unterricht zentrale Fragen eingehen: (1) Wie gelingt es, Lehrziele zu Lernzielen werden zu lassen? und (2) Was ist das Wesen der Lernunterstützung seitens des Lehrenden?

Wie gelingt es, Lehrziele zu Lernzielen werden zu lassen?
Wir können getrost davon ausgehen, dass Kinder lernen wollen. Ihr Lernbedürfnis erwächst aus ihrer Lebenssituation und entspricht dem menschlichen Grundbedürfnis nach Umweltkontrolle und Selbstwirksamkeit (vgl. auch Krapp 2005). In allen Kulturen wollen Kinder „groß" sein und am gesellschaftlichen Leben teilhaben. An diese Grundbedürfnisse muss angeknüpft

werden. Dabei ist darauf zu achten, dass Kinder, was für das Kleinkindalter selbstverständlich ist, selbst Fragen stellen. Keinesfalls sollten „Lernziele" und Inhalte einfach vorgegeben werden. Um dies zu erreichen, gibt es mehrere Möglichkeiten. Idealerweise kommen die Kinder selbst mit Fragen oder Themen in den Unterricht, die entsprechend aufgegriffen werden können. Das wird aber nicht der Regelfall sein. Lernmotivation stiftende Lernsituationen können dadurch entstehen, dass die Kinder mit Widersprüchlichem, Überraschendem, Konflikthaftem konfrontiert werden. Geeignet sind solche Dinge, die mit Alltagserfahrungen in einem Spannungsverhältnis stehen oder Problemstellungen, die sich im Alltag ergeben und Interesse wecken. In vielen unserer Unterrichtsversuche hat sich als Erfolg versprechend erwiesen, solche Problemstellungen zu wählen, die paradoxe Phänomene enthalten, rätselhaft sind und den Alltagserfahrungen widersprechen. Im gesellschaftswissenschaftlichen Sachunterricht nutzt man oft Dilemmageschichten, die dadurch gekennzeichnet sind, dass zwei sich ausschließende Handlungsmöglichkeiten konkurrieren. Zum Beispiel steht in „Sharons Dilemma" ein Mädchen vor der Situation, entweder die Freundin an den Kaufhausdetektiv zu verraten, weil sie etwas gestohlen hat, oder selbst eine Bestrafung zu riskieren, weil sie die Freundin deckt (vgl. Kuhmerker 1996). Im naturwissenschaftlichen Bereich des Sachunterrichts bietet sich eine ganze Reihe paradoxer Phänomene an. Beispielsweise kann Kindern ein Zugang zum Teilchenbegriff geebnet werden, wenn man sie Wasser und Spiritus (als zwei Flüssigkeiten) mischen lässt. Sie erwarten, dass das Gemisch 2 Volumenteile ergibt. In der Tat sind es aber nur 1,8. Wo ist der Rest geblieben? Ein analoger Versuch mit Erbsen und Sand zeigt den Weg zur Lösung des Problems: Wir stellen uns die Flüssigkeiten als Teilchen vor. Neben der Anschaulichkeit dieses Beispiels wird auch augenfällig, dass es sich um ein Modell handelt, mit welchem bestimmte makroskopische Erscheinungen gedeutet werden können. Dadurch kann den Kindern das Wesen naturwissenschaftlicher Erkenntnisfindung und Theoriebildung nahe gebracht werden.
Man kann an einem Sommermorgen (Hochdruckwetterlage) mit den Kindern auf den Schulhof gehen und staunend feststellen lassen: das Gras ist nass, obwohl es nicht geregnet hat. Aussagen wie der Ausspruch Heraklits „Niemand kann zweimal in ein und denselben Fluss steigen" regen zum Nachdenken an und können Ausgangspunkte für eine Problemdiskussion werden. Auch der Rückgriff auf historische Problemstellungen kann anregende und für Kinder sinnvolle Problemsituationen stiften: Beispielsweise diejenige, vor der Aristoteles stand, als er von König Hieron gebeten wurde zu prüfen, ob ihn der Goldschmied betrogen hat, der ihm eine goldene Krone aus einem Goldbarren fertigen sollte. Der Verdacht des Königs war, dass Silber in der Krone verarbeitet wurde. Sie hatte aber genau das Gewicht des Goldbarrens.

Wie konnte das geprüft werden? Archimedes kam auf die Idee, das von Gold-, Silberbarren und Krone verdrängte Wasser zu vergleichen und stellte fest, dass die Krone mehr Wasser verdrängte als der Goldbarren. Da Silber bei gleichem Gewicht auch mehr Wasser verdrängt (ein größeres Volumen hat, also spezifisch leichter ist als Gold), musste also Silber in der Krone verarbeitet worden sein.

Was ist das Wesen der Lernunterstützung seitens des Lehrenden?
Haben die Kinder ein Lernmotiv und globales Lernziel gebildet, sollten sie die Möglichkeit bekommen, darüber nachzudenken, wie dieses zu erreichen ist – Lernhandlungsplanung. Es kann durchaus sinnvoll sein, dass die Lernenden allein auf sich gestellt versuchen, auf der Grundlage ihrer Lernvoraussetzungen zunächst selbstständig zu handeln. Dabei werden sie auf Probleme stoßen, wenn die zum Erreichen des Lernziels erforderlichen Lernhandlungen bzw. die mit deren Hilfe angeeigneten Kenntnisse noch nicht vorhanden sind oder beherrscht werden. Das Wesen des Beherrschens einer Lernhandlung besteht darin, dass ein inneres Handlungsmodell konstruiert wird, welches die Ausführung der Lernhandlung orientiert. Der wesentliche Unterschied zwischen dem Lehrenden und den Lernenden bzw. zwischen unterschiedlich kompetenten Lernern besteht hinsichtlich des Lernhandelns darin, dass jene über ein mehr oder weniger adäquates internes Handlungsmodell verfügen, die anderen jedoch noch nicht. Lernen bedeutet hier den Aufbau des inneren Handlungsmodells. Der Aufbau, das interne Konstruieren, kann nur im Handeln selbst erfolgen. Der Lehrende begleitet das Handeln des Lernenden und vergleicht dieses Handeln mit seinem eigenen inneren Handlungsmodell. Stellt er Abweichungen fest, wird er den Lernenden oder die Lerngruppe nach den Gründen seines/ihres Vorgehens fragen und ihn/sie zum Nachdenken über das eigene Handeln anregen als auch ggf. Hinweise und Ratschläge geben. Vermieden werden sollte das einfache „Korrigieren" des Schülerhandelns, weil a) die Gefahr besteht, dass der Lehrende den Lernenden seinen Lernweg „aufdrückt", und b) der Schüler dann sein inneres Handlungsmodell nicht bewusst mit Blick auf die Korrektur von Fehlern konstruiert, sondern unreflektiert das „Lehrermodell" formal übernimmt. Es gibt eine ausgefeilte Theorie und Praxis der Ausbildung von Lernhandlungen, die sich vor allem in der Sonderpädagogik, d.h. bei der individuellen Lernförderung, bewährt, leider aber wenig Eingang in die tägliche Schulpraxis gefunden hat. Aus Platzgründen kann an dieser Stelle nur auf die entsprechende Literatur verwiesen werden (Galperin 1969, 1979, 1980, 2004; Giest 2002, 2007a, 2008, 2009; Giest & Lompscher 2006; Feuser 2002; Kornmann & Ramisch 1984; Jantzen 2007).

5.2.5 Ein Beispiel

Im Folgenden werden die ersten beiden Schritte der didaktischen Analyse an einem konkreten Beispiel demonstriert. Um den damit verbundenen Anspruch zu verdeutlichen, werden Merkmale eines eher inhaltsübermittelnden und eines kompetenz- bzw. handlungsorientierten Unterrichts gegenüber gestellt. In der Tabelle 1 sind Merkmale für Schüleraktivitäten dargestellt, wie man sie in vielen Unterrichtsentwürfen in der Schulpraxis und in Beispielen findet, die im Internet veröffentlicht werden.

Tab. 1: Der Lebensraum Teich im inhaltsübermittelnden Unterricht

Inhaltsübermittelnder Unterricht
Tiere im Wasser, in der Luft, auf der Erde – aufschreiben
Tiernamen – raten und alphabetisch ordnen
Text lesen und Namen von neun Vögeln aufschreiben, Lückentext zur Beschreibung der Vögel ausfüllen/bearbeiten; Vogel malen
Textseite lesen und Lückentext zu Bienen, Hummeln, Wespen ausfüllen (ernähren sich von, Größe, Merkmal Stachel)
Schmetterling auch Falter; Namen von 10 Schmetterlingen aufschreiben; Text lesen und beantworten, warum Schmetterlinge nicht gefangen werden sollten; Schmetterling aufmalen
Text zu Fröschen lesen und aufschreiben, warum es verboten ist, Frösche zu fangen, Wissen über den Frosch notieren: Wo überwintert er? Wer bewacht die Froscheier? Frosch abmalen usf.

Hierbei fällt auf, dass dem anzueignenden Wissen, hier über den Lebensraum Teich, eine innere Struktur fehlt. Ohne eine solche kann das Kind nicht selbstständig weiterlernen (z.B. sich ausgehend von einem exemplarischen Beispiel weitere selbst aneignen) bzw. das Wissen nicht auf konkrete Sachverhalte anwenden. Das im Unterricht anzueignende Wissen sowie die dazu praktizierten Lernhandlungen sind oft auf Oberflächenmerkmale des Lerngegenstands gerichtet; strukturelle Merkmale kommen entweder nicht vor oder werden nicht hervorgehoben: Einzelnes, Besonderes und Allgemeines gehen durcheinander, alles scheint gleich wichtig zu sein, und die Lernhandlungen (aufschreiben, raten, ordnen, malen usf.) weisen keinen konkreten Bezug zum Lerngegenstand auf.

Die Alternative eines kompetenzorientierten Unterrichts könnte folgendermaßen aussehen: Zunächst wird zur Sicherung der Sinnstiftung und des Fundamentalen das Thema in die übergreifenden Ziele der naturwissenschaftlichen Bildung eingeordnet (Bildungswert). Anschließend wird dann analysiert, worin die konkreten Lernanforderungen bestehen (Kompetenzstrukturanalyse), welche die Kinder erfüllen müssen, um sich den Lerngegenstand mit dem entsprechenden Anspruch und auf dem entsprechenden Niveau anzueignen (vgl. Tabelle 2).

Tab. 2: Kompetenzorientiertes Unterrichten am Beispiel Lebensraum Teich

Kompetenzorientierter Unterricht – Konstruktion durch/und Handeln	
Einordnung in übergreifende Ziele und Inhalte naturwissenschaftlichen Lernens	*Konkretisierung auf den Lerngegenstand „Lebensraum Teich/Tiere"*
Lebensraum stiftet Lebensbedingungen • Wasser, Luft, Boden • Pflanzen und Tiere, die einander brauchen, an welche die Tiere angepasst sind. Eingriffe des Menschen in den Lebensraum verändern diese Lebensbedingungen, so dass das Leben der Tiere gefährdet ist. Nachhaltigkeit = Erhaltung der Lebensbedingungen	Der Teich ist Lebensraum für Pflanzen (Unterwasserpflanzen, Schwimmpflanzen, Gräser und Kräuter) und *Tiere (Vögel, Amphibien, Fische, Insekten)*, aber auch für seine „Gäste" (z.B. Menschen). Pflanzen und Tiere sind an die für den Teich charakteristischen Lebensbedingungen spezifisch angepasst; daher dürfen diese nicht verändert, sondern müssen erhalten und geschützt werden.
Deklaratives Wissen ‚WAS'	*Konkretisierung auf den Lerngegenstand „Lebensraum Teich/Tiere"*
Artenkenntnisse und deren Angepasstheit an die Lebensbedingungen; wechselseitige Abhängigkeit (Gleichgewicht); Angepasstheit an den Lebensraum	Je ein typischer Vertreter: • Vögel • Amphibien • Fische • Insekten Merkmale und Angepasstheit; Wasser als wichtige Lebensbedingung
Prozedurales Wissen ‚WIE'	*Konkretisierung auf den Lerngegenstand „Lebensraum Teich/Tiere"*
betrachten, beobachten, Zusammenhänge erkennen und begründen, recherchieren, dokumentieren, präsentieren*	Tiere am Teich betrachten und beobachten; Besonderheiten der Merkmale ihres Lebens – Fortpflanzung, Entwicklung, Ernährung, Angepasstheit an den Lebensraum – erkennen und fixieren; Zusatzinformationen im Internet und in Sachbüchern recherchieren (z.B. Lebensweise, Angepasstheit)

Metakognitives Wissen ‚WARUM, WIE BESSER'	*Konkretisierung auf den Lerngegenstand „Lebensraum Teich" /Beispiel Stockente*
Empfinden der Schönheit eines unberührten, intakten Lebensraumes (Artenvielfalt), Freude an der Natur, Schönheit der Artenvielfalt; Lernergebnis, Lernweg reflektieren	Fotos, Geschichten, Bilder malen, die das Zusammenleben von Pflanzen, Tieren und Menschen darstellen (z.B. *Stockente:* Flugbild, Brutverhalten, Pflege der Jungen, Füttern durch Menschen thematisieren);
	Ergebnisse (z.B. die Präsentationen bzw. Arbeitsblatt) und Verlauf des Lernens selbst und gegenseitig bewerten

* Liegt das prozedurale Wissen nicht auf dem erforderlichen Niveau vor, können die Kinder also die entsprechenden Lernhandlungen noch nicht selbständig und eigenreguliert vollziehen, müssen sie zum Gegenstand des Lernens (Wissen ‚WAS') werden.

5.2.6 Fazit

Weitere Beispiele findet der interessierte Leser in Giest (2009), aber auch in Lompscher (2006). In ihnen wird vor allem versucht, deutlich zu machen, wie der im hier diskutierten Ansatz vorgestellte Perspektivwechsel vom Lehren hin zum Lernen bzw. von der Lehr- hin zur Lernplanung vollzogen werden kann. Denn obwohl nahezu alle Lehrkräfte die diesbezüglichen Überzeugungen teilen, fällt es in der Praxis schwer, sie real im Unterricht umzusetzen. Das erlebe ich täglich in Seminaren und im Unterricht, denn es besteht nach wie vor ein guter Teil des Selbstverständnisses von engagierten Lehrkräften darin, den Lernerfolg ihrer Schülerinnen und Schüler von der Quantität ihrer Lehraktionen, von *ihrer* Aktivität im Unterricht abhängig zu machen, statt von der der Lernenden. Daher handeln Lehrende im Unterricht zu viel selbst, erklären, zeigen, machen vor, greifen korrigierend ein (Aufschneiter & Rogge 2009), statt ihr eigenes Handeln auf das Handeln anderer, nämlich ihrer Schülerinnen und Schüler, auszurichten. Es geht also darum, die Unterrichtsplanung nach dem Grundsatz vorzunehmen: „Was müssen meine Schüler der 4a morgen handelnd lernen und wie kann ich sie dabei unterstützen?", statt „Was mache ich morgen in der 4a?". Diese Grundhaltung ist Basis für eine kooperative Unterrichtsplanung. In allen Phasen der Lehrerbildung – in der universitären Lehrerbildung, in der zweiten Phase und in der Lehrerfortbildung – sollte kontinuierlich und konsequent daran gearbeitet werden.

Literatur

Aebli, H. (1970): Psychologische Didaktik: Didaktische Auswertung der Psychologie von Jean Piaget. Stuttgart: Klett

Aufschneiter, C. & Rogge, Ch. (2009): Im Physikunterricht wird zu viel erklärt. In: Lernchancen, 69/70, 54–59.

Billett, (1996): Situated learning: Bridging socioculturel and cognitive theorising. Learning and Instruction, 6, 3, 263–280

Bohl, Th. (2002): Zwischen reformpädagogischer Tradition und empirischer Unterrichtsforschung. Situation und Perspektiven des offenen Unterrichts an Sekundarschulen. In: PädForum, 30. bzw. 15. Jg., 2, 135–147

Bohl, Th. (2009): Weiterentwicklung des offenen Unterrichts. In: Pädagogik, 4, 6–10

Bransford J.D.; Sherwood R.D.; Hasselbring T.S.; Kinzer, C.K. & Williams S. M. (1990): Anchored Instructions: Why we need it and how technology can help. In: Nix, D. & Spiro, R. (Hrsg.), Cognition, education and multimedia: Exploring ideas in high technology. Hillsdale, N.J.: Erlbaum, 115–141

Bremerich-Voss, H. (2009): Bildungsstandards im Fach Deutsch. In: Pädagogik, 6, 42–45

Cognition and Technology Group at Vanderbilt (1990): Anchored Instructions and its relationship to situated cognition. Educational Researcher, 19, 2–10

Collins A.; Brown J.S. & Newman S.E. (1989): Cognitive Apprenticeship: Teaching the Crafts of Reading, Writing and Mathematics. In: Resnick, L.B. (Ed.): Knowing, Learning and Instruction: Essays in Honor of Robert Glaser. Hillsdale: Lawrence Erlbaum, 453–494

Diesterweg, F.A.W. (^{2}1838): Wegweiser für deutsche Lehrer. Essen: Bädeker

Duit, R.; Treagust, D.F. & Widodo, A. (2008): Teaching Science for Conceptual Change: Theory and Practice. In: Vosniadou, S. (Ed.): International Handbook of Research on Conceptual Change. New York, London: Routledge, 629–645

Eigler G. & Straka G. A. (1978): Mastery learning, Lernerfolg für jeden? München/Wien/Baltimore: Urban & Schwarzenberg

Feuser, G. (2002): Erkennen und Handeln. Berlin: Pro Business

Galperin, P. Y. (1969). Stages in the development of mental acts. In: Cole, M. & Maltzman, I. (Eds.): A handbook of contemporary Soviet psychology. New York: Basic Books, 249–273

Galperin, P.J. (1979): Die geistige Handlung als Grundlage für die Bildung von Gedanken und Vorstellungen. In: Galperin, P.J., Leontjew, A.N. et al. (Hrsg.): Probleme der Lerntheorie. Berlin: Volk und Wissen, 29–42

Galperin, P.J. (1980): Zu Grundfragen der Psychologie. Köln: Pahl-Rugenstein

Galperin, P.J. (2004): Zur Untersuchung der intellektuellen Entwicklung des Kindes. In: Jantzen, W. (Hrsg.): Die Schule Galperins. Berlin: Lehmann

Giest, H. (1997): Wie handlungsorientiert ist der Sachunterricht? In: Marquardt-Mau, B.; Köhnlein, W. & Lauterbach, R. (Hrsg.): Forschung zum Sachunterricht. Bad Heilbrunn: Klinkhardt, 61–76

Giest, H. (2002): Entwicklungsfaktor Unterricht. Landau: Verlag Empirische Pädagogik e.V.

Giest, H. (2006): Didaktische Analyse und Theorie der Lerntätigkeit. In: Giest, H. (Hrsg.): Erinnerung für die Zukunft. Pädagogische Psychologie in der DDR. Berlin: Lehmann, 103–128

Giest, H. (2006a): Lernen – betrachtet aus tätigkeitstheoretischer Perspektive. Lern-Lehr-Forschung, LLF-Berichte, Nr. 21. Potsdam: Universität Potsdam, 7–36.

Giest, H. (2007): Didaktische Analyse als Mittel zur Kompetenzförderung im Unterricht. In: Lauterbach, R; Hartinger, A.; Feige, B. & Cech, D. (Hrsg.): Kompetenzerwerb im Sachunterricht fördern und erfassen. Bad Heilbrunn: Klinkhardt, 13–22

Giest, H. (2007a): Lernumwelten gestalten. Einführung in das Themenheft. In: Grundschulunterricht, 12, 3–5

Giest, H. (2008): Lernprozesse im Sachunterricht für heterogene Lerngruppen. In Kiper, H.; Miller, S.; Palentien, Ch. & Rohlfs, C.: Lernarrangements für heterogene Gruppen. Bad Heilbrunn: Klinkhardt, 168–183

Giest, H. (2009): Zur Didaktik des Sachunterrichts. Potsdam: Universitätsverlag Potsdam

Giest, H. (2009a): Bildungsstandards und Kompetenzen im Sachunterricht. In: Grundschulunterricht/Sachunterricht, 4, 4–7

Giest, H. (2009b):Kind und Natur(-wissenschaft). Kompetenzorientiertes Unterrichten in der naturwissenschaftlichen Perspektive. In: Grundschulunterricht/Sachunterricht, 4, 19–23

Giest, H. & Lompscher, J. (2006): Lerntätigkeit – Lernen aus kulturhistorischer Perspektive. Ein Beitrag zur Entwicklung einer neuen Lernkultur im Unterricht. Berlin: Lehmann

Giest, H.; Hartinger, A. & J. Kahlert (2008): Auf dem Weg zu einem Kompetenzmodell für den Sachunterricht – eine vergleichende Zusammenschau. In: Giest, H.; Hartinger, A. & Kahlert, J. (Hrsg.): Kompetenzniveaus im Sachunterricht Bad Heilbrunn: Klinkhardt, 137–155

Graf, F. & Ronecker, K. (1991): Lehrer/Lehrerin. In: Roth, L. (Hrsg.): Pädagogik – Handbuch für Studium und Praxis. München: Ehrenwirth, 1002–1016

Gudjons, H. (1994): Pädagogisches Grundwissen. Bad Heilbrunn: Klinkhardt

Gudjons, H. (2003): Frontalunterricht – neu entdeckt. Integration in offene Unterrichtsformen. Bad Heilbrunn

Hänsel, D.(1980): Didaktik des Sachunterrichts – Sachunterricht als Innovation der Grundschule. Frankfurt a. M.: Diesterweg

Hansen, K-H. & Klinger, U. (1997): Interesse am naturwissenschaftlichen Lernen im Sachunterricht – eine Schülerbefragung. In: Marquardt-Mau, B.; Köhnlein, W. & Lauterbach, R. (Hrsg.): Forschung zum Sachunterricht. Bad Heilbrunn: Klinkhardt

Hascher, T. (2005): Pädagogische Standards in der Lehrerbildung. In: Pädagogik, 9, 35–38

Helmke, A. (2003): Unterrichtsqualität erfassen, bewerten, verbessern. Seelze: Friedrich

Helmke, A. (2006): Unterrichtsqualität: Erfassen, Bewerten, Verbessern. Seelze: Kallmeyersche Verlagsbuchhandlung

Helmke, A. (2007): Lernprozesse anregen und steuern. In: Pädagogik, 6, 44–47

Holzkamp, K (1990): Lehren als Lernbehinderung. Vortrag, gehalten auf dem schulpolitischen Kongress der GEW Hessen, „Erziehung und Lernen im Widerspruch" am 3.11.1990 in Kassel

Humboldt, W. v. (1964): Königsberger Schulplan. Werke IV, hrsg. von A. Flitner und K. Giel. Darmstadt: Wissenschaftliche Buchgesellschaft

Jantzen, W. (2007): Allgemeine Behindertenpädagogik. 2 Teile in einem Band. Teil 1: Sozialwissenschaftliche und psychologische Grundlagen. Teil 2: Neurowissenschaftliche Grundlagen, Diagnostik, Pädagogik. Berlin: Lehmanns Media-LOB.de

Klafki, W. (1963): Studien zur Bildungstheorie und Didaktik. Weinheim, Basel: Beltz

Klafki, W. (1964a): Das pädagogische Problem des Elementaren und die Theorie der kategorialen Bildung. Weinheim: Beltz

Klafki, W. (1964b): Didaktische Analyse als Kern der Unterrichtsvorbereitung. In: Roth, H. & Blumenthal, A. (Hrsg.): Didaktische Analyse. Auswahl grundlegender Aufsätze aus der Zeitschrift ‚Die Deutsche Schule'. Hannover: Schrödel, 5–34

Klafki, W. (1985): Neue Studien zur Bildungstheorie und Didaktik. Weinheim: Beltz

Klafki, W. (1993): Studien zur Bildungstheorie und Didaktik. Weinheim, Basel: Beltz

Klauer, K. J & Leutner, D. (2007): Lehren und Lernen. Einführung in die Instruktionspsychologie. Weinheim: Beltz

Klauer, K. J. (2001). Situiertes Lernen. In: Rost, D. (Hrsg.), Handwörterbuch Pädagogische Psychologie. Weinheim: Beltz, 635–641

Klieme, E. (2009): Leitideen der Bildungsreform und der Bildungsforschung. In: Pädagogik, 5, 44–47

Klieme, E.; Avenarius, H.; Blum, W.; Döbrich, P.; Gruber, H.; Prenzel, M.; Reiss, K.; Riquarts, K.; Rost, J.; Tenorth, H.-E. & Vollmer, H. J. (2003): Zur Entwicklung nationaler Bildungsstandards – Eine Expertise. Bonn: Bundesministerium für Bildung und Forschung

Klingberg, L. (1997): Lernen – Lehren – Unterricht. Über den Eigensinn der Didaktischen. Lern-Lehr-Forschung. LLF-Berichte, Nr.17. Potsdam: Universität Potsdam

Kornmann, R. & Ramisch, B. (1984): Lernen im Abseits. Heidelberg: Schindele

KMK (Hrsg.) (2005): Bildungsstandards der Kultusministerkonferenz. München/Neuwied. Luchterhand

Lave, J. (1988): Cognition in practice. Cambridge: Cambridge University Press

Leuchter, M.; Pauli, Ch.; Reusser, K. & Lipowsky, F. (2006): Unterrichtsbezogene Überzeugungen und handlungsleitende Kognitionen von Lehrpersonen. In: Zeitschrift für Erziehungswissenschaft, 4, 562–579

Lompscher, J. (1994): Was ist und was will Psychologische Didaktik? Lern- und Lehrforschung, LLF-Berichte Nr. 7. Potsdam. Universität Potsdam, 5–26

Lompscher, J. (2006): Tätigkeit – Lerntätigkeit – Lehrstrategie. Die Theorie der Lerntätigkeit und ihre empirische Erforschung. Berlin: Lehmanns Media-LOB.de

Luhmann, N. & Schorr, K.E. (Hrsg.) (1982): Zwischen Technologie und Selbstreferenz. Frankfurt: Suhrkamp

Meyer, H. (1994): Unterrichtsmethoden. I. Theorieband, II. Praxisband. Frankfurt: Cornelsen Scriptor

Meyer, H. (2003): Zehn Merkmale guten Unterrichts. Empirische Befunde und didaktische Ratschläge. In: Pädagogik, 10, 36–43

Meyer, H. (2004): Was ist guter Unterricht? Berlin: Cornelsen Scriptor

Meyer, M.A. (1996): Pädagogische Führung und Selbsttätigkeit. LLF-Berichte, Nr.14. Potsdam: Universität Potsdam, 8–29

Meyer, M.A. (2005): Stichwort alte und neue Lernkultur. In: Zeitschrift für Erziehungswissenschaft, 1, 5–27

Neuner, G. (1989): Allgemeinbildung, Konzeption – Inhalt – Prozess. Berlin: Volk und Wissen

Oelkers, J. 2000: Pädagogische Irrtümer. In: Grundschule, 1, 30–32

Oelkers, J. (2004): Reformpädagogik. In: Benner, D. & Oelkers J. (Hrsg.), Historisches Wörterbuch der Pädagogik. Weinheim: Beltz, 783–806

Oser, F. & Baeriswyl, F. (2001): Choreographies of Teaching: Bridging Instruction to Learning. In: Richardson, V. (Ed.): Handbook of research on teaching. New York: American Educational Research Association, 1031–1065

Oser, F. & Sarasin, S. (1995): Basismodelle des Unterrichts: Von der Sequenzierung als Lernerleichterung. Lern- und Lehrforschung, LLF-Berichte, Nr. 11. Potsdam: Universität Potsdam, 82–107

Rein, A.; Pickel, A.& Scheller, E. (1903): Theorie und Praxis des Volksschulunterrichts. Leipzig: Bredt

Prange, K. (2005): Die Zeigestruktur der Erziehung – Grundriss der operativen Pädagogik. Paderborn: Schöningh

Renkl, A. (2001): Träges Wissen. In: Rost, D. H. (Hrsg.): Handwörterbuch Pädagogische Psychologie. Weinheim: Beltz, PVU, 717–720

Rogoff, B. (1990): Apprenticeship in thinking: Cognitive development in social context. Oxford: Oxford University Press

Rother, I. (1964): Arbeitsweisen im Sachunterricht und Möglichkeiten der Differenzierung in der Grundschule. In: Roth, H. & Blumenthal, A. (Hrsg.): Didaktische Analyse. Auswahl grundlegender Aufsätze aus der Zeitschrift ‚Die Deutsche Schule'. Hannover: Schrödel, 83–105

Schliemann, A.D. (1998): Logic of Meanings and situated Cognition. Learning and Instruction, 9, 549–560

Schrader, F.-W. & Helmke, A (2008): Lehrer-Schüler-Interaktion. Wiesbaden: Verlag für Sozialwissen

Schratz, M. & Weiser, B. (2002): Dimensionen für die Entwicklung der Qualität von Unterricht. Journal für Schulentwicklung 4, 36–47

Tenorth, H.-E. (2006): Professionalität im Lehrerberuf. In: Zeitschrift für Erziehungswissenschaft, 4, 580–597

Terhart, E. (1989): Lehr-Lern-Methoden. Weinheim, München: Juventa

Terhart, E. (1997): Superlearning – Metateaching, Kurznachrichten aus der didaktischen Wunderwelt. In: Friedrich-Jahresheft XV: Lernmethoden, Lehrmethoden. Seelze: Friedrich-Verlag, 40–44

Tulodziecki, G., Herzig, B. & Blömeke, S. (2004): Gestaltung von Unterricht. Eine Einführung in die Didaktik. Bad Heilbrunn: Klinkhardt

Vosniadou, St. (Ed.) (2008): International Handbook of Research on Conceptual Change. New York [u.a.]: Routledge

Vosniadou, St. (2008a): Conceptual Change Research: An Introduction. In St. Vosniadou, (Ed.), International Handbook of Research on Conceptual Change. New York, London: Routledge, i–xiii

Weinert, F.E. & Helmke, A. (Hrsg.) (1997): Entwicklung im Grundschulalter. Weinheim: Beltz, Psychologie Verlags Union

Vygotskij, L.S. (2002): Denken und Sprechen. Weinheim, Basel: Beltz

Vygotskij, L.S. (2003): Ausgewählte Schriften – Arbeiten zur psychischen Entwicklung der Persönlichkeit. Nachdruck. ICHS-Schriftenreihe, Bd. 5.1. u. 5.2. Berlin: Lehmanns MediaLOB.de

5.3 Rostocker Modell – ein didaktischer Ansatz zur Planung und Gestaltung von Lerneinheiten im Sachunterricht

von Ilona K. Schneider und Franz Oberländer

5.3.1 Einleitung

An der Universität Rostock im Bereich Grundschulpädagogik wurde für die Planung und Gestaltung von Lerneinheiten des Sachunterrichts ein didaktisches Modell entwickelt. Dieser Ansatz geht davon aus, dass Lernen ein langfristiger Prozess ist, der auf Instruktion, Selbsttätigkeit und Kooperation beruht, der die Schüler als Lernsubjekte tatsächlich ernst nimmt und der vor allem die Aneignung von vernetztem Konzeptwissen in den Mittelpunkt stellt. Das *Rostocker Modell* basiert auf verschiedenen lernpsychologischen Theorien und didaktischen Konzepten.[1] Es wurde sowohl auf Themen des gesellschaftlich-sozialen Bereichs (Schneider 2007) als auch auf naturwissenschaftlich orientierte Lerneinheiten (Schneider & Oberländer 2009; Schneider, Hruby & Pentzien 2007) angewandt.

5.3.2 Grundannahmen des Rostocker Modells

Das Rostocker Modell ist eine didaktische Konzeption, die auf folgenden Grundannahmen beruht:
o   Lernen ist ein sozial-konstruktiver Aneignungsprozess.
o   Lernprozesse haben einen langfristigen Charakter.
o   Lernen ist auf die intrinsisch motivierte Eigenaktivität des Lerners und Instruktionen angewiesen.
o   Nachhaltiges Lernen gründet sich auf Konzeptwissen.
o   Schulisches Lernen ist eine Form der Enkulturation.

---

[1] Es handelt sich um die Theorien von Vygotskij (2003), Bruner (1973), Poddjakow (1981) und Klafki (1957; 1985; 1992), um angloamerikanische didaktische Konzepte von Hodson (1998), Blythe (1998), Charles (2000) und Clarke (2001) und um die Ergebnisse unserer eigenen empirischen Untersuchungen: Toth u.a. (2007; 2008), Schneider & Oberländer (2009), Revákné Markóczi u. a. (2008), Schneider u. a. (2008a; 2008b; 2009).

Lernen – ein sozial-konstruktiver Aneignungsprozess
Lernen kann als eine mit Anstrengung verbundene bereichsspezifische Tätigkeit verstanden werden, bei der sich der Mensch die Welt gegenständlich, sozial und ideell relativ dauerhaft und anwendungsbezogen aneignet. Beim Lernen werden durch Konstruktion und Rekonstruktion mentale Modelle (Konzepte) ständig in Abhängigkeit der Erfahrungen aufgebaut, gefestigt, umgeformt, ergänzt usw. Diese Aneignungsprozesse werden in hohem Maße u. a. von weltanschaulichen, kulturellen, subkulturellen, emotionalen und situativen Faktoren mitbestimmt (Hodson 1998; Schneider 2003). Beim Lernen werden Informationen in den Assoziationsspeicher des Gehirns codiert, aus dem die Inhalte nach dem Ähnlichkeitsprinzip abrufbar sind. Die vorhandenen Informationsmuster bestimmen wesentlich mit, was wahrgenommen und wie es interpretiert wird. Auch wenn Informationen unvollständig sind, sucht das Gehirn nach passenden („guten") Interpretationsgestalten und fügt von sich aus „Fehlendes" hinzu, ohne dass dieses der Person bewusst sein muss. Wahrnehmungen tragen Prozess- und Produktcharakter zugleich. Als Prozesse zeigen sie sich in einem erwartungsgesteuerten und damit stark vom aktuellen Wissen beeinflussten Suchen und Vergleichen; als Produkt manifestieren sie sich in Deutungen und Interpretationen, die wiederum als aktuelles Wissen die folgenden Wahrnehmungen vorstrukturieren (Singer 2003, 35 und 43).
Schüleradäquates didaktisches Handeln heißt, den einzelnen Schüler in die Lage zu versetzen, die neuen Anforderungen in sein Welt- und Selbstbild und in sein Handlungsrepertoire aufnehmen zu können. Ausgangspunkt sind hierbei seine aktuellen Erfahrungen (Wissen, Können), auf deren Grundlage er selbständig handeln kann. Doch diese Erfahrungen, von Vygotskij (2002) als *Niveau der aktuellen Entwicklung* bezeichnet, beschreiben den gegenwärtigen Entwicklungsstand des Kindes nur unzureichend. Um die Entwicklungschancen des schulischen Lernens zu nutzen, muss für jedes Kind auch die *Zone der nächsten Entwicklung* bestimmt werden. Damit bezeichnet Vygotskij die Differenz zwischen dem Niveau, auf dem das Kind die Aufgaben unter Anleitung lösen kann, und dem Niveau, auf dem es Aufgaben selbständig löst. Aufgaben und Übungen sind in der Zone der nächsten Entwicklung anzusiedeln. Hauptmerkmal dieses Lernstadiums ist die *Zusammenarbeit*. Die Zone der nächsten Entwicklung, also die Lernzone, ist auf sozialen Austausch und Input angewiesen: „... denn was das Kind heute in Zusammenarbeit zu leisten vermag, das wird es morgen selbständig auszuführen im Stande sein" (348). Individuelle Selbstverwirklichung *und* sozialer Abgleich müssen bei der Gruppenarbeit also Hand in Hand gehen. Lernen ist immer ein zutiefst sozialer Vorgang. Die soziale Kooperation vollzieht sich in vielfältigen Formen. Sie umfasst praktische wie theoretische Lehrerinstruktionen,

Partner- und Gruppenarbeit der Kinder untereinander, den Austausch mit Experten sowie die Nutzung von vielfältigen Medien.

Lernen – ein langfristiger Prozess
Kinder brauchen Zeit, um Ideen zu entwickeln. Sie brauchen Zeit zum Nachdenken, zum Formulieren ihrer Gedanken. Sie brauchen Zeit zur Wiederholung, zum Üben, zum Ausprobieren. Sie brauchen Zeit für ihre Fragen, für Gespräche. Sie brauchen auch noch in der Grundschule viel Zeit zum Spielen und zur Bewegung.
Kinder benötigen Impulse, um Aufmerksamkeit zu entfalten und auszudehnen. Sowohl Erwartungshaltungen als auch neue Reize und Reizankündigungen stimulieren eine *selektive Aufmerksamkeit*. Ist die Aufmerksamkeit erst einmal geweckt, brauchen Kinder Zeit, um ihre Aufmerksamkeit zu lenken, zu koordinieren und auszudehnen. Sie müssen Gelegenheiten haben, sich mit einem Objekt über eine genügend lange Zeit zu befassen, sich darauf zu konzentrieren, es mit anderen Objekten zu vergleichen und zwischen Objekten Beziehungen herzustellen. Die didaktische Antwort auf die Langfristigkeit von Lernprozessen realisiert sich in einer übergreifenden Planung, in der *Planung von größeren, komplexen Lerneinheiten*. Für diese Lerneinheiten werden Lernziele und Lernkriterien, die für alle Unterrichtsplanungen im Rahmen dieser Lerneinheit gültig sind, bestimmt, um eine den gesamten Lernprozess begleitende Orientierung und Motivation zu ermöglichen (Schneider, Oberländer 2008, 22).

Intrinsisch motivierte Eigenaktivität der Kinder und Instruktionen
Das Hauptanliegen besteht darin, Kinder tatsächlich als Subjekte ihrer Lernprozesse zu begreifen und ernst zu nehmen. Das bedeutet, sie bewusst und verantwortlich in die Lehr- und Lernprozesse einzubinden. Dazu müssen wir die Bedürfnisse der Kinder in der Schule kennen und bei der Gestaltung unserer Lehrtätigkeit berücksichtigen. Lernlust, Lernbereitschaft beginnen sich zu entwickeln, wenn das Kind
o für sich einen Sinn, einen Nutzen in der Lernaufgabe erkennt,
o auf Erfolg und Bestätigung hoffen kann,
o seine Interessen angesprochen sieht,
o weiß, worum es geht, was es erreichen soll bzw. will,
o die Lernanforderungen herausfordernd und gleichzeitig erreichbar erlebt,
o seine Erwartung, dass sein Lernen erfolgreich sein wird, bestätigt sieht (Hodson 1998; Charles 2000; Dean 2006).
Gerade die intrinsische Motivation ist ein ganz entscheidender Lernfaktor. In diesem Falle führt der Lernende die Lernhandlung um ihrer selbst wegen aus, weil er neugierig ist, weil ihn der Gegenstand interessiert, weil er sich ange-

spornt fühlt usw. Gleichsam gilt es zu berücksichtigen, dass auch intrinsische Motivationen selbst sehr unterschiedlich angelegt sein können. Jeder Lerner, also auch jedes Kind, bildet sein ganz spezifisches *motivationales Muster* aus. Die Kenntnis, welchen *Motivtyp* ein Kind ausgebildet hat, ist hilfreich zur Bestimmung seiner bevorzugten Art des Lernens (Hofstein & Kempa 1985; Kempa & Diaz 1990).

Tab. 1: Durch Motivationsmuster beeinflusstes Lernen

Motivtyp	Bevorzugtes Lernen
Leistungsbedürfnis	Eine auf Wettbewerb ausgerichtete Lernumgebung
Neugierbefriedigung	Selbstgesteuertes und auf Problemlösung ausgerichtetes Lernen
Pflichterfüllung	Klar definierte Ziele und eindeutige Instruktionen
Bedürfnis nach sozialem Anschluss	Eine auf Kooperation ausgerichtete Lernumgebung

Aufgrund der unterschiedlichen Motivationen für schulisches Lernen wird die Lernumgebung variiert und flexibel gestaltet, um den Bedürfnissen eines jeden Kindes gerecht zu werden (Charles 2000). Die kognitive Entwicklung, die bei Lernprozessen zum Ausdruck kommt, wird durch unterschiedliche emotionale Befindlichkeiten begleitet. West und Pine (1983) nennen vier mögliche Gefühlsaspekte:
o   Kinder empfinden durch wachsende Kompetenz ein Gefühl der Stärke.
o   Kinder nehmen wahr, wie sich komplexe Sachverhalte vereinfachen, wie sie überschaubarer und durchschaubarer werden.
o   Kinder entwickeln ästhetische Empfindungen für Schönheit, Harmonie und Stimmigkeit des Lerngegenstandes.
o   Kinder spüren ein Wohlbefinden und fühlen sich in ihrer persönlichen Integrität gestärkt.
Das menschliche Gehirn ist so ausgelegt, dass es viele Informationen von anderen Menschen aufnehmen und verarbeiten kann. Gerade Kinder sind darauf angewiesen, insbesondere von Erwachsenen zu lernen, da sie die Menge der für sie notwendigen Informationen unmöglich alle selbst beschaffen können (Gopnik 2000). Das gilt natürlich auch für schulisches Lernen. Die geistigen Strukturierungsleistungen der Kinder werden durch zusammenfassende, erklärende oder informierende Instruktionen des Lehrers nachhaltig unterstützt. Außerdem sind die enge Verbindung von Kognition und Emotio-

nen (Csikszentmihalyi 1985) beim Lernen zu berücksichtigen. Deshalb achtet der Lehrer bei der Organisation des Lernprozesses darauf, dass
o die Kinder ihre Aufmerksamkeit auf ein beschränktes, fest umrissenes Handlungsfeld richten (→ Kenntnis der Lernziele),
o es eine Vielfalt von Handlungsmöglichkeiten im Rahmen des fest umrissenen Handlungsfeldes für die Kinder gibt (→ Möglichkeit von Selbsttätigkeit und Kooperation),
o die Handlungsanforderungen zusammenhängend und eindeutig sind und mit klaren, wiederum eindeutigen Rückmeldungen einhergehen (→ Kenntnis der Lernkriterien),
o er jedem Kind die Überzeugung vermittelt, die Lernaufgabe bewältigen zu können, wenn es sich anstrengt, bei Problemen um Hilfe bittet und mit anderen Kindern zusammen arbeitet (→ Stärkung des Selbstwertgefühls),
o er alle möglichen Störquellen ausschließt (→ selektive und polarisierte Aufmerksamkeit).

Nachhaltiges Lernen und Konzeptwissen
Jeder Mensch besitzt aufgrund seiner tagtäglichen Auseinandersetzungen mit der ihn umgebenden Lebenswelt ein umfangreiches Konzeptwissen, so genannte Alltagskonzepte, die sich als Denk- und Handlungsorientierungen im Alltag bewähren. Wissenschaften bilden innerhalb der Alltagswelt relativ eigenständige, kulturell geprägte und historisch gewachsene Bereiche (Berger & Luckmann 1991), die sich u. a. durch spezifische Handlungen, Sprachmuster und Begriffe, durch Verallgemeinerungen, Idealisierungen und Symbolisierungen auszeichnen (Singer 2003). Zwischen Alltagskonzepten und den wissenschaftlichen Konzepten gibt es, trotz grundsätzlicher Unterschiede, eine starke wechselseitige Beeinflussung. Alltagskonzepte bilden die Grundlage, auf der sich wissenschaftliche Vorstellungen schrittweise ausbilden. Sie entwickeln sich vom Besonderen zum Allgemeinen. Wissenschaftliche Konzepte dringen nach und nach in die Alltagskonzepte ein. Sie erklären vom Allgemeinen ausgehend das Besondere.

Tab. 2: Merkmale von Alltagskonzepten und wissenschaftlichen Konzepten (Vygotskij, 2002)

Alltagskonzepte	Wissenschaftliche Konzepte
• spontane Konzepte • hohe persönliche Bedeutsamkeit • meist lokal gebunden und isoliert von anderen Konzepten • werden vorwiegend induktiv angeeignet	• sind allgemein, abstrakt und idealisiert • mit anderen allgemeinen Konzepten verbunden • werden vor allem deduktiv angeeignet • ihr Verständnis hängt von den Alltagskonzepten ab

Nachhaltiges Lernen zeigt sich im Verstehen. Einen Inhalt zu verstehen bedeutet, in der Lage zu sein, über ein Thema auf die unterschiedlichste Weise nachzudenken, es zu erklären, seine Bedeutung herauszufinden, mit Beispielen zu illustrieren und auf andere Sachverhalte, insbesondere auch auf Alltagssituationen, sinnvoll zu übertragen und gegebenenfalls zu variieren. Verstehen ist nicht gleich Wissen, aber Wissen liegt dem Verstehen zugrunde (Blythe 1998). Verstehen zeigt sich in einem gewissen Kompetenzgrad der Anwendung allgemeiner, übergreifender Konzepte. Damit sind Denk-, Handlungs- und Erklärungsmuster gemeint, die helfen, in komplexen Situationen sinnvoll handeln zu können. Je allgemeiner ein Konzept ist, desto größer ist sein Anwendungsbereich, desto intensiver ist seine Nachhaltigkeit.

Die Frage ist, wie kann Unterricht ein nachhaltiges Lernen bewirken? Generelle Strategien zur Ausbildung eines derartigen Konzeptwissens sind z.B. eine systematische Analogiebildung, das Finden von möglichst vielen verschiedenen Beispielen, das Erkennen von Gemeinsamkeiten und Unterschieden, die Untersuchung von Extremfällen, Veranschaulichungen und Modellierungen bei gleichzeitiger Begriffsbildung, Präsentationen in unterschiedlichen Systemen, die Durchführung von Gedankenexperimenten und nicht zuletzt das Nachdenken über Dinge, Ereignisse, Geschehnisse und das Lernen selbst. Dazu ist ein *exemplarisches Thema* (Klafki 1957) vertieft und mit voller Aufmerksamkeit und entsprechender Zeitinvestition zu behandeln. Ausgangspunkte sind nach einer *Sensibilisierungsphase*, in der auch die vorhandenen Kenntnisse der Kinder deutlich werden, die Klärung der *Lernbedeutung des Themas*, die *Bestimmung der Lernziele* und die *Festlegung von Lernkriterien für die Kinder*. Zu Beginn der *Erkundungsphase* schafft der Lehrer eine allgemeine kognitive Orientierungsgrundlage: Er gibt Muster, Beispiele vor, begründet diese Orientierungen und hält erklärende Informationen bereit. Die Kinder erhalten Gelegenheit, praktisch-gegenständliche Handlungen in sozialen Lernarrangements durchzuführen. Der Lehrer motiviert zum genauen Arbeiten, achtet auf Vollständigkeit der Teilhandlungen, gibt *fortlaufende Rückmeldungen* und schafft Möglichkeiten zur Qualifizierung der Lernergebnisse. In der *zusammenfassenden Präsentationsphase*, die einen Kontrollcharakter besitzt, fordert der Lehrer die Kinder auf, Sachverhalte und Erkenntnisse in unterschiedlichen Präsentationsformen, wie Modellierung, Grafiken, Übersichten, Schemata, darzustellen und ausgewählte Handlungen mündlich und/oder schriftlich vollständig zu beschreiben. Zum Abschluss der Lerneinheit denken die Kinder über ihr Lernen und ihren Lernfortschritt sowie über ihre Gefühle, die sie beim Lernen hatten, in einer *Reflexionsphase* nach.

Schulisches Lernen – eine Form der Enkulturation
Naturwissenschaftliches Lernen wird vorrangig durch einen Wechsel der Konzepte vom Alltagsverstehen zu einem wissenschaftlichen Verständnis erklärt (Carey 1985; Duit 1997; Hodson 1998). Aber auch viele Bereiche der sozialen Welt unterscheiden sich in ihren Handlungs- und Verhaltensmustern sowie in ihren Begriffs- und Symbolsystemen von der Alltagswelt (Schneider 2007). Beim schulischen Lernen werden Kinder schrittweise in für sie neue Handlungsdomänen einschließlich deren Begriffssysteme eingeführt. Aus dieser Perspektive kann schulisches Lernen als ein *Enkulturationsprozess* aufgefasst werden. Dieser Enkulturationsprozess ist sowohl auf eine gestaltete Praxis, die sich in einer aktiven Partizipation der Kinder und der Berücksichtigung ihrer Interessen zeigt, als auch auf Anleitung und Instruktion angewiesen. Das bedeutet, dass schulisches Lernen immer auch deduktive Lehrpassagen beinhalten muss. Ohne die richtigen Begriffe können Kinder nichts beschreiben, erklären und verstehen. Begriffe helfen sich auszudrücken und sich adäquat zu verständigen. Zudem, es gibt keine „reinen" Beobachtungen. Beobachtungen werden immer auf der Basis des aktuellen Wissens, von Glauben, Erwartungen und Erfahrungen interpretiert, d.h. sie sind immer theorieabhängig – auch wenn diese Theorien Alltagstheorien sind. Beobachtungen brauchen einen Anreiz, einen Fokus der Aufmerksamkeit, einen Zweck. Gleichsam werden sie von der Sprache, den zur Verfügung stehenden und verwendeten Begriffen geprägt. Kinder erlangen neue Konzepte nicht durch Beobachtungen, sondern durch die Anwendung von Konzepten, die ihren Beobachtungen Sinn verleihen (Hodson 1998; Krnel 2005).
Deshalb kann schulisches Lernen auch als *Enkulturation*, als ein Hineinwachsen in neue Kulturen, verstanden werden, die sich durch angeleitete Teilnahme und gestaltete Praxis, die spezielle Inhalte der menschlichen Lebenswelt aufgreift, welche die Interessen der Akteure ansprechen und für weiterführendes Lernen bedeutsam sind, vollzieht. Dem Lehrer kommt hier-

bei eine ganz entscheidende Funktion zu. Er muss im wahrsten Sinne des Wortes bereits „enkulturiert" sein. Das bedeutet, er beherrscht die entsprechenden Inhalte und Methoden als Experte und ist in der Lage, diese zu vermitteln. Zunächst stellt der Lehrer fest, welche Vorstellungen die Kinder über das anzueignende Phänomen bereits haben. Gemeinsam werden Lernbedeutung, Lernziele und Lernkriterien der Lerneinheit herausgearbeitet und verdeutlicht.

Die Kinder werden zu einem neuen bzw. höheren konzeptionellen Verständnis sozialer Situationen bzw. von Gesetzmäßigkeiten der Natur durch soziale Interaktionen und damit einhergehende Kommunikation geführt. Dieser Ansatz kann als *reziprokes Lehren* bzw. *reziprokes Lernen* bezeichnet werden (Gardner 1994, 274). Er realisiert sich in der anfänglichen Führungsrolle des Lehrers, einer passenden Unterstützung für jedes Kind und in dessen zunehmender selbstständiger Partizipation am Lernprozess. Im Verlauf des Lernprozesses arbeiten die Kinder mit zunehmendem Verständnis immer autonomer (Hodson 1998). Die soziale Zusammenarbeit zwischen dem wissenden Lehrer und den lernenden Kindern bzw. zwischen Kindern, die den Lernstoff schon verinnerlicht haben und solchen, die sich noch im Lernstadium befinden, ist das entscheidende Instrument bei der zunehmend wissenschaftlichen Enkulturation der Kinder.

Die Gestaltung von langfristigem, nachhaltigem, auf Erwerb von Konzeptwissen orientiertem Lernen ist Ziel der folgenden didaktischen Konzeption.

5.3.3 Rostocker Modell – didaktische Handlungsprinzipien

Die Planung und Gestaltung eines Unterrichts nach dem *Rostocker Modell* zeichnet sich durch folgende didaktische *Handlungsprinzipien* aus:

o   Diskussion der Bedeutung des Lerninhalts
o   Ermittlung einer Leitidee
o   Formulierung gemeinsamer Lernziele
o   Erarbeitung von konkreten Lernkriterien
o   Ermittlung der Lernvoraussetzungen der Kinder
o   Verbindung von Selbsttätigkeit und Instruktion
o   Entwicklung einer kommunikativen Gesprächs- und Fragekultur
o   Lernprozessbegleitende Verbindung von Selbstbewertung und Rückmeldung
o   Stimulierung der Selbstreflexion über das eigene Lernen
o   Stärkung der Selbstachtung eines jeden Kindes.

Diskussion der Bedeutung des Lerninhalts
Eine didaktische Grundidee dieses Modells besteht darin, Lerner von Anfang an aktiv in eine für sie durchschaubare und abrechenbare Organisation der Lernprozesse einzubeziehen. Zu Beginn einer neuen Lerneinheit diskutiert

die Lehrerin gemeinsam mit den Lernern die Bedeutung der Lernthematik: „Warum wollen wir das lernen?"; „Wozu ist das wichtig?". Kinder (und nicht nur sie) fragen oft, welchen Sinn bzw. Nutzen hat das zu Lernende für mich (Schneider 2003, 22). Sie machen eine Art „Aufwand-Nutzen-Rechnung" und nehmen im Wesentlichen nur das auf, was sie für sinnvoll halten. Deshalb sind Themen auszuwählen bzw. so darzustellen, dass die Kinder in ihrem gegenwärtigen Leben deren Bedeutung erkennen können. Für jüngere Kinder ist es wichtig, natürliche Phänomene aus ihrer unmittelbaren Umgebung zu untersuchen. Sie brauchen kognitive Herausforderungen, die sie bewältigen können. Dazu gehören auch „passende Untersuchungen", die ein klares Ziel haben und „funktionieren" und insgesamt die Entwicklung geistiger Konzepte unterstützen.

Die Kinder müssen wissen, warum sie etwas lernen. Die Bedeutung des Lerninhalts ist im Rahmen eines *Schüler-Schüler-Gespräches* (Schneider 2000) zu diskutieren. Unterstützend wirkt die Einordnung des konkreten Lerninhalts in einen übergeordneten Zusammenhang. Diese Vorgehensweise kommt auch der Arbeit des menschlichen Gehirns entgegen. Das Gehirn agiert in einer ständigen Erwartungshaltung und gleicht die eingehenden Informationen damit ab. Wenn also durch „Vorreize" die Aufmerksamkeit erhöht wird, können Lernprozesse intensiviert werden (Spitzer 2004).

Das Lernen der Kinder wird positiv beeinflusst, wenn die Lernbedeutung in einer für die Kinder verständlichen Sprache formuliert wird und während des gesamten Lernprozesses ihnen stets sichtbar vor Augen, z.B. an einer Tafel oder auf einem Poster, steht (Clarke 2001). Während des Lernprozesses ist immer wieder auf die Bedeutung des zu Lernenden Bezug zu nehmen.

Ermittlung einer Leitidee

Wie wir bereits dargelegt haben, ist es sehr wichtig, sich *allgemeine, übergreifende Konzepte* anzueignen, um in komplexen Alltagssituationen adäquat handeln zu können. In diesen Konzepten kommt das Elementare eines Lernthemas zum Ausdruck. Das Elementare verweist auf ein allgemeines Prinzip, das im exemplarisch behandelten Inhalt enthalten ist (Klafki 1957). Dieses *Elementare* kann sich als *Leitidee* eines Lerninhalts präsentieren, die die Eigenschaften hat, weiterführende, übergreifende, grundlegende Gedanken zu produzieren. Leitideen können z.B. in Form offener Fragen oder als Sprichwort bzw. Lebensweisheit formuliert werden. Sie dürfen didaktisch nicht streng verplant werden.

Eine Leitidee kann man sich auch als ein durchgängiges Motiv einer Lerneinheit (ähnlich einem musikalischen Motiv eines Musikstückes) vorstellen, das immer wieder auf den Grundgedanken verweist und ihn in immer neuen Perspektiven inhaltlich öffnet. Die inhaltliche Positionierung muss jeder selbst vornehmen. Eine derartige Idee präsentiert sich in Gegensätzen, Widersprüchen, sie lässt viele Perspektiven zu, die nicht auf „richtig" oder „falsch" aus sind, die es den Schülern erlauben, ihre eigene Meinung zu formulieren. Deshalb sind Leitideen eng mit der Ausbildung eines Konzept- und Strategiewissens verbunden. Sie unterstützen durch ihren integrativen und vernetzenden Charakter das Erkennen von Zusammenhängen und den Wissenstransfer in andere Bereiche und damit auch das Verstehen (Blythe 1998).

Für die Identifikation einer Leitidee ist genügend Zeit einzuplanen. Sie kann über die Entwicklung eines Gedankennetzes (concept mapping) zu einem Lerninhalt gemeinsam mit den Kindern bestimmt werden. Im Rahmen eines Brainstormings werden alle Gedanken und Überlegungen zu einem Lerninhalt in Form eines Netzes aufgezeichnet. Die dabei entstehenden „Knotenpunkte" verweisen auf mögliche Leitideen. Damit ist noch einmal gesagt, dass zu einem Lerninhalt durchaus mehrere Leitideen auszumachen sind und man sich, bezogen auf die konkrete Lernsituation, für eine entscheiden muss (Blythe 1998).

Formulierung gemeinsamer Lernziele
Die Aufmerksamkeit für ein Lernthema wird in einem erheblichen Maße über Erwartungshaltungen stimuliert. Doch nicht nur das. Lernen ist überhaupt ein stark erwartungsgesteuerter und damit stark vom „Vorwissen" beeinflusster Such- und Interpretationsprozess. Um an Erwartungshaltungen anzuknüpfen, sie zu stimulieren und über den gesamten Lernprozess aufrecht zu erhalten, greift eine an den Anfang einer Lerneinheit gestellte Motivationsphase zu kurz. Ein instrumenteller Einsatz der Lernziele über die Lehrerperspektive hinaus erweist sich hier als bedeutend wirkungsvoller.

Traditionell bestimmt die Lehrerin in der Vorbereitung einer neuen Lerneinheit die Lernziele bezogen auf anzueignendes Wissen, auszubildende Fähigkeiten und anzubahnende Einstellungen (Lehrerperspektive). Neu ist, dass sie diese Ziele in zwei Formen formuliert: einmal als offene Frage, die das Lernthema fokussiert (Was gilt es zu klären: Inwiefern ist das Ereignis X dem Ereignis Y ähnlich bzw. worin unterscheiden sich beide voneinander?) und einmal als Feststellung, die präzise das anzueignende Wissen beschreibt (Die Schüler erkennen, lernen, wissen etc.).

Um die Erwartungen der Kinder als Lerninstrumentarium zu nutzen, ist diese Art der Lernzielbestimmung für einen optimalen Lehr- und Lernprozess noch nicht ausreichend. Zudem gehen wir davon aus, dass Lernprozesse umso erfolgreicher verlaufen, wenn Kinder
o   Klarheit über Lernaufgaben und Lernziele haben sowie
o   selbst Entscheidungen treffen und ihren Lernprozess kontrollieren können.

Kinder brauchen von Anfang an eine fortlaufende (also immer sichtbare) Orientierung über die Zielstellungen der Lerneinheit. Klare Ziele sind Andockstationen für Erwartungen. Deshalb sind die Lernziele einer Lerneinheit nicht nur aus der Lehrerperspektive, sondern immer auch aus der Schülerperspektive zu bestimmen. Nachdem die Lehrerin die Bedeutung des neuen Thematik mit den Kinder geklärt hat, bespricht sie mit ihnen auch die angestrebten Lernziele: „Was sollen wir wissen und können?" Die Lernziele werden in einer für die Kinder verständlichen Sprache und vor allem sehr konkret formuliert (Kinderperspektive) und ebenfalls für alle sichtbar im Klassenzimmer ausgehangen, damit sie sich daran fortlaufend orientieren können. Während des Lernprozesses wird immer wieder darauf Bezug genommen.

Erarbeitung von konkreten Lernkriterien
Überprüfungen und Rückmeldungen brauchen für ihren lernfördernden Einsatz orientierende Kriterien. Den Ausgangspunkt zur Bestimmung von Lernkriterien bilden die Lernziele. Die Lehrerin ist aufgefordert, bereits zu Beginn der Lerneinheit, die Kriterien zu bestimmen, an denen sie die Leistung ihrer Schüler messen wird. „Was muss ein Schüler im Niveau X wissen bzw. können?" Eine präzise Kennzeichnung der Leistungsniveaus erlaubt die Bestimmung des aktuellen Entwicklungsniveaus eines jeden Schülers und die Bestimmung der Zone seiner nächsten Entwicklung. So kann die Lehrerin eine zielgerichtete Unterstützung durch Instruktionen und passende Lernaufgaben organisieren. Bekanntermaßen verbinden sich Erkenntnisprozesse und die damit einhergehenden Emotionen in einer produktiven Weise, wenn die Lehrerin bei der Organisation des Lernprozesses darauf achtet, dass die Kinder ihre Aufmerksamkeit auf ein beschränktes, fest umrissenes Handlungsfeld richten und die Handlungsanforderungen zusammenhängend und eindeutig sind und mit klaren, wiederum eindeutigen Rückmeldungen einhergehen (Csikszentmihalyi 1985).
Ähnlich wie die Lernziele werden auch die Lernkriterien nicht nur aus der Lehrerperspektive (Analyse- und Bewertungsinstrumentarium), sondern auch aus der Schülerperspektive am Anfang einer neuen Lerneinheit formuliert. Während des gesamten Lernprozesses sollen den Schülern neben den Zielen auch die Kriterien bekannt sein, an denen sie und ihre Lehrerin erkennen können, ob und in welchem Maße die Lernziele erreicht worden sind. Es ist sehr zu empfehlen, dass die Lernkriterien für die Schüler (Schülerperspektive) gemeinsam von Lehrerin und Schülern erarbeitet und in der Sprache der Kinder festlegt werden: „Woran sehe ich, was ich bereits kann?", „Welche Aufgaben kann ich noch nicht oder nur zum Teil lösen?" „Wo brauche ich noch Hilfe?". Lernkriterien aus der Schülerperspektive eröffnen den Schülern die Möglichkeit, über ihren Lernfortschritt kritisch nachzudenken und sich

selbst einzuschätzen. Sie werden im Klassenraum veröffentlicht oder jedem Schüler in Listenform ausgehändigt, so dass sie immer präsent sind.

Ermittlung der Lernvoraussetzungen der Kinder
Laut Heran-Dörr verfügen viele Lehrerinnen und Lehrer nicht über angemessene Kenntnisse darüber, dass sich kindliche Vorstellungen durch einen Konzeptcharakter, relative Stabilität und potentielle Fehlerhaftigkeit auszeichnen (2006, 169f.). Wenn Lehrer Alltagserfahrungen der Kinder zu Beginn des Unterrichts aktivieren, dann vor allem als Motivationselement in einem Unterrichtsgespräch. Aber erst die diskursive Auseinandersetzung mit den eigenen Erfahrungen macht diese zu einem wichtigen Lernfaktor. Es ist eine entscheidende Frage, wie diese Vorstellungen didaktisch in Unterrichtssituationen genutzt werden können.

Ausgangspunkt kann ein *Brainstorming* in einer Assoziationsphase sein. Die Gedanken und Ideen der Kinder, die von ihnen verwendeten Begriffe, werden zunächst gesammelt. In einem zweiten Schritt sollen die Kinder die Begriffe in eine sinnvolle Zuordnung bringen. Hier bietet sich der Einsatz des *Concept Mapping* als ein Instrument zur bereichsspezifischen Erfassung des deklarativen Wissens eines Menschen an. Es ermöglicht die Feststellung des aktuellen Wissensstandes sowie dessen Veränderung im Verlauf einer bestimmten Zeiteinheit (Novak 1998). Der Gebrauch der Begriffe und ihre Zuordnung untereinander lassen auf den Grad des Verstehens schließen. Die Frage ist also, welche Begriffe kennen die Kinder und wie können sie diese prädikativ untereinander verbinden. Neben dem Concept Mapping können *Schüler-Schüler-Gespräche* zur Ermittlung der Lernvoraussetzungen eingesetzt werden. Diese Methode eignet sich zur diskursiven Auseinandersetzung mit dem Problem und unterstützt seine reflexive Durchdringung (Schneider 2000, 68ff.). Schülervorstellungen lassen sich auch durch eine Kombination von bildlicher Darstellung (*Schülerzeichnung*) und einer Bildinterpretation erfassen. Die Wahl und der Gebrauch (ebenso der Nicht-Gebrauch) von Begriffen und die verwendeten Zuordnungen lassen Rückschlüsse auf das explizite Wissen zu (Toth 2007).

Verbindung von Selbsttätigkeit und Instruktion
Lernen ist ein komplexer Prozess, dem unterschiedliche Mechanismen zugrunde liegen. In jedem Falle ist Lernen immer an die Selbsttätigkeit des Lerners gebunden. Diese Selbsttätigkeit vollzieht sich sowohl im gegenständlichen als auch im geistigen Handeln. Deshalb ist es notwendig, den Kindern ausreichend Raum zum praktisch-gegenständlichen Handeln zu geben und ihnen gleichzeitig viele Gelegenheiten einzuräumen, über ihr praktisch-gegenständliches Handeln nachzudenken.

Gleichzeitig ist aber das menschliche Gehirn darauf programmiert, möglichst viele Informationen von anderen Menschen aufzunehmen und zu verarbeiten. Kinder sind darauf angewiesen, dass Erwachsene Informationen an sie weitergeben, die frühere Generationen angesammelt haben. Von Erwachsenen erhalten sie, wie bereits ausgeführt, zahlreichere und bessere Informationen als sie sich selbst beschaffen können (Gopnik 2000). Die geistigen Strukturierungsleistungen werden somit nachhaltig unterstützt, wenn der Lehrer an bestimmten Stellen des Lernprozesses den Kindern zusammenfassende, erklärende oder informierende Instruktionen gibt. Bei Lernprozessen, die in eine andere Kultur, in eine spezifische Wirklichkeit, wie z.B. die Wissenschaften, einführen und deshalb vor allem deduktiv zu organisieren sind, kommt der Weitergabe von Informationen eine besondere Bedeutung zu. Instruierendes und selbsttätiges Lernen sind keine konkurrierenden Verfahren, sondern stehen in einer dialektisch-komplementären Beziehung zueinander. Beide Verfahren initiieren und unterstützen mentale Konstruktionen und Rekonstruktionen.

Entwicklung einer kommunikativen Gesprächs- und Fragekultur
Mit der Entwicklung einer kommunikativen Gesprächskultur wird den Kindern eine *Kultur der Nachdenklichkeit* nahe gebracht und sie werden zu einer *diskursiven Auseinandersetzung* mit den Lerninhalten angeregt. Insbesondere geht es um die Entwicklung einer schülerdominierten Kommunikationsform in Lernsituationen, um thematische *Schüler-Schüler-Gespräche*, die sich u.a. durch folgende Merkmale auszeichnen: Die Gesprächsteilnehmer sind gleichberechtigt, jede Meinung bereichert die Diskussion, gedankliche Freiheit ist gewährleistet und Gedankenexperimente sind erwünscht.
Die Kinder lernen, dass ein zeitweiliges Nichtverstehen und sich daraus ergebende Fragen natürliche und sehr wichtige Elemente eines Lernprozesses sind. Schwierigkeiten zu haben, sich anstrengen zu müssen, bedeutet, dass sich neues Lernen ankündigt. An dieser Stelle ist es wichtig, dass Kinder in der Lage sind, ihre Probleme zu artikulieren und um Hilfe zu bitten. Wir gehen davon aus, dass *Fragen und Vermutungen* der Kinder sowie deren Fähigkeit, bestimmte Aufgaben unter Anleitung lösen zu können, eine sensibilisierte Lernbereitschaft signalisieren. Fragen von Kindern sind nie zufällig, auch wenn sie Erwachsenen als zufällig erscheinen. Insbesondere die Reformpädagogik sah in Kinderfragen eine sprudelnde Lernquelle. „In dem Augenblick, wo das Kind fragt, interessiert sich das Kind unzweifelhaft für die Sache, denn dann ist sein Geist darauf gespitzt, die Erkenntnis aufzunehmen" (Otto 1965, 11).
Nach dem *Rostocker Modell* steht am Anfang jeder komplexen Lerneinheit die diskursive Durchdringung der Problematik, die u. a. die Bedeutung der

Lerninhalte thematisiert und, wie oben dargelegt, zur Formulierung von Lernzielen und Lernkriterien aus der Schülerperspektive führt. Während des Lernprozesses werden immer wieder ein reflexives Nachdenken über den Lernfortschritt, über Lernprobleme und damit verbundene subjektive Befindlichkeiten angeregt. Jede Lerneinheit ist mit einer intensiven Reflexionsphase abzuschließen. Deshalb ist die Entwicklung einer kommunikativen Gesprächs- und Fragekultur von Beginn der ersten Klasse an notwendig, um die Kinder zu befähigen, einen diskursiven Gedankenaustausch führen und sich aktiv in den Lernprozess einbringen zu können.

Lernprozessbegleitende Selbstbewertung und Rückmeldung
Durch eine ausschließliche Bewertung am Ende einer Lektion werden viele Lernpotenzen, die Bewertungen und Rückmeldungen in sich bergen, verschenkt. Deshalb sollten die Kinder während des gesamten Lernprozesses
o   Fehler als Lernquelle nutzen lernen,
o   Lernziele und Lernkriterien kennen und darauf immer wieder Bezug nehmen,
o   regelmäßige Rückmeldungen (vom Lehrer, von Mitschülern, durch Selbst-Überprüfung) über ihren Lernstand erhalten,
o   häufige Gelegenheiten zum kritischen Nachdenken bekommen,
o   Gelegenheiten haben, über ihre Gefühle beim Lernen zu sprechen,
o   Möglichkeiten haben, ihre Arbeit zu qualifizieren.
Vom Beginn bis zum Ende einer Lektion wird den Kindern die Möglichkeit eingeräumt, ihr aktuelles Verstehen zum Ausdruck zu bringen. Die Lernprozesse sind so gestaltet, dass die Kinder von eigenen Erfahrungen ausgehend den Übergang zu ähnlichen Ereignissen finden können. Immer wieder werden sie angeregt, Teilereignisse mit eigenen Worten zu erklären, zu spekulieren, was geschehen wäre bzw. würde, wenn die Bedingungen andere gewesen wären. Die Lernkontrollen sind weniger in Form von Tests (die natürlich nicht auszuschließen sind), sondern in Form von individuellen und kreativen Präsentationen – wie der Gestaltung eines Posters, einer Collage, einer Ausstellung, eines Vortrages, dem Abfassen einer essayähnlichen Niederschrift, der Dokumentation eines Projektes, dem Anlegen eines Portfolios usw. – durchzuführen. Eine das Lernen begleitende Leistungsdarstellung muss die Kinder in die Lage versetzen, tatsächlich zu erkennen, was sie gelernt haben und wie sie ihr Wissen kreativ beim Lösen von Problemen und zur Herausbildung eines neuen Verständnisses nutzen können. Um zu prüfen, ob die Schüler das Problem, den Inhalt verstanden haben, sollten sie ihre Gedanken immer auf mindestens zwei unterschiedlichen Wegen zum Ausdruck bringen. Kinder brauchen ein passendes Maß an persönlicher Kontrolle und Unabhängigkeit, das sich mit ihrer wachsenden Kompetenz immer mehr vom Lehrer

auf sie selbst verschiebt. Eine wichtige Rolle spielen dabei die aus der Schülerperspektive formulierten Lernziele und Lernkriterien.

Reflexionen über das Lernen
Alle gegenstandsbezogenen kognitiven Lernprozesse sind mit metakognitivem Lernen, dem *Lernen des Lernens*, zu verknüpfen. Entsprechende Reflexionen unterstützen die reziproken Beziehungen zwischen Lernprozess und Lernergebnissen. Dazu können die Kinder z. B. Lerntagebücher führen oder ein Portfolio erstellen. Anwendungsbezogene Aufgaben, bei denen ein Problem zu lösen ist, das Kinder in ihrer Lebenswelt nachvollziehen können, geben Aufschluss über die Transferfähigkeit des angeeigneten Wissens. Gerade die Ausbildung eines transferfähigen Wissens ist ein wesentlicher Baustein metakognitiver Kompetenzen (Revákné-Markóczi 2007). Jede Lerneinheit ist mit einer ausführlichen Reflexionsphase abzuschließen. Die Kinder werden aufgefordert, ihr persönliches Erreichen der Lernziele unter Zuhilfenahme der Lernkriterien einzuschätzen:
o   Was habe ich gelernt?
o   Welche Fragen habe ich noch dazu?
o   Welche Aufgaben waren für mich schwierig?
o   Hatte ich die Möglichkeit etwas zu gestalten?

Neben diesen Fragen, die sich vor allem auf den Lerngegenstand beziehen, werden auch Fragen, die sich mit den emotionalen Befindlichkeiten der Kinder während des Lernprozesses befassen, thematisiert. Der Lehrer inspiriert den Gedankenaustausch z.B. durch folgende Impulse:
o   Wie hast du dich gefühlt, als du:
    - eine Aufgabe erfolgreich gelöst hattest?
    - Schwierigkeiten bei einer Aufgabe hattest?
    - um Hilfe gebeten hast?
    - Hilfe bekommen hast?
o   Fühltest du dich in der Gruppe anerkannt und wurde dein Beitrag geschätzt?
o   Welche Atmosphäre in der Klasse unterstützt dich beim Lernen?

Stärkung des Selbstwertgefühls eines jeden Kindes
Schulische Lernprozesse werden von subjektiven Faktoren maßgeblich beeinflusst. Dazu gehört auch das Selbstwertgefühl, das Kinder für ihre Person entwickeln. Sie möchten sich kompetent fühlen, d.h. sie möchten wissen und verstehen und in der Lage sein, die gestellten Aufgaben gut zu erledigen. Die pädagogisch-didaktische Reflexion subjektiver Lernfaktoren ist unter dem Stichwort „personalised learning" zusammengefasst (Hodson 1998; Charles 2000; Dean 2006). Alle Maßnahmen sind deshalb darauf zu richten, das

Selbstwertgefühl eines jeden Kindes zu stärken. Darunter ist ein psychologisches Konstrukt zu verstehen, das die gefühlsmäßig positiv oder negativ orientierte Selbstbewertung eines Menschen ausdrückt (Damon 1989). Es beruht auf intra- oder interindividuell vergleichenden und emotional erlebten situativen und bereichsspezifischen Erfahrungen, die sich über Zeit und Bereiche generalisieren und zu einem grundlegenden Gefühl für die Person werden (Haußer 1995). Das Streben nach einer positiven Selbstwertung gehört zu den menschlichen Grundbedürfnissen und wirkt verhaltensdeterminierend. Beim Selbstwertgefühl sind – in Abhängigkeit der Bewertungsrichtung – drei Kategorien zu unterscheiden: Selbstvertrauen, Vertrauen und Selbstbewusstsein (Schneider 2003, 42ff.).

Das *Selbstvertrauen* gibt Auskunft über das subjektive Empfinden der eigenen Fähigkeiten und Eigenschaften. Es entwickelt sich in einem Spannungsfeld, das durch die Pole Zuversicht und Unsicherheit gekennzeichnet ist. Die gesamte Atmosphäre im Klassenraum und die Art und Weise, wie Leistungen gewürdigt werden, beeinflussen das Selbstvertrauen der Kinder. Deshalb sollte im Verlauf eines Lernprozesses immer der individuelle Lernfortschritt Maßstab der Bewertung sein. Die Leistungen der Schüler sind nicht untereinander zu vergleichen. Fehler sind grundsätzlich nicht als Mangel, sondern als Lernpotenz zu verstehen.

Vertrauen bringt das Sicherheitsbedürfnis eines Menschen zum Ausdruck. Eine Person richtet ihre Aufmerksamkeit auf eine andere Person, von der sie die Befriedigung dieses Bedürfnisses erwartet. Das ist in der Schule in hohem Maße die Lehrerin. Eine wichtige Voraussetzung für die Herausbildung von vertrauensvollen Beziehungen ist die gegenseitige Achtung der körperlichen und seelischen Integrität der Persönlichkeit. Im Vertrauen wird ein Bedürfnis nach Bindung, Anlehnung und Orientierung sichtbar.

Im Gegensatz dazu betont die Kategorie *Selbstbewusstsein* die gefühlsmäßige Einschätzung des eigenen Handlungspotentials und darauf basierende Kompetenzzuschreibungen und Handlungsbereitschaften. Die Art und Weise, wie eigenes Verhalten und eigene Handlungen in Bezug auf andere reflektiert werden, führen zu einem emotionalen Grundgefühl, das dem eigenen Ich in Distanzierung zu anderen einen bestimmten Wert zumisst und zu einer selbst bestimmten Handlungsbereitschaft führt. Das kann sich z.B. im Durchsetzungsanspruch, Behauptungsstreben, in Wertzumessungen und Abgrenzungsbemühungen äußern. Die konsequente Einbeziehung der Kinder in die Gestaltung ihrer Lernprozesse stärkt ihr Selbstwertgefühl, und ein positives Selbstwertgefühl ist ein nicht zu unterschätzender Lernfaktor.

5.3.4 Muster für die Planung einer Lerneinheit nach dem Rostocker Modell

Lernmodul „Wir leben in Europa" für die Klassen 3/4		
Leitidee: Je besser wir uns kennen, desto besser können wir uns verstehen.		
Wissen und Verstehen	1. Was ist die EU und welche Länder gehören dazu? (Die Kinder wissen, was EU bedeutet und können die Mitgliedsstaaten nennen und auf der Karte zeigen.) 2. Was wissen wir über die Mitgliedsländer der EU? (Die Kinder kennen die Hauptstädte, die Staatsflaggen und geografische Besonderheiten dieser Länder.) 3. Wie leben Kinder in EU-Ländern? (Die Kinder erkennen, dass die Sitten und Bräuche von Land zu Land verschieden sind.)	*Hauptbegriffe:* Europa EU Land Hauptstadt Gemeinsamkeiten Unterschiede Gegenseitige Achtung
Fähigkeiten	Die Kindern entwickeln die Fähigkeit, • Medien zielgerichtet als Informationsquellen zu nutzen • Fakten und Aussagen miteinander zu vergleichen und zu bewerten • Informationen zu präsentieren • ein Portfolio zu erstellen.	Portfolio Tabelle Poster
Anzubahnende Einstellungen	Die Kinder entwickeln das Bedürfnis, • sich über Europa zu informieren. • mehr darüber zu erfahren, wie Kinder in anderen europäischen Ländern leben. • Kinder aus anderen europäischen Ländern kennen lernen zu wollen.	
Lernphase	*Lerntätigkeiten/Inhalte*	*Lernfördernde Rückmeldungen*
Einführung	a. Die Lehrerin führt in die Arbeit eines Portfolios ein (LI).	Jedes Kind sammelt seine Arbeitsergebnisse in einem Portfolio und reflektiert diese.
	b. Was bedeutet Europa im Alltag? Es werden Arbeitsgruppen gebildet. Jede Gruppe konzentriert sich auf ein europäisches Land (P). Die Gruppen besuchen einen Supermarkt. Die Kinder ermitteln, welche Lebensmittel aus ihrem	Die Lehrerin bereitet für jede Gruppe eine Tabelle vor. HA: Ermittle zu Hause drei weitere Lebensmit-

	gewählten europäischen Land stammen (PA). Die Lehrerin entwickelt mit den Kindern eine Tabelle, in der die Ergebnisse eingetragen werden (EA). → Portfolio	tel, die aus einem europäischen Land stammen.
	c. Die HA wird verglichen (P). Die Kinder ergänzen ihre Eintragungen in der Tabelle (GA). → Portfolio	Die Lehrerin achtet auf die richtige Rechtschreibung.
	d. Lehrerin und Kinder diskutieren die Lernbedeutung, Lernziele und Lernkriterien (KG) → Portfolio	Die Lehrerin achtet auf die Einhaltung der Gesprächsregeln, Lernbedeutung, Lernziele und Lernkriterien werden besprochen
Angeleitete Erkundungen	e. Länder und Hauptstädte Die Kinder ermitteln unter Nutzung von Nachschlagewerke und Internet, welche Länder zur Europäischen Union gehören und deren Hauptstadt (PA). → Portfolio Die Lehrerin erklärt die Begriffe „Europa" und „Europäische Union" (LI).	Die Lehrerin stellt Nachschlagewerke zur Verfügung (z.B. Meyers Länderlexikon für Kinder) und hilft ggf. bei der Internetsuche. HA: Welche Kontinente gibt es auf der Erde? → Portfolio
	f. Vergleich der HA (P). Die Kinder benutzen Nachschlagewerke und Internet, um die Landesfahnen der einzelnen EU-Mitgliedsstaaten zu identifizieren (PA).	Die Lehrerin unterstützt die Medienarbeit (Kindersuchmaschinen: z.B. www.blinde-kuh.de). → Portfolio
	g. Gebirge – Berge – Flüsse Auf die gleiche Weise bestimmen die Kinder z.B. die fünf längsten Flüsse, die fünf größten Gebirge, die fünf höchsten Berge in Europa (PA). → Portfolio	z.B. Buch aus der Reihe WAS-IST-Was, Bd. 113: Europa Spiel: Stadt-Land-Fluss
	h. Leben in Europa Die Kinder tauschen sich über ihre Erfahrungen mit anderen Ländern aus (KG).	Die Lehrerin erzählt von ihren eigenen Erfahrungen, Einsatz von Kinderbüchern
	i. Leben in Europa Die Kinder erkunden durch Befragungen und Medienrecherchen, wie Kinder in anderen europäischen Ländern leben: Schule, Spiele, Lieblingsessen usw. (GA).	Die Lehrerin unterstützt die Medienarbeit (z.B. www.google.de).

	j. Die Lehrerin erarbeitet mit den Kindern eine Tabelle, um die Ergebnisse miteinander zu vergleichen (P). → Portfolio	Sie achtet auf die richtige Rechtschreibung.
	k. Die Lehrerin oder Mitschüler erklären Spiele, die Kinder in anderen Ländern spielen (LI; SV). Die Kinder beschäftigen sich mit Märchen aus verschiedenen Ländern. → Portfolio	Die Kinder probieren diese Spiele aus. Welche Märchen ähneln sich? (P) Vorstellung des Lieblingsmärchens (SV).
	l. Gemeinsam werden typische Landesspeisen hergestellt und ausprobiert. Jedes Kind wählt ein Rezept aus und übernimmt es in sein → Portfolio (EA).	Die Lehrerin bittet Eltern um Unterstützung.
	m. Die Kinder befragen ihre Eltern und Großeltern, wie diese als Kinder Europa erlebt haben (EA). Sie vergleichen deren Erlebnisse mit ihren eigenen Erfahrungen. → Portfolio.	z.B. Fotoalben
Zusammenfassung und Präsentation	n. Jedes Kind wählt ein EU-Land, mit dem es sich besonders beschäftigen möchte. Es nutzt seine Aufzeichnungen aus dem Portfolio und sucht nach weiteren Informationen (EA). Die Lehrerin gibt Schwerpunkte zur Orientierung vor (z.B. Essen, Spiele, Märchen, Feste feiern, …)	Die Lehrerin ermuntert die Kinder, nach etwas Besonderem Ausschau zu halten, um die anderen „zu überraschen". Sie hält entsprechende Kinderbücher bereit.
	o. Jedes Kind stellt sein gewähltes Land auf einem Poster (EA) den anderen Kindern vor (P; SV).	Die Lehrerin gibt individuelle Hilfe. Die Kinder geben sich untereinander ein Feedback
Reflexion	p. Die Kinder diskutieren z.B. folgende Fragen: • Was habe ich gelernt? • Was/wer hat mir beim Lernen geholfen? • Was habe ich noch nicht verstanden? • Was möchte ich noch wissen? • …(KG)	Die Lehrerin verweist auf die Lernziele und Lernkriterien. Sie stellt Fragen zum Lernprozess und nutzt die Einschätzung der Kinder für ihre Lernanalyse.

* Legende zu den Abkürzungen: EA = Einzelarbeit; PA = Partnerarbeit; GA = Gruppenarbeit; KG = Kreisgespräch; LI = Lehrerinstruktion; SV = Schülervortrag; HA = Hausaufgabe

Literatur

Berger, P. L.& Luckmann, T. (1991): Die gesellschaftliche Konstruktion der Wirklichkeit. Frankfurt a. M.: Fischer Taschenbuch Verlag

Blythe, T. (1998): The Teaching For Understanding Guide. San Francisco: Jossey-Bass Publisher

Bruner, J. (1973): Der Prozeß der Erziehung. Berlin: Berlin Verlag

Carey, S. (1985): Conceptual change in childhood. Cambridge, MA: The MIT Press

Charles, C. M. (2000): The Synergetic Classroom. Joyful Teaching and Gentle Disscipline. New York: Longman

Clarke, Sh. (2001): Unkocking Formative Assessment. Practical strategies for enhancing pupils' learning in the primary classroom. London: Hodder & Stougthon

Csikszentmihalyi, M. (1985): Das flow-Erlebnis. Jenseits von Angst und Langeweile: im Tun aufgehen. Stuttgart: Klett-Cotta

Damon, W. (1989): Die soziale Entwicklung des Kindes. Stuttgart: Klett-Cotta

Dean, J. (2006): Meeting the learning needs of all children. Personalised learning in the primary school. London, New York: Routledge

Duit, R. (1997): Alltagsvorstellungen und Konzeptwechsel im naturwissenschaftlichen Unterricht – Forschungsstand und Perspektiven für den Sachunterricht in der Primarstufe. In: Köhnlein, W. u. a. (Hrsg.): Kinder auf dem Wege zum Verstehen der Welt. Bad Heilbrunn: Klinkhardt, 233–246

Gardner, H. (1994): Der ungeschulte Kopf. Wie Kinder denken. Stuttgart: Klett-Cotta

Gopnik, A. u. a. (2000): Forschergeist in Windeln. Wie Ihr Kind die Welt begreift. München: Ariston

Haußer, K. (1995): Identitätspsychologie. Berlin: Springer

Heran-Dörr, E. (2006): Orientierung an Schülervorstellungen – Wie verstehen Lehrkräfte diesen Appell an ihre didaktische und methodische Kompetenz? In: Cech, D.; Fischer, H.-J.; Knörzer, M. & Schrenk, M. (Hrsg.): Bildungswert des Sachunterrichts. Bad Heilbrunn: Klinkhardt, 159–176

Hodson, D. (1998): Teaching and Learning Science. Towards a personalized approach. Buckingham, Philadelphia: Open University Press

Hofstein, A. & Kempa, R. F. (1985): Motivating strategies in science education: attempt at an analysis, European Journal of Science Education, 7, 221–229

Klafki, W. (1957): Das pädagogische Problem des Elementaren und die Theorie der kategorialen Bildung. Weinheim, Basel: Beltz

Klafki, W. (1985): Neue Studien zur Bildungstheorie und Didaktik. Beiträge zur kritisch-konstruktiven Didaktik. Weinheim, Basel: Beltz

Klafki, W. (1992): „Schlüsselprobleme" als thematische Dimension eines zukunftsorientierten Konzepts von Allgemeinbildung – Zwölf Thesen. In: Münzinger, W. & Klafki, W. (Hrsg.): Schlüsselprobleme im Unterricht. Die deutsche Schule, 3. Beiheft, 9–14

Kempa, R. F. & Diaz, M. M. (1990): Motivational traits and preferences for different instructional modes in science. Part 1 and 2, International Journal of Science Education, 17, 743–754

Krnel, D. (2005): The Development of the Concept of Matter': A Cross study of how children describe materials. International Journal of Science Education, 3, 367–383

Novak, J. D. (1998): Learning, Creating and Using Knowledge. Concept Maps as Facilitative Tools in Schools and Corporations. London: Lawrence Erlbaum

Otto, B. (1965): Ratschläge für den häuslichen Unterricht. Heidelberg: Quelle & Meyer

Poddjakow, N. N. (1981): Die Denkentwicklung beim Vorschulkind. Berlin: Volk und Wissen

Revákne-Markóczi, I.; Kosztin-Tóth; B.; Tóth, Z.; Dobó-Tarai, E.; Schneider, I. K. & Oberländer, F. (2008). Effects of the Rostock Model on Metacognitive Development of Pupils. La influenca del modelo Rostock sobre el desarrollo metacognitivo de los alumnus. Journal of Science Education, 2, 94–99

Schneider, I. K. (2000): Philosophieren mit Kindern. Potenzen auch für eine politische Bildung? In Grundschule, 7-8, 68–70

Schneider, I. K. (2003): So sehe ich die Sache! Kinder verstehen – Kinder erziehen. Baltmannsweiler: Schneider

Schneider, I. K. (2007): Politische Bildung in der Grundschule. Sachinformationen, didaktische und methodische Überlegungen, Unterrichtsideen und Arbeitsmaterialien für die 1. bis 4. Klasse. Baltmannsweiler: Schneider

Schneider, I. K. & Oberländer, F. (2008): Naturwissenschaftliches Lernen in der Grundschule. Was Kinder können – was Kinder brauchen. Lerneinheiten zum Thema „Wasser" für die Klassen 1 bis 4 mit ausgearbeiteten Experimenten, Arbeitsblättern, Protokollvorlagen und Lehrerinformationen. Baltmannsweiler: Schneider

Schneider, I. K.; Hruby, A. & Pentzien, S. (2007): Naturwissenschaftliches Lernen in der Grundschule. Lerntheoretische didaktische und methodische Überlegungen, Unterrichtsideen, Arbeitsmaterialien und Experimentieranleitungen für die 1. und 2. Klasse. Donauwörth: Auer

Schneider, I. K.; Oberländer, F.; Tóth, Z.; Dobó-Tarai, E.& Revák-Markóczi, I. (2008a): Scientific Learning in Primary School Education – A Model Study on Children's Concepts of Physical Material. Practice and Theory in Systems of Education, 2, 1–23

Schneider, I. K.; Oberländer, F.; Tóth, Z.; Dobó-Tarai,E. & Revák-Markóczi, I. (2008b): Naturwissenschaftliches Lernen – eine exemplarische Studie zur Entwicklung von Stoffkonzepten. In Problemy Wczesnej Edukacji. Gdansk: Universität Gdansk, 8, 112–120

Schneider, I. K. & Oberländer, F. (2009): Naturwissenschaftliches Lernen im Anfangsunterricht – eine exemplarische Studie zu Stoffkonzepten. In: Lauterbach, R.; Giest, H. & Marquardt-Mau, B. (Hrsg.): Lernen und kindliche Entwicklung. Elementarbildung und Sachunterricht Bad Heilbrunn: Klinkhardt, 205–211

Singer, W. (2003): Ein neues Menschenbild? Gespräche über Hirnforschung. Frankfurt a. M.: Suhrkamp

Spitzer, M. (2004): Selbstbestimmen. Gehirnforschung und die Frage: Was sollen wir tun? Heidelberg, Berlin: Spektrum Akad. Verlag

Tóth, Z., Dobó-Tarai, E., Revák-Markóczi, I., Schneider, I. K. & Oberländer, F. (2007): 1st graders prior knowledge about water: knowledge space theory applied to interview data. Journal of Science Education, 2, 116–119

Tóth, Z., Dobó-Tarai, E., Revák-Markóczi, I., Schneider, I. K., Oberländer, F. (2008): Effects of instruction on 1st graders' thinking patterns regarding the description of water with every day and scientific concepts. Practice and Theory in Systems of Education, 1, 45–54

West, L. H. & Pine, A. L. (1983): How 'rational' is rationality? Science Education, 67, 37–39

Vygotskij, L. S. (2002): Denken und Sprechen. Weinheim: Beltz

5.4 Sachunterricht hypothesengeleitet planen – ein Prozessmodell didaktischer Handlungsplanung

von Roland Lauterbach

5.4.1 Intention, Entwicklung, Verwendungskontext[1]

Das Planungsmodell wurde bereits zu einem früheren Zeitpunkt vorgestellt. Berichtet wurde von seinem Einsatz in der Lehrerausbildung für die Grundschuldidaktik Sachunterricht der Universität Leipzig (Lauterbach, Tänzer & Zierfuß 2003). Danach wurde es mit ähnlichem Erfolg bis 2006 von Studierenden der Universität Hildesheim verwendet. Seine Grundstruktur wurde beibehalten, seine Ausstattung und operative Beweglichkeit etwas erweitert. Dieser Aufsatz beschreibt Intention und Entstehung des Modells. Er nennt Voraussetzungen und die theoretischen Grundlagen, erläutert die Strukturmodule sowie ihre Funktion und zeigt für ein Thema den Planungsansatz für eine Unterrichtseinheit.

Intention

Das hier vorgestellte Modell der Unterrichtsplanung eignet sich als Prototyp einer neuen Generation von Planungsinstrumenten für die Didaktik des Sachunterrichts. Bescheidener: Der Nachweis seiner Brauchbarkeit in der fachdidaktischen Aus-, Fort- und Weiterbildung von Lehrerinnen und Lehrern für den Sachunterricht und in Vorfassungen auch für den integrierenden naturwissenschaftlichen Unterricht der Sekundarstufe empfiehlt seine Verwendung. Seine modulare Struktur und seine funktionale Adaptivität ermöglichen eine aufgabenspezifische Anpassung. Die strukturelle Transparenz und Systematik begünstigen die Einsicht in die Konstruktionsprinzipien. Seine bildungs- wie curriculumtheoretische Grundlegung und Ausrichtung sichern die didaktische Integrität im Prozess und im Ergebnis. Die praktische Zugänglichkeit und inte-

---

[1] Den Studierenden, Lehrerinnen und Lehrern im In- und Ausland, Kolleginnen und Kollegen danke ich nochmals auf diesem Wege. Mein besonderer Dank geht an Sandra Tänzer, die nicht nur mitspielte und kritisch kommentierte, sondern zeigte, wie aus einem didaktischen Entwicklungsprojekt ein praxiswirksames didaktisches Forschungsprogramm zur Unterrichtsplanung entstehen kann.

ressenbezogene Ausrichtbarkeit laden zum selbstbestimmten Mitarbeiten ein. Die eingeleiteten Entwicklungen hin zu einer vollständigen universitären Lehrerbildung und autonomen Fachdidaktik Sachunterricht rechtfertigen eine optimistische Grundhaltung und die damit verbundene Erwartung.

Entwicklung
Das Modell geht auf Arbeiten während der Curriculumentwicklung der siebziger Jahre zurück. In der beruflichen Bedrängnis, die beträchtliche Zahl angloamerikanischer und angelsächsischer Curricula zu rezipieren und kritisch auszuwerten und ebenso mit den vielen rasch erscheinenden Produkten der bundesdeutschen Schulbuch- und Lehrmittelverlage zu verfahren, entstand in einer Qualifikationsarbeit ein Instrument zur Analyse von Curricula und Unterrichtswerken (Lauterbach 1976).

In den Folgejahren wurde es für den Einsatz in der Fort- und Weiterbildung von Lehr- und Fachpersonal bei der Einführung von naturwissenschaftlichem Unterricht in Entwicklungs- und Schwellenländern[2] rekonstruiert. Während des Einsatzes wurde es den jeweiligen Anforderungen angepasst und abschließend evaluiert. Dabei bildeten sich drei charakteristische Strukturmerkmale heraus: Modularität für Flexibilität und Spezialisierung, Zugänglichkeit und Handhabbarkeit für Novizen, Einfügung didaktischer Kategorien in die international übliche angloamerikanische Curriculumterminologie (Lauterbach 1978).

Die Didaktisierung war von nachhaltiger – auch persönlicher und beruflicher – Wirkung. Sie führte beim Autor zur Wiederaufnahme der Entwicklungsarbeit an Curricula, zuerst als fachdidaktischer Begleiter kulturell eigenständiger Neuentwicklungen in den wirtschaftlich rasch wachsenden Regionen Südostasiens, anschließend als Mitinitiator in einem länderübergreifenden Curriculumentwicklungsverbund der Bund-Länder-Kommission für Bildungsplanung. Das Analyseinstrument weitete und wandelte sich. Unter Einbeziehung der kritisch-konstruktiven Didaktik Wolfgang Klafkis (1985) und eigener naturwissenschaftsdidaktischer Arbeiten wurde daraus eine Planungshilfe für die kooperative Entwicklung von integrierten naturwissenschaftlichen Unterrichtseinheiten.

Die Neufassung zu einem Instrument der Lehrerausbildung für den Sachunterricht erfolgte, wie eingangs erwähnt, an der Universität Leipzig. In einem Pflichtseminar der Unterrichtsplanung für Sachunterricht sollten die Studie-

---

[2] Für Afrika die Deutsche Stiftung für Internationale Entwicklung (DSE), in Südost-Asien die Gesellschaft für Technische Zusammenarbeit (GTZ) und in Ägypten und Südamerika die zuständigen Goethe-Institute.

renden wenigstens die Grundlagen einer theoretisch fundierten Planung kennen lernen und in einem Prozess reflektierter Routinebildung durchlaufen. Dem Studienanspruch gemäß wurde das zuvor auf Praxiswirksamkeit gerichtete Instrument zum „Modell didaktischen Handelns zur Analyse, Reflexion und Planung" für den Sachunterricht rekonstruiert und, wie eingangs erwähnt, im Wechsel von Einsatz, Evaluation und Überarbeitung optimiert.

Verwendungskontext
Die in diesem Aufsatz vorgestellte letzte Version des Modells wurde für virtuelle Simulationen mit Studierenden konzipiert. Darin wird auf die Realisierung des Planungsentwurfs bewusst verzichtet, um das pädagogische Dilemma zu umgehen, das entsteht, wenn Kinder einem didaktischen Simulationsspiel ausgesetzt werden, in dem sie zwar mitmachen, nicht aber ernsthaft mitspielen dürfen, und zudem studentische Spielerleiter dulden müssen, die nicht nur fehlerhaft agieren, sondern ohne Beherrschung der Regeln spielen dürfen. Die Simulation endet daher mit dem Entwurf von Unterrichtssituationen und einer hypothetischen Artikulation einer Unterrichtssequenz. Die Evaluation dieser Modellierung über sechs Semester ergab konsistent eine Steigerung der didaktischen Reflexivität, der Verhaltenssicherheit bei Planungsaufgaben und die überwiegende Befürwortung von Studierenden, das Seminarmodell in den Pflichtteil des avisierten Master-Studiengangs für den Sachunterricht zu übernehmen. Die Evaluation und die anonymisierten Einzelrückmeldungen ließen deutlich die Stärken und die Schwächen des Modells erkennen.
Positiv bewertet: vertiefte Einsicht in die Aufgaben des Sachunterrichts, in seine Planung und in die eigenen fachbezogenen und fachdidaktischen Stärken und Schwächen, Steigerung der Bereitschaft, Sachunterricht kompetent zu planen und Zuversicht, das auch zu tun.
Kritisch angemerkt: Komplexität, theoretischer und operativer Anspruch, hoher Aufwand im Studium und für die Praxis danach, Herausforderung an Konzentration und Geduld, Ungewissheit bei der Konzeptualisierung und Ausarbeitung, vom Prinzip zu offen und unvollständig.

5.4.2 Theoretische Grundlagen
Die fachdidaktisch relevanten Strukturelemente des Unterrichts sind – verdichtet auf den Planungsprozess von Unterrichtseinheiten – das Thema dieses Buches, aufgespannt im Zusammenhang und didaktisch gerahmt im zweiten, hinreichend differenziert in Einzelbeiträgen im vierten Kapitel. Darauf wird

hier nicht eingegangen. Begründet und diskutiert werden einige modelltheoretisch relevante sowie für den Modelleinsatz bedeutsame Aspekte.

Curriculum und Didaktik verbinden

Das bereits im zweiten Kapitel erwähnte gegengerichtete Über- und Unterordnungsverhältnis von Curriculum und Didaktik, je nachdem, welchem der beiden man das theoretische Primat zuspricht, wurde im Modell unter Beibehaltung curriculumtheoretischer Kernelemente (vorausgesetztes Demokratieverständnis, Theorie-Praxis-Bindung, Effektivität, Pragmatik) zugunsten einer bildungstheoretischen Rahmung entschieden, die sich an Wolfgang Klafkis kritisch-konstruktiver Didaktik in der Fassung von 1985 orientiert. Diese hatte die lerntheoretische Modellierung von Wolfgang Schulz integriert und damit jene Elemente berücksichtigt, die aus der Curriculumdiskussion Anfang der siebziger verblieben waren. Annähernd deckungsgleich sind die Bezeichnungen der Strukturelemente, theoretisch und praktisch bedeutsam war freilich deren unterschiedliche Auslegung. Die Ausrichtung des Curriculum auf das Erreichen von Zielen (*objectives and competencies*) indizierte einen Wandel von einer „Input-Didaktik" der Bildungsinhalte zu einer „Output- Evaluation" der Lernziele. Das aber impliziert zugleich eine Theorieverschiebung von der Didaktik hin zum Curriculum, die sich ohne Not im Zuge der Internationalisierung und Globalisierung über Leistungsvergleichsstudien zurzeit vollzieht. Diesem Wechsel wird in diesem Modell nicht gefolgt. In ihm bleibt es der jeweiligen Analyse und Konstruktion einer Unterrichtseinheit vorbehalten, das Verhältnis von Inhalten und Zielen thematisch auszulegen.

Pragmatisch und doch hypothesengeleitet vorgehen

Dem der angloamerikanischen Curriculumtheorie immanenten Pragmatismus wird hier modelltheoretisch gefolgt. Vor allem anderen ist zu konstatieren, dass der Pragmatismus keine Praxis zweiter oder gar dritter Klasse darstellt, sondern die überaus erfolgreiche us-amerikanische Philosophie des 19. Jahrhundert bezeichnet. Ihre für die Erziehungswissenschaft attraktive Auslegung erhielt sie von John Dewey, der die Idee des Pragmatismus treffend mit „learning by doing" in eine eingängige Beschreibung und Anleitung zum didaktischen Handeln übersetzte.[3] Dewey war einer der hervorragenden Philosophen seiner Zeit und erkannte sehr wohl die Brisanz des damals neuen, bei uns bis heute noch wenig rezipierten Ansatzes neuzeitlichen Denkens.

---

[3] Die historische Erst-Formulierung wird allerdings dem Britischen Kavallerieoffizier Robert Baden-Powell (1857-1941), Gründer der Pfadfinder-Bewegung, im Jahr 1908 zugeschrieben.

Nach Charles Darwin verlor die Zukunft endgültig ihre finale Gestalt, sie wurde auf Dauer offen und unbestimmt, Realität war nur das Geschehene. Die Naturgeschichte – wie auch die Geschichte der Menschheit – entsteht „as we go along". Statt der ewigen Ideen Platons und der unveränderlichen, einzigartig geschaffenen Gestirne, Landschaften und Lebewesen galt von nun an alles als vorläufig und hypothetisch, das sich in seiner Eignung oder Brauchbarkeit immer erst noch erweisen musste. Mit John Deweys Philosophie hat sich Helmut Schreier gründlich befasst und in einem empfehlenswerten Aufsatz für den Sachunterricht die Frage gestellt, ob Verstehen intelligentes Handeln voraussetzt Er erwähnt darin Deweys Warnung, die auch Theodor Litt aus einer anderen philosophischen Tradition sinngemäß vertrat: Erziehung müsse sich der Aufstellung von Zielen (in Gestalt von Kompetenzlisten und Wissensdaten) enthalten, „wenn es darum ging, die geistigen Potentiale der nachwachsenden Generation freizusetzen, denn Ziele können sich stets nur Menschen selber setzen an den Stellen, an denen sie im Prozeß der Erfahrung tätig sind" (Schreier 2004, 62).[4]

Auf die Planung und Durchführung von Unterrichtseinheiten angewandt, befördert die pragmatische Modellierung die Überzeugung und den Mut, trotz unzureichender Mittel und offenem Ausgang, den Unterricht zu wagen, der nach bestem didaktischen Wissen und Können nötig erscheint, statt mit den vermeintlich sicheren Routinen bekannte Unterrichtsszenen durchzuspielen. Das lässt sich nicht immer verwirklichen und in Erziehungsfragen nicht ohne die Rückversicherung, dass das, was getan werden soll, ohne Schaden für die Kinder sein wird. Hierzu empfahl Joseph Schwab, einer der Nachfolger Deweys in der University of Chicago, für den Ernstfall des Unterrichtens alles gesicherte Wissen, das verfügbar sei, zu nutzen und nicht nur einer einzigen Idee oder Theorie zu folgen.

Handlungszuversicht aufbauen und erhalten
Unterrichtsplanung kann keine Gewissheit und daher auch keinen Unterrichtserfolg garantieren. In geeigneter Art und Weise ausgeführt, vermag sie aber – Hypothesen gleich – Handlungsoptionen zu eröffnen, die situationsadäquat moderiert die Erfolgswahrscheinlichkeit erhöhen. Evaluativ begleitet und selbstkritisch ausgewertet bildet sich das eigene professionelle Profil aus und stetig weiter. Eine gelingende Verbindung mit Icak Ajzens Theorie des geplanten Verhaltens (1985) begünstigt die Wirksamkeit des Vorgehens bei

---

[4] Zur methodologischen Einordnung und Anregung für den Sachunterricht vgl. auch Kahlert (2007)

gleichzeitiger Stärkung der Zuversicht in das eigene Planungs- und Unterrichtshandeln. Faktoren, die sich positiv auf die Handlungsbereitschaft und den Vollzug einer Handlung auswirken, sind durch begünstigende Umstände und durch die Person selbst zu verstärken. Werden beispielsweise Absichten zu handeln geäußert, steigt die Wahrscheinlichkeit, sie auszuüben. Werden diese gegenüber sozial und persönlich wichtigen Personen ausgesprochen, erhöht das die Handlungswahrscheinlichkeit nochmals. Zudem wirkt sich aus, wie konkret eine Absicht formuliert wird: je konkreter die Formulierung, desto wahrscheinlicher ist ihre Ausführung. Die Stärke der Bereitschaft, eine Handlung auszuführen, hängt wiederum davon ab, wie überzeugt eine Person ist, dass die Handlung a) von ihr sachgerecht ausgeführt werden kann, b) in dem vorgesehenen Fall auch erfolgreich sein wird und c) von den ihr sozial wichtigen Personen erwartet wird. Verstärkend wirkt außerdem die Überzeugung, die Ausführung kontrollieren zu können.

Wer all dies weiß und versteht, sich darin übt und es anwendet, wird zuversichtlich planen (am besten kooperativ im Team) und zuversichtlich unterrichten. Der empirische Befund, dass Lehrerinnen und Lehrer wirksamer unterrichten, wenn sie überzeugt sind, was sie unterrichten sei wichtig und wie sie unterrichten sei richtig (Brophy & Evertson 1976), impliziert, dass diese Überzeugungen bereits während der Lehrerausbildung zu entwickeln und mit Sach- und Fachkompetenz zu fundieren sind.

Modular, iterativ und rekursiv integrieren
Drei weitere, aufeinander bezogene, theoretisch bedeutsame Merkmale des Planungsmodells sind noch zu erwähnen. Das erste betrifft dessen modulare Struktur, das zweite den operativen Gebrauch, das dritte das Verhältnis von Differenzierung und Integration unter dem Interdependenzprinzip des Lehrgefüges und somit der Unterrichtsplanung.

Das Planungsmodell besteht aus einzelnen Modulen. Mit gewissen Einschränkungen könnte jedes Modul für sich bearbeitet werden. Das Lehrgefüge erfordert allerdings die funktionale Verbindung und die Stimmigkeit zwischen den Strukturelementen: Ziele, Inhalte, Methoden, Themen und Unterrichtssituationen müssen zueinander passen. (Das Interdependenzprinzip gilt zu Recht, ist aber systemtheoretisch nur schwach ausgearbeitet.) Hier hilft weder ein Zusammenbau der Elemente weiter noch eine ganzheitlich übergeordnete Zusammenschau, es sei denn man begnügt sich mit einer projektiven Metapher oder Analogie bisherigen Unterrichts. Systematisch weiter führt die Verkoppelung der Module (z.B. Ziele und Methoden) in einen Entwicklungsprozess, bei dem die geeigneten Ausgaben des einen (z.B. Ziele) von anderen (z.B. Methoden) aufgenommen und weiter verarbeitet werden. (Das hat auch zu geschehen, denn die Umkehrung wirkt in dieser Koppelung schwächer.[5]) Dadurch enthält ein bearbeitetes Modul die in ihm weiterentwickelten Ausgaben anderer Module. So entsteht eine integrale Komplexität hoher Stimmigkeit. Da es sich um funktionell und strukturell verschiedene Module handelt, sind ihre Ausgaben nicht für jedes andere Element gleichermaßen geeignet, auch wenn sich verschiedene Koppelungen virtuell durchspielen lassen.

Routinen reflektierend bilden

Die Empfehlung an Studierende, im Unterricht reflektiert zu handeln, wird häufig ausgesprochen, das Vermögen, es tun zu können, wird bei Lehrerinnen und Lehrern vorausgesetzt. Tatsächlich ist reflektiertes Unterrichten im Wortsinn nicht möglich, es ist aus pädagogischen Gründen auch nicht erwünscht. Während des Unterrichts ist die vollständige geistige, körperliche und emotionale Präsenz der Lehrperson im Unterrichtsprozess – bei den Kindern, bei der Sache, im Geschehen – erforderlich, die Aufmerksamkeit ist auf das Gegenwärtige und moderierend auf das Intendierte gerichtet, die latente Grundspannung antizipiert Unvorhergesehenes. Rückblick und Reflexion während des Unterrichts werden, falls nötig, gemeinsam mit den Kindern durchgeführt. Dagegen ist Reflexion konstitutiv für den Planungsprozess vor und zwingend für die Evaluation nach dem Unterricht. Während des Unterrichts werden zwei andere, komplementäre fachdidaktische Basiskompetenzen benötigt: fachliche Routine für die Umsetzung des Geplanten und fachdidaktisches Monitoring, die unterschwellige, sichernde Dauerbeobachtung des laufenden Unterrichtsgeschehens und zwar nicht nur hinsichtlich der didaktischen Anforderung aus der Planung. Diese Kompetenzen sind ohne Förderung nach etwa zehn Jahre ausgebildet (automatisiert), jedenfalls die der Routinebasis. Sie wirken – wie beim Autofahren – entlastend und ermöglichen die Konzentration auf die jeweils anstehenden und entstehenden Aufgaben. Bisher wurde darauf kaum geachtet und sie wurden im Studium und in der Fortbildung nicht gezielt unterstützt. Die reflektierte Routinebildung bei der Ausbildung von Unterrichtsplanungskompetenz scheint sich auf beide begünstigend auszuwirken. Sie setzt den Handlungsrahmen, antizipiert Optionen und nimmt bei der Planung durchdenkend vorweg, wie sich die planende Person verhalten könnte. Einsicht in die Zusam-

---

[5] Wechselseitige Koppelung von Ziel und Methode besteht insofern, als die Kenntnis einer wirksamen Methode auf die Formulierung der Zielhypothese rückwirkt. (Das wurde in der Lernzielempirie hinreichend belegt.)

menhänge und Perspektiven für Forschung und Kompetenzentwicklung verspricht die Expertiseforschung. So wisse man, dass die Expertise von Lehrenden domainspezfisch sei und daher nur im Kontext des eigenen Faches Gültigkeit besitze (Gruber 2004, 30). Daraus folgt zweierlei: Die Fachdidaktik Sachunterricht muss sich der Thematik in Forschung und Entwicklung annehmen „durch kritische Aufklärung der Sachverhalte, durch Analyse und methodische Prüfung der Effekte für die Praxis" (ebd., 31), und sie muss darauf drängen, dass Lehrerinnen und Lehrer, die das Fach Sachunterricht unterrichten (sollen), eine originäre fachbezogene Ausbildung und Fortbildung für das Fach Sachunterricht erhalten.

5.4.3 Das Modell

Aufbau und Verfahren
Das Planungsinstrument besteht aus mehreren Modulen, die vollständig oder aber auch nur anteilig zusammengefügt durchlaufen werden. Der Durchgang hat einen definierten Anfang, die volle Sequenz ihr Ende in einem Unterrichtsentwurf. In jedem Modul werden kategorial verschiedene planungsrelevante Entscheidungen getroffen. Sie unterliegen dem Interdependenzprinzip der didaktischen Strukturelemente. Entscheidungen, die in einem Modul getroffen werden, sind gültige Hypothesen für den weiteren Verlauf. Der Aufbau entspricht dieser Funktion und dem (ideal)typischen und zugleich häufigsten praxisbewährten Durchgang. Varianten sind vorbehaltlich der angezeigten systematischen Einschränkungen ohne Komplikation möglich. Die Modellbeschreibung für Studierende des Sachunterrichts beginnt mit folgenden Worten:

> Mit diesem Modell lernen Sie ein Paradigma didaktischer Handlungsplanung kennen, dessen wiederholte Anwendung Ihre curriculare Kompetenz für den Sachunterricht entwickelt und zur *reflektierten* Routinebildung für die Unterrichtsvorbereitung und Unterrichtsdurchführung beiträgt. Es ermöglich Ihnen, die Vielzahl von Anforderungen an den Sachunterricht kritisch, aber immer konstruktiv für den eigenen Unterricht zu prüfen und Vorschläge und Anregungen aus Lehrplänen und der didaktischen Literatur begründet und verantwortlich zu nutzen. Der erforderliche Aufwand im Umgang mit dem Modell ist zu Beginn sicherlich groß, erweist sich für den zukünftigen Gebrauch jedoch als vorteilhaft, wenn Sie Sachunterricht bildungswirksam, ergiebig und erfreulich für sich und die Kinder unterrichten wollen.

Folgende Empfehlung schließt sich an:
1. Sie haben es im Sachunterricht berufsbedingt mit dem komplexesten und zugleich interessantesten Lebewesen in seiner operativ fähigsten Entwicklungs- und Bil-

dungsphase zu tun. Folglich benötigen sie bereits mit Berufsbeginn die best möglichen Voraussetzungen und Qualifikationen. *Erweitern Sie diese daher bereits im Studium ständig mit zunehmender professioneller Verantwortung!*
2. Mit diesem Planungsmodell können Sie lernen, für den Sachunterricht didaktisch zu planen, begründet zu entscheiden und sich auf ihn wirksam vorzubereiten. *Die dafür erforderliche Routinebildung benötigt stetige Übung.*
3. Unterrichtsrezepte sind problematisch. Sie sind dennoch nützlich, wenn Sie sich für eine Unterrichtsstunde tatsächlich vorbereiten. Damit Sie mit Rezepten möglichst produktiv umgehen, lernen Sie am besten ohne Rezepte. Deshalb ist es unumgänglich, dass Sie Ihre Planungsüberlegungen immer auch aus der didaktischen Literatur entwickeln. Das sind weder Lexika noch Arbeitshefte oder Sachbücher für Schüler und nur bedingt Lehrerbegleitmaterialien. *Verwenden Sie Fachliteratur aus Bibliotheken, insbesondere auch Fachzeitschriften!*
4. Seien Sie auf erfolgreichen Unterricht aus, laden Sie daher in der Planungsphase zur Kritik ein und verwenden Sie diese produktiv. Lassen Sie sich nicht entmutigen. Durchlaufen Sie Planungselemente mehrmals. Haben Sie Geduld. Bis zur reflektierten Routine braucht es Zeit und letztlich wiederholte Erprobung. *Äußern Sie sich, stellen Sie sich der Kritik, fragen Sie nach!*
5. Das Universitätsstudium fordert von Ihnen im Beruf die volle Verantwortung für Ihr Handeln. Insofern rechtfertigt es zugleich, dass Sie beruflich wie öffentlich als Advokat kindlicher Entwicklung und humaner Lebensperspektiven auftreten und zwar mit einer vergleichbaren Kompetenz wie Kinderärzte. Bereiten Sie sich dementsprechend vor. *Treffen Sie begründete Entscheidungen und übernehmen Sie dafür Verantwortung!*
6. Sachunterricht erfordert einen Unterricht, in dem das Erleben, die Erfahrung und das Wissen von Kindern nach didaktischen Gesichtspunkten zunächst realitätserschließend differenziert und dann wirklichkeitsbildend zusammengeführt wird. Damit das gelingt, müssen Sie die Sachverhalte, um die es jeweils geht, zuerst der didaktischen Analyse unterziehen. So erkennen Sie einerseits deren Eigenheit, Struktur und Bestimmtheit, andererseits die Vielfalt der möglichen Zugänge zu diesen und ermitteln, wie Sie das bisherige Wissen, Können und Wollen der Kinder konstruktiv weiterentwickeln können. Dazu stellen Sie *Hypothesen für begründetes didaktisches Handeln* auf, *die* für Ihre und Ihrer Kinder Situation im Idealfall jeweils die beste Entscheidung ermöglichen und deshalb Ihr *weiteres Handeln* auch *leiten sollten.*
7. Das Modell hat zehn Planungsphasen (vgl. Tab. 1), die modular konstruiert sind. Diese werden in schrittweiser Annäherung bis zum Unterrichtsentwurf von der Analyse der Anforderungen über deren Reflexion und Kritik bis zur Formulierung von Hypothesen der jeweils bestmöglichen Entscheidung bearbeitet. Das geschieht rekursiv, d.h. in jedem Schritt wird auf die Hypothesen der vorausgegangenen Planungselemente zurückgegriffen. Im Unterrichtsentwurf, letztlich jedoch im Vollzug tatsächlichen Unterrichts erweist sich die Qualität der Planung. Entwurf und Unterricht werden deshalb hypothesenbezogen evaluiert.

Tab. 1: Im Modell werden zehn Module mit folgenden Leitfragen bearbeitet:

	Analysen & Hypothesen	Leitfragen
1	Anforderungen & thematischer Rahmen	Welche inhaltlichen, intentionalen und thematischen Anforderungen soll die UE berücksichtigen? Welcher thematische Rahmen ist dafür geeignet?
2	Realität und Wirklichkeit	Welche relevanten Sachen und Sachverhalte, lebensweltliche Situationen und Probleme umfasst das Themenfeld? Wie sind sie beschaffen? Welche Wirklichkeiten bildet die Realität bei den Kindern?
3	Inhalte	Welche Sachen und Sachverhalte, Situationen und Probleme, Erlebnisse, Erfahrungen und Erkenntnisse sind für die UE als Bildungsinhalte geeignet? Welche werden empfohlen?
4	Ziele	Welche Ziele (Bildungsziele, U-Ziele, Lern-, Lehrziele) lassen sich für die UE rechtfertigen? Welche sind mit Vorrang zu berücksichtigen?
5	Methoden	Welche Unterrichtsmethoden (für Bildung, Unterricht, Lehren, Lernen) sind für die (vorrangigen) Ziele geeignet? Welche werden begründet empfohlen?
6	Themen	Welche Themen werden empfohlen? Mit welcher Themenstruktur sind sie für die UE ausführbar?
7	Unterrichtssituationen Artikulation	Welche ausführbaren U-Situationen eignen sich für die Themenstruktur von (6), um Ziele (4) und Methoden (5) wirksam zu realisieren? Welche Anordnungen und Artikulationen wären geeignet?
8	Evaluation	Wie sind die Zielerreichung, wie der Unterrichtsprozess zu evaluieren?
9	Kontextbedingungen	Welche Kontextbedingungen und aktuellen Umstände sind für den bevorstehenden Unterricht (wie) zu berücksichtigen?
10	Unterrichtsvorbereitung	Wie ist der bevorstehende Unterricht unter Berücksichtigung der Planungsvorgaben, des bisher durchgeführten Unterrichts und der aktuellen Kontextbedingungen zu gestalten und vorzubereiten?

Der Unterrichtsentwurf muss mit den Planungshypothesen übereinstimmen; der tatsächliche Unterricht dagegen sollte soweit offen gehalten werden, dass ihn die an ihm Beteiligten im Zusammenspiel von Entwurf und Situation mitentwickeln können.

8. Sind Ihre Hypothesen gültig und waren sie im Unterricht brauchbar, sollten Sie auch zukünftig danach handeln; andernfalls überprüfen sie bei der nächsten Unterrichtsplanung die Stringenz Ihrer Analysen und Hypothesen, die Konsistenz zwischen Hypothesen und Entwurf und die Stimmigkeit zwischen Entwurf und Unterricht noch gründlicher.

Handeln Sie während der Analyse kritisch, im vorbereiteten, Hypothesen geleiteten Unterricht jedoch zuversichtlich.

Jedes Modul enthält eine Erläuterung seiner Funktion und Struktur sowie den Auftrag zur Analyse und Hypothesenbildung in der Form einer Leitfrage, die interessengeleitet verändert, differenziert und ergänzt werden kann. Die ersten acht Module werden ausgeführt, die letzten beiden setzen voraus, dass Unterricht tatsächlich stattfindet. Die Art der Bearbeitung wird, falls erforderlich, mit Bezug zu folgendem thematischen Feld vorgenommen: *Mit allen Sinnen wahrnehmen – Meine Sinnesorgane*[6]. Die Bezugnahme auf das Beispiel wird durch Kursivdruck verdeutlicht.

5.4.4 Erläuterung des Modells am Beispiel „Mit allen Sinnen wahrnehmen – meine Sinnesorgane"

Die typische Planung einer Unterrichtseinheit richtet sich nach den Anforderungen des geltenden Lehrplans (Richtlinie, Rahmenplan, Bildungsplan) eines Bundeslandes. An einem solchen Beispiel wird hier auch der Ansatz der Planungsentscheidungen illustriert. Das Beispiel ist von geringer Komplexität, in der Sache dennoch erhellend und didaktisch diskutierbar.

Obwohl in mehreren Lehrplänen Lehrerinnen und Lehrern empfohlen wird, sie mögen die Kinder mit allen Sinnen lernen lassen, gibt es keine näheren Ausführungen darüber, was darunter verstanden wird und welche Gründe dafür sprechen. Der Appell mag in seiner pädagogischen Metaphorik als selbstevident gelten, für die Didaktik des Sachunterrichts dagegen enthält er die Aufforderung, ihm mit den Kindern zusammen bewusst nachzugehen, ihn zu klären, seine Berechtigung zu prüfen und ihn – je nach Bewertung – abzulehnen oder mit Wollen und Können nach eigenem Selbstverständnis umzu-

---

[6] Eine grundschulgeeignete Behandlung der Thematik enthält das Themenheft 71 „Sinne und Sinnestäuschungen" der Grundschulzeitschrift *Sache – Wort – Zahl* (SWZ 2005) mit Beiträgen für den Sachunterricht und für andere Grundschulfächer.

setzen. In den Anforderungslisten von Kompetenzen und notwendigen Inhalten kommen in den neuen Lehrplänen die Sinne nicht vor; auch im Perspektivrahmen (GDSU 2002) sind sie nicht enthalten. In älteren Lehrplänen werden sie indes genannt, recht verschieden im Inhalt, Umfang und Anspruch.
Und die Kinder? Wenn sie in die Schule kommen, wissen sie, dass sie mit den Augen sehen, den Ohren hören, der Nase riechen, dem Mund schmecken und den Händen fühlen. Seit ihrer Geburt haben sie ihre Sinne ständig gebraucht und auf die Anforderungen ihrer Umgebung und ihrer Bedürfnisse immer passender eingestellt. Mit allen Sinnen haben sie gelernt und werden dies auch weiterhin tun. Sie gebrauchen ihre Sinne natürlich, unbewusst und bedenkenlos Doch wissen sie nicht, über wie viele Sinne sie verfügen und auch sonst haben sie sich kaum mit ihren Sinnesorganen befasst.
Wenn sie die Grundschule verlassen, zählen sie fünf Sinne, wie sie es dort vielleicht gelernt haben. Und auch nach 13 Schuljahren nennen die meisten noch diese Zahl.

Anforderungen und die thematische Rahmung
In diesem Modul wird nach einer thematischen oder sinnhaltigen funktionalen Rahmung für eine Unterrichtseinheit gesucht, die den fachlichen Anforderungen des Sachunterrichts entspricht. Dementsprechend werden aus den Anforderungen und Erwartungen an den Sachunterricht jene ermittelt, die eine solche Rahmung ermöglichen. Die Anforderungen werden in der Form von Aufgaben, Bildungs-, Lern- und Unterrichtszielen, Standards, Kompetenzen o.ä. benannt oder in Problemen, Situationen, Methoden und Erwartungen beschrieben.
Welche Anforderungen vorliegen, lässt sich aus folgenden Quellen ermitteln:
o aus Bildungs- oder Lehrplänen (Richtlinien, Bildungs-, Rahmenplänen), dem gesellschaftlich (legitimierten) vereinbarten Grundbestand gemeinsamen Lernens für gemeinsame Lebensaufgaben,
o aus den Fragen, Problemen und individuellen Interessen einzelner Kinder,
o aus den (typischen und relevanten) Lebenssituationen, die Kinder zu bewältigen haben,
o aus akuten Herausforderungen, die *uns* (als Schulklasse, Schule, Gemeinwesen, die Menschen, alle Lebewesen) insgesamt betreffen,
o mit Moderationseffekten aus den Theorien und Konzepten der Didaktik des Sachunterrichts, der Erziehungswissenschaft oder der Psychologie.
Der Anforderungsbestand sollte in einer dokumentierten Form vorliegen – schriftlich oder medial, um darauf wiederholt zurückgreifen zu können.

> **Anforderungsanalyse**
> Welche bildungs- und curriculumrelevanten Forderungen sind an den Sachunterricht gerichtet?
> (a) Welche verbindlichen Anforderungen stellt der Lehrplan (Bildungs-, Rahmenplan, Richtlinie) an den Sachunterricht?
> (b) Welche Fragen und individuellen Interessen haben Kinder?
> (c) Welche (typischen und relevanten) Lebenssituationen haben die Kinder (mit welchen Problemen) zu bewältigen?
> (d) Welche akuten Herausforderungen an die Schulklasse könnten auftreten?
> (e) Welche weiteren Anforderungen bestehen aus anderen Quellen?

Befund aus dem Rahmenplan Grundschule Berlin (2004):

- *Leistungen der Sinne erproben und beschreiben (Wahrnehmungsübungen),*
- *Maßnahmen zur Lärmbekämpfung und Geräuschdämpfung beschreiben (Gehörschutz),*
- *Optische Täuschungen wahrnehmen und beschreiben (Wechselbilder).*

Thematische Rahmung

Ein Thema enthält die Antizipation der Sachbearbeitung, um die es im Unterricht gehen soll, und es erzeugt die Handlungsspannung für die Beteiligten. Themen können deshalb nicht am Anfang, sondern erst gegen Ende der Planung festgelegt werden. Ein thematischer Rahmen, innerhalb dessen sich die Planung abspielt, sollte dagegen bereits nach Ermittlung der Anforderungen festgelegt werden. In der Modellbeschreibung für die Studierenden heißt es zu diesem Modul:

Jede Anforderung, die Sie für die Unterrichtsplanung ernst nehmen, orientiert bereits die didaktische Analyse thematisch. Sie generieren deshalb aus der Anforderungshypothese die möglichen Themenrahmen für potenzielle Unterrichtseinheiten, mit denen Sie meinen, möglichst viele der Anforderungen abdecken zu können. Auf ein Themenfeld, dessen Eignung Sie begründen können, legen Sie sich fest. Er soll ihre didaktische Analyse begrenzen und konzentrieren. Innerhalb dieses Feldes und in der Auseinandersetzung mit ihm treffen Sie dann Ihre weiteren Entscheidungen.

> **Thematischer Rahmen**
> Welche inhaltlichen, intentionalen und thematischen Anforderungen soll die Unterrichtseinheit berücksichtigen?
> Nennen Sie Themenfelder, die den Unterricht so orientieren, dass die verbindlichen und relevanten Anforderungen bildungswirksam bearbeitet werden können (Klarheit des Themenfeldes, des thematischen Kerns und des Horizontes).
> Legen Sie sich abschließend auf einen thematischen Rahmen fest, innerhalb dessen Sie planen wollen!

Folgende Themenrahmen wären geeignet:
1. *Erscheinung, Funktion und Struktur, Leistungen der für Kinder identifizierbaren Sinnesorgane*
2. *Etwas über das Sehen und/oder Hören herausfinden (Methoden)*
3. *Leistung und Verstärkung (Hilfsmittel, Verfahren und Technik)*
4. *Beeinträchtigungen der Sinne, Schäden und Schutz.*

Der erste Vorschlag ist grundlegend und zugleich umfassend. Er sollte um die methodische Ausrichtung und Hinweise auf Schädigungen und Schutz erweitert werden.

Realitätserschließung und Wirklichkeitsbildung

Die Anforderungen, die an den Heimatkunde- und Sachunterricht gestellt werden, sind in ihrem Anspruch (der Legitimität), ihrer Gültigkeit (der Wahrheit und Tatsächlichkeit) und ihrer Geltung (der sozialen und gesellschaftlichen Akzeptanz und Verbindlichkeit) sehr unterschiedlich. Um entscheiden zu können, was aus der Lebenswelt der Kinder in Umfang und Tiefe erschlossen werden müsste und wie dies geschehen sollte, ist es für die Lehrerin, den Lehrer unabdingbar, die Anforderungen auf ihre Rechtmäßigkeit, Tatsächlichkeit und Richtigkeit zu untersuchen und das eigene Wissen davon selbstkritisch zu prüfen. Zugleich geht es um eine lebensweltlich fundierte Sachanalyse, die den Gegenstand zunächst phänomenologisch erfasst (vgl. Kap. 3.1), um ihn dann in den alltäglichen, speziellen und allgemeinen Weltinterpretationen zu rekonstruieren und festzustellen. Kurz: Es geht darum, sich über die Weltbeschaffenheit der Anforderungen zu vergewissern. Im „Prozessmodell" heißt es unter dem Strukturelement Realitätsanalyse mit dem Titel „Realitätserschließung und Wirklichkeitsbildung" dazu:
Die wechselseitige Erschließung von Kind und Welt (Wolfgang Klafki) an einem lebensweltlich exemplarischen Gegenstand (Inhalt) kennzeichnet das bildungstheoretische Elementarparadigma des Sachunterrichts. Wechselseitig soll heißen, dass ein Kind, das sich die Welt erschließt, auch von dieser erschlossen wird, und die Welt, die sich ein Kind erschließt, ebenso von diesem erschlossen wird. Welt wird in diesem Zusammenhang dreischichtig verstanden
a) als die prinzipiell nur hypothetisch, d.h. theoretisch und methodisch deutbare *Realität*,
b) als intersubjektiv unterstellte bzw. vereinbarte Sicht einer gemeinsamen *Lebenswelt* und
c) als konstruierte und rekonstruierte *Wirklichkeiten* individuellen Erlebens, Erfahrens, Denkens und Handelns.

Ein Kind bildet hiernach seine Wirklichkeit im Prozess der Erschließung komplementär zur Realität aus. Das geschieht in der schulischen wie außerschulischen Lebenswelt und wird dem gemäß von den dort geltenden Weltdeutungen und Weltsichten geprägt. Allein von der Schule kann erwartet und gefordert werden, dass in ihr sowohl das postulierte unverzichtbare Gemeinsame (z.B. im Lehrplan) als auch die geltende Wahrheit davon offengelegt wird und Gelegenheiten geschaffen werden, diese kritisch (also in Frage stellend) zu prüfen und mit eigenem Sinn (rekonstruierend) auszustatten.

Da jedwede Deutung und Erklärung nur in und aus Zusammenhängen gelingt, müssen jene Zusammenhänge aufgesucht werden, denen das größte Erschließungspotenzial zukommt. Für die Lebenswelt sind dies deren Strukturen. Ihre Relevanz erweist sich in typischen Lebenssituationen, die von Kindern gegenwärtig oder zukünftig bewältigt werden müssen. Daher ist bei der Unterrichtsplanung zu ermitteln, welche Anforderungen gestellt werden (z.B. in Lehrplänen), wie sie sich strukturell ausprägen, welches Wissen verfügbar und welches davon für Kinder zugänglich ist.

Während viele (obwohl nicht alle) der gegenwärtigen lebensweltlichen Anforderungen (auch für die Kinder) erfahrbar sind und einsehbar scheinen, trifft das für die zukünftigen kaum zu. Für sie kann lediglich auf das professionell verfügbare Wissen zurückgegriffen werden (Fachliteratur).

Die Realitätsanalyse untersucht für das. Rahmenthema und dessen Anforderungen idealtypisch den gesamten relevanten gesellschaftlichen Wissensbestand. Geeignet sind dafür die Dimensionen Walter Köhnleins (vgl. Kap. 5.1) oder die Schichtung lebensweltlichen Wissens hinsichtlich seiner Geschichte und gegenwärtigen Systematik (den menschheitsgeschichtlichen Herkunftszusammenhang), der strukturgebenden Schichten lebensweltlicher Situationen und Sachverhalte (vgl. Kasten „Realitäts- und Wirklichkeitsanalyse") und der biographisch bestimmten Voraussetzungen und Zugänge (die individuellen Erkenntnis-, Erfahrungs- und Handlungszusammenhänge).

Das Ergebnis der Realitätsanalyse wird als ein Satz von Hypothesen für die faktische Beschaffenheit der für das Rahmenthema relevanten Realität und für die Anforderungen in der lebensweltlichen Realität der Kinder verstanden. Die nachfolgenden Analysen und Entscheidungen hinsichtlich der Inhalte, Ziele und Themen beziehen sich auf diese Ergebnisse.

> **Realitäts- und Wirklichkeitsanalyse:**
> Welche (einmaligen, einzigartigen, typischen und bedeutsamen, relevanten) Realitäten (Sachen und Sachverhalte) erschließt / umfasst das Rahmenthema, welche Phänomene betrifft es, welche Begriffe, welche lebensweltlichen Situationen (und Probleme) hilft es bewältigen und welche Wirklichkeiten bildet es bei Kindern bzgl.
> (a) des menschheitsgeschichtlichen Herkunftszusammenhanges?
> (b) des natürlichen Existenz- und Entstehungszusammenhanges?
> (c) des sozialen Kommunikations- und Interaktionszusammenhanges?
> (d) des gesellschaftlichen Organisations- und Bestimmungszusammenhanges?
> (e) des kulturellen Bedeutungs- und Interpretationszusammenhanges?
> (f) des technischen Funktions- und Operationszusammenhanges?
> (g) des individuellen Erkenntnis-, Erfahrungs- und Handlungszusammenhang?

Realitäts- und Wirklichkeitshypothese
Die Ermittlungen für den individuellen Erkenntnis-, Erfahrungs- und Handlungszusammenhang (g) beginnen Sie mit der phänomenologischen Einlassung auf Ihre Sinne (Wahrnehmungen). Klammern Sie Ihr Wissen, wie in Kapitel 3.1 beschrieben, ein. Nehmen Sie sich dazu Zeit. Wie viele haben Sie bei sich gefunden? Entklammern Sie Ihr Wissen schrittweise im Wechsel mit den Beobachtungen Ihrer Wahrnehmungen. Verwenden Sie einen Spiegel. Vergleichen Sie das, was Sie an sich selbst beobachtet haben, mit anderen Menschen – suchen Sie Unterschiede und Gemeinsamkeiten. Weiten Sie den Personenkreis aus (Alter, Geschlecht, Herkunft). Lesen, Fragen und Forschen Sie nach. Wie viele Sinne haben Sie insgesamt ermittelt?

Fünf Sinne nennt der Volksmund. Diese Zahl erscheint ebenfalls in Schulbüchern, sie bleibt bis ins Studium und meist auch danach geläufig. Sie werden beim Nachforschen etwas anderes herausgefunden haben: Wird ein Sinn als das speziell angelegte sensorisches Vermögen des Körpers verstanden, spezifische Zustände zu erfassen und zu verarbeiten, um best möglich darauf reagieren zu können, dann sind es sehr viel mehr. Orientiert man sich an den Wissenschaften, so wären es mehr als 20. Allein die besonderen Organe, die Eindrücke der Außenwelt aufnehmen, übersteigt die geläufige Anzahl um das Doppelte: Gesichts-, Gehör-, Tast-, Geruchs-, Geschmacks-, Druck-, Schmerz-, Temperatur- (getrennt nach Kälte- und Wärme-), Gleichgewichts-, Kraft-, Raum-Sinn und die so genannten Gemeingefühle.

Der Realitätsanalyse darf die Empfehlung entnommen werden, dass mehr als die fünf literarisch verbrieften Sinne von den Kindern ermittelt und über die jeweils erspürte Wahrnehmung und beobachtete Erscheinung der Sinnesorgane näher bestimmt werden können. Begrifflich sind Sinnesorgane von den Sinnen als Einheit von Sinnesorgan, Nervenleitung und Wahrnehmung in den zuständigen Gehirnregionen zu unterscheiden.

Inhaltsbestimmung[7]

Die Inhalte des Sachunterrichts sind didaktisierte Sachverhalte subjektiver, intersubjektiver und objektiver Lebenswelt, die potenziell Welt erschließen und Lebensanforderungen bewältigen helfen. Als lebensweltlich exemplarische Fälle verbinden (und bilden) sie bildungs- und handlungstypisch wie -relevant zugleich Wirklichkeit und Realität. Aus welchen thematischen Wirklichkeitsbezügen und auf welche Realitätsbezüge hin wären diese Inhalte zu ermitteln, zu rechtfertigen und zu begründen? W Klafki und C. F. v. Weizsäcker nennen die gegenwärtigen Überlebensfragen der Menschheit (in Freiheit und Verantwortung), wie sie sich gegenwärtig und in absehbarer Zukunft für Erwachsene und Kinder lebensweltlich konkret stellen. Zur bildenden Auseinandersetzung mit diesen Schlüsselproblemen gehört zentral die – an exemplarischen Beispielen zu erarbeitende – Einsicht, dass und warum die Frage nach Lösungen der großen Gegenwarts- und Zukunftsprobleme verschiedene Antworten ermöglicht, über die auch im Unterricht rational diskutiert und entschieden werden muss.

Der historisch erforderliche Grundbedarf an Wissen und Können bestimmt die Auswahl und Gestaltung der Inhalte. Erschließen diese die kindliche Lebenswelt kategorial in ihren Erscheinungen, Strukturen, Entwicklungen und Neubildungen, werden sie hier als bildungstheoretisch elementar bezeichnet, d.h. für die Erschließung, für das Verständnis grundlegend. Entwickeln sie das Welt- und Selbstverhältnis der Person weiter, heißen sie hier bildungstheoretisch fundamental, d.h. für das Welt- und Selbstverhältnis grundlegend. Idealtypisch sollen Bildungsinhalte sowohl elementar als auch fundamental sein. Dann wird von ihnen angenommen, sie seien geeignet, Kind und Welt wechselseitig zu erschließen: die „Welt" verwirklicht sich im Kind und das Kind realisiert sich in der Welt. Die Bildungsinhalte werden lebensweltlich exemplarisch, wenn das in ihnen Elementare lebensweltlich typisch hervortritt und das an ihnen Fundamentale für die Kinder relevant wird.

---

[7] Eine weitergehende und vollständige Darstellung der Inhaltsbestimmung enthält der Beitrag von Eva Heran-Dörr in Kapitel 4.1 vor.

> **Inhaltsanalyse**
> Welche Sachverhalte, Situationen und Probleme, Erlebnisse, Erfahrungen und Erkenntnisse wären prinzipiell als Unterrichtsinhalte geeignet, weil sie
> (a) existenziell bedeutsam, einzig sind; (exemplarisch) die Realität, die Lebenswelt und die individuellen Wirklichkeiten elementar erschließen (verständlich machen) und das Welt- und Selbstverhältnis der Kinder fundamental ausbilden?
> (b) typische und relevante Lebenssituationen bewältigen helfen?
> (c) für den Sachunterricht praktisch vernünftig und moralisch vertretbar sind?

Inhaltshypothese

a) jeder meiner (identifizierbaren) Sinne, als meine Sinne; deine Sinne, erweitert auf Sinne, die Menschen haben; die individuellen Ausprägungen, Erscheinung. Funktion und Leistung einzelner Sinne, z.B.
- zugleich einzig: Farbe und Muster der Augen, Form der Ohren
- lassen sich in der Erscheinung und Leistung mit anderen vergleichen
- methodisch: organspezifische Verfahren für die Vergleiche
b) sinnesspezifisch erschließen: z.B. Gehör: Ortung, Lärm, Schädigung
c) jedes Kind verfügt über seine Sinne (hat sie stets dabei); moralisch unbedenklich (thematisierbar), Distanz und Selbstbestimmung beachten.

Zielentscheidungen[8]

Sachunterricht steht wie anderer Unterricht in der Pflicht, täglich zielorientiert geplant und realisiert zu werden, wobei die Ziele den Kriteriensatz für die Ausrichtung und Bewertung des Unterrichts bilden. Diese dürfen allerdings nicht schlicht aus Lehrplänen und Unterrichtswerken übernommen werden. Sie müssen kritisch geprüft und aus den Erfordernissen des jeweiligen Unterrichts ergänzt und erneut formuliert werden. Aus allgemeindidaktischer Sicht hat Hans Glöckel (1992) in knapper Darstellung auf verschiedene Ansätze zur Systematisierung von Zielen hingewiesen und auf deren Vor- und Nachteile aufmerksam gemacht.

Die Unterscheidung von Lernzielen, Lehrzielen und Unterrichtszielen ermöglicht – trotz häufiger Deckung in der Formulierung – eine klare Zuweisung zu den Akteuren: Lernziele sind Orientierungs-, Leistungs- und Entwicklungskriterien für das Lernen eines Kindes, Lehrziele sind Orientierungs-, Leistungs- und Handlungskriterien für das Unterrichten der Lehrerin oder des Lehrers und Unterrichtsziele sind Orientierungs-, Leistungs-, Vollzugskriteri-

---

[8] Die Festlegung und Formulierung von Zielen für die Unterrichtsplanung des Sachunterrichts behandelt Eva Blumberg systematisch und gründlich in ihrem Beitrag des Kapitels 4.2.

en für die Klasse. Hierbei muss allerdings beachtet werden, dass die Lehrperson die Gesamtverantwortung für die Ziele nicht abgeben kann. Kurz: Es geht für Sie darum, die didaktisch sinnvollen Absichten und Orientierungen für Unterricht, im Unterricht und durch Unterricht festzustellen und sich ihrer Rechtfertigung und Legitimität zu vergewissern.

Demnach orientieren und verpflichten Ziele didaktisches Handeln. Sie sind zu rechtfertigen und zu begründen. Sie kennzeichnen

o als *Lern-, Erkenntnis- und Bildungsziele* der Kinder Inhalt, Qualität, Quantität und Entwicklungsperspektive
  - des intendierten *Wissens* (Information, Kenntnis, Gewissheit, Ordnung, Vorstellung), *Verstehens* (Einsicht, Erkenntnis), Könnens (Fähigkeit, Fertigkeit, Gestaltung, Verfahren), *Empfindens* (Empathie, Wertgefühl), *Wollens* (Bereitschaft, Interesse, Einstellung), *Urteilens* (Bewertung, Entscheidung) und *Handelns* (erkenntnisgeleitetes, Folgen bedenkendes Verhalten),
  - der geforderten Selbstbestimmung, Mitbestimmung und Solidarität,
  - der zu übernehmenden Verantwortung (für sich, andere Menschen, Natur und Kultur),
o als *Lehrziele* die Richtung, Qualität und Quantität der Lehrertätigkeit,
o als *Unterrichtsziele* die Richtung, Qualität und Quantität des Unterrichtsgeschehens.

Ziele können differenziert und verallgemeinert, miteinander verknüpft und nach verschiedenen Gesichtspunkten geordnet, u.a. hierarchisiert und sequenziert werden. Hilfsmittel hierzu sind unter anderem Taxonomien, Netze, Struktur- und Dimensionierungsmodelle, sofern sie kritisch verwendet werden.

Zielanalyse:
Welche *Lern-* bzw. *Bildungsziele* können pädagogisch gerechtfertigt und begründet werden, weil sie
(a) die Entwicklung der Kinder hinsichtlich Erkennen, Wissen, Verstehen, Können, Empfinden, Wollen, Urteilen und Handeln fördern ?
(b) Selbstbestimmung, Mitbestimmung und Solidarität begünstigen?
(c) die Verantwortung der Kinder für sich selbst, für andere Menschen, für Natur und Kultur stärken?
Welche *Lehrziele* sichern die Richtung, Qualität und Quantität der Lehrtätigkeit?
Welche *Unterrichtsziele* orientieren den Unterrichtsprozess und kennzeichnen seine Qualität?

Zielhypothesen
Lern- und Bildungsziele: Jede Schülerin und jeder Schüler
o *kennt mehr als die fünf klassischen Sinne mit den Sinnesorganen und den damit wahrgenommenen Empfindungen, kann sie benennen, bei sich identifizieren und ihre Erscheinung beschreiben,*
o *kann Sinnesleistungen beim Hören, Sehen und Riechen vergleichen und beurteilen, die Vergleichsverfahren beschreiben und deren Eignung feststellen,*
o *versteht, warum sie bzw. er ihre bzw. seine Sinne schützen soll, kennt Schutzmaßnahmen und kann sie anwenden;*
Lehrziele*: Stets begrifflich treffende Bezeichnungen für die Sinne und die Beschreibung der Sinnesorgane verwenden;*
Unterrichtsziele*: Gemeinsam Regeln des Umgangs mit Klang und Krach im Klassenzimmer, an die sich alle halten können, erarbeiten und vereinbaren.*

Methodenermittlung[9]
Im Lehrgefüge nimmt das Methodische nur auf den ersten Blick eine untergeordnete Stellung ein: Es folgt dem Inhaltlichen und Intentionalen. Bei näherem Hinsehen offenbart sich seine tragende Funktion nicht nur in den stabilisierenden Routinen des Unterrichtsalltags, es konkretisiert und gründet Inhalte und Ziele im Unterricht und letztlich – so die Erwartung – auch in den Schülerinnen und Schülern.

Grundsätzlich muss jedes Strukturelement der Unterrichtsplanung nach seiner methodischen Form befragt und die gegebene Antwort gerechtfertigt und begründet werden: Wie sind unter Berücksichtigung der geltenden Bildungskriterien tatsächlich die formulierten Ziele (das Intendierte) zu erreichen, die ausgesuchten Bildungsinhalte (das Inhaltliche) zu erschließen, die best möglichen Methoden (das Methodische) zu ermitteln und auszuführen, die Themen (das Thematische) zu entwerfen und zu etablieren, die Unterrichtssituationen (das Situative und Prozessuale) zu erfinden, prozessoptimierend zu ordnen und zu organisieren, die Evaluation (das Evaluative) vorzubereiten, durchzuführen und auszuwerten? Für das Methodische gilt, dass es die einzelnen Komponenten des Lehrgefüges komplementiert und komplettiert. Im Unterrichtsalltag lässt sich diese theoretisch begründete Balance schwer herstellen und noch weniger halten.

Methodenentscheidungen sind geeignet, das Thema mit seinen Zielen und Inhalten bildungswirksam zu erschließen:

---
[9] Eine weitergehende Klärung der Methodenfrage und Begriffssystematik enthält Kapitel 4.3.

244   5 Konzeptionelle Planungsansätze für Unterrichtseinheiten des Sachunterrichts

- o Orientierungs-/Ordnungsmethoden begünstigen das Zurechtfinden,
- o Erkenntnismethoden fordern und fördern individuelle Erkenntnistätigkeit und -entwicklung,
- o Lernmethoden optimieren das individuelle Lernen,
- o Bearbeitungsmethoden und -verfahren sichern sachangemessene Bearbeitung,
- o Sozialformen begünstigen die soziale Interaktion und Kommunikation;
- o Lehrmethoden optimieren die intentionale Vermittlung,
- o Unterrichtsmethoden organisieren Unterricht,
- o Lehr- und Lernmittel sind materialisierte Methoden, die Lehren und Lernen verstärken und differenzieren.

Methoden sind didaktisch und mit ihren belegten Wirkungen (und Nebenwirkungen) zu begründen.

Methodenanalyse:
Wie ist der Unterricht hinsichtlich der verbindlichen Ziele und Inhalte methodisch zu optimieren mit
  (a) individuellen Orientierungs-, Erkenntnis- und Lernmethoden ?
  (b) sachangemessenen Bearbeitungsmethoden und -verfahren ?
  (c) sozialen Interaktions- und Kommunikationsformen ?
  (d) Lehr- und Unterrichtsmethoden ?
  (e) klärenden, verstärkenden und differenzierenden Lehr-Lernmittel ?

Methodenhypothese

(a) Sinnesspezifische Wahrnehmung erspüren, wiederholt bewusst ausüben und verfahrenstechnisch verstärken (z.B. Nase im Spiegel)
  Ortung (akustisch, olfaktorisch)
(b) Übungen zur Wahrnehmungsdifferenzierung, z.B.
  Geräusche, Lautstärken
  Temperatur-, Lautstärkenmessung
(c) Funktion und Ausprägung der Sinneswahrnehmung beim Umgang mit anderen Menschen bei sich und bei anderen Personen feststellen, geeignete Verfahren dazu in Kleingruppen ermitteln und vereinbaren.
(d) Neue wichtige Begriffe (Augen: Pupille; Ohrmuschel, Trommelfell, Nerv, Gehirn) an die Tafel / Whiteboard (o.ä.) schreiben, zu Beginn selbst demonstrativ ablesen und für die Kinder darauf zeigen)
(e) Zum Beispiel erste Temperaturmessung mit (großem) Demonstrationsthermometer

Themen und Themenstruktur[10]

Themen (wie auch Inhalte, Ziele und Methoden) erscheinen auf verschiedenen Allgemeinheitsstufen: Eine davon betrifft die verbindliche Festlegung auf das Thema der Unterrichtseinheit, genauer: den handlungsleitenden und zielführenden thematischen Kern, um den es gehen soll, und auf die Themen der Unterrichtsstunden. Letztere werden idealtypisch nochmals gemeinsam mit den Kindern im Unterricht formuliert. Themen problematisieren den gewählten Bildungsinhalt hinsichtlich der geforderten Kompetenzen in Anbetracht der einzusetzenden Methoden und vorherrschenden Bedingungen.

Themenanalyse
Welche Themen lassen sich aus den ermittelten Hypothesen entwerfen und begründen,
(a) für eine Unterrichtseinheit ? Legen Sie sich auf ein Unterrichtsthema fest.
(b) mit welcher thematischen Entwicklungsstruktur (Abfolge von Teilthemen für die Unterrichtsabschnitte)?
(c) mit welchen dazugehörigen Inhalten und Zielen?

Themenhypothese

„Deine Sinne – Meine Sinne":
o *Welche Sinne habe ich, welche brauche ich?*
o *Wie sehen meine Augen (Ohren, Nase, Mund, Hände) aus – wie deine?*
o *Wie weit, wie nah kann ich mit meinen Augen sehen?*
o *Was schadet meinen Augen? – Wie kann ich sie schützen?*
o *Was schadet meinen Ohren? – Wie kann ich sie schützen?*

Unterrichtssituationen[11]

Zur Unterrichtsplanung gehört die episodische Vorschau auf didaktisch geeignete und unterrichtlich realisierbare Unterrichtsereignisse. Die unterrichtliche Hypothese antizipiert das Unterrichtsgeschehen und die vorausgehende Analyse der möglichen begründbaren Ereignisse. Sie klopft ab, welche Unterrichtssituationen entworfen, gestaltet und miteinander sinnvoll zu einem schlüssigen Unterrichtsgang verknüpft werden können.
Unterrichtssituationen sind die thematischen Elementareinheiten des Unterrichtsprozesses. Sie werden formal von ihrer Position und Funktion im *Unter-*

---

[10] Die systematischen Ausführungen zu Themen und zur Themenstruktur enthält der Beitrag von Sandra Tänzer in Kapitel 4.4.
[11] Die Antizipation und Gestaltung von Unterrichtssituationen behandelt der Beitrag von Claudia Schomaker systematisch in Kapitel 4.5.

richtsgang (z.B. Problemstellung, Sachklärung, Anwendung, Auswertung), inhaltlich und intentional von ihrer (sinngebenden) Aufgabe in der thematischen Struktur (z.B. herausfinden wollen, warum ein Luftballon, den wir mit Luft aufpusten, nicht aufsteigt), prozedural von den methodischen Aktivitäten (z.B. Exploration, Demonstration, Experiment) und unterrichtlichen Vollzugsformen (z.B. Gesprächskreis, Gruppenarbeit) sowie den organisatorischen und gestaltenden Aktionen der am Unterricht Beteiligten bestimmt. Ihre systemische Ausformung und Dynamik hängt dann von der Unterrichtsentwicklung, der Qualität und Quantität des Unterrichtsfortschritts, der erfolgreichen Sinnsicherung und der eröffneten Perspektiven für die Beteiligten ab.

Unterrichtssituationenanalyse
Welche Unterrichtssituationen (Aktivitäten) mit welchen Teilthemen, Aufgaben (Problemen), Orientierungen, Interpretationen (z.B. in lebensweltlicher Schichtung) und Verläufen entwerfen ein begründetes Unterrichtsangebot?
Welchen der ermittelten Methoden benötigen welche Lehr- und Lernmaterialien?

Unterrichtssituationshypothese
o *Sinnesstationen mit den Kindern in Gruppen einrichten, mit Aufgaben und Materialien zum Beobachten, Nachforschen und Untersuchen gemäß der Methoden im Rahmen der Teilthemen in Abfolge der Themenstruktur*
o *Stationen im Wechsel durchlaufen (freie Station vorsehen)*
o *Stationenerfahrung und Ergebnisse von Einrichtungsgruppen berichten*
o *an einem Jungen- und einem Mädchenumriss Sinnesorgane einzeichnen*

Evaluationsentscheidungen
Sie begleitet, überprüft und reflektiert systematisch den tatsächlichen Unterricht hinsichtlich der vorgesehenen Aktivitäten und Methoden (Prozess) und intendierten Wirkungen (Ziele) sowie der möglichen Nebenwirkungen. Evaluiert wird aus der Sicht der Lehrer/in, der Kinder und anhand „intersubjektiver" Standards für Unterrichtsqualität.

Evaluationsanalyse:
Wie kann überprüft werden, ob intentionsadäquat (im Prozess und im Ergebnis) unterrichtet wurde
(a) aus der Sicht als Lehrer/in ?
(b) aus Sicht der Kinder ?
(c) anhand „intersubjektiver" Standards für Unterrichtsqualität?

Evaluationshypothese
(a) Können alle Kinder der Klasse ihre Sinnesorgane (mindestens acht) zeigen, benennen und Funktion körperlich ausdrücken und beschreiben? (Beobachtungen aus dem Unterrichtsgeschehen notieren, auswerten, durch gezielte Stichproben bei einzelnen Kindern ergänzen)?
(b) Wie (a) und direktes Nachfragen um Bestätigung (Stichproben)
(c) zeichnen und benennen lassen (z.B. ein Körperumrissbogen je Kind)

Kontextbedingungen
Die Kontextbedingungen beeinflussen, wie bildungswirksam ein Thema unterrichtet werden kann. Sie begünstigen bzw. behindern Unterricht als *Kontrollbedingungen,* d.h. als „vorgefundene" Bedingungen, nach denen sich Lehrer/innen und Kinder (meist unbewusst) richten. Dazu gehören u.a.
o die materielle Umgebung und Ausstattung in der Schule;
o die soziale Herkunft und das soziales Umfeld der Kinder;
o die personalen, sozialen und professionellen Voraussetzungen bei Lehrerinnen und Lehrern;
o die (auferlegten) Raum-Zeit-Strukturen.
Kontrollbedingungen können selten beseitigt, manchmal geändert, aber sollten immer berücksichtigt werden.

Kontextanalyse
Welcher Kontext, welche „gegebenen" *Bedingungen* (Kontrollen) begünstigen bzw. behindern, dass das Thema bildungswirksam unterrichtet wird, d.h. wie berücksichtigt man für dieses Thema
(a) die materielle Umgebung und Ausstattung in der Schule?
(b) das soziale Umfeld der Kinder?
(c) die personalen ,sozialen und professionellen Voraussetzungen der Lehrerin / des Lehrer?
(d) die Raum-Zeit-Strukturen?

Kontexthypothese
Eine beispielbezogene Kontextanalyse kann nicht durchgeführt werden.

Unterrichtsvorbereitung
Sie antizipiert auf der Grundlage der didaktischen Handlungsplanung den Unterrichtsverlauf einer kompletten Unterrichtssequenz („Unterrichtsstunde") in einer bestimmten Schulklasse bzw. Lehr-Lerngruppe und bereitet ihn vor.

> **Unterrichtsanalyse**
> Welche Unterrichtssituationen (Aktivitäten) mit welchen Teilthemen, Aufgaben (Problemen), Orientierungen, Interpretationen (in lebensweltlicher Schichtung) und Verläufen entwerfen ein Unterrichtsangebot?
> (a) mit welchen geeigneten Methoden und Mitteln (aus 5)?
> (b) bei Berücksichtung welcher Kontext- und Kontrollbedingungen?

Unterrichtsentwurf
Eine beispielbezogene Unterrichtsanalyse kann nicht durchgeführt werden.

Das Instrument ist ein Hilfsmittel. Es wird erst in seiner Anwendung zum Modell. Wegen der zusammenwirkenden Kompetenzen sowie präzisierenden und klärenden Diskussionen sollte er in kleinen Gruppen von etwa vier Personen zwecks reflektierter Routinebildung in mehreren Durchläufen erfolgen.

Literatur

Ajzen, I. (1985). From intentions to actions: A theory of planned behavior. In J. Kuhl & J. Beckmann (Eds.): Action control: From cognition to behavior. Berlin u.a: Springer

Brophy, J. & Evertson, C. (1976): Learning from teaching: A developmental perspective. Boston: Rutledge

GDSU (2002): Perspektivrahmen Sachunterricht. Bad Heilbrunn: Klinkhardt

Glöckel, H. (^{2}1992): Vom Unterricht. Bad Heilbrunn: Klinkhardt

Gruber, H. (2004): Kompetenzen von Lehrerinnen und Lehrern – Ein Blick aus der Expertiseforschung. In: Hartinger, A. & Fölling-Albers, M. (Hrsg.): Lehrerkompetenzen für den Sachunterricht. Bad Heilbrunn: Klinkhardt, 21–34

Kahlert, J. (Hrsg.) (2007): Wozu dienen Konzeptionen. In: Kahlert u.a. (Hrsg.): Handbuch Didaktik des Sachunterrichts. Bad Heilbrunn: Klinkhardt, 215–219

Klafki, W. (1985): Neue Studien zur Bildungstheorie und Didaktik. Zeitgemäße Allgemeinbildung und kritisch-konstruktive Didaktik. Weinheim und Basel: Beltz

Lauterbach, R. (1976): Naturwissenschaftlich-technisches Lernen in den Lehrplänen der Grundschule – eine Analyse. In: Lauterbach, R. & Marquardt, B. (Hrsg.): Naturwissenschaftlich orientierter Sachunterricht im Primarbereich. Bestandsaufnahme und Perspektiven. Weinheim und Basel: Beltz, 41–94

Lauterbach, R. (1978): Modules for Analyses of Curriculum Materials in Science Education. Kiel: IPN

Lauterbach, R.; Tänzer, S. & Zierfuß, M. (2003): Das Lernen im Sachunterricht lehren lernen. In: Cech, D. & Schwier, H.-J. (Hrsg.): Lernwege und Aneignungsformen im Sachunterricht. Bad Heilbrunn: Klinkhardt, 217–236

Sache-Wort-Zahl (SWZ) (2005): Heft 71: Themenheft: Sinne und Sinnestäuschungen. Hallbergmoos: Aulis

Schreier, H. (2004): Setzt intelligentes Handeln verstehen voraus? John Deweys Erziehungsphilosophie und der Sachunterricht. In: Köhnlein, W. & Lauterbach, R. (Hrsg.): Verstehen und begründetes Handeln. Studien zur Didaktik des Sachunterrichts. Bad Heilbrunn: Klinkhardt, 57–73

5.5 Zur graduellen Einführung offener Unterrichtsformen in den Sachunterricht

von Hilde Köster

5.5.1 Voraussetzungen für die Planung offenen Unterrichts

Offener Unterricht ist kein neues Konzept zur Gestaltung von Unterricht. Aus reformpädagogischen Ansätzen weiterentwickelt, sind seine Elemente in der Pädagogik seit langem bekannt und vielfach erfolgreich erprobt. Doch obwohl die positiven Effekte auf die Entwicklung der Kinder sowie auch auf die Berufszufriedenheit der Lehrkräfte häufig bestätigt wurden, hat sich der offene Unterricht bisher nicht flächendeckend durchgesetzt. Die Gründe hierfür können beispielsweise aus Untersuchungsergebnissen zur Einführung der flexiblen Schuleingangsstufe bzw. jahrgangsgemischter Lerngruppen abgeleitet werden (vgl. z.B. Carle & Bertholt 2004): Zur Umstellung auf offenen Unterricht genügt es nicht, neue Methoden einzuführen oder eine neue Lernumgebung zu gestalten. Vielmehr ist die grundlegende Voraussetzung für gelingenden offenen Unterricht eine diesem Konzept entsprechende *pädagogische Haltung* und ein verändertes Rollenverständnis der Lehrkräfte. Wer also Unterricht öffnen möchte, muss sich zunächst mit den eigenen pädagogischen Einstellungen, Haltungen und Erwartungen beschäftigen und diese gegebenenfalls grundlegend verändern. Solche Veränderungen sind oft nicht leicht, sie erfordern Geduld und Zeit sowie eine ausgeprägte Motivation zur professionellen Weiterentwicklung. Außerdem muss das eigene ‚Bild vom Kind' (vgl. Kluge 2006, 22ff.) reflektiert und gegebenenfalls modifiziert werden. Im Rahmen der modernen Bildungs- und Sozialisationsforschung werden Kinder als Akteure gesehen, die sich die Welt neugierig, explorierend, experimentierend, konstruierend, ästhetisch-aisthetisch wahrnehmend und emotional beteiligt *selbst* aneignen. Kindern wird deshalb heute eine zentrale Rolle im Entwicklungs- und Bildungsprozess zugeschrieben (vgl. Schäfer 2005). ‚Selbst bilden' können sich Kinder aber nur dann, wenn sie sicher gebunden sind (vgl. Als & Butler 2008), sich wohl und behütet fühlen und in Kontakt zu Personen stehen, denen sie vertrauen. Eine weitere Bedingung ist eine Umwelt, die ihnen Anregungen bietet, in der sie sich zum Erfahren, Erkunden, Entdecken und Lernen herausgefordert fühlen. Bildung setzt immer Interaktionsprozesse zwischen den Individuen und ihrer sozialen, physischen und auch der kulturellen Umwelt voraus. Selbstbildungsprozesse können daher gefördert und unterstützt werden, indem diese Bedingungen optimiert werden. Die Rolle der Pädagoginnen und Pädagogen ist dabei jedoch eine andere als im traditionellen Schulunterricht: Ausgerichtet auf die Ermöglichung und Anregung kindlicher Selbstbildungsprozesse werden sie im offenen Unterricht zwar nicht überflüssig, statt aber zu belehren, *begleiten* sie den Bildungsprozess, unterstützen und beraten die Kinder.

Auf dieser theoretischen Basis gründen sich die folgenden Vorschläge für die Planung offenen Sachunterrichts. Sie sind als Möglichkeiten zu verstehen, sich schrittweise selbst in einer anderen Rolle zu erproben und damit auch den Unterricht nach und nach weiter zu öffnen. Im Einzelnen werden didaktische und methodische Handlungsformen aufgezeigt, die sich dazu eignen, Elemente offenen Unterrichts quasi zunächst auf ‚sicherem', d.h. bekanntem Boden auszuprobieren, um so ein Gefühl für die eigenen Befindlichkeiten, Reaktionen und Routinen zu entwickeln. Gleichzeitig können sie das Vertrauen in den Lernwillen und die Leistungsfähigkeit der Kinder festigen und zu neuen Erkenntnissen über deren individuellen Stärken und Interessen führen.

Den Sachunterricht zunächst partiell zu öffnen, schafft die Möglichkeit, sich selbst und den Kindern Raum zu geben, sich an veränderte Bedingungen zu gewöhnen. Kinder, die einen Unterricht kennen, in dem die Lehrkraft die wichtigen Entscheidungen über Inhalte, Sozialform, zeitliche und räumliche Organisation trifft, brauchen etwas Zeit, sich auf Eigeninitiative umzustellen, Vertrauen darin zu gewinnen, eigene Entscheidungen treffen und diese auch umsetzen zu können, sich die Arbeitszeit selbst einteilen und Partner selbst wählen zu dürfen. Dies stellt eine besondere Herausforderung für beide Seiten dar, denn die Lehrkraft muss sich in diesen Situationen mit Kommentaren, Anleitungen, Fragen etc. zurückhalten. Die Kinder sind weitaus stärker gefordert, wenn sie nicht mehr nur abarbeiten sollen, was ihnen an Aufgaben vorgegeben wird, sondern auf eigene Ideen und Fähigkeiten bauen müssen: „Es ist nicht selbstverständlich, dass Schüler und Schülerinnen den Freiraum, den ihnen freie Arbeit bietet, von Anfang an nutzen können. Sich zu entscheiden, aus einem Angebot auszuwählen, sich seine Zeit einzuteilen – das alles will gelernt sein" (Jürgens 1994, 50). Möchte man die Arbeitsform und das Zusammenleben im Unterricht neu gestalten, ist es daher angeraten, die Kinder aktiv an den Veränderungsprozessen zu beteiligen und sich der Potentiale zu bedienen, die die Kinder bereits von sich aus einbringen können.

5.5.2 Potentiale nutzen

Kinder können auf Eigenschaften und Kompetenzen zurückgreifen, die sie in ihrer außerschulischen Zeit tagtäglich erfolgreich einsetzen: Sie erkunden bereits als Säugling neugierig ihre Umwelt, sammeln durch Explorieren und Spielen weit reichende Erfahrungen (vgl. Meiser 2004), treffen in diesen Handlungszusammenhängen bereits früh eigene Entscheidungen, wissen um ihre Stärken und Schwächen, kommunizieren und interagieren mit den unterschiedlichsten Personen, lernen freiwillig äußerst komplexe Inhalte in Bereichen, die sie besonders interessieren (vgl. Sodian 1998). Die Kinder müssen sich also nur in Bezug auf das Lernen im Unterricht umstellen, da sie es hier häufig gewohnt sind, ihre Selbstlernkompetenzen *nicht* anzuwenden.

Einige dieser Potentiale, die bei der Öffnung von Unterricht förderlich sein können, sollen im Folgenden erläutert werden.

Neugier, Spielen und Explorieren

Um Öffnung im Unterricht zu erproben, können angeborene Verhaltensweisen der Kinder wie Neugier, die Lust am Spielen, das Explorieren gezielt aktiviert werden. Die Neugier wird im Hinblick auf den Erfahrungsgewinn und das Lernen als ‚Motor', ‚Antrieb' (Aebli 1998, 293) oder ‚Triebfeder' angesehen. Nach Sachser (2004) hat Neugier einen evolutionären Sinn. Er begründet seine Ansicht damit, dass alle Säugetierkinder dieses Verhaltensmuster zeigen, weil sie lernen wollen (ebd., 476). Außerdem weist er darauf hin, dass die Verhaltenssysteme Neugier und Spiel viele Übereinstimmungen aufweisen und kaum voneinander unterschieden werden können (Sachser 2004, 476). Beide benötigen ein „entspanntes Feld" (ebd., 477), das dadurch gekennzeichnet ist, dass es sowohl Anregung als auch Sicherheit bietet. Hüther (2009) betont, dass Angst und Druck Lernen verhindern. Er geht davon aus, dass Anerkennung, Wertschätzung und eine vertrauensvolle, sichere Umgebung, menschliche Nähe und Möglichkeiten zur Orientierung gegeben sein müssen, um erfolgreich Erfahrungen sammeln zu können. Dieser neurobiologisch und psychologisch begründete Anspruch geht konform mit anthropologischen Einsichten über das Handeln von Kindern: „Das sich sicher fühlende Kind, das sich geborgen weiß, geht ein auf die Welt, es exploriert und macht grundlegende Erfahrungen." (Langefeld 1964, 79, zit. nach Lichtenstein-Rother 1992, 63) Diese Einschätzung spiegelt sich im sozial-konstruktivistischen Ansatz wider (vgl. Singer 2003, 74ff., Fthenakis 2003a, 12; 2003b, 227; Giest 2001, 86ff.).

Auch das Spielen birgt für den Unterricht außerordentlich große Potentiale. Untersuchungen zeigen, dass Kinder, denen das Spielen während des Unterrichts ermöglicht wird, sowohl eine höhere Leistungsbereitschaft, eine größere Ausdauer, eine gesteigerte Selbstständigkeit als auch eine höhere Sozialkompetenz, größere Kreativität, mehr Selbstvertrauen und Selbstbewusstsein aufweisen. Sie sind außerdem zufriedener und weniger aggressiv (Einsiedler 1999, 163). Spiel- und Explorationslust können also im Rahmen des geöffneten Unterrichts durchaus als wertvolle Ressourcen verstanden werden. Callies (1973, zit. nach Heimlich 2001, 54) macht deutlich, dass das „Spielen ... in der frühen Kindheit die Form motivierten Lernens schlechthin zu sein" scheint. Dem spielerischen Explorieren kommt hier eine weit reichende Bedeutung zu. Es ermöglicht neue, ‚undidaktisierte' Erfahrungen, die in der kindlichen Sprache und Bilderwelt zu Vorstellungen über die Welt führen und als Basis für eine kognitive Durchdringung dienen können (vgl. Als & Butler 2008, 44ff.). Es eröffnet Möglichkeiten zur individuellen Erfahrung, der eine wichtige Bedeutung sowohl für die Entwicklung der Intelligenz als auch der Schulleistung beigemessen wird (vgl. Heller 1998, 986). Kammermeyer (2005) weist darauf hin, dass die Begriffe ‚Spielen' und ‚Lernen' nicht klar voneinander zu trennen sind (ebd., 415).

Selbstbestimmtes Lernen
Im Gegensatz zum schulischen Lernen geht die Initiative im natürlichen Umfeld sehr viel häufiger von den Kindern selbst aus – sie ‚scannen' die Umwelt auf für sie interessante Lerngelegenheiten hin ab und entscheiden sich für oder gegen einen intensiveren Kontakt: „Dominieren die Ziele und Intentionen der Lernenden, kommt es zu explorativen, selbstgesteuerten Interaktionen mit der Umwelt" (Weidenmann & Krapp 2001, 25). Die Kinder müssen hierzu nicht aufgefordert werden, sie sind intrinsisch motiviert. Die Potentiale eines Lernens, dem die Grundbedürfnisse nach Selbstbestimmung und Kompetenz zugrunde liegen (vgl. Deci & Ryan 1993; Ryan & Deci 2000), lassen sich für den Unterricht nutzen: Selbstbestimmtes Lernen ist geprägt durch freiwillige Eigenaktivität (Schiefele & Köller 2006, 303), die darauf beruht, dass die Lernenden intrinsisch motiviert sind. Die eigenen Interessen stehen dabei im Vordergrund. Eine Handlung wird demnach deshalb durchgeführt, weil sie an sich als attraktiv empfunden wird (vgl. ebd.), nicht weil erwartet wird, dass eine Belohnung oder eine gute Note aus der Beschäftigung mit einer Aufgabe resultiert.
Hinweise auf den positiven Zusammenhang von Selbstbestimmungsempfinden und Interesse liefert die Untersuchung von Hartinger und Roßberger (2001, 174ff.). Hartinger et al. führten Unterricht in sieben dritten Klassen zum Thema ‚So lebten Kinder früher' durch. In drei Klassen richtete sich die Unterrichtsplanung nach den Fragen der Kinder zum Thema. Es wurde den einzelnen Kindern freigestellt, zu entscheiden, mit welchem Teilgebiet (Schule früher, Kleidung früher u.ä.) sie sich näher befassen wollten. In den Vergleichsklassen bekamen die Kinder die gleichen Teilgebiete zur Beschäf-

tigung zugeteilt. Hartinger et al. stellten fest, dass die Kinder, die ein höheres Selbstbestimmungsempfinden haben, aktiver mitarbeiten und ein größeres Interesse zeigen (vgl. ebd., 179ff.).
Selbstbestimmtes Lernen kann zu positiven Haltungen und Einstellungen gegenüber dem Lernen und den Inhalten führen. Gage und Berliner (1996) fassen die Ergebnisse zu typischen Verhaltensweisen von Schülern im selbstbestimmten Unterricht aus 150 Untersuchungen folgendermaßen zusammen: „Solche Schüler halten die Unterrichtsziele und Unterrichtsaktivitäten für sinnvoll, betrachten ihr Lernen als eine persönlich signifikante Erfahrung, disziplinieren sich selbst dazu, ihre Aufgaben zu erledigen, greifen auf Menschen und Materialien als Hilfsmittel zurück, bringen bessere Ergebnisse zustande als früher für sie erreichbar waren" (ebd., 471).
Selbstbestimmtes Lernen wird auch für den Sachunterricht eingefordert (Laux 2002, 58ff.; vgl. Bannach 2002; Peschel 2002a, b). Durch Untersuchungen zum offenen Unterricht ist bekannt, dass Kinder sehr gut dazu in der Lage sind, auch im Unterricht in weiten Bereichen selbstbestimmt und eigenverantwortlich zu handeln und sehr erfolgreich zu lernen (vgl. Peschel, ebd.).

Streben nach Flow
Kinder streben (wie Erwachsene auch) von sich aus danach Freude zu erleben. Csikszentmihalyi (2008) prägte für einen Gemütszustand, der bei intrinsisch motivierten Tätigkeiten auftritt und den Handelnden Freude bereitet, den Begriff des ‚Flow-Erlebens'. Flow zeichnet sich insbesondere durch die Bereitschaft aus, freiwillig beträchtliche Leistungen zu erbringen, die keinerlei externe Belohnungen nach sich ziehen. Csikszentmihalyi charakterisiert Flow-Erleben anhand der auftretenden Bedingungen: Ein Verschmelzen von Handlung und Bewusstsein führt dazu, dass der Handelnde selbstvergessen in der Tätigkeit aufgeht. Wesentlich für Flow ist das Gefühl der Kontrolle über die Bedingungen der Tätigkeit. Die handelnde Person empfindet sich im Einklang mit der Umwelt. Flow wird typischerweise dort erlebt, wo Handlungsanforderungen klar, eindeutig und auf ein begrenztes Feld von Möglichkeiten fokussiert sind. Voraussetzung ist die „Passung von Fähigkeit und Handlungsanforderung und die Eindeutigkeit der Handlungsstruktur" (Schiefele & Köller 2006, 307). Dennoch ist eine gewisse Offenheit der Situation grundlegend: „Der Unsicherheitsfaktor ist der Flow-Faktor. Ungewißheit bedeutet, daß ein Fließen möglich ist, während absolute Gewißheit statisch, tot, nicht fließend ist [...]. Flow und Festgelegtheit heben einander sozusagen auf" (ebd., 110).
Zusammenfassend ergeben sich folgende Merkmale für ‚Flow-Erleben':
o   keine Erwartung externer Belohnung,
o   Hinnehmen von Anstrengungen und Nachteilen,

- Konzentration auf ein eingeschränktes Stimulusfeld und Selbstvergessenheit,
- Verschmelzen von Handlung und Bewusstsein,
- Ungewissheit/Offenheit,
- Gefühl der Kontrolle über die Bedingungen,
- Spaß/Freude/Befriedigung,
- wiederholtes Anstreben der gleichen Bedingungen,
- verändertes Zeitempfinden.

Csikszentmihalyi fand heraus, dass ein Nicht-Zulassen von Flow (*Flow-Entzug*) zu Konzentrationsmangel, Lebensunlust und Interesselosigkeit führen kann (vgl. Csikszentmihalyi 2008, 34ff.).

Bedürfnis nach Kompetenz
Schon sehr junge Kinder zeigen Verhaltensweisen, die darauf hindeuten, dass sie Kompetenzen erwerben wollen: Sie möchten Dinge selbst tun (vgl. Oerter 1998, 808ff.). Sind sie dabei erfolgreich, ist ihnen die Freude meist deutlich anzusehen. Kinder suchen aktiv und freiwillig nach Möglichkeiten, ihre Selbstwirksamkeit zu erproben – geprägt sind diese Handlungen also durch eine intrinsische Motivation. White (1959) geht davon aus, dass es sich bei der intrinsischen Motivation um den Ausdruck eines angeborenen menschlichen Bedürfnisses handelt, den Anforderungen der Umwelt gerecht zu werden (vgl. Schiefele & Köller 2006, 305). Deci & Ryan übernehmen mit Bezug auf White für dieses Verhalten den Begriff des Kompetenzbedürfnisses und ergänzen dieses Konzept durch das Bedürfnis nach Selbstbestimmung zu einer geschlossenen Theorie zur intrinsischen Motivation (vgl. Deci & Ryan 1993). Soostmeyer wies schon 1978 auf die Bedeutung der Kompetenzmotivation hin: „Wendet man diesen Begriff auf den Unterricht an, dann folgt für die Gestaltung der Lernsituation, dass die primären Antriebe der Kinder, die spontane Neugier, das Explorations- und Manipulationsbedürfnis und das Bedürfnis nach Auseinandersetzung mit der Umwelt angesprochen werden müssen" (Soostmeyer 1978, 134).

Peschel macht darauf aufmerksam, dass die Begriffe ‚selbstgesteuertes Lernen', ‚selbstreguliertes Lernen', ‚autonomes Lernen', und ‚selbstbestimmtes Lernen' in der Literatur häufig synonym verwendet werden. Er unterscheidet die Begriffe folgendermaßen: „Selbstregulation bezieht sich dabei eher auf den Lernvollzug, Autonomie eher auf die klassische Selbstbildung (eigenverantwortliche Lernplanung und Lernbedürfnisbefriedigung) und Selbstbestimmung eher auf Entscheidungsprozesse" (ebd., 2002b, 11). Selbstbestimmung im schulischen Kontext bedeutet somit die Möglichkeit, Entscheidungen über Inhalte und Ziele selbst zu treffen.

5.5.3 Vorschläge für eine graduelle Öffnung

Die folgenden Unterrichtsvorschläge berücksichtigen die genannten Bedürfnisse, Verhaltenssysteme und Bedingungen: Zunächst innerhalb der gewohnten Unterrichtsstrukturen wird von der Lehrkraft eine Aufgabe an die Kinder gegeben, die den Charakter des ‚Offenen' in sich trägt und damit die von Kindern in Situationen selbstbestimmten Erfahrens und Lernens ohnehin gezeigten Verhaltensweisen hervorrufen kann. Die aktivierende Lernumgebung kann darüber hinaus mit wenig Aufwand zur Verfügung gestellt werden.

Forschendes Lernen: „Was kannst Du alles herausfinden über...?"
Die zentrale Herausforderung des ersten Vorschlags liegt in der relativen Unbestimmtheit der Aufgabe sowie in ihrer Ergebnisoffenheit begründet: Die Kinder werden dazu aufgefordert, so viel wie möglich über einen Gegenstand oder ein Phänomen, der bzw. das von der Lehrkraft vorgegeben wird, herauszufinden. Die Öffnung des Unterrichts bezieht sich hier also im Wesentlichen auf die methodische Dimension (nach Ramseger 1977, 22ff.) und bedient sich einer besonders offenen Form des forschenden und entdeckenden Lernens: Es ist den Kindern freigestellt, darüber zu entscheiden, was sie herausfinden, wie sie dies tun und welche Hilfsmittel sie nutzen wollen. ‚Geöffnet' werden können darüber hinaus die Wahl der Sozialform (Gruppen-, Einzel- oder Partnerarbeit), der zeitliche Rahmen (von einer Schulstunde bis hin zu mehreren Wochen) oder die institutionelle Seite (Expertenbefragung, Museumsbesuch o.ä.). Welches kognitive Niveau erreicht wird, bestimmen die Kinder in der Regel durch die Wahl und Vertiefung der inhaltlichen Aspekte weitgehend selbst. Ein Beispiel stellt die Erforschung von Kerzen dar (vgl. Köster 2006a),[1] weitere lohnende ‚Forschungsobjekte' sind Seifenblasen, Magnete, Gartenerde, Holz, Papier, Wassertropfen, Schatten, Spinnennetze und viele weitere Dinge oder Phänomene aus der Lebenswelt der Kinder.
Zur Verfügung stehen sollten den Kindern für diese Aufgabe Materialien und Werkzeuge. Wenn dieses ‚Experiment' sich nur auf einen sehr begrenzten Zeitraum ausdehnen soll, ist es notwendig, den Kindern Hilfsmittel zur Verfügung zu stellen. Handelt es sich um eine Wochenaufgabe, können die Kin-

---

[1] Diese Art des forschenden und entdeckenden Lernens über Phänomene oder Gegenstände findet sich bereits bei Michael Faraday. In eben dieser Weise arbeitete Faraday, um so viel wie möglich über die Kerze herauszufinden. In einer Vorlesung für Jugendliche präsentierte er im Winter 1860/61 seine Ergebnisse und veröffentlichte diese später unter dem Titel ‚Lectures on the Chemical History of a Candle' (im Deutschen als ‚Naturgeschichte einer Kerze' veröffentlicht, Faraday 1980).

der sich die Hilfsmittel weitgehend selbst beschaffen und Recherchen zu Hause im Internet oder in Büchern vornehmen. Um eine Vorstellung davon zu vermitteln, was die Kinder im Rahmen dieser Aufgabe an Erkenntnissen gewinnen können, soll hier das Beispiel ‚Seifenblasen' etwas näher erläutert werden: Kinder wissen schon, dass Seifenblasen bunt schillern und leicht platzen. Darüber hinaus können sie mit Hilfe von Trinkhalmen, Plastikrührstäbchen für Kaffee, Spiegelfliesen, Draht, einer Lupe u.ä. viele weitere Aspekte entdecken. So können sie feststellen, dass Seifenblasen nicht immer rund sind, sich nicht einfärben lassen, dass man auf einer mit Seifenwasser befeuchteten Oberfläche auch halbe Seifenblasen erzeugen, sie ineinander schachteln und aneinander kleben kann. Die Kinder können entdecken, dass sich die Seifenhaut und mit ihr die Farben im Luftzug bewegen und Wirbel entstehen, dass sich nach einiger Zeit unten Tropfen bilden, bevor die Blase platzt und vieles mehr.

Freies Explorieren und Experimentieren (FEE)
Ein weitgehend durch die Kinder selbst bestimmtes Lernen findet beim Freien Explorieren und Experimentieren (FEE; vgl. Köster 2006b; Köster & Gonzalez 2007) statt. Den Kindern wird im Rahmen dieses Konzepts angeboten, sich eine Experimentier- oder Technikecke im Klassenraum aufzubauen zu können. Sie entscheiden sich individuell und frei für oder gegen dieses Vorhaben (intrinsische Motivation) und erfahren, dass sie, falls sie sich dafür entscheiden, darauf angewiesen sind, die Experimentier- bzw. Technikecke ohne Hilfe oder Anleitung durch die Lehrerin ‚allein' zu organisieren und zu nutzen (Selbstbestimmung und Selbstorganisationsfähigkeit).
Im Folgenden sollen die Rahmen gebenden Bedingungen ‚Kinder', ‚Lehrer/innen' und die Experimentierecke als Lernumgebung beschrieben werden.

Aktivitäten der Kinder: Die antreibende Kraft für das Freie Explorieren und Experimentieren ist die Neugier der Kinder. Nachdem sie sich für die Einrichtung einer Experimentierecke entschieden haben, brauchen sie etwas Zeit um sich zu organisieren. Erfahrungsgemäß laufen dann folgende Prozesse in aufeinander folgenden Phasen der Erfahrungsgewinnung ab:

Organisationsphase:
Die Kinder
o   verständigen sich über Organisatorisches und Inhaltliches,
o   entwickeln eine Vorstellung davon, welche inhaltliche Bestimmung die Experimentierecke hat und wie sie gestaltet werden soll,
o   entscheiden und handeln mit der Lehrerin/dem Lehrer aus, an welchem Ort sie im Klassenraum eingerichtet werden soll,

○ beschaffen Materialien und Informationen,
○ handeln mit der Lehrerin/dem Lehrer aus, zu welchen Zeiten experimentiert werden kann.

Orientierungsphase:
Die Kinder
○ führen mit Hilfe der Materialien vielfältige Versuche durch, bringen Phänomene hervor und beobachten diese etc.,
○ sammeln möglichst viele neue Eindrücke und Erfahrungen und streben nach ästhetischen Erlebnissen, nach Spaß, Erstaunlichem,
○ kommunizieren viel und auch manchmal laut miteinander, drücken ihre Gefühle durch Lachen, Rufen aus und vermeiden ‚ernsthafte' Betrachtungen.

Explorationsphase
Die Kinder
○ nähern sich Phänomenen oder Experimenten konzentrierter und ernster,
○ beobachten genauer und verändern Variablen,
○ kommunizieren miteinander, jedoch eher ‚privatisiert',
○ wählen Versuche gezielt aus und lassen sich intensiver auf diese ein.

Vertiefung und Spezialisierung (tritt erst nach etwa zwei Monaten ein)
Die Kinder
○ fragen nach dem ‚Wie' und dem ‚Warum' einer Erscheinung,
○ spezialisieren sich selbstständig auf bestimmte Inhalte oder Experimentgruppen,
○ diskutieren und suchen Erklärungen für die beobachteten Erscheinungen oder Effekte,
○ entwickeln eine größere Systematik hinsichtlich der methodischen Vorgehensweise – sie beginnen eigene Fragestellungen aufzuwerfen, diesen aufgrund selbst entworfener Versuche nachzugehen, die Ergebnisse zu dokumentieren und vielfach auch zu präsentieren.

Innerhalb der Klasse entwickelt sich eine Dynamik, die sich als ‚Forschergemeinschaft' charakterisieren lässt. Wie schnell die Phasen der Erfahrungsgewinnung durchlaufen werden, scheint von der allgemeinen Leistungsfähigkeit der Kinder, aber auch von der Quantität an gewonnenen Erfahrungen sowie vom bereichsspezifischen Wissen der Kinder abhängig zu sein.

Verhalten der Lehrerinnen und Lehrer: Die Lehrerinnen bzw. Lehrer ermöglichen den Kindern, während der Unterrichtszeit selbstbestimmt zu agieren und sich selbst zu organisieren, d.h. insbesondere:
o   sie halten Raum und Zeit frei, die die Kinder nach ihren Vorstellungen ausfüllen dürfen,
o   ermöglichen Selbstorganisation und Kommunikation der Kinder untereinander,
o   stellen Angebote oder Aufgaben zur Verfügung, die die Kinder bei Bedarf bearbeiten können, wenn sie sich nicht in der Experimentierecke beschäftigen wollen (zum Beispiel als Wochenplan). Dies muss deshalb erfüllt sein, weil die Kinder erst durch die Möglichkeit, selbst darüber entscheiden zu können, ob sie sich mit Experimenten beschäftigen wollen, in die Lage versetzt werden, intrinsisch motiviert zu handeln,
o   lassen das Explorieren der Kinder zu, auch wenn sie nicht unmittelbar erkennen können, dass die Kinder ihre Zeit ‚sinnvoll' oder explizit lernend verbringen,
o   loben oder tadeln die Kinder nicht hinsichtlich ihrer Arbeit an oder in der Experimentierecke, um intrinsische Motivation oder Flow nicht zu unterbrechen,
o   fördern oder kontrollieren aus denselben Gründen das Lernen der Kinder nicht,
o   antworten auf Fragen der Kinder bezüglich der Phänomene oder Experimente nicht sogleich, auch wenn sie dieses könnten.

Sie
o   zeigen eine positive Haltung gegenüber der Arbeit der Kinder, die Autonomie unterstützend sein muss, weil dies eine wichtige Funktion für die Ausbildung von Interessen darstellt,
o   sprechen – ebenfalls auf Autonomie unterstützende Weise – mit ihnen über organisatorische Fragen, wenn die Kinder dies wünschen und unterstützen sie in dieser Hinsicht,
o   lassen sich von den Kindern dann in das Geschehen hineinziehen, wenn die Kinder dieses selbst wünschen,
o   lassen sich mit den Kindern zusammen auf Phänomene und Experimente ein, tun dies aber auf Autonomie unterstützende, nicht auf anleitende oder führende Weise.
o   Damit die Kinder die Experimentierecke einrichten können,
o   gehen die Lehrerinnen und Lehrer auf Vorschläge der Kinder für die Umgestaltung des Klassenraums und ggf. auf Kompromisse ein, da andere Arrangements im Klassenraum verändert werden,
o   erhalten die Kinder nur dann Unterstützung durch die Lehrerin/den Lehrer, wenn sie die Beschaffung allein nicht bewerkstelligen können.

Die Experimentierecke: Mit dem Begriff ‚Experimentieren' verbinden die Kinder die Vorstellung, etwas auszuprobieren und für sie spannende, interessante Aktivitäten aus Naturwissenschaft und Technik durchführen zu können (vgl. Sodian 1998, 653).
Die Experimentierecke konstituiert einen Rahmen für Tätigkeiten, die eine naturwissenschaftliche ‚Typik' haben und repräsentiert damit einen Raum, der eine besondere und für die Kinder im Klassenraum neue Funktion erfüllt. Obwohl auch die Möglichkeit des Experimentierens an den Schultischen der Kinder gegeben ist, wird der Einrichtung einer Experimentierecke eine besondere Bedeutung beigemessen. Dieser Raum kann sich im Sinne eines ‚entspannten Feldes' entwickeln, in dem die Kinder sowohl Anregung als auch Sicherheit vorfinden. Die anregende Umgebung müssen sie sich dabei weitgehend selbst erschaffen, die Sicherheit wird einerseits durch die Lehrerin bzw. den Lehrer gewährleistet, die/der es ermöglicht, dass den Kindern Raum und Zeit für das Explorieren und Experimentieren zur Verfügung stehen, andererseits dadurch, dass die Tätigkeiten sich auf einen Bereich beziehen, den sie selbst auswählen und ausgestalten können. Die Experimentierecke ist als ein von den Kindern in Eigenverantwortung geführter Bereich zu respektieren, der als ein gegen andere schulische Tätigkeiten weitgehend abgegrenzter und geschützter Raum erscheint. In der Experimentierecke können die Kinder

o spielerisch und explorativ Erfahrungen mit Phänomenen und Materialien erwerben,
o Phänomene erzeugen und beobachten,
o Versuche ausdenken, planen und durchführen, diese aber auch vorzeitig ohne Begründung abbrechen,
o Vermutungen anstellen und diese mittels eigener Experimente überprüfen,
o Parameter in den Versuchen variieren und die Veränderungen beobachten,
o Zusammenhänge und Regelhaftigkeiten entdecken,
o Ideen verwirklichen, Dinge erfinden oder nachbauen,
o Versuche dokumentieren und präsentieren,
o Experimentieraufbauten, Produkte, Ergebnisse etc. aufbewahren,
o Materialien, Bücher und Zeitschriften lagern.
o Die Tätigkeiten sowie auch die Experimente oder Ergebnisse können auch in den ‚normalen' Unterricht einfließen.

Kinder als Experten
Kinder haben Hobbys oder gehen in ihrer Freizeit eigenaktiv Beschäftigungen nach, die ihnen besondere Freude bereiten. Nicht selten erwerben sie auf

diesem Weg bereichsspezifische Kompetenzen, Kenntnisse und Fähigkeiten, die sich durchaus zu einem Expertenwissen entwickeln können. Diese Kompetenzen und das erworbene Wissen kann man in den Unterricht einfließen lassen, wenn die Kinder für ihre Klassenkameraden beispielsweise einen Wochenplan zum Inhaltsbereich ihres Interessensgebiets gestalten.

Voraussetzung dafür ist, dass die Kinder mit der Struktur von Wochenplänen vertraut sind und diese übernehmen können. Sie ‚füllen' dann die vorgegebenen Bereiche entsprechend mit eigenen Aufgaben, unterlegen sie mit selbst ausgewählten Texten, Fotos, Rätseln, Spielen etc.

Ein Beispiel dafür ist ein Wochenplan, den drei Jungen im dritten Schuljahr zum Thema ‚Fußball' anfertigten. Sie sammelten vielfältiges Material und lernten dabei nicht nur selbstbestimmt und freiwillig, lasen ausdauernd und mit Freude, rechneten und gingen selbstverständlich mit Tabellen um, sondern erwarben weitgehende neue Kompetenzen, indem sie Fachbücher zur Physiologie und sportwissenschaftliche Literatur studierten und Expertenbefragungen durchführten. Sie fühlten sich auf diesem Gebiet so sicher, dass es ihnen gelang, sowohl ‚Profi- und Laien'-Texte, -Rätsel und -Spiele zu verfassen bzw. auszuwählen als auch Hörproben einer Radiosendung zu erläutern, einen Sprachlehrgang ‚Fußballwörter' zu entwickeln und ein Freundschaftsspiel zu organisieren, bei dem explizit die Mädchen berücksichtigt wurden. Diese ließen sich übrigens auf das zunächst unbeliebte Thema erstmalig gern und wertschätzend ein, da sie die engagierte Arbeit der Jungen bemerkt hatten und diese, wie auch die vielfältigen kreativen Ideen, mit großer Lernmotivation honorierten.

5.5.4 Resümee

Die Planung offenen Sachunterrichts kann graduell erfolgen, indem mit offenen Aufgabenstellungen begonnen wird und den Kindern nach und nach Möglichkeiten für mehr selbstbestimmtes Erfahren und Lernen sowie Möglichkeiten zur Mitgestaltung des Unterrichts eröffnet werden.

Die zunächst partielle Öffnung ermöglicht die Erprobung unterrichtsmethodischer Formen und gibt Zeit, gewohnte Rollenbilder, Kommunikationsformen, Einstellungen und Haltungen zu reflektieren und die Kinder zunächst zeitweise aus einer neuen Perspektive zu beobachten.

Eine graduelle Öffnung ermöglicht allen Beteiligten eine langsame Umgewöhnung an ein System, in dem Kinder Verantwortung für ihr eigenes Lernen übernehmen und Lehrkräfte zu Lernbegleiter/innen werden.

Literatur

Als, H. & Butler, S. (2008): Die Pflege des Neugeborenen: Die frühe Gehirnentwicklung und die Bedeutung von frühen Erfahrungen. In: Brisch, K.-H. & Hellbrügge, T. (Hrsg.): Der Säugling – Bindung, Neurobiologie und Gene. Stuttgart: Klett-Cotta, 44–87

Aebli, H. (1998): Zwölf Grundformen des Lehrens. Stuttgart: Klett-Cotta

Bannach, M. (2002): Selbstbestimmtes Lernen. Baltmannsweiler: Schneider

Carle, U. & Berthold, B. (2004): Schuleingangsphase entwickeln. Leistung fördern. Wie 15 Staatliche Grundschulen in Thüringen die flexible, jahrgangsgemischte und integrative Schuleingangsphase einrichten. Baltmannsweiler: Schneider

Csikszentmihalyi, M. (2008): Das *flow*-Erlebnis. Stuttgart: Klett-Cotta

Deci, E. L. & Ryan, R. M. (1993): Die Selbstbestimmungstheorie der Motivation und ihre Bedeutung für die Pädagogik. In: Zeitschrift für Pädagogik, 2, 223–238

Einsiedler, W. (1999): Das Spiel der Kinder. Bad Heilbrunn: Klinkhard

Faraday, M. (1980): Naturgeschichte einer Kerze. Hildesheim: Verlag Franzbecker

Fthenakis, W. E. (2003a): Zur Neukonzeptualisierung von Bildung im frühen Kindesalter. In: Fthenakis, W. E. (Hrsg.): Elementarpädagogik nach PISA. Wie aus Kindertagesstätten Bildungseinrichtungen werden können. Freiburg im Breisgau: Herder, 18–37

Fthenakis, W. E. (2003b): Pädagogische Qualität in Tageseinrichtungen für Kinder. In: Fthenakis, W. E. (Hrsg.): Elementarpädagogik nach PISA. Wie aus Kindertagesstätten Bildungseinrichtungen werden können. Freiburg im Breisgau: Herder, 208–242

Gage, N. L. & Berliner, D. C. (1996): Pädagogische Psychologie. Weinheim: Psychologische VerlagsUnion

Giest, H. (2001): Lernen und Lehren im entwicklungsfördernden Unterricht. In: Roßbach, H.-G.; Nölle, K. & Czerwenka, K. (Hrsg.): Forschungen zu Lehr- und Lernkonzepten für die Grundschule. Jahrbuch Grundschulforschung Bd. 4. Opladen: Leske und Budrich, 86–92

Hartinger, A. & Roßberger, E. (2001): Interessen von Mädchen und Jungen im Sachunterricht der Grundschule. Regensburger Beiträge zur Lehr-Lernforschung, Nr. 9. Regensburg: Universität

Heller, K. A. (1998): Schulleistungsprognosen. In: Oerter, R. & Montada, L (Hrsg.): Entwicklungspsychologie. Weinheim: Psychologische VerlagsUnion, 983–989

Heimlich, U.(2001): Einführung in die Spielpädagogik. Bad Heilbrunn: Klinkhardt

Hüther, G. (2009): Für eine neue Kultur der Anerkennung. Unter: http://www.winfuture.de/downloads/fuereineneuekulturder anerkennung.pdf [Stand: 11/2009]

Jürgens, U. (1994): Differenzierung durch freie Arbeit – Utopie oder Wirklichkeit. In: Clausen, C. (Hrsg.): Wochenplan und Freiarbeit. Braunschweig: Westermann, 48–69

Kammermeyer, G. (2005): Lernen im Spiel. In: Einsiedler, W.; Götz, M.; Hacker, H.; Kahlert, J.; Keck, R. W. & Sandfuchs, U. (Hrsg.): Handbuch Grundschulpädagogik und Grundschuldidaktik. Bad Heilbrunn: Klinkhardt, 414–419

Kluge, N. (2006): Das Bild des Kindes in der Pädagogik der frühen Kindheit. In: Fried, L. & Roux, S. (Hrsg.): Pädagogik der frühen Kindheit. Weinheim, Basel: Beltz, 22–33

Köster, H. (2006a): Was kann man alles über die Kerze herausfinden? Projektorientierter Unterricht zu einem faszinierenden naturwissenschaftlich-technischen Thema. In: Die Grundschulzeitschrift, 199/200, 20–22

Köster, H. (2006b): Freies Explorieren und Experimentieren – eine Untersuchung zur selbstbestimmten Gewinnung von Erfahrungen mit physikalischen Phänomenen im Sachunterricht. Berlin: Logos

Köster, H. & Gonzalez, C. (2007): Was tun Kinder, wenn man sie lässt? Freies Explorieren und Experimentieren (FEE) im Sachunterricht. In: Grundschulunterricht, 12, 12–17

Laux, H. (2002): Originäres Lernen. Selbstbestimmung für Grundschüler. Baltmannsweiler: Schneider

Lichtenstein-Rother, I. (1992): Veränderte Lebenswelt als Impuls für Innovationen in der Grundschule. In: Hameyer, U.; Lauterbach, R. & Wiechmann, J. (Hrsg.): Innovationsprozesse in der Grundschule. Bad Heilbrunn: Klinkhard, 55–69

Meiser, U. (2004): Exkurs: Der kompetente Säugling. In: Griebel, W. & Niesel, R. (Hrsg.): Transitionen. Weinheim und Basel: Beltz, 50–55

Oerter, R. (1998): Motivation und Handlungssteuerung. In: Oerter, R. & Montada, L.: Entwicklungspsychologie. Weinheim: Psychologische VerlagsUnion, 758–822

Peschel, F. (2002a): Offener Unterricht. Idee, Realität, Perspektive. Teil I: Allgemeindidaktische Überlegungen. Baltmannsweiler: Schneider

Peschel, F. (2002b): Offener Unterricht. Idee, Realität, Perspektive. Teil II: Und ein praxiserprobtes Konzept zur Diskussion. Baltmannsweiler: Schneider

Ramseger, J. (1977): Offener Unterricht in der Erprobung. Erfahrungen mit einem didaktischen Modell. München: Juventa

Ryan, R. M. & Deci, E. L. (2000): Intrinsic and extrinsic motivations: Classic definition and new direction. Contemporary Educational Psychology, 25, 54–67

Sachser, N. (2004): Neugier, Spiel und Lernen: Verhaltensbiologische Anmerkungen zur Kindheit. In: Zeitschrift für Pädagogik, 4, 475–486

Schäfer, G. (2005): Bildung beginnt mit der Geburt. Ein offener Bildungsplan für Kindertageseinrichtungen in Nordrhein-Westfalen. Weinheim, Basel: Beltz

Schiefele, U. & Köller, O. (2006): Intrinsische und extrinsische Motivation. In: Rost, D. (Hrsg.): Handwörterbuch Pädagogische Psychologie. Weinheim: Beltz, 303–326

Singer, W. (2003): Was kann ein Mensch wann lernen? Ein Beitrag aus Sicht der Hirnforschung. In: Fthenakis, W. E.: Elementarpädagogik nach PISA. Wie aus Kindertagesstätten Bildungseinrichtungen werden können. Freiburg im Breisgau: Herder, 67–75

Sodian, B. (1998): Entwicklung bereichsspezifischen Wissens. In: Oerter, R. & Montada, L.(Hrsg.): Entwicklungspsychologie. Weinheim: Psychologische VerlagsUnion, 622–653

Soostmeyer, M. (1978): Problemorientiertes Lernen im Sachunterricht. Paderborn, München, Wien, Zürich: UTB Schöningh

Weidenmann, B. & Krapp, A. (Hrsg.) (2001): Pädagogische Psychologie. Weinheim: Beltz

White, R. W. (1959): Motivation reconsidered: The concept of competence. Psychological Review, 66, 297–333

5.6 Sachunterrichtsplanung als begründungspflichtige Anforderung an professionelles Lehrerhandeln

von Joachim Kahlert

> Ja, mach nur einen Plan!
> Sei nur ein großes Licht!
> Und mach dann noch 'nen zweiten Plan!
> Gehn tun sie beide nicht.
> (Bert Brecht, Ballade von der Unzulänglichkeit)

5.6.1 Planung – keine Garantie für Gelingen, sondern Rechtfertigung für Vorhaben

In der oben zitierten Ballade ironisiert Brecht eine Alltagserfahrung, die seit Langem auch Philosophen und Sozialwissenschaftler beschäftigt: Eigensinn und Subjektivität von Interaktionspartnern begrenzen die Planbarkeit sozialen Handelns (vgl. z.B. Gadamer 1967, 9; Luhmann 1997a, 496f.; ders. 1997b, 776ff.; Simmel 1906, 158). Das ist beim Unterrichten nicht anders.

Unterricht ist ein soziales Geschehen zwischen Subjekten, die ihre eigenen Interpretationen über das haben, was situativ gerade wichtig, interessant und erforderlich ist (vgl. Meyer 2008, 117–121). Dieses Geschehen ist nur begrenzt vorhersehbar und nicht bis ins Detail im Voraus planbar. Einzelne Schülerinnen und Schüler verhalten sich anders als erwartet. Die ausgewählten Aufgaben sind für die Schüler schwieriger als gedacht. Der Zeitplan kommt durcheinander. Selbst dann, wenn alles scheinbar reibungslos läuft, ist nicht gewiss, dass die Effekte des Unterrichts hinreichend den Absichten und Lernzielen entsprechen, die der Planung zugrunde lagen. Denn auch für Unterricht gilt Eduard Sprangers Bemerkung, dass „bei unserem Handeln noch immer etwas anderes herauskommt, als wir gewollt haben" (Spranger 1962, 8). Die Anmerkungen zu den Grenzen der Planbarkeit sprechen nicht gegen sorgfältige Planung, sondern gegen sozial-technisch überzogene Erwartungen an die Planung. Lehrende, die ihren Unterricht bereits deshalb für erfolgreich halten, weil er „plangerecht" verlief, verfallen dem Trugschluss einer zu engen Kopplung von Planung des Unterrichts und dem realen Geschehen im Unterricht genauso wie Beobachter des Unterrichts, die unerwünschtes Geschehen, Abweichungen von der geplanten Zeit, unerwartete Schwierigkeiten der Schülerinnen und Schüler kurzschlüssig auf Fehler in der Planung zurückführen. Hinterher ist man immer schlauer, doch als Beurteilter kann man nie beweisen, dass der konkrete Vorfall nicht vorhersehbar war. So wird Unvorhersehbares als Fehler (in der Planung) zurechenbar. In hierarchisch gestützten Abhängigkeitsverhältnissen, wie sie zum Beispiel zwischen Schulleitungen sowie Schulräten und den Lehrkräften bestehen oder auch zwischen Ausbildern der 2. Phase und den Referendaren, wirkt das entmündigend.

Die kritische Haltung gegenüber einem sozial-technischen Planungsverständnis rechtfertigt jedoch keineswegs mangelnde Sorgfalt bei der Planung. Ohne begründbare Vorstellungen von Zielen des Unterrichts und von Mitteln, mit denen sie erreicht werden könnten, ist keine aufbauende Bildungsentwicklung denkbar. In jeder Aktivität, und sei sie auch noch so spontan, realisiert sich eine Entscheidung. Die Aktivität schafft Differenz, man hat es so und nicht anders gemacht. Auch Unterrichten ist eine Abfolge von Entscheidungen (vgl. Kiel 2008, 21f.). Im Leben sonst ist es den einzelnen Akteuren überlassen, ob sie ihre Entscheidungen durchdacht haben und begründen können. Aber Entscheidungen, die man als Lehrer trifft, sind begründungspflichtig, und zwar nicht in erster Linie deshalb, weil vorgesetzte Instanzen, Eltern oder Schüler kritisch nachfragen könnten, sondern vor allem, weil die fachlich und pädagogisch nachvollziehbare Begründung für Entscheidungen ein Kennzeichen für professionelles Handeln im Lehrerberuf ist (vgl. Terhart 2005, 135f.). Es mag ja sein, dass es außerschulischen Experten, Künstlern oder begnadeten Entertainern gelegentlich gelingt, mit ihren speziellen Fähigkeiten Schulklassen oder Schülergruppen in den Bann zu ziehen. Aber es ist ein Unterschied, ob man Schülerinnen und Schüler mit partikularen, dafür aber hoch spezialisierten Fähigkeiten über einen kurzen Zeitraum begeistert oder ob man sie in einem auf viele Jahre angelegten Bildungs- und Erziehungsweg unter den Bedingungen schulischer und unterrichtlicher Zwänge nach bestem fachlichen und pädagogischen Wissen und Gewissen begleitet. Die Fähigkeit, auf hohem fachlichen und pädagogischen Niveau begründen und einordnen zu können, wie man in Schule und Unterricht handelt, unterscheidet den in Studium und Referendariat ausgebildeten professionellen Lehrer von Schmalspurlehrkräften, die Gelegenheitserfolge verbuchen.

Planung ist keine Erfolgsgarantie, sondern eine Art professionell legitimierte Hypothesenbildung: So könnte es gelingen, diese und jene Begründung stützen die Annahmen. Das Unterrichtsgeschehen selbst liefert die Daten, besser Indizien, für den pragmatischen Test dieser Hypothese, der mit der abschließenden Reflexion des Geschehens an Aussagekraft gewinnt.

Gerade weil nicht alle Entscheidungen, die im realen Geschehen getroffen werden müssen, im Voraus bekannt sind, sollte das jeweilige Vorhaben gut begründet sein. Unerwartetes wird damit zwar nicht verhindert – und das wäre ja auch in einem pädagogischen Geschehen, das die Selbstständigkeit der Lernenden fördern sollte, nicht erstrebenswert. Aber das Nachdenken über die Gründe für ein geplantes Vorgehen mobilisiert Wissens- und Ideenressourcen, die dazu beitragen können, unerwartete Herausforderungen angemessen zu bewältigen. Und nach der Handlung erleichtert der Vergleich zwischen dem, was mit guten Gründen geplant war, und dem, was geschehen ist, die systematische Reflexion über den eigenen Unterricht (vgl. Wiater 2006a, 706f.).

Zu Recht verlangen daher Standards für die Lehrerbildung: „Lehrerinnen und Lehrer planen Unterricht fach- und sachgerecht und führen ihn sachlich und fachlich korrekt durch" (Sekretariat der Ständigen Konferenz der Kultusminister, 7; siehe auch Oser 2001, 236). Schaut man in die Literatur, die sich mit Fragen der Unterrichtsplanung näher beschäftigt, dann wird man von der Vielfalt der zu begründenden Entscheidungen schier überwältigt. Lernstand, Entwicklungspotenziale, Erfahrungen und Interessen der Schülerinnen und Schüler sollen angemessen berücksichtigt, Lernziele mit Bezug auf übergreifende Bildungsansprüche formuliert und begründet, der Unterrichtsablauf nach neuesten Kenntnissen der Lehr-Lernforschung gestaltet werden. Zu bedenken seien außerdem mögliche Lernschwierigkeiten, Differenzierungen, Indikatoren für den Lernerfolg, Maßnahmen zur Sicherung des Lernertrages, einzusetzende Medien und die fachlichen Anforderungen der Unterrichtsinhalte. Schließlich soll das Vorhaben zum Lehrplan passen und Überlegungen zum weiterführenden Lernen berücksichtigen (vgl. z.B. Sandfuchs 2006; Wiater 2006b;). Hinzu kommen die spezifischen Anforderungen des jeweiligen Unterrichtsfaches – wie zum Beispiel des Sachunterrichts.

Wer (Sach)unterricht plant, hält und analysiert, trifft Entscheidungen unter anderem über Inhalte, Methoden, Medien, Zeiteinteilung. Wie lässt sich das Vorwissen der Schülerinnen und Schüler zu dem Unterrichtsinhalt aktivieren? Eignet sich das Thema für eine problemorientierte Bearbeitung? Ist ein Heimatbezug sinnvoll? Welche Erkenntnisse über kognitive, emotionale und praktische Fähigkeiten und Fertigkeiten, die im Grundschulalter wahrscheinlich sind, können im Zusammenhang mit dem Unterrichtsinhalt herangezogen werden? Entscheidungen über diese und viele weitere Fragen müssen vor dem Hintergrund professioneller Standards, wie zum Beispiel grundlegender Bildungs- und Erziehungsziele, anerkannten fachdidaktischen und (grund-) schulpädagogischen Wissens, Theorien über schulisches Lehren und Lernen und gültiger Lehrpläne, begründbar sein. Dabei sind auch eine Vielzahl situativer Bedingungen einzubeziehen, die von Lerngruppe zu Lerngruppe und von Schule zu Schule variieren: Lern- und Leistungsvoraussetzungen der jeweiligen Schülerinnen und Schüler, räumliche Gegebenheiten und Sachausstattung in der Schule, zeitliche Zwänge. Nicht zuletzt müssen die jeweils getroffenen Entscheidungen sich auch mit Bezug auf das eigene professionelle Profil im Hinblick auf Methodenvielfalt, Ideenreichtum, Umgang mit Schülerinnen und Schülern, fachliche Kenntnisse und vieles mehr rechtfertigen lassen. Nähme man sich vor, jede dieser Entscheidungen im Einzelnen zu begründen, dann würde man sich in Detailfragen verlieren. Ein eleganter Handlungsplan für Unterricht entsteht jedoch nicht wie ein Puzzle, das aus zahlreichen Einzelteilen zusammensetzbar ist, sondern eher wie ein Drehbuch: Ausgehend von einer Leitidee (dem „Plot" bzw. dem mehr oder weniger präzise umrissenen Unterrichtsinhalt, der zum Thema wird) wird über Ziele, mögliche Vorgehensweisen, verfügbare Ressourcen, Eigenheiten der Lernenden und vieles mehr nachgedacht. Nach und nach gewinnt die Idee die Gestalt eines Handlungsplans. Dabei beeinflussen sich einzelne Überlegungen und man kann zahlreiche Freiräume für kreative und überraschende Ideen nutzen. Trotz dieser Vielfalt in der Such- und Entwurfsphase lässt sich eine Grundstruktur für begründungspflichtige Entscheidungen identifizieren. Schulischer Unterricht beansprucht für einen vorgegebenen Zeitraum die Lebenszeit junger Menschen im öffentlichen Auftrag und mit öffentlichen Mitteln.[1] Damit stellen sich drei grundlegende Fragen:

(a) Wie rechtfertigt man angesichts knapper Zeit und knapper Mittel, dass gerade der ausgewählte Inhalt zum Unterrichtsthema wird?

(b) Lassen sich die Wirkungserwartungen, die mit dem Unterrichtsinhalt verbunden sind, mit Bezug auf die Lernvoraussetzungen der Schülerinnen und Schüler und unter Berücksichtigung der fachlichen Anforderungen begründen?

(c) Wie begründet sich das für den jeweiligen Zeitraum geplante Lernarrangement unter Berücksichtigung der Rahmenbedingungen in der jeweiligen Schule?

Diese drei Entscheidungsfelder hängen eng miteinander zusammen. Wie man im Unterricht vorgeht (c), ist (hoffentlich) auch vom Wissen über den Kenntnisstand der Schülerinnen und Schüler (b) und von grundlegenden Bildungszielen abhängig (a). Diese wiederum wird man nicht sinnvoll konkretisieren können, ohne die Lernvoraussetzungen der Schüler und die fachlichen Anforderungen der Sache (b) mit zu denken.

Obwohl Entscheidungen zu unterschiedlichen Bereichen zusammenspielen, stützen sich die Begründungen für die Entscheidungen jeweils auf unter-

---

[1] Dass dieses ersatzweise auch in privater Trägerschaft geschehen kann, ändert nichts an der Pflicht des Schülers, am Schulunterricht teilzunehmen und an der Pflicht des Staates zu prüfen, ob Angebote und Rahmenbedingungen dem Bildungsauftrag gerecht werden.

scheidbare Theorie- und Wissensgebiete. So beziehen sich Begründungen für die Auswahl von Inhalten (a) auf *bildungstheoretisch* reflektierte Argumente. *Wirkungserwartungen* (b) müssen mit Bezug auf erziehungswissenschaftlich relevante Kenntnisse und fachliches Hintergrundwissen gerechtfertigt werden. Und schließlich müssen sich die Begründungen für das *geplante Lernarrangement* (c) sowohl auf Theorien und Erkenntnisse über Lehren und Lernen (im Unterricht) als auch auf die konkreten Rahmenbedingungen in der jeweiligen Schule beziehen.

Im Folgenden soll zunächst jedes dieser Entscheidungsfelder näher beleuchtet werden (Teil 2). Danach wird an einem Beispiel konkretisiert, wie Entscheidungen in diesen drei Feldern zusammenwirken können (Teil 3).

5.6.2 Begründungspflichtige Dimensionen der Sachunterrichtsplanung

Die bildungstheoretische Dimension: Was wird zum Thema – und warum?
Lebenszeit ist begrenzt, Unterrichtszeit noch stärker. Sachunterricht soll Kinder dabei unterstützen, ihre Umwelt mit Bezug auf zuverlässiges Wissen zu erschließen und Grundlagen für Sachfächer weiterführender Schulen legen. Da die Umwelt weitaus mehr Lernanlässe bietet als in der auf wenige Schuljahre und Unterrichtsstunden begrenzten Zeit jemals zu bewältigen ist, stellt sich die grundlegende Frage: Welche Inhalte und Themen verdienen es, im Unterricht zur Sprache zu kommen?[2]

Zwar trifft der Lehrplan eine Vorentscheidung, aber er determiniert die Inhalte nicht und er lässt Spielraum für Schwerpunktsetzungen. Außerdem kann niemand einen Inhalt ergiebig unterrichten, ohne sich Rechenschaft über die kulturelle und pädagogische Bedeutung des Inhalts zu geben. Gerade dann, wenn – wie in guten Lehrplänen – viele starke Angebote miteinander konkurrieren, muss das, was zum Inhalt wird, didaktisch gut begründet werden. Der *kulturelle Stellenwert* des Unterrichtsinhalts erschließt sich mit Antworten auf die Leitfrage, welche Bedeutung es für das Zusammenleben heute und in Zukunft hat, wenn Kinder in der Schule diesem Inhalt begegnen. Warum ist es mit Blick auf die Gesellschaft sinnvoll, dass junge Menschen etwas über Heimatgeschichte, den Stromkreis, die einheimischen Tiere und Pflanzen erfahren? Unter *pädagogischem Blickwinkel* lautet die Leitfrage: Warum ist dies sinnvoll für die Persönlichkeitsentwicklung des einzelnen Kindes?

Didaktische Entscheidungen, also die Auswahl und Begründung von Lerninhalten, beeinflussen, womit Schülerinnen und Schüler kostbare Lebenszeit

---

[2] Warum die Unterscheidung von Inhalt und Thema gerade in der Sachunterrichtsdidaktik wichtig ist, wird in Kahlert 2009, 205f. ausgeführt.

verbringen und berühren zentrale Probleme des gesellschaftlichen Zusammenlebens in modernen Gesellschaften. Wenn man es nicht dem Zufall von Geburt, Herkunft und Lebensweisen überlassen möchte, welche Chancen Kinder haben, etwas Sinnvolles über diese Welt zu erfahren, dann muss sich eine Institution dafür verantwortlich fühlen und diese schwierige, aber für das zivilisierte Zusammenleben so unverzichtbare und wertvolle Aufgabe übernehmen – und das ist die Schule. Ihr kommt, sowohl mit Blick auf die Persönlichkeitsentwicklung des Einzelnen als auch mit Blick auf das Zusammenleben mit anderen, die grundlegende Aufgabe zu, allen Schülerinnen und Schülern angemessene Lernchancen zu bieten. Unabhängig von den Besonderheiten ihrer Lebenswelt sollen Kinder und Jugendliche diejenigen Fähigkeiten, Kenntnisse und Fertigkeiten erwerben können, die nach bestem pädagogischen Wissen und Gewissen ihrer persönlichen Entwicklung und dem Zusammenleben mit anderen dienen. Bezogen auf natur- und sozialwissenschaftlich deutbare Phänomene, Gegebenheiten, Entwicklungen und Beziehungen ist der Sachunterricht in der Grundschule der Lernbereich, in dem dafür Grundlagen gelegt werden können. Er sorgt mit dafür, dass alle Kinder gleiche Chancen haben, aus natur- und sozialwissenschaftlichen Gebieten etwas zu lernen, was sinnvoll zu begründen ist – und zwar unabhängig davon, ob die Kinder in Flensburg oder in Starnberg, in Trier oder in Bautzen aufwachsen, in reichen oder armen Familien, katholisch, evangelisch, muslimisch oder atheistisch. Damit wirkt Sachunterricht daran mit, eine Basis für die Verständigung über die Grenzen von Gender, Kultur, Religionen und Milieu hinweg zu sichern. In diesem Sinne kann man ihn auch als das Kerncurriculum für Demokratie und Kultur verstehen. Didaktische Entscheidungen im Sachunterricht sind daher Entscheidungen von hohem Rang; sie sollten entsprechend fundiert begründet werden können.
Dabei geht es nicht darum darzulegen, die Auswahlentscheidung für einen Inhalt sei „richtig". Dies würde einen argumentativen Determinismus voraussetzen, für den es schon allein auf Grund der Vielfalt miteinander konkurrierender Theorien über gegenwärtige und zukünftige Herausforderungen des Zusammenlebens keine vernünftige Basis gibt. Ziel der didaktischen Begründung ist es vielmehr, die jeder Auswahlentscheidung anhaftenden impliziten Vorstellungen über Gegenwart und Zukunft explizit und somit verhandelbar zu machen und dabei auch die jeweils vorherrschenden übergreifenden Bildungs- und Erziehungsziele zu berücksichtigen.
Wenn man die (sachunterrichts-)didaktische Literatur der letzten Jahrzehnte durchblättert, dann trifft man auf ein breites Spektrum solcher Leitziele: Heimatliebe, Förderung des wissenschaftlichen Denkens, Emanzipation, Bewältigung von Anforderungen des Alltags, Befähigung zur demokratischen Teilhabe und vieles mehr. In neuerer Zeit besteht der Anspruch, Ziel-

setzungen als Kompetenzen zu formulieren (vgl. Giest u.a. 2008). Es gibt zwar zahlreiche Definitionen für Kompetenz, aber die für pädagogische Anwendung brauchbaren Vorstellungen von Kompetenz betonen recht einheitlich, damit sei ein Zusammenspiel von Fähigkeiten und Fertigkeiten gemeint, das es erlaubt, mehr oder weniger klar definierten Anforderungen für Handlungssituationen gerecht zu werden. Kompetenzen sind erlernbar und gründen auf das Zusammenwirken von Wissen, Einstellungen, Motiven, Werten und Erfahrungen, Fähigkeiten und Fertigkeiten. Sie beschreiben damit das Vermögen, Anforderungen in einem komplexen Aufgabengebiet zu bewältigen.

Wir können an dieser Stelle keinen Katalog der Kompetenzen vorstellen, die im Sachunterricht anzustreben wären. Doch wenn man Kompetenzen als Zusammenspiel von Wissen, Können und Verstehen begreift, dann sollten Inhalte und Themen auch danach befragt werden, was sie leisten, um das Verständnis der Kinder über ihre Umwelt zu fördern und um das Vermögen der Kinder zu erweitern, in der Sache verständig und gegenüber sich selbst und ihrer Umwelt verantwortungsvoll zu handeln. Zusammenfassend lassen sich daher folgende Fragen formulieren, die hilfreich sind, um die Auswahl von Inhalten und Themen des Sachunterrichts fundiert zu begründen:

o Inwieweit ist der Inhalt für die Bewältigung lebensweltlicher Anforderungen heute und in Zukunft bedeutsam?
o Warum ist es für das Zusammenleben sinnvoll, wenn Kinder etwas darüber lernen?
o Welche Argumente sprechen dafür, dass dies die Persönlichkeitsentwicklung des einzelnen Kindes fördern kann?
o Was sollten Kinder darüber wissen und verstehen?
o Welche kurz- und mittelfristigen Könnensziele sind mit dem Inhalt verbunden?

In dem Maße, wie Antworten auf diese Fragen gefunden werden, klärt sich der Bildungsgehalt der Inhalte und Themen. Ob er sich auch realisieren lässt, hängt wiederum davon ab, ob man sich als Unterrichtender hinreichend treffende Vorstellungen über lernrelevante Voraussetzungen der Schülerinnen und Schüler und über die sachlichen bzw. fachlichen Anforderungen macht, die mit dem Unterrichtsinhalt verbunden sind.

Wirkungserwartungen begründen: Den Lerner im Blick – und die Sache im Kopf
Es gehört heute zu den als gültig angenommenen Erkenntnissen der Unterrichtsforschung, dass lernwirksamer Unterricht sich durch Klarheit und Systematik in der Sache und durch Adaptivität in Bezug auf die Schüler auszeichnet (vgl. Helmke 2009, 191ff. und 246ff.; Meyer 2004). Die Erwartung, Unterricht möge im Sinne der zugrunde liegenden Absichten wirken, muss

sich damit sowohl im Hinblick auf die Lernvoraussetzungen der Kinder als auch auf die fachlichen Herausforderungen des Unterrichtsinhalts rechtfertigen lassen. An anderer Stelle wurde ausführlich dargelegt, wie es im Sachunterricht gelingen kann, den Lernvoraussetzungen der Kinder und den Ansprüchen der Sache gerecht zu werden (vgl. Kahlert 2009, 216ff.). Selbstverständlich wird man nie alle relevanten Kenntnisse und Informationen über die Kinder einholen können. Hier sollen die Perspektiven begründet werden, unter denen man planungsrelevante und belastbare Vorstellungen über die Lernvoraussetzungen der Kinder gewinnt. Die *entwicklungsorientierte Perspektive* bietet Begründungen für Wirkungserwartungen mit Blick auf kognitive, emotionale und soziale Fähigkeiten, mit denen in einem bestimmten Alter zu rechnen ist. Welches Niveau an Differenzierung und Integration von Umweltwahrnehmungen ist wahrscheinlich? Mit welchen Gedächtnisleistungen kann man rechnen? Sind die Kinder bereits in der Lage, die Perspektive eines anderen einzunehmen und im eigenen Handeln zu berücksichtigen? Unter einer *sozio-kulturell orientierten Perspektive* kommen als Begründung Merkmale in Betracht, die für das Alltagsleben der Kinder von Bedeutung sind: Verbreitete Gewohnheiten, typische Erfahrungen, vorherrschende Interessen, aber auch unterschiedliche Chancen von Kindern, an den gesellschaftlich zur Verfügung stehenden Lern- und Entwicklungsmöglichkeiten teilzuhaben sowie Anforderungen, die das moderne Leben an die Kinder stellt. Schließlich ist unter einer *anthropologischen Perspektive* pädagogisches Handeln mit Bezug auf ein Menschenbild zu begründen. Diese Perspektive bietet eine Grundlage für normativ begründete Bildungs- und Erziehungsziele sowie für normativ begründete Anforderungen an die Gestaltung von Lern- und Entwicklungsumwelten. Damit nimmt sie der pädagogischen Praxis den Schein von Selbstverständlichkeiten. Die Verantwortung für pädagogische Entscheidungen verschwimmt, wenn Einflussnahmen auf das Leben eines anderen Menschen mit nicht hinterfragten Ansprüchen über die Gestaltung des Zusammenlebens begründet werden. Mit der Frage nach dem Menschenbild, das sich in pädagogischen Handlungen realisiert, wird es notwendig, Standpunkt zu beziehen und Verantwortung zu übernehmen.
Die drei Bezugssysteme für Begründungen ergänzen sich und können sich gegenseitig kontrollieren. Die sozio-kulturell argumentierende Begründung wirkt der Gefahr entgegen, dass man verbreitete Eigenarten und Merkmale für grundlegende anthropologische Gegebenheiten hält, obwohl sie kulturell erworben sind. Ein Beispiel dafür sind Annahmen über die Bedürfnisse von Menschen oder viele geschlechtsspezifische Zuschreibungen. Anthropologische Bezüge wiederum helfen, die Auswirkungen sozio-kultureller Entwicklungen auf Kinder nicht lediglich hinzunehmen, sondern auch vor dem Hintergrund von Menschenbildern zu bewerten. Und schließlich grenzt die Be-

gründung von Entscheidungen mit entwicklungsorientierten Argumenten die Gefahr ein, an dem Vorstellungs- und Verarbeitungsvermögen der Lernenden vorbei zu planen und zu unterrichten. Weder ist der sozio-kulturelle Hintergrund völlig erschließbar, noch lassen sich alle relevanten entwicklungsbezogenen Informationen über die Kinder ermitteln. Sicherheit gibt es auch hier nicht. Der begründende Bezug auf die Lernvoraussetzungen schafft deshalb auch keine Gewissheit über die Angemessenheit der Planung. Vielmehr leistet der Bezug auf die Lernvoraussetzungen nicht mehr – aber auch nicht weniger – als die Frage zu klären, wie sich Wirkungserwartungen mit Bezug auf Interessen, Erfahrungen und Fähigkeiten und dabei gestützt auf anerkanntes Wissen und akzeptierte Theorien begründen lassen.

Die fachliche Absicherung von Annahmen über die Lernvoraussetzungen der Schüler ist nur die eine Seite des Versuchs, Wirkungserwartungen zu begründen. Hinzukommen muss die Berücksichtigung von Herausforderungen, die in der Sache liegen. So lassen sich zum Beispiel Phänomene des Luftdrucks nicht verstehen, ohne den Kraftbegriff ins Spiel zu bringen. Über den Wasserkreislauf lässt sich nichts Sinnvolles lernen, wenn nicht auch die verschiedenen Aggregatzustände des Wassers geklärt werden. Das demokratische Prinzip einer Klassensprecherwahl erschließt sich nicht, ohne über die Rechtfertigung von verliehener Macht bzw. Einflussnahme zu sprechen. Unter Sachgesichtspunkten ist daher zu begründen, wie die jeweilige Einzelstunde sachlich angemessen in eine größere Unterrichtseinheit eingepasst wird. Gibt es von der Sache her eine Aufbau- und Verlaufslogik, die zwingend zu berücksichtigen ist? Welche relevanten Begriffe sind zu klären? Sind die Sachverhalte fachlich korrekt erfasst und bieten sich Gelegenheiten, übergreifende Zusammenhänge zu anderen Sachbezügen zu thematisieren? Angesichts seiner enormen inhaltlichen Breite, die von naturwissenschaftlichen Phänomenen über geographische, geschichtliche, wirtschaftliche bis hin zu sozialwissenschaftlichen Themengebieten reicht, stellt die fachliche Durchdringung von Sachverhalten eine große Herausforderung für die Lehrerinnen und Lehrer dar. Die Vorstellung, dies sei ja nicht so anspruchsvoll, weil man es ja nur mit Grundschulniveau zu tun habe, ist abwegig. Gerade die elementaren Einsichten und der heute geforderte Aufbau von Kompetenzen im Bildungsgang erfordern gründliches Verständnis von der Sache, die unterrichtet wird. Erst dieses Sachverständnis macht es möglich zu entscheiden, welche Einsichten für die Schülerinnen und Schüler wichtig sind, wo Schwierigkeiten in der Sache liegen und welche inhaltlichen Voraussetzungen zunächst vorhanden sein müssen, damit die angestrebten Einsichten auch tatsächlich erreicht werden können. Hinzu kommen lernbereichsspezifische fachdidaktische Anforderungen: Die das Lernen unterstützende Aktivierung von Vorwissen der Schülerinnen und Schüler erfordert beim Unterrichten

von ökonomischen Inhalten andere Impulse als Unterricht zu physikalischen Themen. Bei der Einführung in das Kartenverständnis kommen andere Unterrichtsmethoden infrage als zur Entwicklung der Fähigkeit, kritisch mit Text- und Bildquellen über geschichtliche Ereignisse umzugehen.
Die einer Unterrichtsplanung innewohnenden Wirkungserwartungen sollten somit in Bezug sowohl auf die begründet anzunehmenden Lernvoraussetzungen als auch auf die fachlichen Anforderungen gerechtfertigt werden können:

o An welches Vorwissen und an welche Erfahrungen und Interessen kann der ausgewählte Inhalt anschließen?
o Gibt es in diesem Zusammenhang Herausforderungen, Orientierungsprobleme, typische Kinderfragen, an die der Unterricht anknüpfen könnte?
o Berücksichtigt die Planung hinreichend die sozialen, emotionalen und kognitiven Fähigkeiten der Kinder in Bezug auf den Unterrichtsgegenstand?
o Wird die Planung den fachlichen Anforderungen der Sache gerecht (z.B. in der Reihenfolge der zu behandelnden Sachverhalte)?
o Ist fachlich hinreichend erläutert, auf welche Einsicht es unter fachlichen Gesichtspunkten besonders ankommt?

Lernarrangements begründen – der konkrete Ablauf
Wenn die Ziele des Unterrichts und die Wirkungserwartungen hinreichend begründet sind, kommen als dritte Begründungsdimension für das geplante Geschehen Erkenntnisse und Theorien über wirksame Lehr-Lernsituationen unter Berücksichtigung der konkreten unterrichtlichen Bedingungen ins Spiel. Man mag von der Lehr-Lernforschung gelernt haben, dass Unterricht besonders wirksam ist, wenn er an motivierenden Problemen ansetzt, Schülererfahrungen stimuliert und Lösungsbeispiele, Übungssituationen sowie Anwendungsmöglichkeiten bietet. Wie diese grundlegenden Erkenntnisse wirksam werden, hängt jedoch von den besonderen Umständen des Unterrichts ab. In großen Gruppen werden andere Anwendungsübungen gewählt werden müssen als in kleinen Klassen. Stehen mehrere zusammenhängende Unterrichtsstunden zur Verfügung, können Erkundungen eher eingeplant werden als in einer 45-Minuten-Stunde. Die Verfügbarkeit von Medien setzt medienpädagogisch wünschenswerten Impulsen eine pragmatische Grenze. Nicht zuletzt spielen auch das eigene Können und die Erfahrungen der Lehrerinnen und Lehrer bei der Rechtfertigung der konkreten Ablaufplanung eine Rolle. Kataloge mit Ansprüchen an „gute Lehrer" gibt es viele. Aber selbst dann, wenn man unterstellt, alle Lehrerinnen und Lehrer wären bereit und in der Lage, sich erwünschte methodische und kommunikative Fähigkeiten anzueignen – im Moment der Planung und im Horizont einer baldigen Reali-

sierung der Planung steht nur das zur Verfügung, was man bereits kann oder sich zutraut, nicht das, was man irgendwann in einer Fortbildung noch lernen wird. Wer noch wenig Erfahrung mit Stationenarbeit gesammelt hat, wird diese Arbeitsform nicht gerade bei Unterrichtsinhalten einsetzen, die auch fachlich eine besondere Herausforderung darstellen. Versucht man es doch, bedarf auch dies einer besonderen Begründung. Sicherlich kann und muss man sich erproben, aber auch hier gilt: auf der Stufe der sinnvollen nächsten Entwicklung.[3]

Unterricht kann und muss sich immer auch vor dem Hintergrund der konkreten Rahmenbedingungen rechtfertigen lassen. Diese sind so variantenreich, dass sie nur für jeden Einzelfall angemessen erfassbar sind und beurteilt werden können. Dennoch gibt es eine Grundstruktur des Unterrichtsgeschehens. Ob eine einzelne Stunde, eine Doppelstunde oder eine ganze Unterrichtseinheit geplant wird – immer steht nur ein begrenzter Zeitraum zur Verfügung, in dem sich Lernen ereignen soll. In diesem Zeitraum müssen die Schüler für das Thema gewonnen und ihnen muss Zeit gewährt werden, um Fragestellungen und Informationen zu erarbeiten, neues Wissen zu sichern, zu erproben und anzuwenden. In der Literatur gibt es dafür zahllose Strukturierungsvorschläge, die als Artikulationsschema des Unterrichts kommuniziert werden (vgl. z.B. Kiel 2008, 24ff.). Sturer Schematismus, wie er mitunter in Rezepturen für die Unterrichtsplanung zum Ausdruck kommt, ist dabei allein schon deshalb nicht sinnvoll, weil nicht in jeder zu planenden Zeiteinheit das ganze Spektrum der diversen Artikulationsschemata abgearbeitet werden muss, wie „Motivierender Einstieg", „Fragestellung", „Erarbeitung", „Sicherung", „Anwendung" – und wie die Teilphasen auch immer heißen oder genannt werden mögen. Dennoch macht es die prinzipielle Begrenzung der zur Verfügung stehenden Zeit notwendig, Entscheidungen zur Dramaturgie des Unterrichts, also zur zeitlichen Taktung wesentlicher Elemente, zu treffen – und zu begründen.

So geht es zunächst überhaupt darum, die Lernenden für das Anliegen des Unterrichts zu gewinnen (vgl. Merrill 2002). Ob dies auf der Grundlage einer gemeinsamen Planung geschieht, durch Inszenierung eines interessanten Ereignisses, durch Konfrontation mit einem herausfordernden Problem, der Begegnung mit einer Schwierigkeit – entscheidend ist, dass mit der ersten Begegnung eine Erwartung entsteht. Es lohnt sich, aufmerksam zu sein, sich dem Gegenstand zuzuwenden. Klassisch formuliert: Der Einstieg sollte moti-

---

[3] Nicht zuletzt auch deshalb ist eine intensive Reflexion und Begründung der Planung nötig: Sie hilft zu sehen, wo man als Lehrer steht und was man sich im Sinne der professionellen Weiterentwicklung noch für das eigene Lernen vornehmen sollte.

vierend sein und das Interesse der Schülerinnen und Schüler wecken oder stimulieren. Auch wenn diese erste Begegnung eindrucksvoll arrangiert ist, mündet sie nicht zwangsläufig in ein Lernanliegen. Die Schüler müssen für eine Auseinandersetzung mit dem Unterrichtsgegenstand gewonnen werden, die über die erste Motivation hinausreicht. Dies kann ein Handlungsziel, ein Könnensziel oder auch das Interesse sein, eine Irritation aufzuklären, unterschiedliche Meinungen zu klären oder zu vergleichen. Ferner müssen in geeigneten Arbeitsschritten Informationen erarbeitet, festgehalten, in einen Zusammenhang mit dem Ausgangsproblem gebracht und zur Lösung des ursprünglichen Anliegens verarbeitet werden. Ob die dafür notwendigen Arbeitsschritte problemorientiert mit den Kindern entwickelt oder eher vom Lehrer gelenkt vorgegeben werden – in jedem Fall sollte den Kindern deutlich werden, was zu tun ist, um das anfängliche Interesse sinnvoll aufzugreifen. Schließlich sollte zum Abschluss der Beschäftigung mit einem Anliegen ein Ergebnis vorliegen, das von den Schülerinnen und Schülern in einen sinnvollen Zusammenhang mit ihrem Anliegen und mit der Bearbeitung dieses Anliegens gebracht werden kann. Dieses Ergebnis muss nicht unbedingt ein greifbares Handlungsprodukt sein. Auch eine neue Fähigkeit, eine gewonnene Einsicht, neues Wissen, neue Gesichtspunkte, ja selbst ein differenzierteres Verständnis von einem Problem kann dazu führen, dass der Lernprozess von den Schülerinnen und Schülern als sinnvoll erfahren wird.

Es wäre eine Überbürokratisierung, diese vier Kernelemente einer Unterrichtsdramaturgie – motivierender Anfang, einsichtige Arbeitsperspektive, konzentrierte Erarbeitung, sinnvoller Abschluss – zu einem starren Ablaufschema für Unterricht, zum Beispiel im Sinne hintereinander einzuhaltender Formalstufen, zu verknüpfen. Vielmehr sind sie als Aufgaben für die Unterrichtsplanung und als Gütekriterien zur Beurteilung einer Planung zu verstehen. Während der Planung dienen sie dazu, die Qualität des Vorhabens zu sichern. Nach Abschluss der Planung, und bevor sie in reales Geschehen mündet, ermöglichen sie im Sinne eines „Checks" eine nochmalige Qualitätskontrolle. Und nach dem Unterricht können sie die gezielte Reflexion über den Unterricht strukturieren. Daher sollte sich die Begründung einer Unterrichtsplanung auch auf folgende Fragen beziehen:

o Ist der Unterrichtsgegenstand hinreichend motivierend eingeführt worden?
o Haben die Schüler Gelegenheit gehabt, ein für sie bedeutsames Anliegen mit dem Unterricht zu entwickeln?
o Sind die im Zusammenhang mit dem Unterrichtsthema auszuführenden Schülertätigkeiten den Lernenden hinreichend verständlich geworden, das heißt, wissen sie, was sie tun sollen und vor allem, warum sie das im Zusammenhang mit ihrem Interesse am Thema tun?

o   Wird das Ergebnis der Bemühungen festgehalten und reflektiert? Haben die Schüler die Gelegenheit, ihren Wissens- und Könnenszuwachs zu erfahren?

5.6.3 Wie Begründungen Konturen schaffen – ein Beispiel

Unterrichtsplanung ist ein theorie- und wissensgeleiteter kreativer Akt. Gelingt sie, wirkt das Produkt gut komponiert. Alle Teile sind in sich und im Zusammenspiel möglichst stimmig und bilden ein überzeugend begründbares Gesamtwerk. Dieses entsteht nicht durch bloße Anwendung von Wissen, zum Beispiel über den Lernprozess oder über die Lernvoraussetzungen der Schüler, sondern eher im Prozess eines aufgeklärten Experimentierens mit Ideen, die mit Bezug auf fachliches und pädagogisches Wissen ausgearbeitet und begründet werden und dabei nach und nach die Gestalt eines Handlungsplans annehmen. So entspringt bereits die erste Unterrichtsidee nicht, quasi als letzter Akt des Nachdenkens, aus dem erworbenen Wissen über Sachverhalte, Lernvoraussetzungen und Lernen. Das wäre eine mechanistische und auch verzweifelte Vorstellung über die Planbarkeit von Ideen. Vielmehr kann sie aus ganz unterschiedlichen Quellen stammen: der Routine, einer Anregung aus dem Lehrplan, einer zufälligen Beobachtung, einem Bild, einer Schüleräußerung, einem Buch. Im Planungsprozess selbst und für eine gegebenenfalls erforderliche schriftliche Ausarbeitung der Planung wird die erste Idee mehrfach bearbeitet, auf ihre Tragfähigkeit hin untersucht, im Lichte der in Teil 2 dargelegten Fragen geprüft, verworfen, umgekrempelt – und immer belastbarer ausgearbeitet. Ideen und die Suche nach einer Begründung konstituieren somit eine Feedback-Spirale, in der die Ideen immer präziser und die Begründungen immer überzeugender werden. Im vorliegenden Beitrag kann dieser Prozess nicht an Hand einer ausführlich ausgearbeiteten Unterrichtsplanung veranschaulicht werden (vgl. dazu Kahlert 2009, 249–257). Aber zumindest lassen sich die ersten Schritte von einer grundlegenden Idee hin zu einer groben Strukturierung einer Unterrichtseinheit an einem Beispiel konkretisieren. Dazu wähle ich den ökonomischen Lernbereich des Sachunterrichts.

Die Verschuldungskrise und einige Presseartikel über den Mangel an ökonomischem Wissen geben den Impuls, den Unterrichtsinhalt „Taschengeld", bisher routiniert in zwei Stunden abgehandelt, in eine Unterrichtseinheit über Geld einzubetten. Thematisiert werden soll, wie Geld funktioniert, wie Bedürfnisse und Wünsche zustande kommen, wie man haushälterisch geschickt mit Geld umgeht und was man tun könnte, wenn man zu wenig Geld hat, um ein Bedürfnis zu befriedigen, aber auch, was man eher unterlassen sollte (leichtfertiges Verschulden).

Begründen lässt sich dieses Vorhaben mit dem Stellenwert, den ein reflektierter Umgang mit Geld für die Selbständigkeit der Kinder heute und in Zukunft hat. Kinder im Grundschulalter kommen in ihrem Alltag mit wirtschaftlichen Fragen und Werten in Berührung (sozio-kulturelle Perspektive). Sie erhalten Taschengeld, bekommen Geldgeschenke zum Sparen und haben an den finanziellen Plänen und Sorgen der Familie teil. Konsumwünsche und -entscheidungen, Verschuldung oder gar Armut und Arbeitslosigkeit in der Familie gehören für viele Kinder zur aktuellen Lebenswirklichkeit. Recherchiert man, angestoßen durch diese noch sehr naheliegende Überlegung, etwas weiter, dann stößt man vielleicht auf folgende Information im Internet: Laut der Kids-Verbraucheranalyse 2009 (Egmont Ehapa Verlag 2009), einer jährlichen Studie zum Verbraucher- und Medienverhalten junger Zielgruppen, verfügen die 5,7 Millionen 6- bis 13-Jährigen trotz Wirtschaftskrise in diesem Jahr über insgesamt rund sechs Milliarden Euro. Rund 3,6 Milliarden Euro davon befinden sich der Studie zufolge auf Sparkonten, das sind durchschnittlich 626 Euro pro Kind. Fast 2,5 Milliarden Euro kommen durch Geldgeschenke und Taschengeld zusammen. Der Umgang mit eigenen Wünschen und Bedürfnissen ist eine dem menschlichen Dasein aufgegebene Herausforderung, die mit der Bedürftigkeit des Menschen und der besonderen Abhängigkeit der Kinder von umsorgenden Erwachsenen zusammenhängt (anthropologische Perspektive). Schließlich erhellt die entwicklungsorientierte Perspektive, dass sich erste Vorstellungen über Eigentum, Nutzungsrechte und über den sorgsamen Umgang mit dem Eigentum anderer ausgebildet haben. Allerdings haben Kinder im Grundschulalter noch keine relational belastbare Größenvorstellung von Geldsummen, und als Verbraucher sind sie vielfach nicht in der Lage, ihre Konsumwünsche gegenüber den ihnen zur Verfügung stehenden finanziellen Mitteln abzuwägen. „Brauche ich alles, was ich mir wünsche?" „Kann ich mir auch wirklich alles leisten?"
Reflexionen zur Sache führen zu der Einsicht, dass die Funktion von Geld an Vertrauen gebunden ist. Die Idee des Geldes lebt davon, dass man es jederzeit gegen Produkte oder Dienstleistungen eintauschen kann. Erst recht ist Sparen, Verleihen und Ausleihen (Kredit) mit Vertrauen verbunden. Man hofft darauf, das Ersparte später noch sinnvoll nutzen zu können. Beim Kredit muss der „Verleiher" auf die Fähigkeit zur Rückzahlung vertrauen. In der Erfahrungswelt der Kinder taucht diese Vertrauensfrage beim „Ausleihen" und „Wiederbekommen" auf.
Nach diesen Überlegungen konkretisieren sich auf der Zielebene, differenziert nach Wissen, Können und Verstehen, folgende Absichten:
- o *Wissen erarbeiten über:* die Herstellung ausgewählter Produkte; den Weg ausgewählter Waren; die Funktionsweise von Geld, Bargeld und

anderen Zahlungsmitteln; Unterschiede zwischen Bedürfnissen und Wünschen, die Beeinflussung von Kaufentscheidungen, erwünschte und unerwünschte Wirkungen von Produktion und Konsum; Qualitätskriterien für Kaufentscheidungen; Verbraucherrechte, Verbraucherschutz und Verbraucherberatung

o *Verstehen entwickeln:* Einsicht in das Prinzip der Knappheit; individuelle, soziale und ökologische Folgen des eigenen Konsumverhaltens reflektieren; Risiken und Chancen im Umgang mit Geld erkennen (z. B. Verschuldung, Überschuldung; Verluste); direkte und indirekte Zahlungswege überschauen; Werbung und Information unterscheiden

o *Können fördern:* neben den persönlichen auch den sozialen und ökologischen Nutzen wirtschaftlichen Handelns einbeziehen (z. B. fairer Handel; soziales Engagement von Herstellern); wertorientierte Kosten-Nutzen-Betrachtungen bei der Beurteilung eigener Wünsche und Handlungsziele durchführen; sich an Kriterien für nachhaltigen Konsum orientieren; Preise vergleichen; gezielt Produktinformationen einholen, vergleichen und abwägen

Ausgehend von der den Kindern vertrauten Erfahrung, nicht alles erwerben zu können, was man sich wünscht, könnte eine erste thematische Grobgliederung der mehrstündigen Unterrichtseinheit zum Beispiel lauten:

1. Ich habe viele Wünsche – Brauche ich alles, was ich haben möchte?
2. Ein Fahrrad für ein Stück Papier? – Wie „funktioniert" Geld?
3. Vom Gold zum Geld – Zahlungsmittel früher und heute
4. Mein Taschengeld – Woher kommt es, wohin geht es?
5. Heute schon an morgen denken – Sparen (Girokonto, Sparkonto, Zinsen)
6. Leihst du mir mal deinen Stift? – Grundregeln des Ausleihens und Verleihens
7. Bekomme ich das wieder? – Vertrauen als Voraussetzung für das Ausleihen
8. Gibst du mir ..., ich gebe dir dafür ... – (Gerechtes) Tauschen, Vertrauen
9. Ist das gerecht? – Arm und reich
10. So haben viele etwas davon – Fairer Handel
11. Erst nachdenken, dann kaufen – Die Idee der Nachhaltigkeit

Die Unterrichtseinheit ließe sich thematisch auch anders komponieren. Letztlich hängt es von der konkreten Klasse ab, wie man Schwerpunkte setzt und konkret vorgeht. Darum sollen die Überlegungen zur Konkretisierung der Planung auch an dieser Stelle abschließen. Die konkrete Planung kann so vielseitig und unterschiedlich ausfallen, wie das Ensemble an Gewohnheiten, Bedürfnissen, Fähigkeiten und Rahmenbedingungen, die im Unterricht zusammenkommen – und zwar auf Schüler- und Lehrerseite. Planung auf der Basis wissenschaftlichen Wissens und akzeptierbarer Theorien über Lernen und Lernvoraussetzungen sollte diese Unterschiede nicht einebnen. Sie soll sie vielmehr fruchtbar und sinnvolle Möglichkeiten erkennbar machen, aber auch Schwierigkeiten und Grenzen. Dies wiederum ist Voraussetzung für eine rationale Kommunikation über die mit einer Unterrichtsplanung implizierten Erwartungen – und Hoffnungen. Vieles ist möglich, ob es auch sinnvoll ist, erweist sich auch mit der Qualität der Begründungen für Planungsentscheidungen.

Literatur

Egmont Ehapa Verlag (Hrsg.) (2009): Kids-Verbraucheranalyse 2009. Unter: www.ehapa.de (erschienen am 11.8.2009)
Gadamer, H. G. (1967): Kleine Schriften I. Philosophische Hermeneutik. Tübingen: Mohr
Giest, H.; Hartinger, A. & Kahlert, J. (Hrsg.) (2008): Kompetenzniveaus im Sachunterricht. Bad Heilbrunn: Klinkhardt
Helmke, A. (2009): Unterrichtsqualität und Lehrerprofessionalität. Diagnose, Evaluation und Verbesserung des Unterrichts. Seelze: Kallmeyer
Kahlert, J. (2009): Der Sachunterricht und seine Didaktik, 3. Auflage. Bad Heilbrunn: Klinkhardt
Kiel, E. (2008): Strukturierung. In: Kiel, E. (Hrsg.) (2008): Unterricht sehen, analysieren, gestalten. Bad Heilbrunn: Klinkhardt, 21–35
Luhmann, N. (1997a): Die Gesellschaft der Gesellschaft, Band 1. Frankfurt am Main: Suhrkamp
Luhmann, N. (1997b): Die Gesellschaft der Gesellschaft, Band 2. Frankfurt am Main: Suhrkamp
Merrill, D. (2002): First Principles of Instruction. In: Educational Technology Research and Development, 3, 43–59
Meyer, H. (2004): Was ist guter Unterricht? Berlin: Cornelsen Scriptor
Meyer, M.A. (2008): Unterrichtsplanung aus der Perspektive der Bildungsgangforschung. In: Zeitschrift für Erziehungswissenschaft, Sonderheft 9, 117–137
Oser, F. (2001): Standards: Kompetenzen von Lehrpersonen. In: Oser, F. & Oelkers, J. (Hrsg.): Die Wirksamkeit der Lehrerbildungssysteme. Zürich: Rüegger, 215–342
Sandfuchs, U. (2006): Grundfragen der Unterrichtsplanung. In: Arnold, K.-H.; Sandfuchs, U. & Wichmann, J. (Hrsg.): Handbuch Unterricht. Bad Heilbrunn: Klinkhardt, 685–694.
Sekretariat der Ständigen Konferenz der Kultusminister der Länder: Standards für die Lehrerbildung: Bildungswissenschaften. Online auf Homepage: www.kmk.org/fileadmin/veroeffent lichungen_beschluesse/2004/2004_12_16-Standards-Lehrerbildung.pdf .
Simmel, G. (1906/ [4]1992): Psychologie der Diskretion. In: Dahme, H.-J. v./Rammstedt, O. (Hrsg.): Schriften zur Soziologie. Eine Auswahl. Frankfurt am Main: Suhrkamp, 151–158
Spranger, E. (1962): Das Gesetz der ungewollten Nebenwirkungen in der Erziehung. Heidelberg.: Quelle & Meyer
Terhart, E. (2005): Grundschularbeit als Beruf. In: Einsiedler, W. u.a. (Hrsg.): Handbuch Grundschulpädagogik und -didaktik. Bad Heilbrunn: Klinkhardt, 129–140.
Wiater, W. (2006a): Analyse und Beurteilung von Unterricht. In: Arnold, K.-H.; Sandfuchs, U. & Wichmann, J. (Hrsg.): Handbuch Unterricht. Bad Heilbrunn: Klinkhardt, 701–709
Wiater, W. (2006b): Didaktische Theoriemodelle und Unterrichtsplanung. In: Arnold, K.-H.; Sandfuchs, U. & Wichmann, J. (Hrsg.): Handbuch Unterricht. Bad Heilbrunn, 675–685

Autorinnen und Autoren

Alle Autorinnen und Autoren haben mehrere Jahre in der Grundschule unterrichtet, Grundschullehrerinnen und Grundschullehrer im Fach Sachunterricht aus- und fortgebildet, zur Didaktik des Sachunterrichts geforscht und in Fachzeitschriften und Fachbüchern dazu publiziert.

Blumberg, Eva
Dr. paed., Lehrerin an der Realschule im Kreuzviertel/Münster und langjährige wissenschaftliche Mitarbeiterin am Seminar für Didaktik des Sachunterrichts der Universität Münster; Forschungsinteressen: Multikriteriale Zielerreichung, (frühes) naturwissenschaftliches Lernen, motivational-affektive und differentielle Lerneffekte.

Fischer, Hans-Joachim
Dr. phil., Professor für Erziehungswissenschaft und Grundschulpädagogik an der Pädagogischen Hochschule Ludwigsburg; Forschungsinteressen: Sachunterricht, Frühe Bildung, Interdisziplinäre Fragestellungen, ethnographische Forschungen zum kindlichen Weltbild.

Giest, Hartmut
Dr. paed., Professor für Grundschulpädagogik Sachunterricht – naturwissenschaftlichtechnischer Schwerpunkt an der Universität Potsdam; Forschungsinteressen: Unterrichtsstrategien, Begriffsbildung und kognitive Entwicklung im Grundschulunterricht, Entwicklung naturwissenschaftlicher Kompetenz im Sachunterricht.

Grittner, Frauke
Dr. phil., Wissenschaftliche Assistentin am Lehrstuhl für Grundschulpädagogik und Grundschuldidaktik an der Universität Augsburg; Forschungsinteressen: Leistungsbewertung, Sachunterrichtsdidaktik und jahrgangsübergreifendes Lernen.

Heran-Dörr, Eva
Dr. phil., Professorin für Didaktik der Grundschule an der Otto-Friedrich-Universität Bamberg; Forschungsinteressen: Entwicklung und Evaluation von Lehr-Lernangeboten für naturwissenschaftlichen Sachunterricht, naturwissenschaftsdidaktische Kompetenzen bei Sachunterrichtslehrkräften, inhaltsspezifische Lehr-Lernprozesse.

Kahlert, Joachim
Dr. phil., Professor und Inhaber des Lehrstuhls für Grundschulpädagogik und -didaktik an der Universität München; Forschungsinteressen: Didaktik des Sachunterrichts, soziales Lernen, ökonomische Bildung und Werteerziehung, Lehrerqualifikation.

Köhnlein, Walter
Dr. phil., Professor für Didaktik des Sachunterrichts an der Universität Hildesheim i.R.; Forschungsinteressen: Didaktik des Sachunterrichts, Genetischer Unterricht, Grundlegende Bildung.

Köster, Hilde
Dr. phil., Professorin für Frühe Bildung und Sachunterricht an der Pädagogischen Hochschule Schwäbisch Gmünd, Schwerpunkt Naturwissenschaften und Technik; Forschungsinteressen: Selbstbestimmtes und selbstorganisiertes Lernen im Bereich des naturwissenschaftsbezogenen Sachunterrichts und in der Frühen Bildung.

Lauterbach, Roland
Dr. phil. habil., Professor für Grundschuldidaktik und Sachunterricht i.R.; Forschungsinteressen: Fachdidaktik, Sachunterricht, Curriculum, Unterrichtsplanung, Bildungstheorie, Naturwissenschaftliche Grundbildung, Weltwissen.

Oberländer, Franz
Dr. rer. nat., Wissenschaftlicher Mitarbeiter für Mathematischen Unterricht und Werken in der Grundschule an der Universität Rostock; Forschungsinteressen: Mathematik in der Grundschule, Werken und technische Bildung, Naturwissenschaftliches Lernen im Elementar- und Primarbereich.

Schneider, Ilona K.
Dr. paed. habil., Professorin für Grundschulpädagogik und Sachunterricht der Universität Rostock; Forschungsinteressen: Sachunterrichtsdidaktik, Politische Bildung, Naturwissenschaftliches Lernen im Elementar- und Primarbereich, Soziales Lernen, Philosophieren mit Kindern, erziehungswissenschaftliche Biographieforschung.

Schomaker, Claudia
Dr. phil., Wissenschaftliche Mitarbeiterin im Fachgebiet Sachunterricht des Instituts für Pädagogik an der Carl von Ossietzky Universität Oldenburg; Forschungsinteressen: ästhetische Zugangsweisen im Sachunterricht, heterogene Lernvoraussetzungen von Kindern/inklusiver Sachunterricht, naturwissenschaftliche Inhalte des Sachunterrichts.

Tänzer, Sandra
Dr. phil., Wissenschaftliche Assistentin am Institut für Schulpädagogik und Grundschuldidaktik der Martin-Luther-Universität Halle-Wittenberg; Forschungsinteressen: Planung von Sachunterricht, Kompetenzentwicklung und Professionalisierung von Sachunterrichtslehrerinnen und -lehrern, Partizipation in Schule und Hochschule.

Thomas, Bernd
Dr. phil. habil., Professor für Grundschuldidaktik und Sachunterricht am Institut für Grundschuldidaktik und Sachunterricht der Universität Hildesheim; Forschungsinteressen: Didaktik des Sachunterrichts, Konzeptionen der Grundschulpädagogik und des Sachunterrichts, Historische Bildungsforschung, Lehrerinnen- und Lehrerbildung